D1696218

Stephan Isphording
Holger Reiners

Der ideale Grundriss

Beispiele und
Planungshilfen für
das individuelle
Einfamilienhaus

Callwey

Inhalt

Das Anliegen des Buches	8
Die Grundrißorganisation	10
75 Projekte	14

Wohnhaus 16
im Chiemgau
Architekt: Andreas Meck,
München

Wohnhaus 18
in Kassel
Architekten:
Ladleif + Mosebach, Kassel

Wohnhaus 20
in Niederösterreich
Architekten:
Christa Prantl +
Alexander Runser,
Wien

Wohnhaus mit Atelier 22
bei Miesbach
Architekt:
Prof. Sampo Widmann,
München

Wohnhaus 24
in Stuttgart
Architekten:
Kauffmann, Theilig + Partner,
Ostfildern

Wohnhaus 26
in Dingolfing
Architektin: Angelika Blüml,
Radolfzell

Wohnhaus 28
in Oberbayern
Architekten: Fink + Jocher,
München

Wohnhaus 30
in Bodenseenähe
Architekt: Peter Schanz,
Hohentengen

Wohnhaus 32
bei Freising
Architekten: Gabriele Netzer-
Guggenbichler + Josef Guggenbichler, München

Wohnhaus 34
in Weil am Rhein
Architekt: Ingo Bucher-Beholz,
Gaienhofen

Wohnhaus 36
in Köln
Architekten: Gatermann +
Schossig und Partner,
Köln

Wohnhaus 38
in Bergisch-Gladbach
Architekt: Michael Drüe,
Köln

Wohnhaus mit Atelier 40
bei Kaufbeuren
Architekten:
Dürschinger + Biefang,
Ammerndorf

Wohnhaus 42
bei Hamburg
Architekt: Thomas Dibelius,
Hamburg

Wohnhaus 44
in Bern
Architekt: Rolf Mühlethaler,
Bern

Wohnhaus 46
im Landkreis München
Architekt: Prof. Reinhold Tobey,
Detmold

Wohnhaus 48
bei Bregenz
Architekten:
Dietrich + Untertrifaller,
Bregenz

Wohnhaus 50
bei Wien
Architekt: Hans Häusler,
Wien

Wohnhaus 52
in Aichach
Architekt:
Prof. Sampo Widmann,
München

Wohnhaus 54
in Feldkirch
Architekt: Robert Felber,
Wien

Wohnhaus mit Einlieger 56
bei Bonn
Architekt: Thiess Marwede,
Köln

Wohnhaus mit Einlieger 58
bei Hamburg
Architekten:
Stoeppler + Stoeppler,
Hamburg

**Wohnhaus mit Büro
und Einlieger** 60
in Dietersheim
Architekten: Büro 4
Wagner + Wanner,
Dietersheim

Wohnhaus mit Einlieger 62
in München
Architekten:
Illig, Weickenmeier + Partner,
München

Drei-Generationen-Haus 64
in Köln
Architekt:
Prof. Ulrich Coersmeier,
Köln

Wohnhaus mit Einlieger 66
in Matzing
Architekt: Martin Jobst,
Traunwalchen

Wohnhaus mit Einlieger 68
in Solln
Architekt: Hans Kohl,
München

Wohnhaus mit Einlieger 70
in Hard
Architekten:
Baumschlager + Eberle,
Lochau

Wohnhaus mit Einlieger 72
in München
Architekten: Fink + Jürke,
München

**Wohnhaus mit
Unterrichtsräumen** 74
bei München
Architekten: Fink + Jürke,
München

Wohnhaus 76
in Hebertshausen
Architekt: German Deller,
Karlsfeld

Wohnhaus 78
an der Nordsee
Architekt: Klaus Sill,
Hamburg

Sieben Wohnhäuser 80
in Groningen (NL)
Architekten: Thomas Müller,
Ivan Reimann, Andreas Scholz,
Berlin

Wohnhaus 82
im Kreis Dithmarschen
Architekt: Klaus Sill,
Hamburg

Wohnhaus 84
am Bodensee
Architekt: Ingo Bucher-Beholz,
Gaienhofen

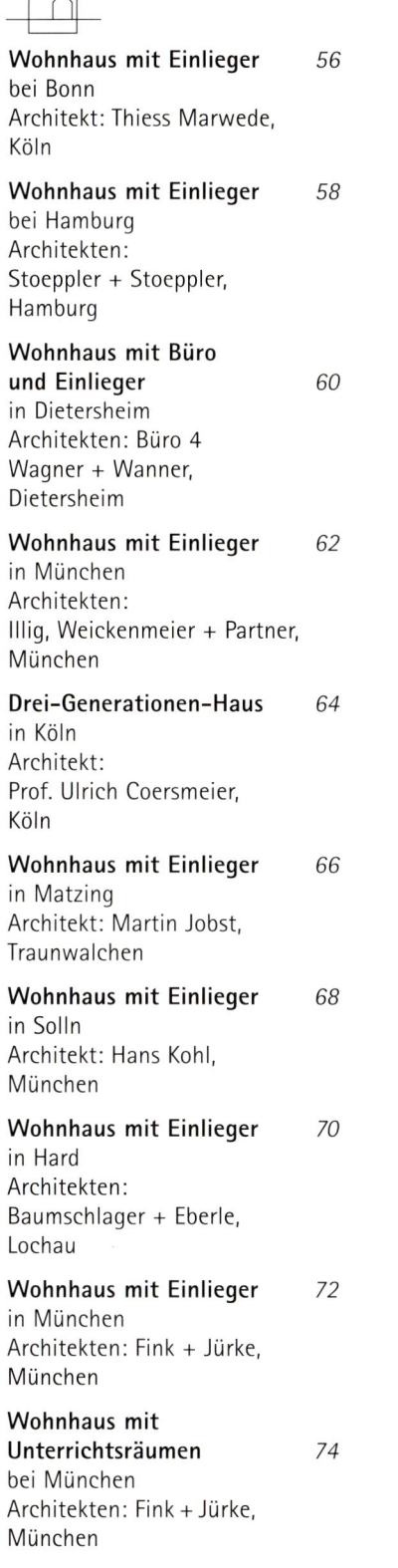

Wohnhaus am Hang 86
bei Wien
Architekt: Walter Stelzhammer,
Wien

**Zwei Wohnhäuser
am Hang** 88
bei Tübingen
Architekten: Oed + Haefele,
Tübingen

**Zwei Wohnhäuser
am Hang** 90
bei Tübingen
Architekten: Oed + Haefele,
Tübingen

Wohnhaus am Hang 92
in der Hallertau
Architekt: Walter Stolz,
Rosenheim

**Drei-Generationen-Haus
am Hang** 94
in Lörrach
Architekt: Prof. Günter Pfeifer,
Lörrach

Wohnhaus am Hang 96
bei Landshut
Architekt: Thomas Strobel,
Landshut

Wohnhaus am Hang 98
am Bodensee
Architektin: Angelika Blüml,
Radolfzell

Wohnhaus am Hang 100
bei Tübingen
Architekten:
Ackermann + Raff, Tübingen

Wohnhaus am Hang 102
bei Bregenz
Architekten:
Baumschlager + Eberle,
Lochau

Wohnhaus am Hang 104
in Aarau (CH)
Architekten:
DeBiasio + Scherrer,
Zürich (CH)

Wohnhaus am Hang 106
in Vorarlberg
Architekten:
Dietrich + Untertrifaller,
Bregenz

Wohnhaus am Hang 108
in Graz
Architekten:
Kreutzer + Krisper, Graz

Wohnhaus am Hang 110
in Stuttgart
Architekten: Kaag + Schwarz,
Stuttgart

**Zwei benachbarte Wohn-
häuser am Hang** 112
in Reutlingen
Architekt: Thomas Bamberg,
Pfullingen

**Zwei benachbarte Wohn-
häuser am Hang** 114
in Reutlingen
Architekt: Thomas Bamberg,
Pfullingen

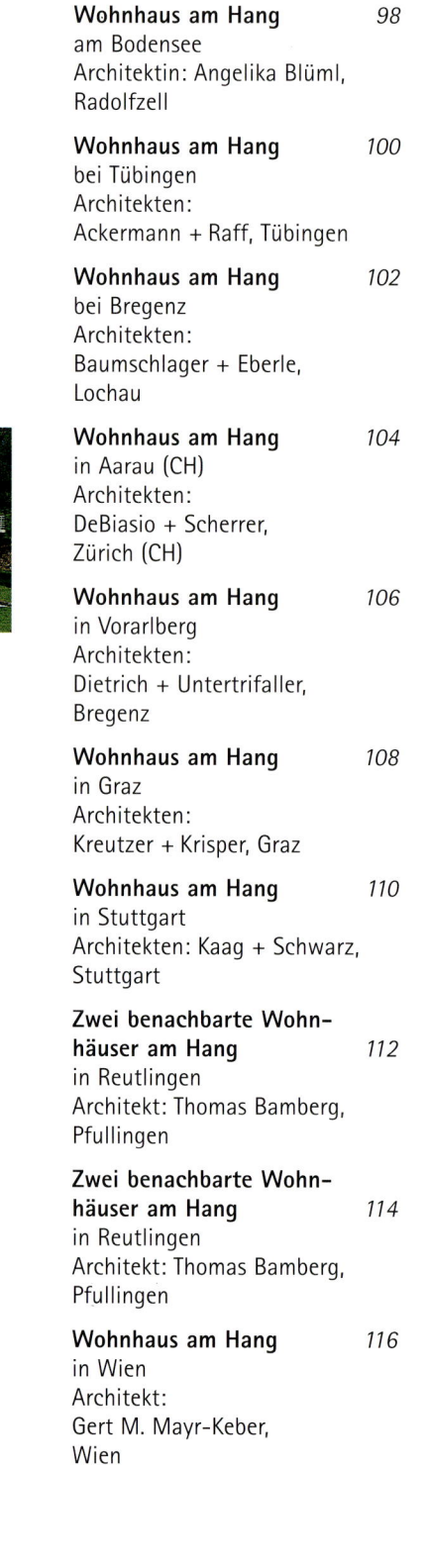

Wohnhaus am Hang 116
in Wien
Architekt:
Gert M. Mayr-Keber,
Wien

Wohnhaus mit Einlieger 118
im Odenwald
Architekten:
Peter W. Beckenhaub +
Martin Hohm, Bad König

Wohnhaus am Hang 120
bei München
Architekten:
Franz Wimmer, München,
Alfons Lengdobler, Pfarrkirchen

Wohnhaus mit Einlieger 122
in Bonn
Architekten: Hascher + Jehle,
Berlin

**Wohnhaus mit Einlieger
am Hang** 124
in Tuttlingen
Architekten: H. + M. Muffler,
Meßkirch

Wohnhaus mit Einlieger 126
in Lörrach
Architekt: Prof. Günter Pfeifer,
Lörrach

Hofhaus 128
in Köln
Architekt: BauCoop Köln,
Wolfgang Felder, Köln

Wohnhaus am Hang 130
bei Hamburg
Architekten:
Architekten Gössler,
Hamburg

Wohnhaus 132
in Selm-Cappenberg
Architekten:
Weiss Architektengruppe,
Lünen

Hofhaus 134
in Wahlwies
Architekten:
Schaudt Architekten,
Martin Cleffmann, Konstanz

Wohnhaus 136
bei Hannover
Architekt:
Dr. Andreas Uffelmann,
Hannover

Hofhaus mit Atelier	*138*	**Wohnhaus**	*160*

Hofhaus mit Atelier *138*
in Hessen
Architekten:
Ladleif + Mosebach, Kassel

Wohnhaus *140*
in Reutlingen
Architekten:
Ackermann + Raff, Tübingen

Wohnhaus *142*
im Taunus
Architekt: Christoph Mäckler,
Frankfurt

Wohnhaus *144*
in Bottighofen
Architekt: Jean Claude Mahler,
Bottighofen (CH)

Hofhaus *146*
bei Salzburg
Architekten:
Christine und Horst Lechner,
Salzburg

Wohnhaus *148*
bei Hamburg
Architekten: AWP Architektengemeinschaft, Hamburg

**Wohnhaus auf
Restgrundstück** *150*
in Konstanz
Architekten:
Schaudt Architekten,
Martin Cleffmann, Konstanz

**Wohnhaus auf
Restgrundstück** *152*
in Rosenheim
Architekt: Walter Stolz,
Rosenheim

**Wohnhaus auf
Restgrundstück** *154*
in Waltrop
Architekt:
Andreas Corneliussen,
Waltrop

**Wohnhaus auf
Restgrundstück** *156*
in Bremerhaven
Architekten: Grube + Grube,
Bremerhaven

**Wohnhaus auf
Restgrundstück** *158*
bei Lünen
Architekten:
Weiss Architektengruppe,
Lünen

Wohnhaus *160*
in Weil der Stadt
Architekten:
Prof. Clemens Richarz +
Christina Schulz,
Weil der Stadt

**Wohnhaus in der
Baulücke** *162*
in Hamburg
Architekten: HPP–
Yong Sun Feldmeyer +
Gerhard G. Feldmeyer,
Hamburg

**Wohnhaus in der
Baulücke** *164*
in Köln
Architekten:
Scheuring Architekten,
Köln

Planungsgrundlagen *166*

Das Grundstück *168*

Grundstückssuche,
Baurecht und Bewertung *168*

Das Raumbuch *172*

Eine bewährte Hilfe für die
gründliche Planung *172*

Der Eingang – Zugang
und Erschließungszone *173*

Die Küche - Arbeitsplatz
zum Wohlfühlen *176*

Das Bad – von der Naß-
zelle zum Badezimmer *179*

Wohnen, Essen, Winter-
garten – das Zentrum *181*

Das Schlafzimmer –
jeden Tag lange
genutzt *182*

Das Kinderzimmer –
meist zu klein und
ohne Spielraum *184*

Der Keller – Abstellraum
oder sinnvolle Nutzfläche *184*

Anhang *186*

Literaturverzeichnis,
Architektenverzeichnis,
Bildnachweis *186*

Möbel im Maßstab 1:50 *188*

Millimeterpapier *190*

Das Anliegen des Buches

Zu Beginn des Planungsprozesses für ein Einfamilienhaus bestehen bei Bauherren häufig nur recht vage Vorstellungen über die wesentlichen und erfolgsgarantierenden Aspekte einer Gebäudeplanung. Konkrete Bauüberlegungen beziehen sich oftmals lediglich auf den Kostenrahmen und das äußere Erscheinungsbild des Hauses, auf Größe, Dachform, Fassadengestaltung, im Inneren vielleicht noch auf so vertraute Dinge wie Eingang, Küche, Raumfolgen auf der Wohnebene und die gewünschte Ausstrahlung. Wie umfangreich und mit welchen Konsequenzen die einzelnen Planungsschritte für die ebenso kleine wie komplizierte Bauaufgabe eines Einfamilienhauses behaftet sind, um sich letztendlich zu einem schlüssigen Gesamtkonzept zu fügen, mußte so mancher Einmal-Bauherr schon leidvoll erfahren, der nicht den rechten Weg zwischen konsequentem Delegieren und gut informiertem Mitplanen gefunden hat (... »beim zweiten Mal würden wir alles anders machen!«). Dieses Mitplanen beginnt beim Grundriß und der Formulierung des Raumprogramms und endet bei den Perspektiven, die die Auftraggeber mit ihrem zukünftigen Haus verbinden: über wie viele Jahre wird es den Lebensvorstellungen entsprechen, ist es in der Lage, genügend Wohnvarianten im Sinne einer flexiblen Nutzung zu schaffen, ist seine Architekturform beständig, bietet es irgendwann Erweiterungs- oder Teilungsmöglichkeiten? Ist sein Unterhaltskonzept langfristig kostengünstig angelegt und schließlich: ist es so werthaltig geplant, daß es sich irgendwann später auch zu einem vertretbaren Preis veräußern läßt?

Zum Erfolgskonzept eines Hauses trägt ein funktionierender Grundriß ganz wesentlich bei – nur gehen die Anschauungen darüber, »was gut funktioniert«, weit auseinander: Dies belegen so gegensätzliche Lebensvorstellungen und Wünsche von unbedingt auf einer Ebene ohne Treppen wohnen zu wollen oder aber im vielfach gestapelten Split-Level-Grundriß. Das gleiche gilt für den eher traditionell abgeschlossenen im Gegensatz zum offenen Grundriß, der seinen Bewohnern ein hohes Maß an akustischer und formaler Toleranz abverlangt. Stichwort: die unabgewaschenen Geschirrberge in der kommunikativen Allraumküche ... .

Einsichten in die funktionalen Zusammenhänge und die baulichen und gestalterischen Möglichkeiten können es dem Bauherrn erheblich erleichtern, seine individuellen Wohnwünsche und -anforderungen zu präzisieren und damit den Weg zu einem persönlichen Wohnkonzept zu finden. Je konkreter und eindeutiger die zukünftigen Hausbewohner ihre Vorstellungen in bezug auf die Grundrißplanung zu formulieren in der Lage sind, desto fruchtbarer wird sich die Zusammenarbeit und der Austausch mit ihrem Architekten gestalten.

Um dazu auf anschauliche Weise Impulse und Hilfestellung zu geben sowie den Blick für einen guten Grundriß zu schärfen, präsentiert das vorliegende Buch eine aktuelle Sammlung 75 sehr unterschiedlicher, beispielhafter Einfamilienhausprojekte von deutschen, österreichischen und Schweizer Architekten, die gute, vorbildhafte Grundrißlösungen aufweisen. Dieser Ideenfundus als Abbild zeitgenössischer Architektur macht das Buch daher nicht nur für den bauinteressierten Laien, sondern auch für Architekten und Architekturstudenten zu einem anregenden Handbuch und nützlichen Leitfaden der Einfamilienhaus-Planung.

Die Projekte
Alle 75 dokumentierten Häuser wurden von Architekten entworfen und bis zu ihrer Fertigstellung auch bauleitend betreut. Es sind individuelle Häuser, die nach den vielschichtigen Wünschen ihrer Auftraggeber geplant wurden. Sie sind beispielhaft, weil sie dem Ideal des Einfamilienhauses nahekommen, »das Selbstporträt« ihrer Auftraggeber zu sein, wie der diesjährige Pritzkerpreisträger, der norwegische Architekt Sverre Fehn das konzeptionelle Anliegen der von ihm entworfenen Einfamilienhäuser charakterisiert hat. Er hat damit treffend formuliert, was Bauherren neben allen rationalen Aspekten sehnsüchtig treibt, sich den Traum einer individuellen Planung erfüllen zu wollen: ein unverwechselbares Haus zu bauen, das ganz den eigenen Vorstellungen und Wünschen entspricht – und wenn es gelungen ist, eine sprechende Architektur bietet, die gebaute Auskunft über die Lebens- und Geisteshaltung ihrer Auftraggeber gibt – ebensoviel wie ein Selbstporträt.

Wesentliches Auswahlkriterium für die einzelnen Projekte war der vorbildhafte Grundrißentwurf. Damit ist ein Grundriß gemeint, der mit den Gegebenheiten des Grundstücks, den Vorgaben, Wünschen und nicht zuletzt dem Budgetrahmen des Auftraggebers gekonnt umzugehen wußte und dem darüber hinaus ein erkennbar klares Entwurfskonzept zugrunde lag, das zu einer schlüssigen und aussagekräftigen Architekturlösung geführt hat.

Die Auswahl der Projekte in bezug auf Größe und Kosten – das Spektrum reicht vom kleinen Zwei-Personen- bis zum großen Mehr-Generationen-Haus – wurde in Art und Umfang etwa analog zu den typischen Bauaufgaben und Grundstückssituationen vorgenommen, mit denen Architekten und ihre Auftraggeber gewöhnlich konfrontiert werden: Häuser auf ebenem Grundstück, Häuser am Hang und Häuser auf Restgrundstücken und in Baulücken, mit Einliegerwohnung oder ohne, mit kleinem, mittlerem und auch größerem Budget. Eine Auswahl, die auch zeigen soll, wie weit Entwurfsideen kleiner Häuser auf große übertragen werden können. Und umgekehrt, wie raffiniert und großzügig die Lösung eines Low-Budget-Hauses ausfallen kann und wie fruchtbar die Grundrißanalyse eines großen Hauses für die Planung des eigenen kleinen, aber ausbaufähigen Starterhauses zu sein vermag. Um die einzelnen Projekte annähernd vergleichbar zu machen, wurde auf die vorgefundene Grundstückssituation eingegangen, werden die besonderen bautechnischen Aspekte beschrieben und die Wohnflächen, Nutzflächen und Kosten ermittelt.

Bei der Reihenfolge der Darstellung ist bewußt auf eine enge Kategorisierung im Sinne einer Grundrißtypologie verzichtet worden. Die Ordnung der Projekte erfolgte vielmehr danach, wie Bauherren typischerweise ihre »Wunschhäuser« beschreiben: nach Nutzungs- und Formkriterien – und die sind so individuell, daß sich eine strenge Typologie beim Einfamilienhaus, wie sie bei Geschoßwohnungen oder Verwaltungsbauten möglich ist, ausschließt. Sie ist auch gar nicht nötig und hilfreich, engt vielmehr das Entwurfsspektrum unnötig ein, ja, verhindert vielleicht sogar neue, kreative Lösungen, wie es der nahezu unerschöpfliche Gestalt- und Formenreichtum bei den Entwürfen von Einfamilienhäusern im Gegensatz zu anderen Bauaufgaben belegt. Ein Formenreichtum bis hin zum Experimentellen, der auch zur Beschränkung mahnt – schließlich ist ein Haus kein Modeartikel, die gebaute Innenwelt eines Bauherrn auch immer die Außenwelt für den Betrachter, eine Tatsache, die Auftraggeber und Architekten gleichermaßen mit ihrer ästhetischen Verantwortung konfrontiert.

Zur größeren Verständlichkeit werden die vorgestellten Projekte nicht nur anhand ihrer einzelnen Grundrißebenen dargestellt, sondern zusätzlich auch als gebautes Ergebnis über Außen- und Innenfotos dokumentiert. Im günstigsten Fall bilden Entwurfsidee und fertiges Bauwerk diese schlüssige Synthese aus Grundriß und Aufriß, werden zu einem guten Stück Architektur. Keller- und Dachgeschoßflächen fanden nur dann Aufnahme, wenn sie als Haupt- und Wohnräume genutzt werden oder für das Verständnis der Häuser unverzichtbar waren.

Alle Projektzeichnungen wurden neu erstellt, um sie durch ein reduziertes, auf das Wesentliche konzentriertes Layout gut lesbar und vergleichbar zu machen. Ausnahmen bilden einige Projekte, die mit Originalzeichnungen dokumentiert werden, weil diese in besonderer Weise die Arbeit ihrer Verfasser illustrieren und das Verständnis der Entwurfsarbeit erleichtern.

Die Grundrisse sind einheitlich im Maßstab 1:200 dargestellt, das heißt: 1 Zentimeter in der Zeichnung entspricht 2 Metern in der Realität. Lediglich bei großen Häusern und solchen, die aus mehreren Baukörpern bestehen, sind die Grundrißzeichnungen im Maßstab 1:250 dargestellt.

Lagepläne in den Maßstäben 1:2000 bis 1:500 erläutern die jeweilige Grundstückssituation, zeigen die Nachbarbebauung, die Positionierung und Ausrichtung des Gebäudes auf dem Gelände und zur Himmelsrichtung sowie die Erschließung.

Die Menüleiste auf der rechten Seite jeder Projektdokumentation gibt über die Texte hinaus weitere Informationen zu Grundstücksgröße, Anzahl der Bewohner, überbauter Fläche, Wohn- und Nutzfläche, dem Planungs- und Ausführungszeitraum, dem Baujahr sowie zu den Baukosten je Quadratmeter Wohn- und Nutzfläche. Die Angaben zu den Gesamtbaukosten enthalten die Mehrwertsteuer von 15% und wurden auf das Kostenniveau des Jahres 1997 aktualisiert. Zur besseren Vergleichbarkeit der Projekte sind die Kosten für die Außenanlage und die Planung in der Angabe der Gesamtkosten nicht enthalten, können aber mit durchschnittlich zusätzlich 10% für die Außenanlagen und zwischen 15 und 20% für die Planung veranschlagt werden.

Den Projekttiteln sind oben links in der Dokumentation Symbole zugeordnet, die den jeweiligen Haustyp charakterisieren (Abbildung rechts).

Die Beschreibung der Projekte enthält alle notwendigen Angaben zur Grundstückssituation und den bauseitigen Vorgaben sowie dem daraus resultierenden Planungskonzept, über baubiologische und energetische Aspekte, die Konstruktion sowie über den Ausstattungsstandard und die verwendeten Materialien, um zu zeigen, unter welchen Prioritäten und Bedingungen das gebaute Ergebnis entstanden ist. Darüber hinaus werden die Grundriß-Charakteristika in einem gesonderten Abschnitt in stichwortartiger Form analysiert und erläutert.

Die Dokumentation der Projekte soll als Ideen- und Erfahrungsfundus dienen, nicht als Mustervorlage oder »Bestellkatalog«. Sie mag dazu inspirieren, für das eigene Bauvorhaben die herausragenden, charakteristischen Merkmale und Dimensionen für den Grundriß, die Baukörperform und die Materialien zu formulieren, oder auch zu neuen kreativen Lösungen für das eigene Projekt zu kommen, sie mit dem Architekten zu diskutieren, um schließlich einen eigenen, unverwechselbaren Entwurf realisieren zu lassen.

Die Planungsgrundlagen
Der »Serviceteil« mit den Planungsgrundlagen, dem Raumbuch und dem Anhang aus einem Maßstab und Möbelvorlagen im Maßstab 1:50 bietet neben dem Ideenfundus der 75 Projektdokumentationen die notwendige Information und Planungshilfe, um den zukünftigen Bauherrn zum kompetenten Gesprächspartner seines Architekten zu machen.

Das Raumbuch trägt die funktionalen Anforderungen zusammen, die an jeden Raum des Hauses zu stellen sind und bietet die Möglichkeit, schon im Vorwege der Planung und später bei der Detailplanung alle qualitativen Anforderungen an die einzelnen Räume zu präzisieren. Dieser persönliche Kriterienkatalog ist eine unverzichtbare Hilfe für das Gespräch mit dem Architekten, der dann später aus Raumprogramm und Raumbuch seine Entwurfsidee gestalten wird.

Damit ist dieses Buch auch ein Arbeitsbuch: es möge dazu verführen, die ganz persönlichen Wohnvorstellungen im zukünftigen Haus kenntnisreich selbst zu formulieren und als Konzept zu erarbeiten – den eigenen, »idealen« Grundriß.

Die Symbole stellen den jeweiligen Haustyp dar.

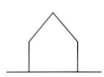

Kompakte Hausform mit nur einer Nutzung

Kompakte Hausform mit einer Nutzung, unterkellert

Kompakte Hausform mit Einliegerwohnung/Atelier/Büro

Wohnhaus am Hang

Wohnhaus am Hang mit Einliegerwohnung/Atelier/Büro

Hofhaus, Hausensemble, mehrere Baukörper

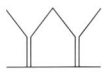

Haus in der Baulücke oder auf beengtem Grund

Dank
Allen Architekten, die für dieses Buch so viel Engagement aufbrachten, den Bauherren, die einer Publikation ihrer Häuser zustimmten und den Fotografen, die die Architekturaufnahmen gemacht oder zur Verfügung gestellt haben, danken wir sehr herzlich für die Mitarbeit. Danken möchten wir auch unseren Verlegern, Helmuth Baur-Callwey und Roland Thomas, die dieses Buch mit großem Verständnis und ebensolcher Begeisterung begleitet und mit auf den Weg gebracht haben.

Die Grundrißorganisation

Ebenso wie das äußere Erscheinungsbild eines Hauses Ausdruck einer bestimmten Wohn- und Lebensvorstellung seiner Bewohner ist, so ist es auch – und vielleicht noch stärker – die Entscheidung für einen bestimmten Grundrißtyp. Die Anordnung der einzelnen Bereiche, die Erschliessung und Dimensionierung der Räume, der Grad der Offenheit des Hauses und die Wege- und Blickbeziehungen – all dies reflektiert die Haltung, die die Bewohner zu ihrer privaten Sphäre entwickeln wollen oder bereits entwickelt haben. Auch der Grundriß trägt porträthafte Züge.

Obwohl die von Architekten geplanten, freistehenden Einfamilienhäuser individuelle Lösungen mit fast unikathaftem Anspruch darstellen und folglich keine Typisierung vertragen, so lassen sich doch in Anlehnung an andere Bauaufgaben Grundriß-Charakteristika festmachen, die einer bestimmten Grundidee folgen und damit das Organisationsgefüge sowie den räumlichen Zusammenklang eines Hauses vorhersehbar bestimmen. Zu jeder der beschriebenen Grundrißarten gibt es eine unerschöpfliche Vielfalt an Varianten, Mischformen und Überschneidungen – aber kein klares Für und Wider, keine eindeutige Zuordnung von preiswert oder kostenintensiv oder gar gut, beziehungsweise schlecht. Die Dogmen falsch verstandener Grundrißlehren haben sich längst überlebt, ebenso wie die Vorurteile gegen das Einfamilienhaus als ernstzunehmende und wichtige Bauaufgabe. Und damit setzt sich auch die Einsicht durch, daß ein guter Grundriß feinfühlig das schlüssige, wenn auch verschlüsselte Abbild der Lebens- und Wohnvorstellungen seiner Auftraggeber darstellt, daß kein Grundriß gegen eine präferierte Konstruktionsart entwickelt werden sollte und daß die Qualität eines Raumgefüges noch immer von seinen Proportionen bestimmt wird. Ein gut funktionierender Grundriß ist die Basis der Planung, die Ausarbeitung in die Dreidimensionalität stellt dann den Kunstgriff dar, wenn man von dem Ergebnis als Architektur spricht. Ein Glücksfall, wenn sich Bauherren und Architekt gemeinsam einem solchen Qualitätsziel verpflichtet fühlen.

Der Flurtyp
In dieser Grundrißkonzeption fungiert der Flur als Achse und Verteiler, an dem alle Räume des Hauses und die Treppe angeordnet sind. Der Flurtyp kann sowohl als Einspänner, an dem sich die Zimmer an einer Seite aufreihen, als auch als Zweispänner mit der Anordnung der Räume auf beiden Seiten konzipiert sein. Dabei verfügt jeder Raum über eine Tür als Abschluß zur Flurzone. Es wird in der Raumqualität deutlich zwischen Wohn- und Verkehrsfläche unterschieden. Das hohe Maß an Privatheit und Abgeschlossenheit dieser Grundrißanordnung geht einher mit dem Nachteil geringerer räumlicher Großzügigkeit und einer reduzierten Möglichkeit der direkten Kommunikation von Raum zu Raum.

Der offene Grundriß
Dieser Grundrißtyp bildet ein großräumiges Zentrum aus offenem Wohnraum, dem angeschlossenen Eßbereich und der Küche, die funktional und optisch beiden zugeschaltet ist. Beim offenen Grundriß gewinnen die Räume an Fläche, Raumabschlüsse zu Fluren und Nachbarzimmern entfallen. Die meist nur monofunktional nutzbare Verkehrsfläche ist auf ein Mindestmaß reduziert, da die Wegebeziehungen innerhalb des Gesamtgrundrisses durch die offenen Räume hindurchführen. Das großzüge Konzept aus Allraum und weiten Blickbezügen innerhalb des Grundrisses ist auf Kommunikation angelegt, das Raumgefühl fast öffentlich, eine Differenzierung des Wohnbereiches in öffentliche, halböffentliche und ganz private Zonen entfällt. Rückzugsmöglichkeiten für die einzelnen Bewohner schaffen die Schlaf- und Aufenthaltsräume. Soll der offene Grundriß auch auf lange Sicht funktionieren, müssen diese entsprechend großzügig ausgelegt werden, um Konflikte zu vermeiden. Auch wenn auf Verkehrs- und Nebenflächen weitgehend verzichtet werden kann, wird der Gesamtflächenbedarf in der Regel aber nicht geringer ausfallen als beim Flurtyp.

Der Einraumgrundriß
Eine Steigerung des offenen Wohn-Grundrisses stellt das Einraumkonzept dar. Prädestiniert vor allem für eingeschossige Häuser, existiert bei dieser Variante ein großer, völlig offener Raum mit weiten Blickbezügen, in den kleine, halboffene (Garderobe) und geschlossene (Gäste-WC) Boxen wie Möbelstücke lediglich eingestellt werden. Dieser Typ erlaubt den Bewohnern ein Höchstmaß an Nutzungs- und Einrichtungsflexibilität, da außer der Gebäudeaußenhülle alle innenräumlichen Beziehungen weitestgehend austausch- und veränderbar sind. Nur die auf das notwendige Maß reduzierten Schlafräume – meist an der Grundrißperipherie oder auf einer zweiten Ebene gestapelt angeordnet – schaffen die Qualität eines Rückzugsbereiches. Ein flächensparendes Prinzip, das ein Höchstmaß an Toleranz im Zusammenleben der Bewohner voraussetzt und sinnvollerweise so angelegt ist, daß es sich auch mit wenigen baulichen Eingriffen zum offenen oder halboffenen Grundriß verwandeln läßt.

Der Split-Level-Grundriß
Split-Level-Konzepte finden häufig Anwendung bei Reihenhäusern, eignen sich aber auch für freistehende Einfamilienhäuser, insbesondere Hanghäuser, da die Abtreppung des Grundrisses den natürlichen Grundstücksverlauf nachzeichnen kann.

Die Spannung dieser Grundrißidee liegt in der vertikalen Verknüpfung der einzelnen Ebenen: sie erzeugt eine optische Weiträumig- und Großzügigkeit, die real gar nicht vorhanden ist – ein Grundrißtyp mit bewußt illusionistischen Zügen. Er eignet sich gut für kleine und schmale Gebäudegrundflächen. Der Nachteil dieser Lösung besteht darin, daß sich der Reiz des Split-Level-Grundrisses nur bei eindeutig offen gestalteten Raumzonen

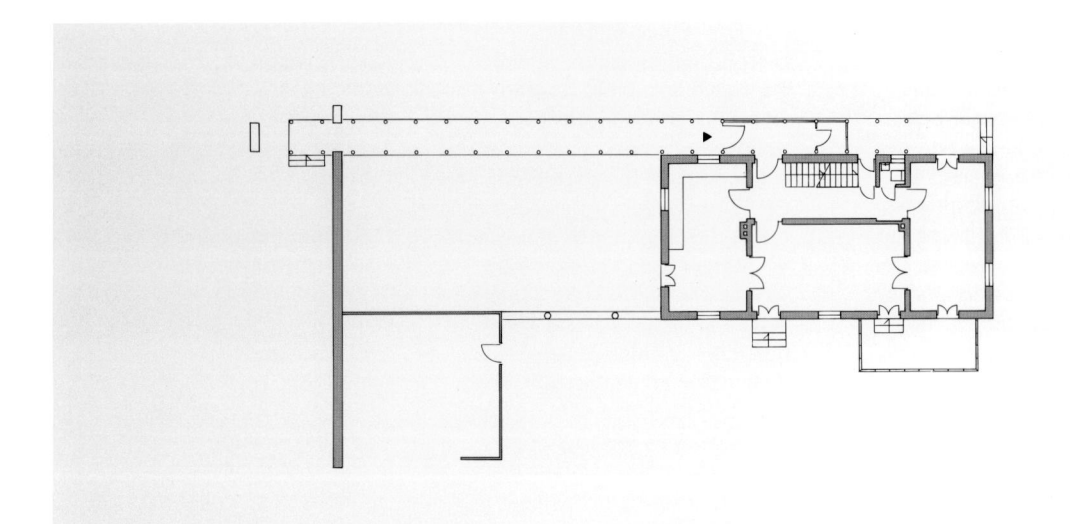

Der Flurtyp

Architekten:
Gabriele Netzer-Guggenbichler
+ Josef Guggenbichler,
München

siehe Seite: 32 f.

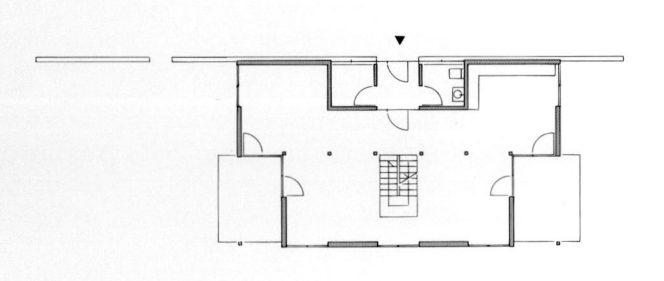

Der offene Grundriß

Architekt:
Ingo Bucher-Beholz,
Gaienhofen

siehe Seite: 34 f.

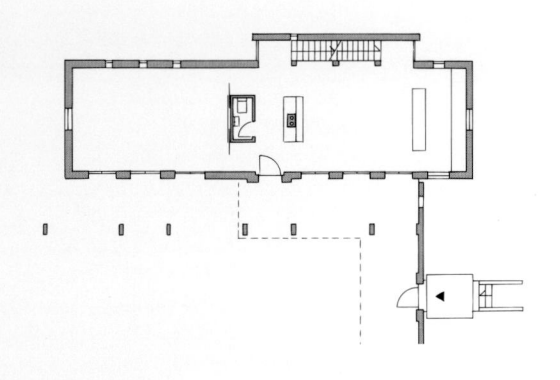

Der Einraumgrundriß

Architekten:
Ladleif + Mosebach,
Kassel

siehe Seite: 138 f.

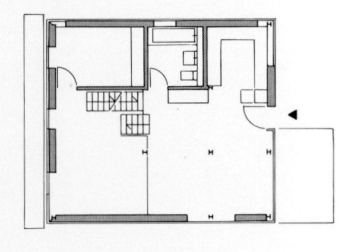

Der Split-Level-Grundriß

Architektin:
Angelika Blüml,
Radolfzell

siehe Seite: 98 f.

einstellt, bei einer Abschottung der Räume und Treppenzonen durch Wände dagegen viel von der eigentlich beabsichtigten Rauminszenierung verliert. Der Split-Level-Grundriß stellt ein vertikal und horizontal offenes Wohnprinzip dar, Rückzugsräume müssen additiv angelegt werden, dies geschieht meist im Dach- oder im Untergeschoß. Einen Nachteil stellt die geringe Flexibilität bei eingeschränktem Raum- und Flächenangebot dar: durch die Bindung der Raumgrößen an die jeweilige Ebene sind die einzelnen Räume nahezu nicht veränderbar. Eine weitere Einschränkung stellt die oft mittig angeordnete, dominante Lage der Treppe dar und als nachteilig wird häufig das Wohnen auf so vielen, unterschiedlichen Ebenen und das damit verbundene Treppensteigen empfunden.

Der zusammengesetzte Grundriß
Räume und Gebäudeteile wirken bei diesem Grundrißtyp zusammengesetzt wie ein Cluster. Qualität bedeutet bei diesem »intellektuellen« Konzept den selbstverständlich kristallinen Zusammenklang aller Einzelelemente von Grund- und Aufriß. Jedes Zuviel stört die Harmonie, jedes Zuwenig verrät die ungeübte und nur auf das formal Experimentelle fixierte Hand. Fingerförmige Wegeführungen, horizontale und vertikale Durchdringungen und Überschneidungen von ineinander übergehenden Räumen unterschiedlicher Größe und Proportionen, verzichten auf gewohnte Vorstellungen von Axialität und Symmetrie, der Grundriß setzt bewußt auf das Moment der Überraschung und der Eindrucksfülle. Durch die sowohl innen als auch außen wahrnehmbare Inszenierung der einzelnen Räume und Funktionsbereiche, verfügen diese Häuser häufig über ein sehr plastisches Erscheinungsbild mit betont unikathaftem Charakter. Häuser mit einem solchen Grundrißgefüge benötigen Fläche und Raum, um ihre markante Wirkung entfalten zu können – wie eine gute Skulptur.

Der Ensemblegrundriß
Diese Grundrißvariante verlegt die Funktionen eines Hauses – einzeln oder gebündelt – in unterschiedliche Gebäudeteile, wodurch sich eine klare Trennung der Wohnbereiche voneinander ergibt. Das kann die Separierung von Kinder- und Elternbereich, von Wohn- und Arbeitstrakt oder auch von individuell und kollektiv genutzten Räumen bedeuten. Eine störungsfreie Nutzung der einzelnen Gebäude mit einem Höchstmaß an Privatheit und Abgeschlossenheit können das Ziel dieser Grundrißüberlegung sein. Eigene Zugänge verstärken diesen Effekt noch. Sie ermöglichen darüber hinaus eine einfach zu realisierende Umnutzung der einzelnen Gebäudeteile, zum Beispiel in eine Einliegerwohnung oder ein separates Büro.

Der fließende Grundriß
Dieser Grundrißtypus setzt auf die funktionale und optische Verschmelzung der Räume in der Horizontalen wie in der Vertikalen. Er ist damit ein in seiner Transparenz zurückgenommener offener Grundriß, der auf ein kompliziertes und differenziertes Zusammenklingen in der Raumwirkung angelegt ist. Trotz klar definierter Nutzungszonen durch den Einbau halbhoher Mauerscheiben, Absätze und Raumteiler, bleiben immer Sichtverbindungen und Bezüge zu den jeweiligen Nachbarräumen bestehen. Die in engem Kontakt zueinander angeordneten Wohnzonen zielen trotz ihrer differenziert angelegten Abgeschlossenheit bewußt auf die Wirkung eines räumlichen Gesamtzusammenhanges von Grund- und Aufriß.

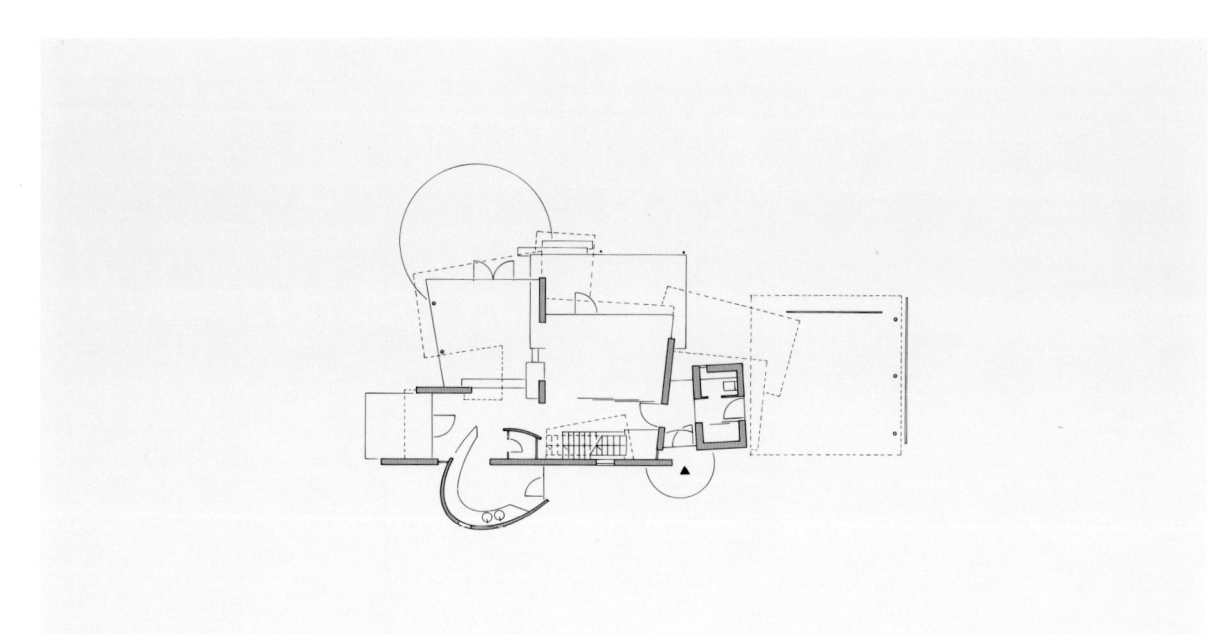

Der zusammengesetzte Grundriß

Architekten:
Kauffmann, Theilig + Partner,
Ostfildern

siehe Seite: 24 f.

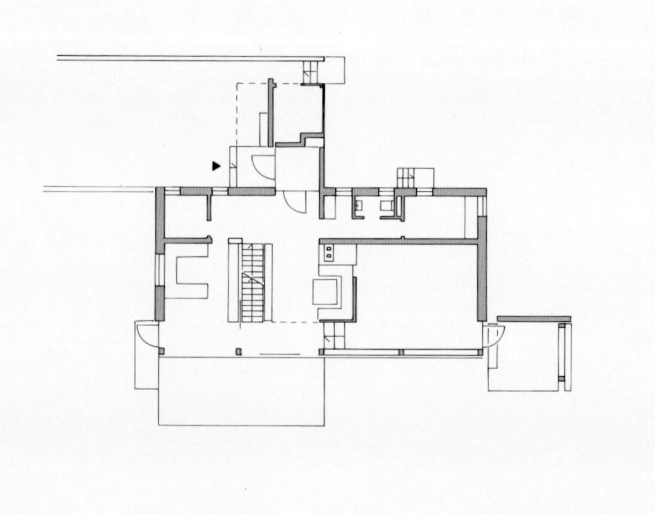

Der fließende Grundriß

Architekt:
Andreas Meck,
München

siehe Seite: 16 f.

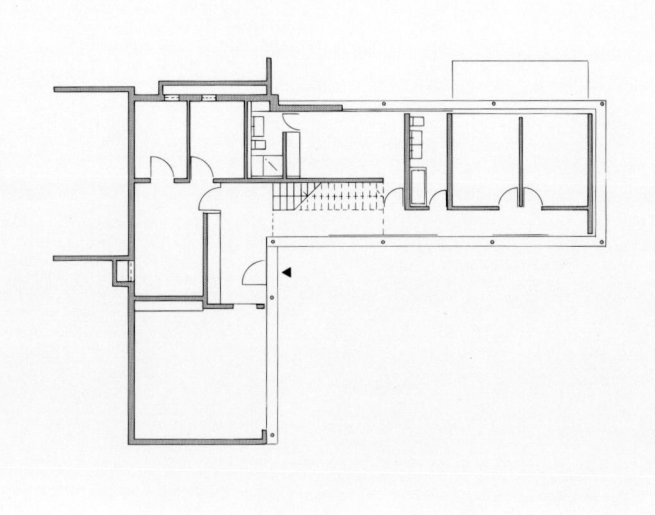

Der Ensemblegrundriß

Architekten:
Hascher + Jehle,
Berlin

siehe Seite: 122 f.

75 Projekte

Wohnhaus im Chiemgau

Architekt:
Andreas Meck,
München

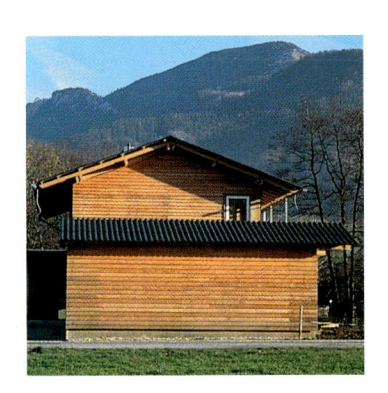

Das Grundstück mit leichtem Gefälle liegt am Ortsrand einer Gemeinde im Chiemgau. Nach Süden eröffnet sich ein herrliches Panorama über das Tal hinweg zum schroffen Gebirgsmassiv der Kampenwand. Die Bauherren hatten den Wunsch nach einer modernen Gebäudeform, verbunden mit viel Licht im Innern und freiem Blick auf die einzigartige Kulisse. Ursprünglich mit Flachdach geplant, hatte das Haus viele bauordnungsrechtliche Hürden nehmen müssen, bis es nach mehreren Vorentwürfen genehmigt und realisiert werden konnte. Entstanden ist ein einfacher, zonierter Baukörper mit Satteldach, der nach Norden als geschlossener Massivbau und nach Süden als offener Holzskelettbau mit großflächiger Verglasung ausgebildet ist.

Die verschiedenen Materialien der äußeren Gebäudehülle korrespondieren mit der landschaftlichen Umgebung: unbehandelter Beton und sägerauhe Lärchenschalung reagieren in ihrer Farbe und Ruppigkeit auf das nahe Gebirge; die leichte feine Holz-Glas-Fassade harmoniert mit den sanften Wiesen. Bei der Innenraumgestaltung dominiert der Gedanke des begehbaren Möbels. Alle Räume sind mit Birkenholz ausgeschlagen, das im Innern des Hauses eine warme Grundfarbstimmung schafft.

Der Grundriß

– Entsprechend dem Konzept der zwei Gesichter ist der Baukörper nach Norden weitgehend geschlossen; hier befinden sich Eingang und Nebenraumzonen; nach Süden ist er geöffnet, hier liegen die Wohnräume
– Raumhohe Schiebetürelemente in den Querwänden ermöglichen ein »Durchwohnen« auch in Längsrichtung
– Ein zweigeschossiger Luftraum mit Galerie erzeugt Großzügigkeit
– Das Zentrum des Hauses bildet ein großer Kachelofen mit Sitzplatz
– Die Garage formt zusammen mit dem Windfang einen geschützten Eingangshof.

Grundstücksgröße: 1274 m²
Anzahl der Bewohner: 2
Überbaute Fläche: 127 m²

Wohnfläche: 196 m²
Nutzfläche Keller: 92 m²
Planung: 12/92 – 04/94

Ausführung: 05/94 – 12/94
Baukosten je m² Wfl/Nfl: 2450,- DM
Baukosten gesamt: 698.000,- DM

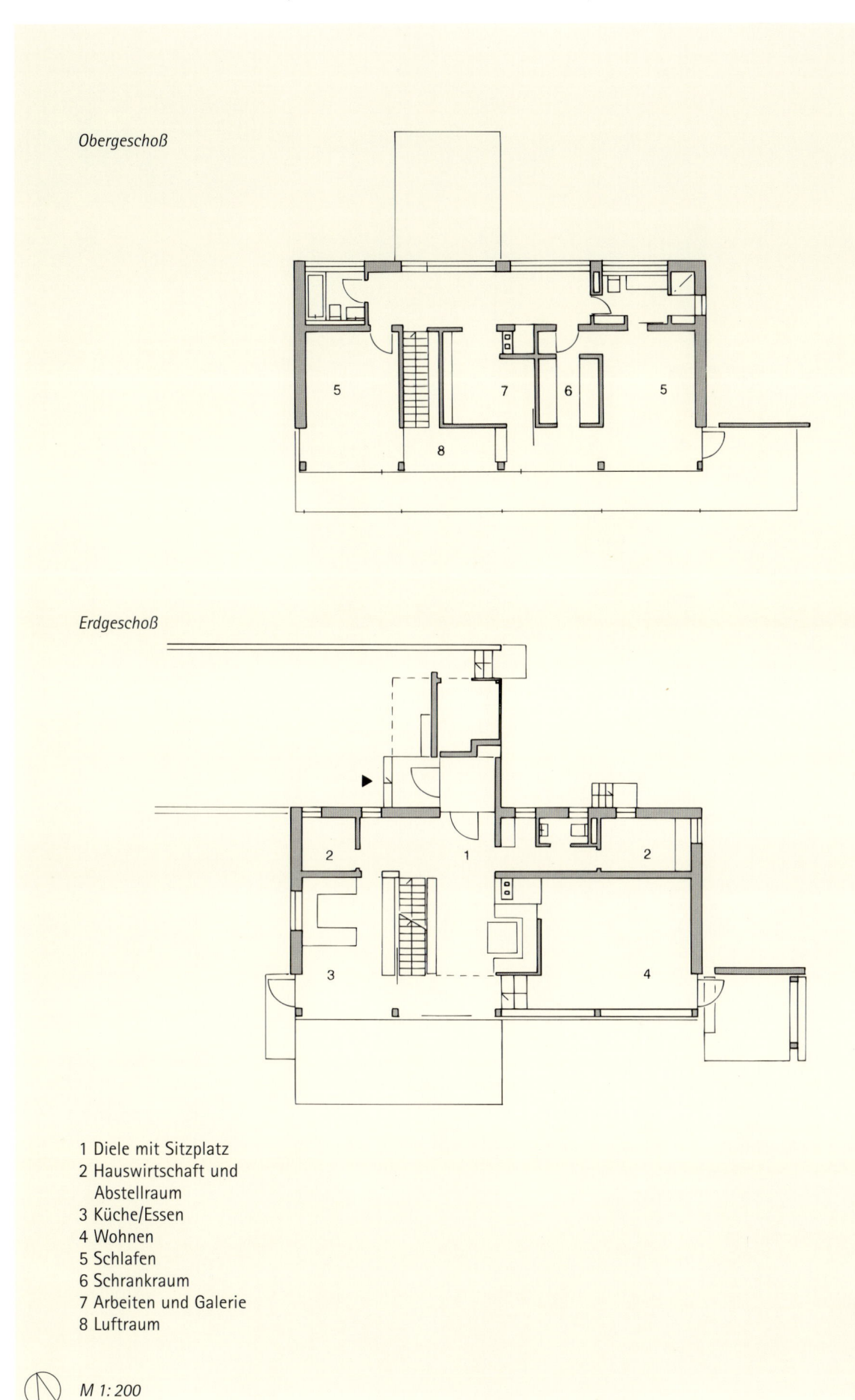

Obergeschoß

Erdgeschoß

1 Diele mit Sitzplatz
2 Hauswirtschaft und Abstellraum
3 Küche/Essen
4 Wohnen
5 Schlafen
6 Schrankraum
7 Arbeiten und Galerie
8 Luftraum

M 1:200

Linke Seite: Die offene Südfassade zum Garten; die Westfassade mit der Garage.
Oben: Der hausbreite Südbalkon; der eingebaute Sitzplatz im Erdgeschoß.

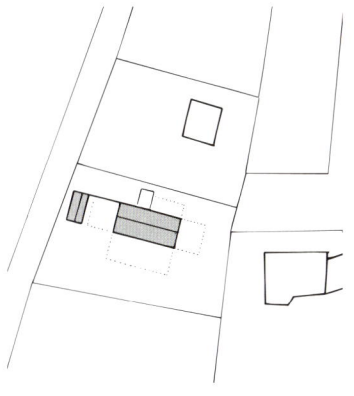

M 1:2000

Wohnhaus in Kassel

Architekten:
Ladleif + Mosebach,
Kassel

Das Grundstück ist Teil einer Siedlung, die von der Stadt für experimentelles Wohnen unter ökologischen Gesichtspunkten ausgewiesen wurde. Der einladend wirkende Baukörper ist als vollunterkellerter U-förmiger Massivbau errichtet. Die Außenverkleidung besteht aus einer mineralischen Wärmedämmung mit einer hinterlüfteten Stülpschalung als Wetterschutz. Das stimmige Fassaden- und Farbkonzept verleiht dem Haus eine unverwechselbare Individualität – ohne jede übertrieben ökologisch-architektonische Gestik. Die Baustoffe sind so gewählt, daß Pflege und Unterhalt gut in Eigenleistung zu erbringen sind. Die Südfassade, eine zweigeschossige Leimholz-Ständer-Konstruktion mit großflächiger Verglasung, sorgt für helle Räume und solaren Energiegewinn. Als Sonnenschutz dienen Dachüberstand und Balkon. Das Pultdach ist hochwärmegedämmt und mit einer 10 Zentimeter starken Grasdachschicht gedeckt, ebenso wie der Carport – Ausgleich für die baubedingt versiegelten Außenflächen.

Der Grundriß
– Konsequente Zonierung in die Versorgungsräume im Norden und in die nach Süden geöffneten Wohnräume
– Erschließung von Norden über einen eingezogenen Windfang
– Eine einläufige Treppe gliedert die offene Wohnzone in Kochen und Essen sowie den Wohnraum; die Blickbezüge über die ganze Hausbreite bleiben so erhalten
– Das große Terrassendeck ist von beiden Bereichen zugängig
– Im Obergeschoß sind die nach Süden ausgerichteten, etwa gleich großen Schlafräume aufgereiht; ihnen vorgelagert ist ein Balkon, von dem eine eigene Außentreppe in den Garten führt (noch nicht ausgeführt).

Grundstücksgröße: 584 m² | Wohnfläche: 121 m² | Baukosten je m² Wfl/Nfl: 2050,- DM
Anzahl der Bewohner: 4 | Nutzfläche Keller: 60 m² | Baukosten gesamt: 371.000,- DM
Überbaute Fläche: 81 m² | Ausführung: 1991–92 |

Obergeschoß

Erdgeschoß

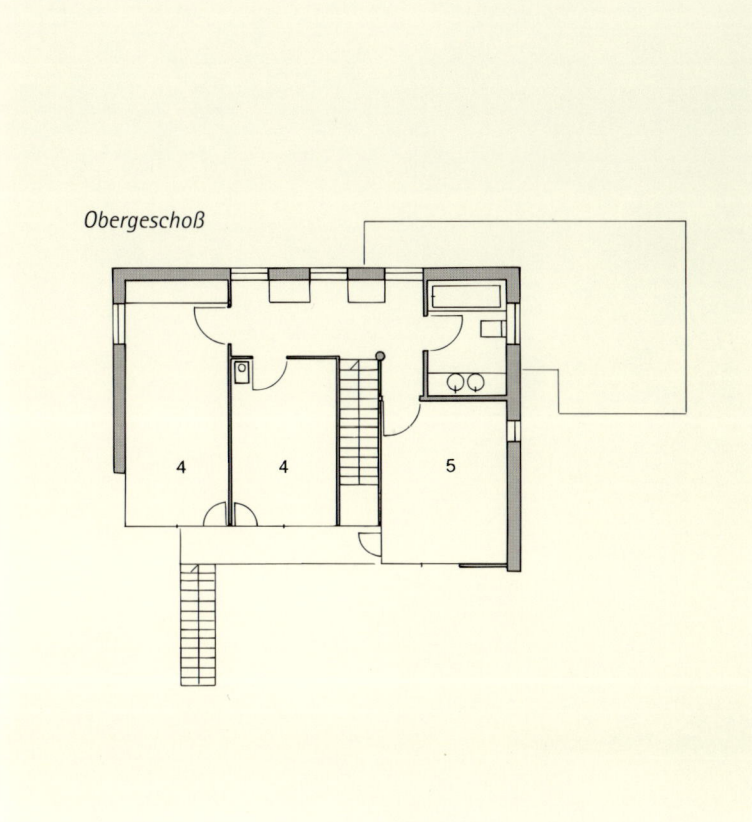

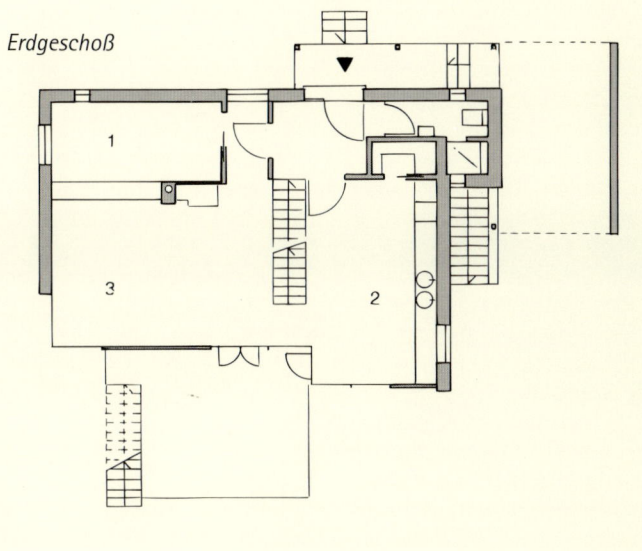

*Linke Seite: Die nach Süden orientierte Gartenfassade.
Oben: Die Eingangsfassade mit begrüntem Vordach und offenem Carport.*

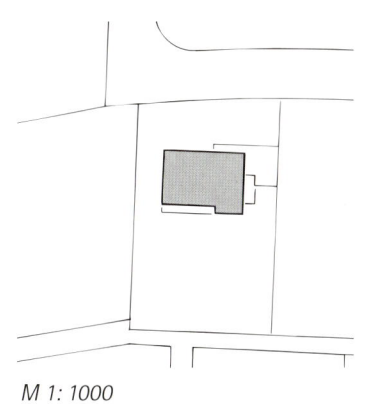

1 Zimmer
2 Küche/Essen
3 Wohnen
4 Kind
5 Eltern

M 1:200

M 1:1000

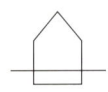

Wohnhaus in Niederösterreich

Architekten:
Christa Prantl + Alexander Runser,
Wien

Das Grundstück war eine Herausforderung: 100 Meter lang, nur 20 Meter breit und mit ungünstiger Ausrichtung nach Norden. Es bot allerdings den besonderen Reiz einer faszinierenden Aussicht ins Donautal.

Das Raumprogramm, das die Bauherren für sich aufgestellt hatten, sah einen großen Wohnraum mit offener Küche vor, einen zweiten separiert im Obergeschoß, ein Arbeitszimmer, einen Schlafraum und vier Kinderzimmer sowie einen gut nutzbaren Werkstattkeller. Aus diesen Anforderungen wurde der fast archetypische Grundriß mit zentraler Halle und beidseitig angeordneten Privaträumen entwickelt. Der hölzerne Umgang, auf dem man das Haus umschreiten kann, erweitert terrassenartig die Räume. Er bildet einen behutsam inszenierten Übergang von der Architektur zur umgebenden Wiesenlandschaft.

Zur Nutzung der Sonnenenergie wurde das »Glashausprinzip« eingesetzt, als Speichermasse dienen neben den Betondecken auch die aussteifenden Betonkerne. Im Sommer schützen die Dachüberstände und hohen Brüstungen das Haus vor Überhitzung. Vor Beginn der Entwurfsarbeit wurde das Grundstück geopathisch vermessen, sämtliche Schlaf- und Arbeitsplätze meiden vermutete Störzonen. Installationen und elektrische Geräte wurden in den Sanitärkernen konzentriert, die Schlafräume erhielten Netzfreischaltungen. Bei Konstruktion und Materialwahl wurde umweltbewußt an eine einfache Entsorgung und Wiederverwertbarkeit gedacht.

Der Grundriß
– Das Haus entwickelt sich vom dunklen Keller über das konventionell belichtete Erdgeschoß zum lichtdurchfluteten Obergeschoß
– Erschließung des Gebäudes mittig von Südosten; dadurch ökonomische Wegführung
– Der offene Grundriß macht Flurflächen zu Nutzflächen
– Die zentrale Diele erfüllt mehrere Funktionen: Eingang, Verteiler und Eßplatz
– Die einläufige Treppe schafft die optische Zäsur zwischen Wohn- und Schlafbereich
– Die Küche fungiert wie ein Möbelstück als Raumteiler zum Wohnraum
– Das Obergeschoß ist identisch organisiert
– Im Unterschied zum Belichtungskonzept des Erdgeschosses wurden hier die Brüstungshöhen auf 1,30 Meter gesetzt: der Effekt ist eine geschützte »nestartige« Insel mit inszeniertem Ausblick.

Grundstücksgröße: 2046 m² | Wohnfläche: 240 m² | Ausführung: 11 Monate in 1993/94
Anzahl der Bewohner: 6 | Nutzfläche Keller: 108 m² | Baukosten je m² Wfl: 2300,- DM
Überbaute Fläche: 142 m² | Planung: 1989–93 | Baukosten für Wfl: 552.000,- DM

Obergeschoß

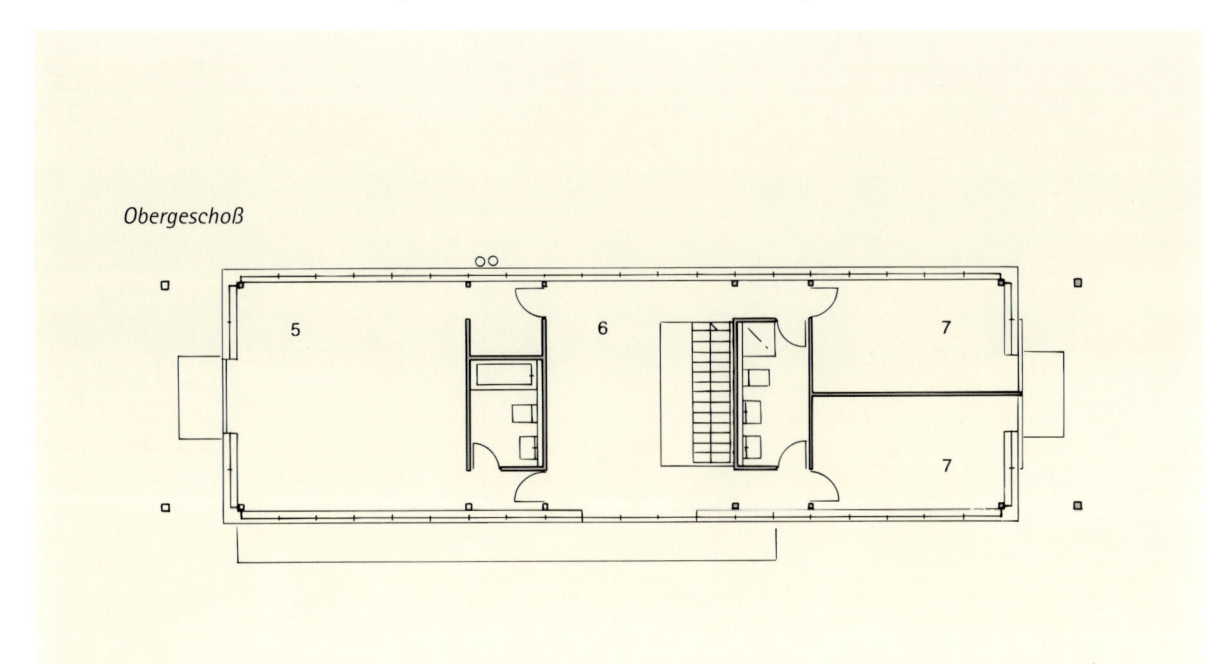

Erdgeschoß

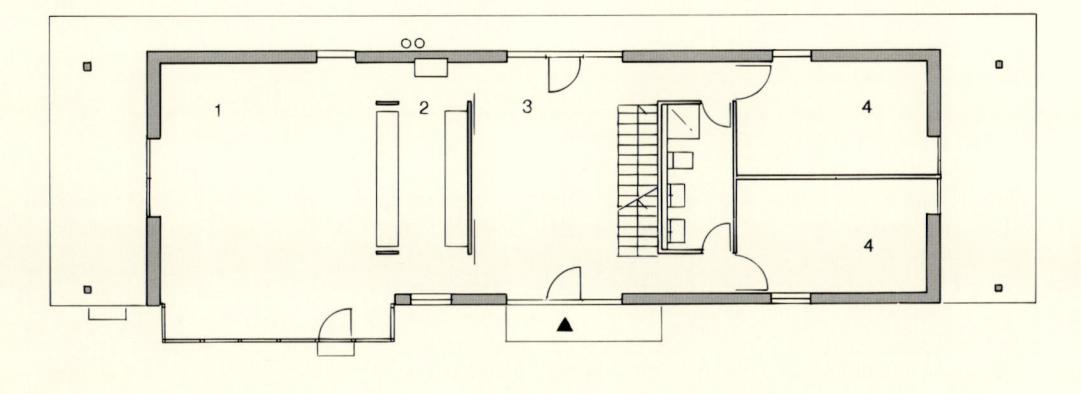

Linke Seite: Blick vom Zugangsweg auf den Süd-West-Giebel; die geschlossene Fassade nach Nord-Westen.
Oben: Der offene Giebel im Obergeschoß mit den erhöhten Brüstungen.

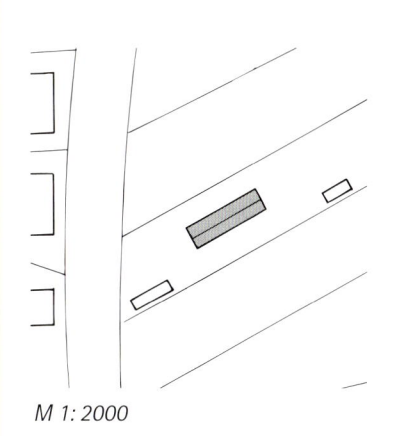

1 Wohnen/Essen
2 Küche
3 Diele
4 Zimmer
5 Eltern
6 Galerie
7 Kind

M 1: 200

M 1: 2000

Wohnhaus mit Atelier
bei Miesbach

Architekt:
Prof. Sampo Widmann,
München

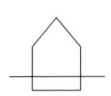

Das Einfamilienhaus für eine Künstlerfamilie befindet sich auf einem kleinen Grundstück – mit enger nachbarschaftlicher Bebauung – in einer ländlich geprägten Ortschaft in der Nähe von Miesbach.

Für den Entwurf standen die umliegenden landwirtschaftlichen Gebäude Pate. Das Haus bezieht seine Gestalt aus der Einfachheit des Baukörpers und der dezidierten Farbgestaltung: das mit großflächigen Faserzementplatten gedeckte Dach und die mit einer vertikalen sägerauhen Holzschalung verkleideten Außenwände sind schwarz bzw. anthrazit gehalten – die Fenster dazu kontrastreich schneeweiß gerahmt. Vor den beiden Hauptöffnungen auf der Nordseite sind große rote und blaue Schiebetore, die in Stahlrahmen hängen, angebracht; sie verleihen dem Haus eine unverwechselbare, heitere Note. Das zweigeschossige Haus ist in Holzrahmenbauweise mit einem auch im Innern sichtbaren Skelett in einem Raster von 1,05 m in Längs- und 0,95 m in Querrichtung errichtet. Die holzverschalte Außenhülle und die Schiebetore sind ortstypische, prägende Elemente der Region, die dieses Haus reflektiert und neu interpretiert – eine edle Scheune zum Wohnen.

Der Grundriß
– Der einfache symmetrische, gestreckte Grundriß teilt sich in drei gleich große Bereiche: der Eingang führt direkt in die offene Küche, die mit der Treppe und den Bädern im Zentrum des Hauses liegt, im westlichen Drittel befinden sich der Wohn-/Eßbereich und die Kinderschlafzimmer im Obergeschoß; im östlichen Gebäudeteil sind das Atelier und darüber Elternschlaf- und das Arbeitszimmer untergebracht
– Die Geschosse werden über eine einläufige, transparente Treppe verbunden
– Das Obergeschoß bietet neben den Schlafzimmern und dem zweiten Bad zusätzlich einen breiten Flur als Spielfläche für die Kinder
– Die Kinderzimmer haben je ein fest eingebautes Hochbett, welches die Raumhöhe des Luftraums unter dem Satteldach ausnutzt. Es wird über eine kleine Leiter erklommen.

Grundstücksgröße: 600 m² | Wohnfläche: 165 m² | Baukosten je m² Wfl/Nfl: 2250,- DM
Anzahl der Bewohner: 4 | Nutzfläche: 82 m² | Baukosten gesamt: 556.000,- DM
Überbaute Fläche: 96 m² | Ausführung: 1995

Obergeschoß

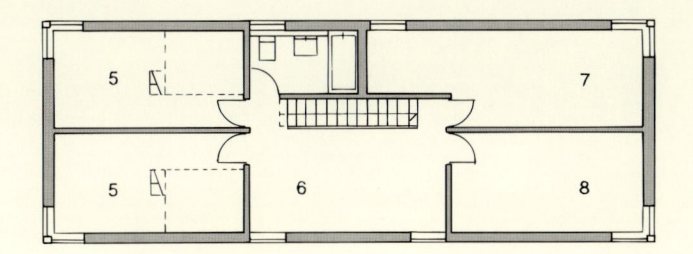

Erdgeschoß

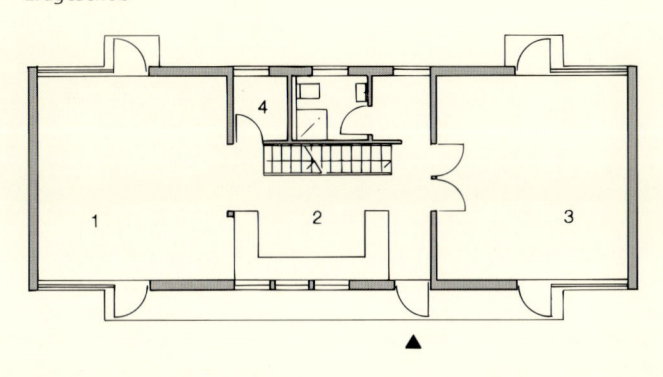

Linke Seite: Der nach Südwesten orientierte Hof mit Haupthaus und Carport.
Oben: Der offen angelegte Wohn- und Eßbereich im Erdgeschoß.

1 Wohnen
2 Küche
3 Atelier
4 Abstellraum
5 Kinderzimmer
  mit Schlafempore
6 Spielflur
7 Eltern
8 Arbeiten

M 1:200

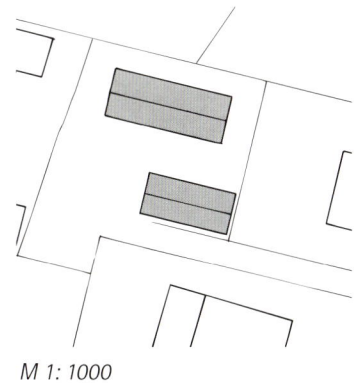

M 1:1000

Wohnhaus in Stuttgart

**Architekten:
Kauffmann, Theilig + Partner,
Ostfildern**

In dem weiträumigen, parkartig angelegten Villengrundstück sollte ein zweites Gebäude für die große Familie errichtet werden. Dabei war Planungspriorität, sowohl die bestehenden schönen Außenanlagen mit imposanten Bäumen als auch die besondere Qualität des Ortes für die Nachbarn zu erhalten. Da mitten auf dem für die Bebauung in Frage kommenden Grundstücksteil eine beherrschende Hängebuche stand, konnte das neue Wohnhaus rechtwinklig zur bestehenden Villa plaziert werden und mußte nicht, wie baurechtlich vorgesehen, parallel stehen. So konnte der Großteil der Gartenanlage erhalten werden.

Grundriß und Gebäudekonfiguration reagieren stark auf den umgebenden und teilweise hohen Baumbestand. Durch Rücksprünge in der Fassadenebene und entsprechende Wandöffnungen wird für nahezu alle Aufenthaltsräume eine Art »Baumhauscharakter« erreicht. Alle Ebenen sind horizontal und vertikal miteinander so verbunden, daß Sichtverbindungen von Innen nach Außen und durch das ganze Haus hindurch möglich sind – zum einen durch Galerieeinschnitte und Treppenaugen, zum anderen durch begehbare Glasfelder in den Decken und Ebenen. Ebenerdige Zugänge und Holzterrassen verbinden die auf das notwendige Maß reduzierten befestigten Flächen mit dem umgebenden Garten. Alle Flachdachebenen sind begrünt, sie verzahnen Gebautes mit Natürlichem.

Der Grundriß
– Man erreicht das neue Gebäude über einen schmalen Zugang von Norden, der in Distanz an dem alten Haus vorbeiführt
– Die eher unspektakuläre Eingangssituation wirkt wie eine Kreuzung: der Zugang zum Haus erfolgt von Osten oder für die Familie vom Carport aus über die separierte Garderobe
– Rückgrat des Hauses ist die an der Ostseite verlaufende Mauer, an die sich nach Osten die Funktionsräume in jeweils eigen ausgeformten Baukörpern anlehnen
– Losgelöst von dieser »Stützmauer« sind fächerförmig massive Wandscheiben derart angeordnet, daß sich auf allen Ebenen die Räume perspektivisch zum Garten hin weiten
– Im Erdgeschoß: Kochen, Essen, Wohnen
– Im Obergeschoß: die Kinderzimmer
– Die ruhige Dachgeschoßebene ist Arbeitsraum und Schlafzimmer mit Bad für die Eltern.

Grundstücksgröße: 1500 m² | Wohnfläche: 220 m² | Ausführung: 9/95 – 8/96
Anzahl der Bewohner: 5 | Nutzfläche: 50 m² | Baukosten je m² Wfl/Nfl: 3050,- DM
Überbaute Fläche: 120 m² | Planung: 1/95 – 8/95 | Baukosten gesamt: 820.000,- DM

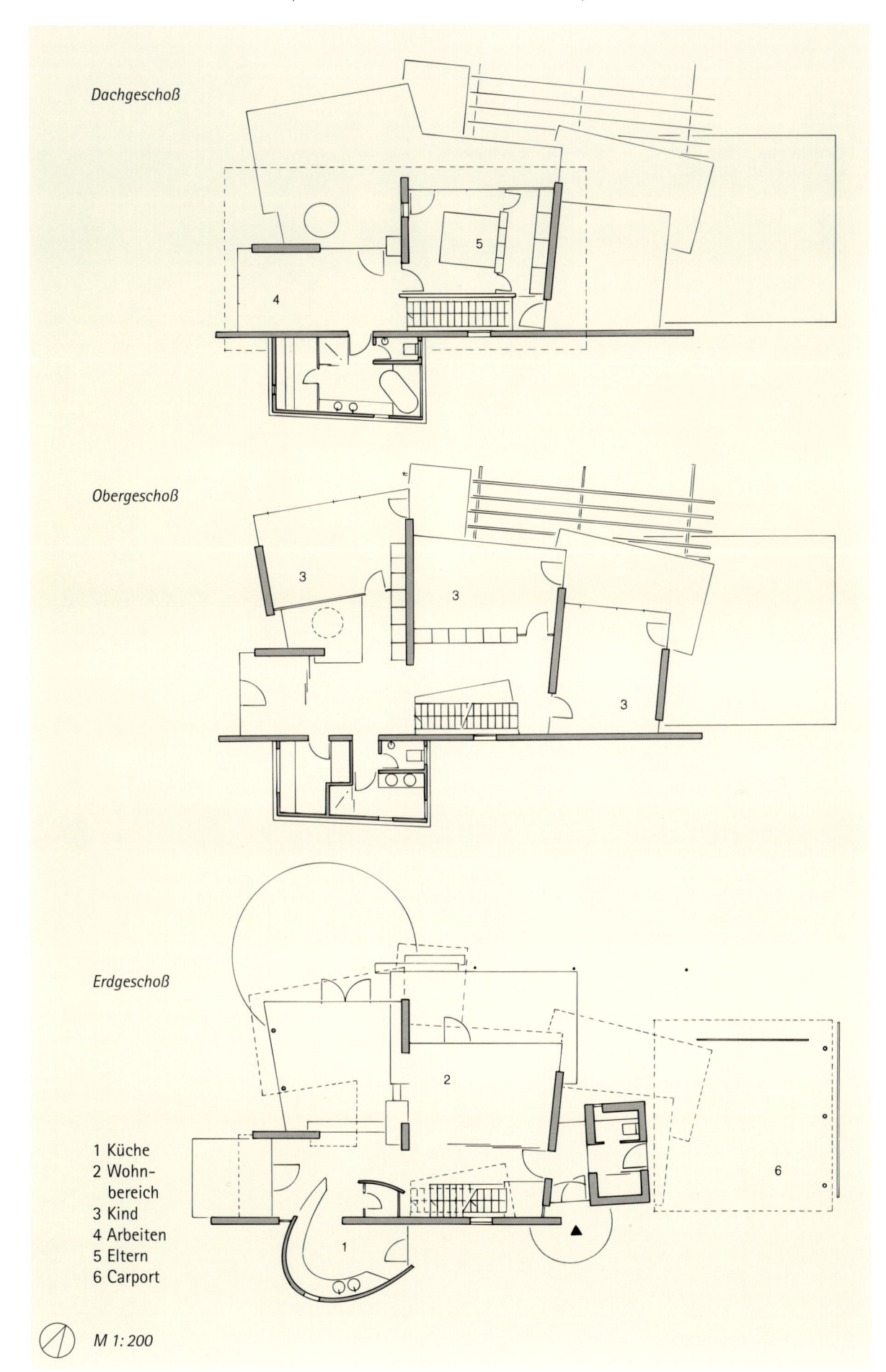

Dachgeschoß

Obergeschoß

Erdgeschoß

1 Küche
2 Wohnbereich
3 Kind
4 Arbeiten
5 Eltern
6 Carport

M 1:200

Linke Seite: Die nach Nordwesten orientierte Gartenfassade; der verglaste Fassadenausschnitt nach Süden.
Oben: Blick entlang der Treppe in die Tiefe des Grundrisses.

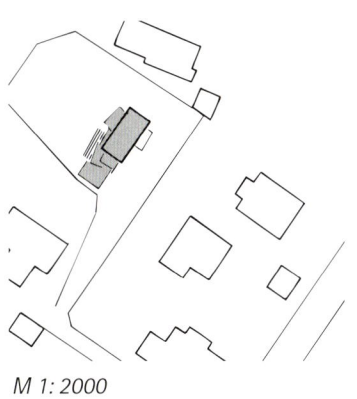

M 1:2000

Wohnhaus in Dingolfing

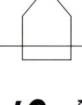

Architektin:
Angelika Blüml,
Radolfzell

Das eingeschossige Satteldachhaus in dem landwirtschaftlich geprägten Stadtrandbezirk von Dingolfing steht an der Stelle eines ehemaligen bäuerlichen Anwesens, das wegen seiner Baufälligkeit abgerissen werden mußte. Das neu entstandene Wohnhaus und der angrenzende Schuppen entsprechen in Größe, Proportionen, Dachneigung und Höhenentwicklung exakt dem früheren Ensemble. Der alte, die Gegend und das Grundstück prägende Baumbestand wurde bei der Planung berücksichtigt. Entwurfsmaxime war darüber hinaus, eine seniorengerechte Grundrißorganisation auf der Erdgeschoßebene zu erreichen. Der Hauptraum des Hauses ist nach oben bis unter den Dachfirst geöffnet, wodurch eine spannungsvolle Raumwirkung erzeugt wird. Das verglaste Giebeldreieck nach Süden mit der filigran ausgebildeten, vorgehängten Fassade wirkt als »Sonnenfalle«, die für wechselnde Lichtstimmungen und besonders in den Wintermonaten für eine Durchsonnung bis in die Tiefe des Hauses sorgt. In der nördlichen Hälfte des Dachgeschosses ist eine Galerieebene eingezogen, die über eine Treppe von der Diele in der Hausmitte erschlossen wird.

Das konstruktive Konzept der freitragenden Hülle ohne tragende Innenwände eröffnet die Möglichkeit, die Innenräume mit einfachen Mitteln zu verändern oder sukzessive auszubauen.

Der Grundriß

– Erschließung von Osten in der Mitte des Hauses, dadurch kurze und direkte Wegeführung
– Organisation des Grundrisses auf einer Ebene
– Schlafzimmer im Erdgeschoß mit eigenem, direkt zugänglichen Bad
– Küche mit Zugang zum Garten über Abstellraum/Speisekammer
– Großzügige Wirkung des Wohnraums durch den freien Blick bis in den Dachraum
– Nach Süden filigrane Giebelverglasung
– Nach Norden ist eine Galerieebene eingezogen, die einen kleinen Gästebereich mit Bad aufnimmt.

Grundstücksgröße: 1275 m² | Wohnfläche: 128 m² | Ausführung: 1989/90
Anzahl der Bewohner: 2 | Nutzfläche Keller: 98 m² | Baukosten je m² Wfl/Nfl: 2200,- DM
Überbaute Fläche: 172 m² | Nutzfläche Schuppen: 22 m² | Baukosten gesamt: 499.000,- DM

Obergeschoß

Erdgeschoß

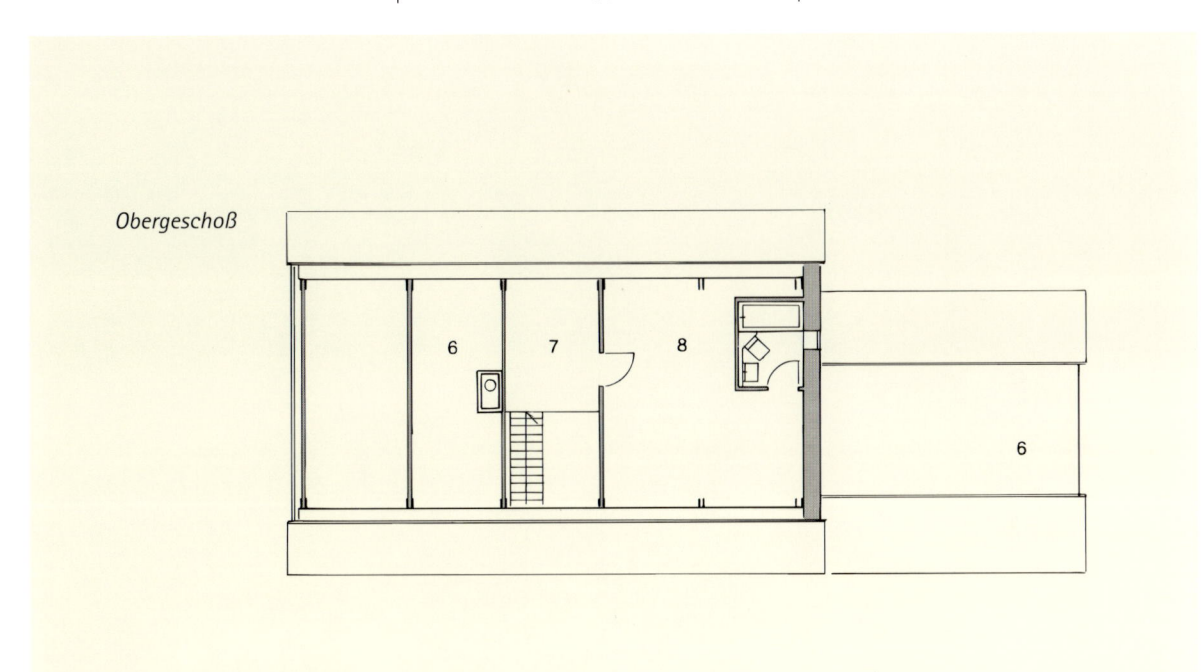

Linke Seite: Die durch alte Bäume verschattete Westfassade; der bis in den Ortgang verglaste Südgiebel. Oben: Blick von der Galerie in den haushohen Wohnraum.

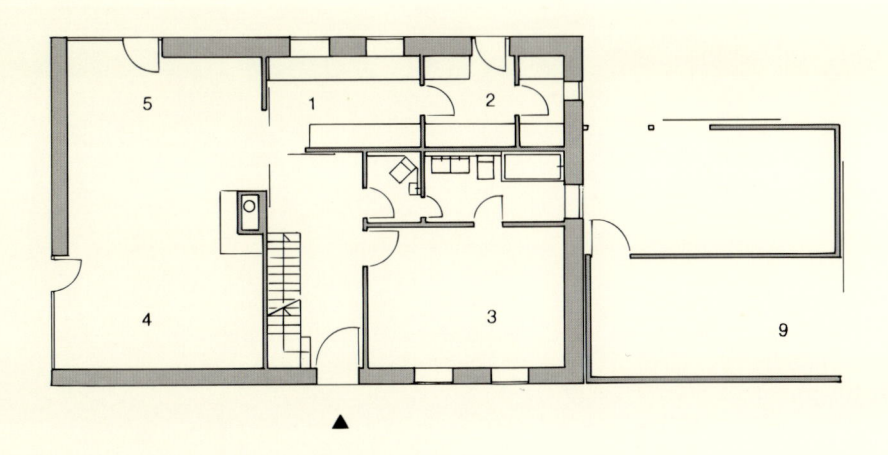

1 Küche
2 Hauswirtschaft und Speisekammer
3 Schlafen
4 Wohnen
5 Essen
6 Luftraum
7 Galerie
8 Gast
9 Garage und Schuppen

M 1:200

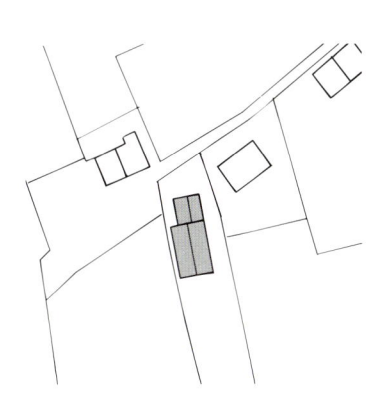

M 1:2000

Wohnhaus in Oberbayern

**Architekten:
Fink + Jocher,
München**

Das zweigeschossige, vollunterkellerte Haus steht am Ortsrand eines kleinen oberbayerischen Dorfes. Es wurde als weiterentwickelte Holzrahmenbauweise mit gebäudehohen vorgefertigten Wandelementen erstellt und greift mit seiner Gestaltung (Wandflächen, Dachneigung, Baustoffe, einfache Konstruktionsprinzipien) auf die traditionell einfachen Bauformen der Region zurück. Die Wärmedämmung (K-Wert der Wand = 0,18) besteht aus 22 Zentimeter Zellulosefaser-Dämmstoff. Zur Vermeidung von Überhitzungserscheinungen der südorientierten Räume sind bewegliche Schiebeläden an den Fassaden angebracht – formale und funktionale Anknüpfung an die regionaltypischen Scheunentore. Einige Wandöffnungen im Bad und im Flur sind mit der naturbelassenen Lärchenholzschalung halbtransparent geschlossen. Dem Bauherrenwunsch entsprechend wurde das Gebäude mit möglichst vielen naturnahen Materialien gebaut, auf chemischen Holzschutz konnte durch die Verwendung von widerstandsfähigem Lärchenholz ganz verzichtet werden.

Der Grundriß
- Klare Zonierung des Gebäudes in Funktionsräume (Norden) und Aufenthaltsräume (Süden)
- Die Funktionsspange der Nordfassade ist aus energetischen Gründen fast ganz geschlossen, ein Oberlichtband sorgt für die notwendige Belichtung und Belüftung
- Der Küchen-, Wohn- und Eßtrakt im Erdgeschoß ist offen angelegt, daneben liegt das Elternschlafzimmer mit eigenem Bad
- Die Wohn- und Schlafräume sind nach Süden orientiert, zusätzliche Belichtung und Blickbezüge nach Osten und Westen
- Eine spätere Abtrennung des Elternschlafzimmers als Einliegerwohnung mit zugeschalteter Küche ist mit einfachen baulichen Mitteln zu erreichen
- Im Obergeschoß befinden sich ein zweites Bad und die drei Kinderzimmer mit breit gelagerten, nach außen schlagenden Fenstern
- Die Flurzone wird als Schrankraum genutzt.

Grundstücksgröße: 1100 m²
Anzahl der Bewohner: 5
Überbaute Fläche: 98 m²

Wohnfläche: 178 m²
Nutzfläche: 82 m²
Ausführung: 1996

Baukosten je m² Wfl/Nfl: 2500,- DM
Baukosten gesamt: 650.000,- DM

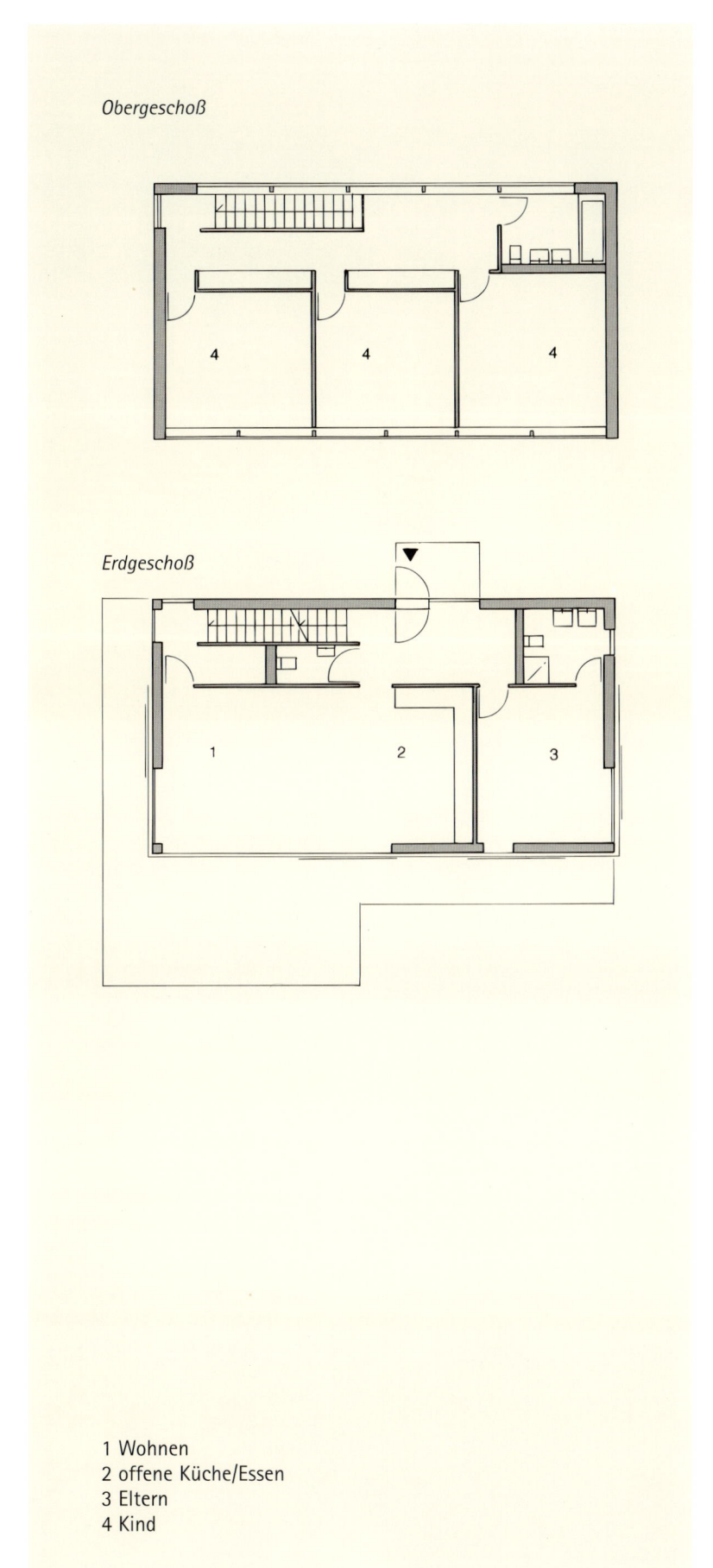

Obergeschoß

Erdgeschoß

Linke Seite: Die Süd- und West-fassade mit den Schiebeelementen und dem weiten Dachüberstand zur Verschattung.
Oben: Der Flur im Obergeschoß mit den eingebauten Schrankwänden.

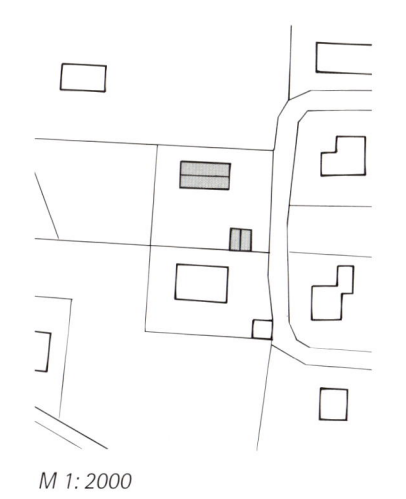

1 Wohnen
2 offene Küche/Essen
3 Eltern
4 Kind

M 1:200

M 1:2000

Wohnhaus in Bodenseenähe

Architekt:
Peter Schanz,
Hohentengen

Das südorientierte Grundstück liegt am Rande eines kleinen Straßendorfes. Das Gelände ist eben und geprägt von einer Obstbaumwiese zwischen alten Schuppen und Scheunen. Das Gebäude – eine vorfabrizierte Holzrahmenbauweise ohne Verwendung von chemischem Holzschutz – ist konsequent Nord-Süd ausgerichtet. An der Nordseite befinden sich ausschließlich Räume mit dienenden Funktionen – Bad, WC, Treppe, Abstellraum und die Heizung -, während sich die Wohn- und Schlafräume nach Süden öffnen. Dadurch kommt das Haus mit wenigen kleinen Öffnungen auf der Nordseite aus, während die großen Fenster nach Süden der Belichtung und Energieversorgung dienen. Die strikte Funktionstrennung läßt sich von außen an der unterschiedlichen Dachneigung, der Dacheindeckung, der langgestreckten Gebäudeform und der unterschiedlichen Schalungsrichtung an der Fassade ablesen. Im Inneren wird die Grundrißzonierung durch verschiedenartige Wandbekleidungen betont. Der nach Süden vorkragende Wintergarten entwickelt sich bis ins Obergeschoß und versorgt dort den Spielflur und die beiden Kinderzimmer mit erwärmter Luft. Im Sommer dagegen werden die inneren Fenster geschlossen und die Warmluft kann direkt nach außen abgeführt werden. Das in der Höhe versetzte Pultdach erlaubt die Querlüftung der Kinderzimmer, was in heißen Sommern zu einer angenehmen Ventilation führt. Wichtig für die Gliederung des Außenraumes ist der kleine Wintergarten, der auf der großen Außenterrasse dem Sonnenverlauf folgend für unterschiedlich verschattete Sitzplätze sorgt. Eine Regenwassersammelanlage speist die Waschmaschine, die Toiletten und sorgt für kostenlose Gartenbewässerung.

Der Grundriß
– Carport und Abstellraum schaffen eine geschützte, hofartige Eingangssituation
– Norderschließung des Hauses über einen Funktionstrakt, der als Wärmepuffer dient
– Großzügiger Eingangsbereich mit offener, einläufiger Treppe ins Obergeschoß
– Über Schiebetüren gelangt man in den zentralen Wohnraum mit Küche und Eßplatz
– In der Achse des Eingangs liegt der bis ins Obergeschoß reichende Wintergarten
– Große aufgeständerte Südterrasse mit unterschiedlichen Besonnungs- und Raumqualitäten
– Identische Grundrißorganisation im Obergeschoß mit drei fast gleich großen Kinderzimmern und eigenem Bad
– Ein haustiefer Spielflur ist zusätzliches, kommunikatives Raumangebot für Kinder und Eltern.

Grundstücksgröße: 583 m² | Wohnfläche: 159 m² | Eigenleistung: 35.000,- DM
Anzahl der Bewohner: 5 | Nutzfläche Keller: 29 m² | Baukosten je m² Wfl/Nfl: 2110,- DM
Überbaute Fläche: 99 m² | Ausführung: 9/92 – 4/93 | Baukosten: 397.500,- DM

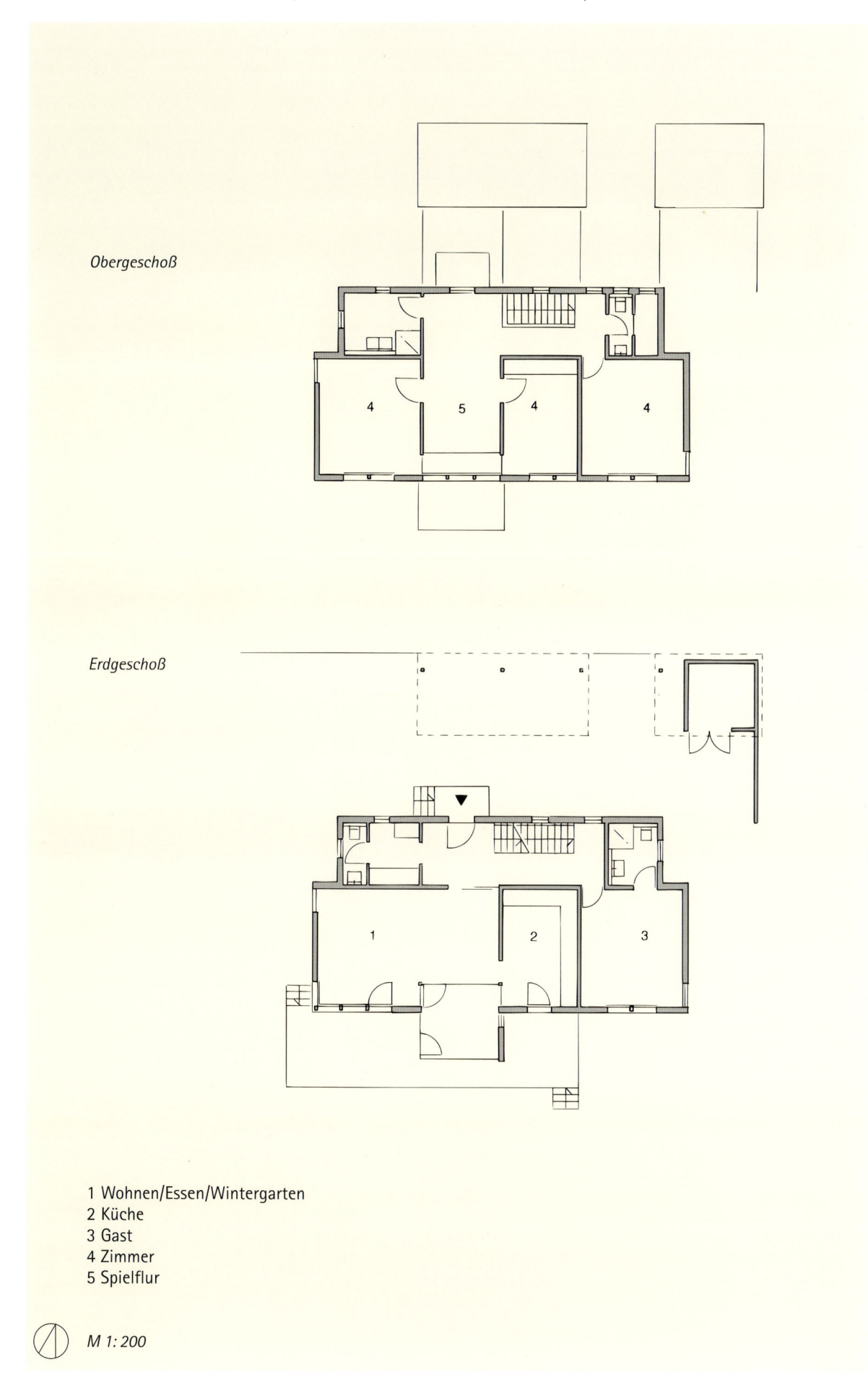

Obergeschoß

Erdgeschoß

Linke Seite: Die Gartenfassade mit dem nach Südwesten orientierten Wintergarten; die weitgehend geschlossene Eingangsfassade mit dem vorgelagerten Funktionstrakt. Oben: Blick in den eingezogenen, überhöhten Wintergarten; der Eßplatz im vorderen Wohnbereich.

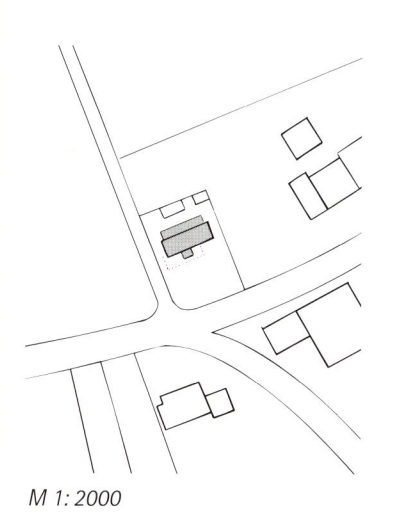

1 Wohnen/Essen/Wintergarten
2 Küche
3 Gast
4 Zimmer
5 Spielflur

M 1: 200

M 1: 2000

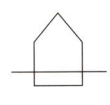

Wohnhaus bei Freising

Architekten:
Gabriele Netzer-Guggenbichler + Josef Guggenbichler,
München

Das angebotene Grundstück lag in einem typischen Gewerbegebiet, aber seine idyllische Lage am Fluß bot ideale Bedingungen für das Wohnen im Grünen. Auf diese zwiespältigen Rahmenbedingungen geht die Planung mit einer durchdachten Gebäudeanordnung und der Einbeziehung der Freiräume um das Haus herum ein. Sie wurden in qualitativ unterschiedliche Flächen aufgeteilt. So korrespondiert mit dem Haus der gefaßte Innenhof, der im Westen durch eine Bruchsteinmauer geschützt wird, die gleichzeitig als Wärmespeicher für den Freisitz dient. Nach Norden begrenzt die offene Pergola den Hof. Sie ist sowohl inszeniert einladender Zugang zum Haus als auch räumliche Zäsur des Grundstücks zum Flußufer. Die Größe des Innenhofes entspricht exakt den Außenmaßen des Hauses. Diese Identität von Positiv- und Negativraum mit dem südlichen Raumabschluß durch die Holzkonstruktion der Garage schafft auch im offenen Hof das angenehme Gefühl der Behausung – dem die verbleibende Grundstücksfläche als grünplanerisches Konzept mit Obststreuwiese und Flußauenlandschaft als erlebbare Natur gegenübersteht. Ein planerischer Kunstgriff, der durch die introvertierte Grundstücksgestaltung im Kleinen die Struktur des Gewerbegebietes im Großen überdeckt und vergessen läßt.

Der Grundriß
– Erschließung und Installationen wurden zusammengefaßt und an der Rückseite des Hauses angeordnet
– Die unbeheizte Eingangsdiele und das Gewächshaus sind als Zusatzbauteile durch Materialwechsel gekennzeichnet – dort herrschen sichtbar andere Raumqualitäten als im gemauerten und geheizten Haupthaus
– Das Erdgeschoß folgt der Grundrißanlage klassischer Altbauwohnungen
– Drei ineinander übergehende Räume etwa gleicher Größe bilden eine Zimmerflucht, die durch zweiflügelige Türen miteinander verbunden ist
– Im Obergeschoß erschließt eine symmetrisch angelegte Galerie den Eltern- und Kindertrakt, die jeweils über eigene Bäder verfügen.

Grundstücksgröße: 1178 m² | Wohnfläche: 182 m² | Baukosten je m² Wfl/Nfl: 1900,- DM
Anzahl der Bewohner: 3 | Nutzfläche Keller: 88 m² | Baukosten gesamt: 510.000,- DM
Überbaute Fläche: 98 m² | Ausführung: 1988

Obergeschoß

Erdgeschoß

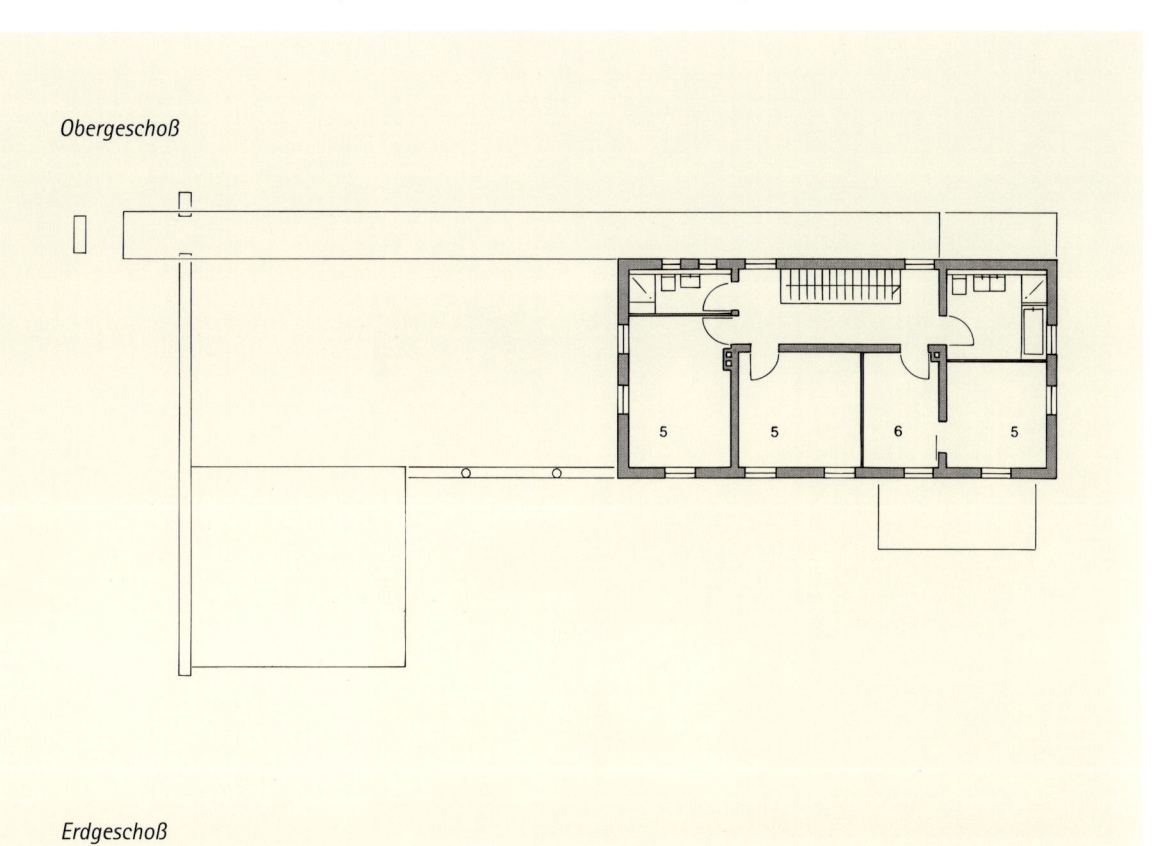

Linke Seite: Die Westfassade mit der auf den Eingang zuführenden Pergola und dem Gartenhof; die Südfassade mit der den Garten einfassenden Garage.
Oben: Blick durch die Raumfolge des Erdgeschosses.

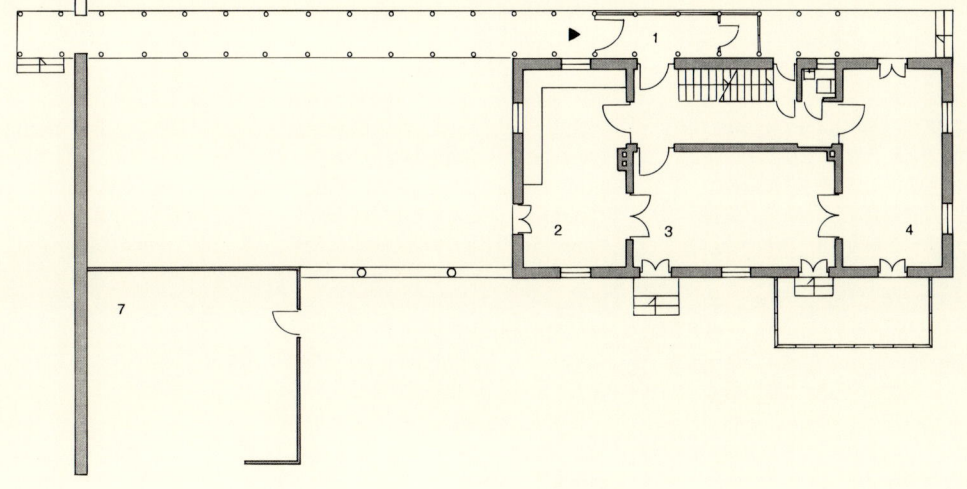

1 Windfang mit Abstellraum
2 Küche/Essen
3 Wohnen
4 Arbeiten
5 Zimmer
6 Ankleide
7 Garage

M 1:250

M 1:2000

Wohnhaus
in Weil am Rhein

Architekt:
Ingo Bucher-Beholz,
Gaienhofen

Dieses Haus für eine junge Familie mit vier Kindern beweist eindrucksvoll: preiswertes, erschwingliches Bauen unter 1750 Mark pro Quadratmeter Wohn-/Nutzfläche ist möglich. Und wenn erfahrene, kreative und kostenbewußte Architekten eine solche Aufgabe übernehmen, dann kann ein individuelles Einfamilienhaus nicht nur um 30% preiswerter erstellt werden als ein durchschnittliches Fertighaus, sondern – und das ist für die Ästhetik von Neubaugebieten wichtig – es kann zu überschaubaren Baukosten auch architektonisch vorbildlich und technologisch richtungsweisend gebaut werden. Das Konzept dieses Entwurfes ist konsequent. Symmetrisch in der Anlage mit vielen gleichen Bauteilen überzeugt die klare Architektur des Satteldachhauses, dessen formal wichtiges Rückgrat die das ganze Grundstück begleitende Gartenmauer bildet. Grundriß und Aufriß nehmen stark auf den Außenraum Bezug: jedes Zimmer hat einen eigenen Zugang zu Garten oder Balkon mit schönen Blickbezügen in die ferne Landschaft der Weinberge und die Obstbäume des eigenen und der angrenzenden Gärten. Der Entwurf setzt auf baubiologische Qualität und damit Werthaltigkeit: Die Konstruktion ist ein hochgedämmter Holzskelettbau, der den Niedrigenergiehaus-Standard erfüllt, mit großen Glasflächen nach Süden für solare Energiegewinne und einem Gas-Brennwertkessel für die Restenergieversorgung.

Der Grundriß
– Symmetrisch angelegte, offene Raumfolge im Erdgeschoß
– Gäste-WC und Garderobe im Windfangbereich akustisch und optisch separiert
– Die transparente Treppe dient als Raumteiler zwischen Küche, Eß- und Wohnbereich
– Große, ausladende Terrassen nach Osten (Blick in die Weinberge) und Westen (Blick zum Obstgarten)
– Besonnung des Grundrisses über 180 Grad
– Obergeschoß ebenfalls symmetrisch und spiegelbildlich organisiert, Ausrichtung nach Süden, Nordseite geschlossen
– Jeder Raum hat einen Ausgang zum Balkon
– Je zwei Schlafzimmern ist ein Bad zugeordnet
– Gleiche Raumgrößen ermöglichen flexible Nutzung
– Mit zwei Bädern ungewöhnlich hoher Ausbaustandard bei sehr geringen Baukosten.

Grundstücksgröße: 483 m² \
Anzahl der Bewohner: 6 \
Überbaute Fläche: 98 m²

Wohnfläche: 185 m² \
Nutzfläche Keller: 90 m² \
Planung u. Ausführung: 1995/96

Baukosten je m² Wfl/Nfl: 1730,- DM \
Baukosten gesamt: 476.000,- DM

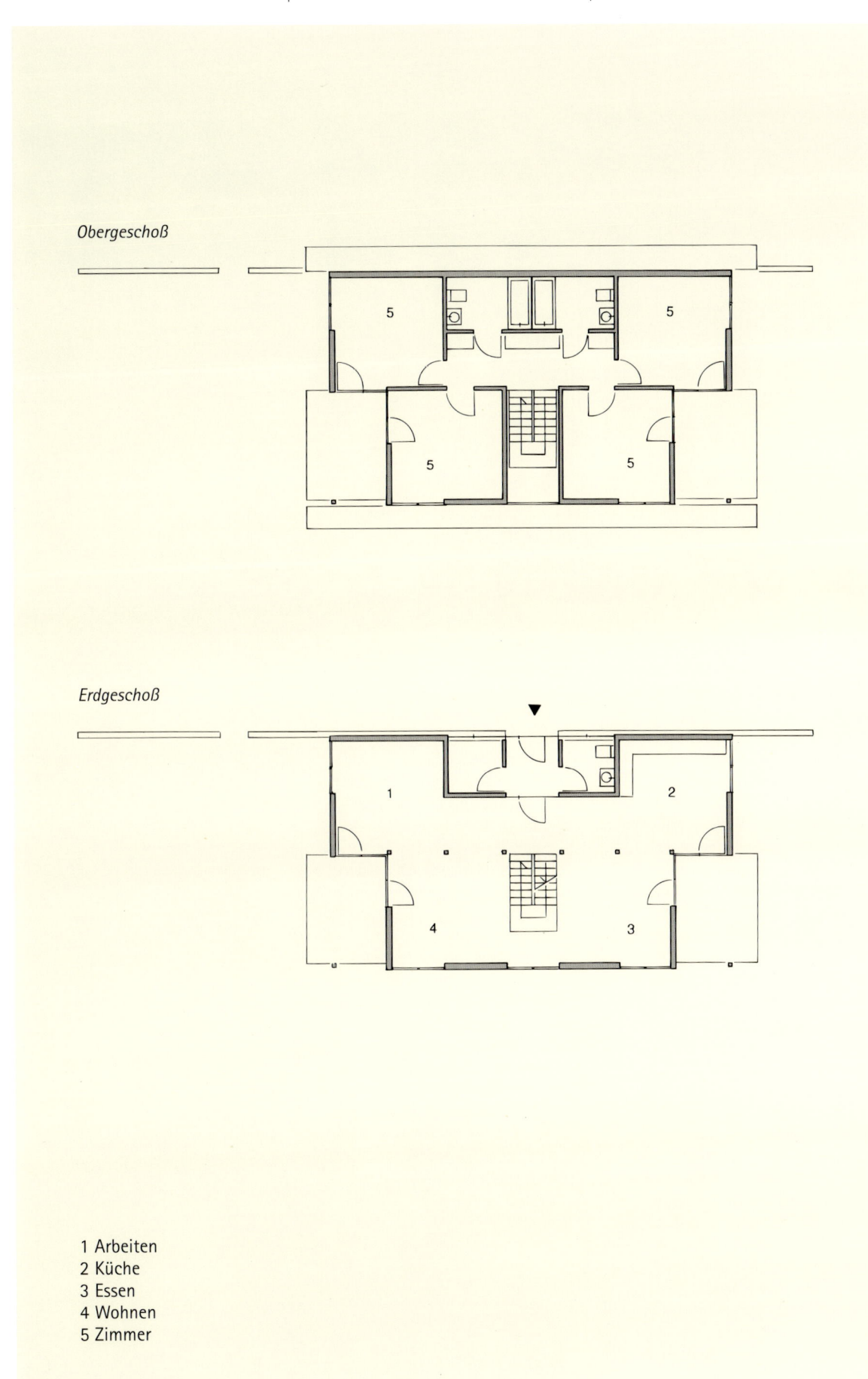

Obergeschoß

Erdgeschoß

Linke Seite: Ansicht der Südfassade mit den eingeschnittenen Freisitzen; die das Grundstück begrenzenden Betonscheiben an der Zugangsseite im Norden. Oben: Die offene Treppe im Zentrum; der schräg in die Küche eingestellte Bartresen.

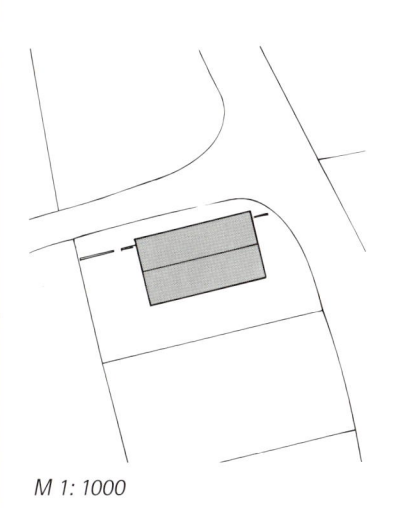

1 Arbeiten \
2 Küche \
3 Essen \
4 Wohnen \
5 Zimmer

M 1: 200

M 1: 1000

Wohnhaus in Köln

Architekten:
Gatermann + Schossig und Partner,
Köln

Das Grundstück war der letzte Bauplatz am Ende eines Gewerbeareals, an das ein kleiner Wald anschließt. Auf der nahezu quadratischen Fläche gab es als Altbestand ein Lagergebäude und ein Atelier. Die Größenverhältnisse des Restbauplatzes verlangten, daß das neue Gebäude so nah wie zulässig an die Grundstücksgrenzen gesetzt wird. Die geringe Distanz zur Straße legte ein insgesamt introvertiertes Konzept für das Haus nahe. Als Teil des Ensembles hatte es die vermittelnde Aufgabe zu übernehmen, für ein ausgewogenes Gleichgewicht der Flächen, Baukörper und Außenräume zu sorgen.

Die Grundstücksgrenze wird durch eine zwei Meter hohe Mauer markiert, die lediglich Öffnungen für das Schiebetor, einen schmalen Blickschlitz und den Eingang vorsieht. Bedingt durch die Topographie und zur Verstärkung der Andersartigkeit der Nutzung, liegt das Erdgeschoß des Hauses etwa einen halben Meter über dem Niveau von Lager und Atelier. Das Haus steht gleichsam auf einer Plattform, der Zugang erfolgt von der Straße über eine Stahlbrücke.

Der Grundriß
– Aufteilung der Wohn- und Funktionsbereiche in gleich große Quadrate auf zwei Geschoßebenen
– Erschließung von der äußeren Ecke erzeugt im Inneren eine diagonale Orientierung
– Dieses Eckquadrat nimmt auch die Funktionsräume Garderobe und Küche im Erdgeschoß und die beiden Bäder im Obergeschoß auf
– Im Erdgeschoß sind der Wohn- und Eßbereich, im Obergeschoß die Schlaf- und Arbeitsräume in den flankierenden Quadraten angeordnet
– Hauptorientierung der Räume zum Innenhof
– Das vierte, diagonal zum Treppenhaus liegende Quadrat bildet die Terrasse, die durch eine Eckstütze und zwei horizontale Balken den Würfel in seinem Volumen komplettiert.

Grundstücksgröße: 1140 m²
Anzahl der Bewohner: 3
Überbaute Fläche: 174 m²

Wohnfläche: 208 m²
Nutzfläche Keller: 68 m²
Planung: 1990/91

Ausführung: 1991 – 92
Baukosten je m² Wfl/Nfl: 2150,- DM
Baukosten: 593.000,- DM

Obergeschoß

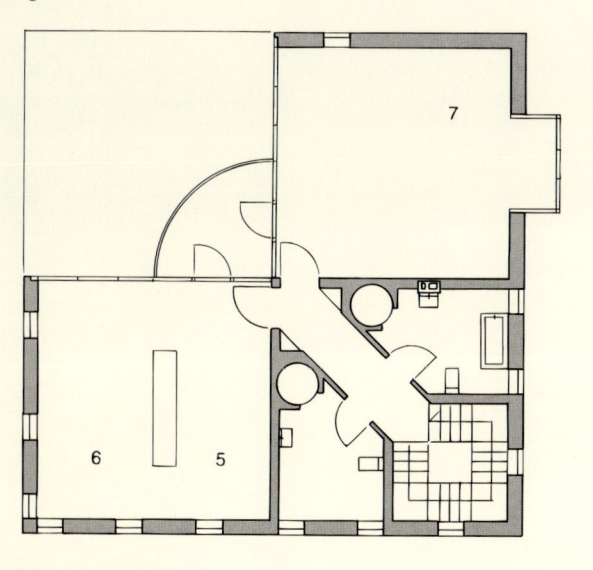

Erdgeschoß

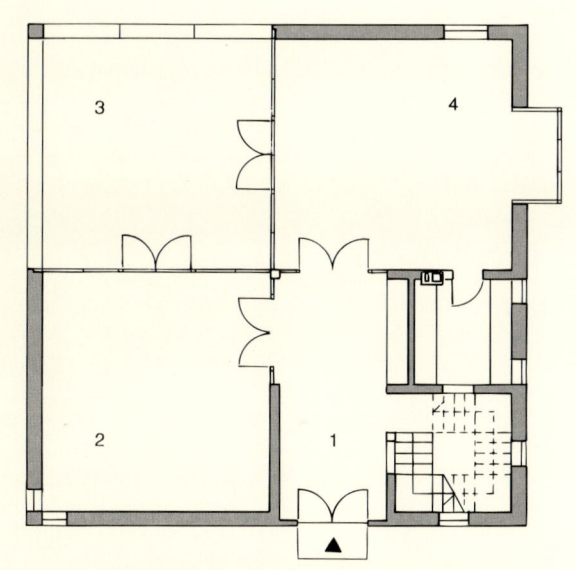

1 Flur
2 Wohnen
3 Eingangshof
4 Essen
5 Gast
6 Kind
7 Eltern/Arbeiten

M 1:200

Linke Seite: Die Terrasse im ausgeschnittenen Eckquadrat mit Nord-West-Orientierung.
Oben: Die geschlossene Wellblechfassade der Eingangsseite.

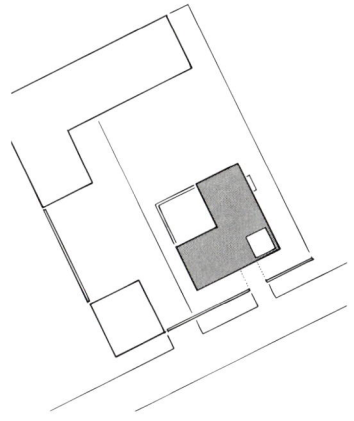

M 1:1000

Wohnhaus in Bergisch-Gladbach

Architekt:
Michael Drüe,
Köln

Das schmale Grundstück mit Ost-West-Ausrichtung erlaubte eine maximale Baubreite von nur 6,5 Metern. Unter diesen Rahmenbedingungen wünschten sich die Bauherren einen klaren, einfachen Baukörper, dessen Raumkonzept von den wechselnden Tageslichtqualitäten und der direkten Besonnung geprägt wird.

Die Nordseite des Hauses ist weitgehend durch eine verputzte, hellgelb gestrichene Wandscheibe geschlossen, die auch im Inneren des Hauses auf allen Ebenen über die gesamte Hauslänge sichtbar ist. Durch ein Glasstein-Oberlicht in der Mitte des Hauses fällt das Tageslicht auf diese Wand und reflektiert die gewünscht sonnige Atmosphäre über die offenen Lufträume und die filigranen Treppen bis ins Untergeschoß. Im Gegensatz zu der geschlossenen Wand sind die Süd- und Westfassaden im Erd- und Obergeschoß leicht und transparent ausgebildet, die Erdgeschoßwand ist großflächig verglast. So werden die angrenzende Pergola mit der Frühstücksterrasse und der Teich in die Wohnebene einbezogen – den räumlichen Abschluß bildet die Sichtbetonwand an der Grundstücksgrenze. Neben dem Bewuchs der Pergola sorgen außenliegende Schiebeelemente aus verzinkten Stahllamellen für Sicht- und Sonnenschutz. Das Obergeschoß, eine vorgefertigte Holz-Ständer-Konstruktion, ist mit unbehandeltem Red-Cedar-Holz verkleidet. Das fast über die ganze Fassade reichende Oberlicht leuchtet die Räume angenehm aus, seine 1,5 Meter hohe Brüstung sorgt für den nötigen Sichtschutz in Bad und Schlafräumen. Die Außenwände des Untergeschosses sind auch im Innenraum in Sichtbeton ausgeführt, ebenso die aussteifenden Wände in den Geschossen. Behaglich warme Fußbodenflächen aus Holz und Sandstein und das freundliche Farbkonzept bilden das gestalterische Gegengewicht zu den kühlen und glatten Sichtbetonwänden.

Der Grundriß

– Erschließung entlang der geschlossenen Wandscheibe von Osten
– Vom Eingang inszenierter Durchblick über die ganze Hauslänge in den Garten
– Ein Küchen- und Garderobenschrank teilt den vorderen Bereich in Küche und Eingang
– Diese läßt sich von Eßraum und Flurzone durch Schiebetüren abteilen
– Das Zentrum des Hauses bildet dieser Eßbereich mit der Treppe, dem Deckenausschnitt und dem Oberlicht als Blickfang
– Eine raumhohe Sichtbetonscheibe gliedert den Wohnbereich – der Kamin ist als dekoratives Element in die Außenwand eingelassen
– Die einläufige Treppe führt ins Obergeschoß auf die Arbeitsgalerie, von der aus die beiden gleich großen Schlafräume zu erreichen sind
– Im Untergeschoß trennen die beiden Sichtbetonwände den Wohnbereich vom Schlafraum und den Funktionsräumen Bad und Hausanschlußraum.

Grundstücksgröße: 600 m² | Wohnfläche: 227 m² | Baukosten je m² Wfl/Nfl: 2250,- DM
Anzahl der Bewohner: 4 | Nutzfläche Abstellräume: 35 m² | Baukosten gesamt: 590.000,- DM
Überbaute Fläche: 104 m² | Ausführung: 1996

Obergeschoß

Erdgeschoß

Untergeschoß

1 Wohnen
2 Essen
3 Küche
4 Kind
5 Hobby
6 Eltern
7 Galerie

M 1: 200

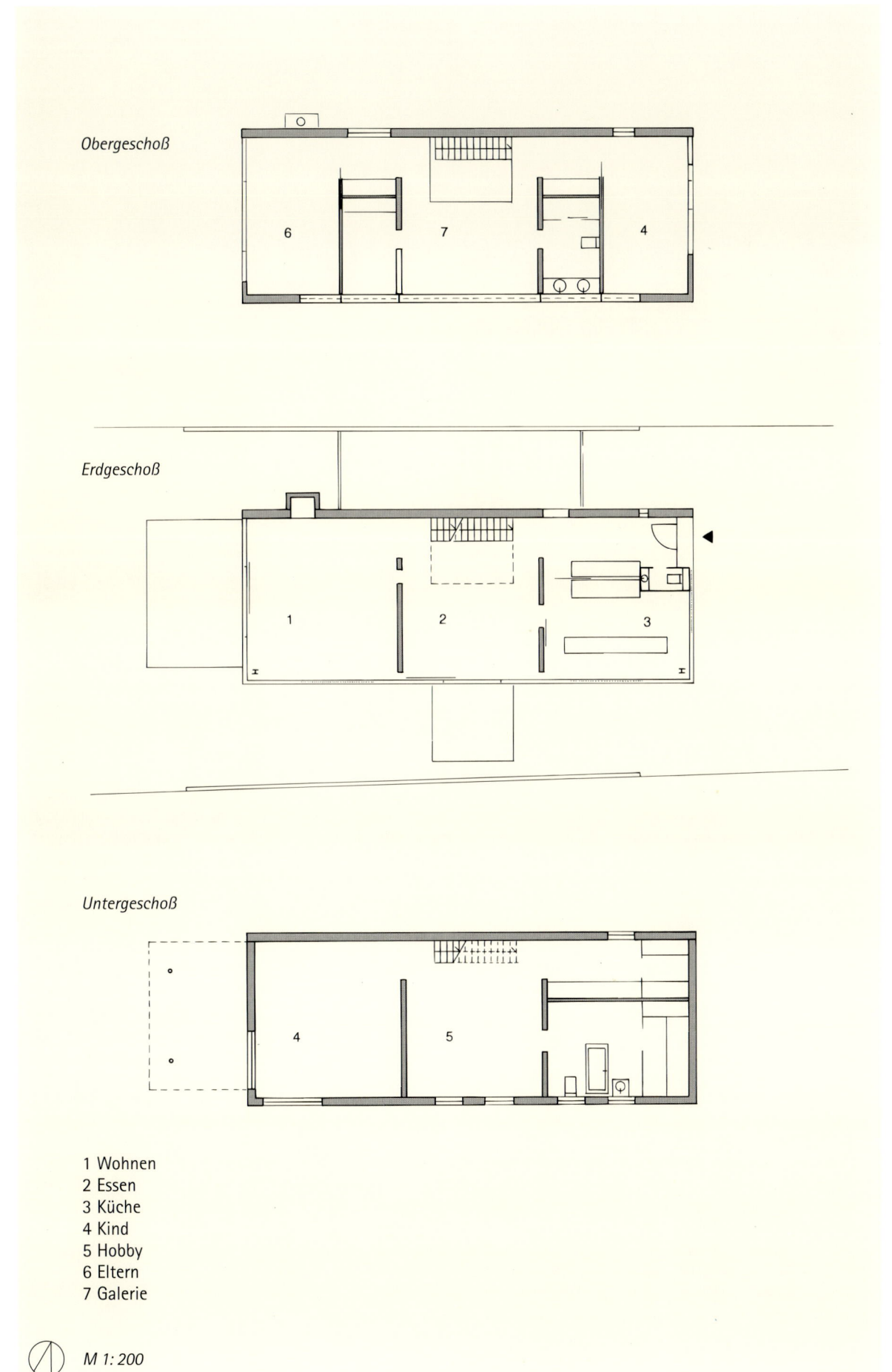

Linke Seite: Der schwebende Riegel über dem transparenten Erdgeschoß; die großflächig verglaste Süd-West-Fassade. Oben: Die Sicht vom Eingang in den zweigeschossigen Treppenraum.

M 1: 1000

Wohnhaus mit Atelier
bei Kaufbeuren

**Architekten:
Dürschinger + Biefang,
Ammerndorf**

1992 wurde für den östlichen Ortsrand dieser kleinen voralpenländischen Gemeinde ein Bebauungsplan mit dem Ziel aufgestellt, das heterogene Baugebiet der 60er und 70er Jahre im Übergang zur Landschaft einer Harmonisierung zu unterziehen. Ein zu diesem Zweck ausgewiesener Nord-Süd-orientierter Straßenanger bot am oberen Rand ein Grundstück, das wegen seiner »exponierten Lage« und der Erschließung über einen Feldweg als wenig attraktiv galt. Der Bauherr konnte aber von seinem Architekten davon überzeugt werden, daß gerade dieser Bauplatz für seine Bedürfnisse besonders geeignet sei und sowohl ideale Besonnungsmöglichkeiten als auch einen großartigen Panoramablick bis zum Wettersteingebirge bieten würde.

Die Vorstellungen der Auftraggeber zielten darauf, mit einfachen, unspektakulären Bauformen ein Wohnhaus, ein Atelier, witterungsgeschützte Freiflächen für künstlerische und sportliche Aktivitäten sowie eine Garage zu schaffen. Dieser Aufgabenstellung antwortet der Entwurf mit der Gebäudetypologie des Einfirsthofes, der über Jahrhunderte die Funktionen Wohnen und Arbeiten in idealer Weise in einem Baukörper organisiert hat und dessen Praktikabilität und schlichte Schönheit noch immer beeindrucken. Auch wenn dieser Bautyp einer heutigen landwirtschaftlichen Nutzung nicht mehr gerecht wird, für die hier gestellte Bauaufgabe macht er wieder Sinn und der Entwurf zeigt, daß seine Grundstruktur noch immer überzeugend zu verwenden ist.

Das Gebäude wurde in kostengünstiger Holzblock-Tafelbauweise mit Brettstapeldecken in weitgehender Vorfertigung realisiert. Der Rohbau inklusive Dachstuhl konnte in nur vier Tagen errichtet werden, die Gesamtbauzeit betrug nur vier Monate.

Der Grundriß
- Das Haus besteht aus zwei miteinander verbundenen Baukörpern
- In dem langgestreckten Gebäude sind die Funktionsbereiche nacheinander aufgereiht
- Nach Westen orientiert ist das Wohnhaus mit erdgeschossigen Tagesräumen und den Individualräumen im Obergeschoß
- Die anschließende »Tenne«, ein bis zum First reichender Allzweckraum, dient als Gewächshaus, Arbeitsplatz und Atelier, ihre Südwand läßt sich wie ein Scheunentor zum Außenraum öffnen
- Im Osten bilden die Garage und das darüber liegende Atelier den Gebäudeabschluß
- Dem zweigeschossigen Hauptbau sind als Wärmepuffer im Norden die Nebenräume (Gäste-WC, Haustechnik, Hauswirtschaftsräume) vorgelagert
- Der Hauptzugang erfolgt von Nordwesten, die tägliche Versorgung witterungsgeschützt über die Garage
- Durch die geringe Tiefe des Haupthauses (6 Meter) können die meisten Räume dreiseitig belichtet werden. Die mit dem Tageslauf wechselnden Lichtqualitäten leisten einen wichtigen Beitrag zur angenehmen Stimmung im Inneren des Hauses.

Grundstücksgröße: 885 m² | Wohnfläche: 149 m² | Baukosten je m² Wfl/Nfl: 1920,- DM
Anzahl der Bewohner: 4 | Nutzfläche: 72 m² | Baukosten gesamt: 424.000,- DM
Überbaute Fläche: 180 m² | Ausführung: 7/96 – 10/96

Obergeschoß

Erdgeschoß

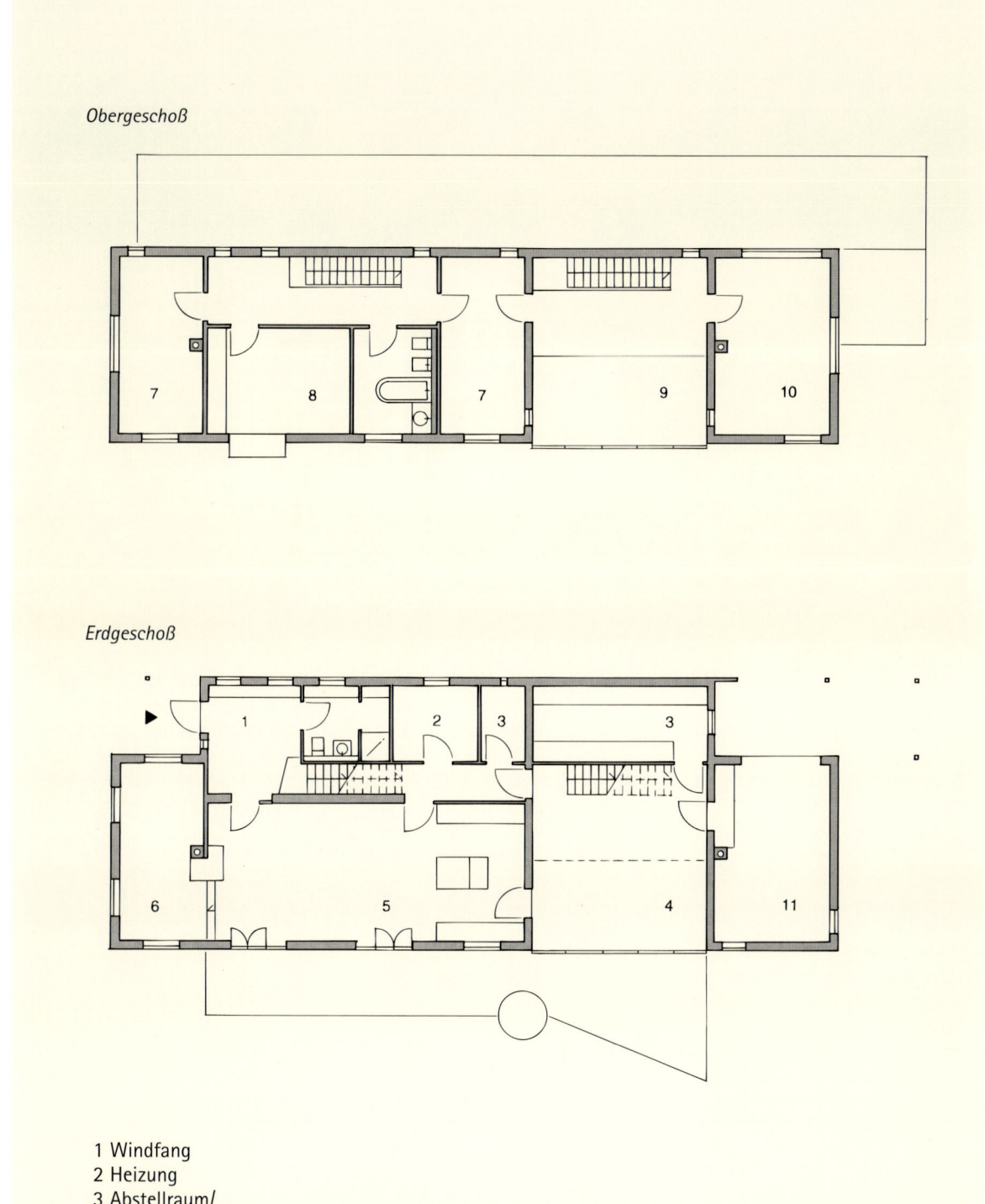

*Linke Seite: Die Südfassade mit dem haushohen Atelierfenster.
Oben: Die Montage der vorgefertigten Wand- und Deckenelemente.*

1 Windfang
2 Heizung
3 Abstellraum/
   Kellerersatzraum
4 Tenne
5 Küche/Essen
6 Wohnen
7 Kind
8 Eltern
9 Luftraum
10 Atelier
11 Garage

M 1:200

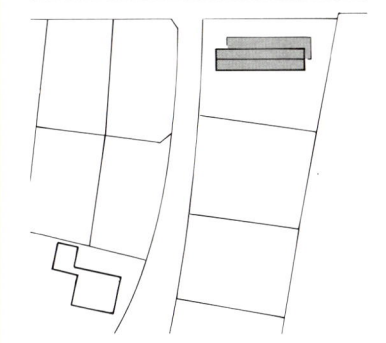

M 1:2000

Wohnhaus bei Hamburg

Architekt:
Thomas Dibelius,
Hamburg

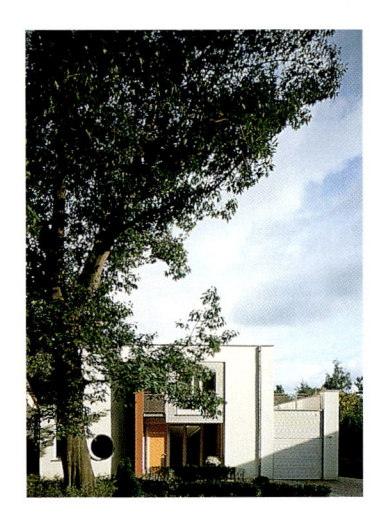

Die Vorstellungen der Bauherren waren vor Planungsbeginn klar definiert: sie wünschten sich ein familientaugliches Wohnhaus mit besonderen Raum- und Wohnqualitäten und einem hohen Gebrauchswert zu vertretbaren Baukosten. Im Inneren sollte das Gebäude sowohl kompakte und intime Raumbereiche bieten als auch offene und großzügige. Dabei sollte es auf repräsentative Elemente verzichten. Um ein weites Spektrum von Entwurfsideen zu bekommen, beauftragten die Bauherren vier Architekten mit der Vorplanung, von denen einer dann mit der Durchführung betraut wurde.

Der Entwurf variiert das Prinzip des Zentralraumes, dessen mehrschaliges Grundrißkonzept zum Abbild der häuslichen Lebensprioritäten der Auftraggeber wird: Die Bereiche für das Wohnen, Spielen, Essen und Kochen bilden den räumlichen und geometrischen Mittelpunkt des Gebäudes: hier lebt und agiert die Familie zusammen. Als Akzent mit Symbolcharakter durchdringt eine rote Wand das Gebäude von Norden nach Süden über zwei Geschosse. Sie bildet auf der einen Seite das statisch und konstruktiv notwendige Rückgrat des Hauses, auf der anderen dient sie als erlebbare »seelische Energiequelle« – sie regt an und beruhigt, sie erzeugt Wärme und Wohnlichkeit und ist damit inszenierter Gegenpol zur Geradlinigkeit und Strenge der Flächen und Körper des Hauses.

Der Grundriß

– Eine lange, lineare Erschliessungs- und Wegeachse in Nord-Süd-Richtung bietet eine erlebbare Raumfolge im Inneren und führt über die große Terrasse hinweg in den hinteren Garten
– Um den Zentralraum, der im Erdgeschoß den Wohnbereich und im Obergeschoß das Elternschlafzimmer beschreibt, sind die Individualbereiche, Funktions- und Sanitärräume winkelförmig angeordnet
– Um auch von der Schlafebene aus vielfältige Bezüge zum Garten haben zu können, bietet der Obergeschoßgrundriß zu allen Himmelsrichtungen Terrassen oder Balkone
– Das Haus ist teilunterkellert, hier wurden zusätzliche Aufenthaltsräume untergebracht: ein Gästezimmer mit eigenem Bad, ein Hobbykeller sowie die Technik- und Abstellräume.

Grundstücksgröße: 1490 m² | Wohnfläche: 280 m² | Ausführung: 1995
Anzahl der Bewohner: 5 | Nutzfläche: 120 m² | Baukosten je m² Wfl/Nfl: 2520,- DM
Überbaute Fläche: 230 m² | Planung: 1994 | Baukosten gesamt: 1.008.000,- DM

Obergeschoß

Erdgeschoß

M 1: 250

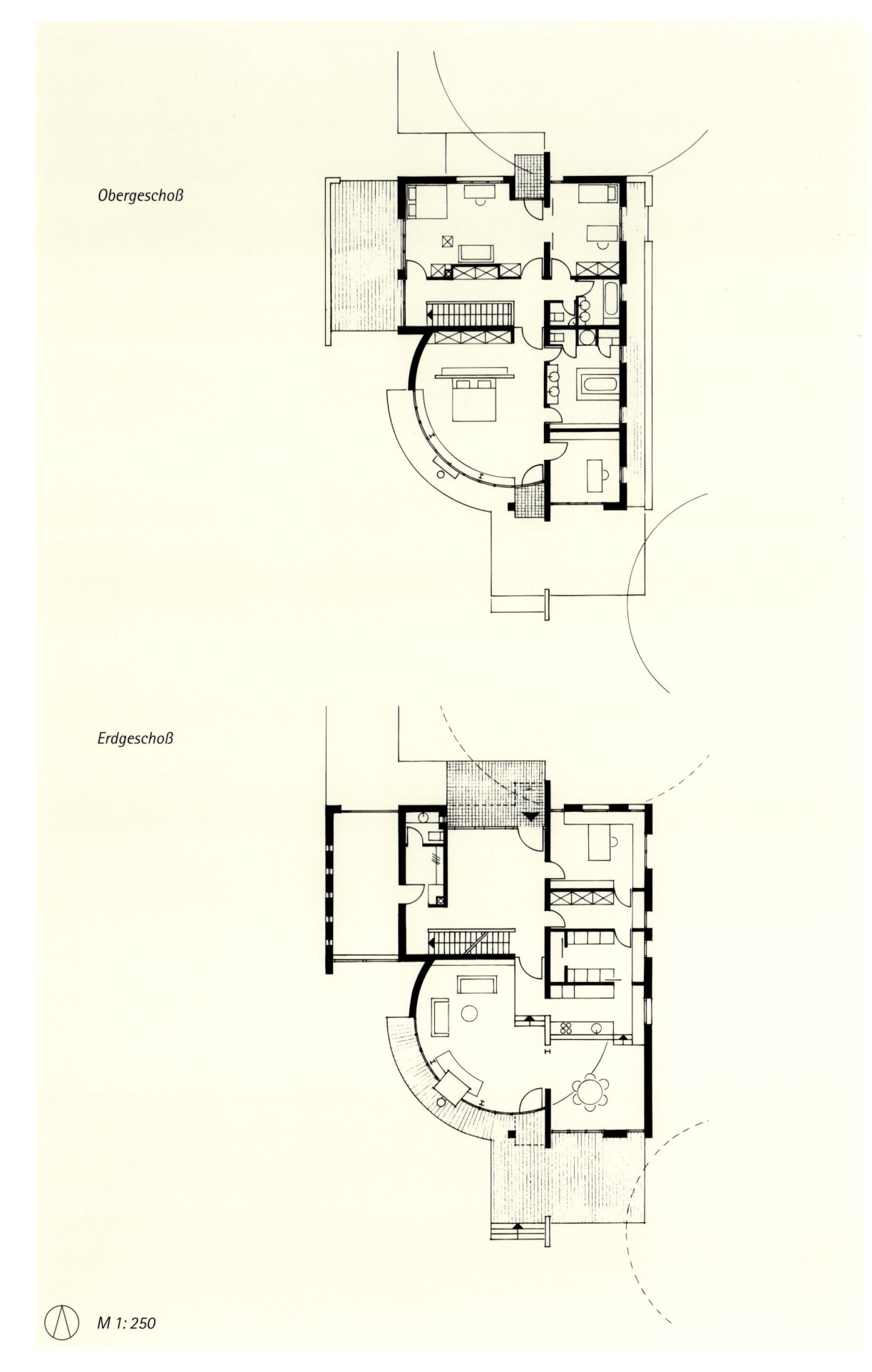

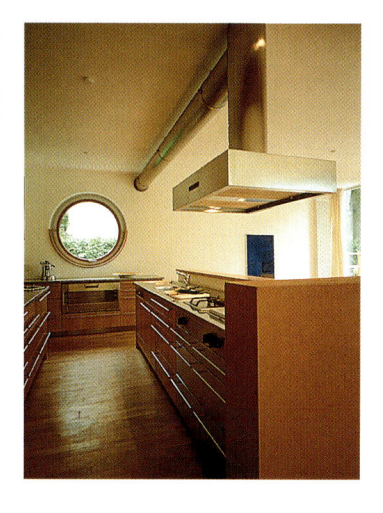

Linke Seite: Die Rundung des Wohntraktes mit dem rot angelegten »Energierückgrat«; die Eingangsfassade.
Oben: Die Durchsicht vom Wohnraum zur offenen Küche.

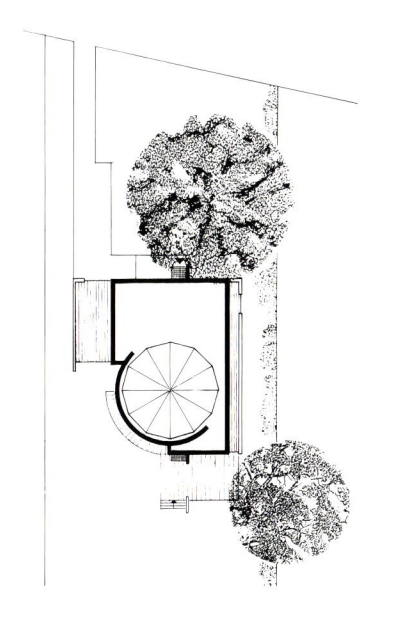

M 1: 500

Wohnhaus in Bern

Architekt:
Rolf Mühlethaler,
Bern

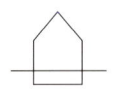

Die für das Grundstück vorgegebenen Grenzabstände und Baulinien ergaben eine zu überbauende Fläche von nur 8,80 Metern im Quadrat. Die Bauherren entschlossen sich zu einem würfelförmigen Baukörper, der sich in Volumen und Proportion in das durchgrünte, baumbestandene Villenviertel einfügt, aber dennoch eine starke architektonische Eigenständigkeit beweist.

Eine mächtige Baumreihe entlang des Weges auf der Südseite des Grundstücks bestimmt die innere Organisation des Hauses. Während die Schlafräume im Erdgeschoß untergebracht sind, befindet sich der Wohnbereich in den oberen Geschossen, um die bessere Besonnungs- und Belichtungssituation zu nutzen. Der zweigeschossige Hauptraum orientiert sich mit der großen Fassadenöffnung und der Loggia nach Süden zu den dichten Baumkronen, die die begrenzende Kulisse des Raumes bilden.

Das äußere Erscheinungsbild des überwiegend geschlossenen Holzwürfels wird durch die rohe, unbehandelte Lärchenschalung geprägt.

Das Haus wurde als Holzrahmenkonstruktion mit vorgefertigten Wandelementen erstellt, die innerhalb von nur drei Tagen auf dem in Stahlbeton ausgeführten Untergeschoß aufgerichtet wurden.

Der Grundriß
– Geschützte Erschließung des Gebäudes von Osten durch die Carport-Überdachung
– Das Erdgeschoß nimmt die drei kleinen, »klösterlichen« Schlafzimmer und zwei Bäder auf
– Offene Raumkonzeption im 1. Obergeschoß mit Wohnraum über zwei Ebenen
– Die dem Wohnraum vorgelagerte Loggia öffnet sich nach Süden, von wo aus eine Treppe als direkte Verbindung hinunter in den Garten führt
– Die halboffene Küche zoniert die Bereiche Essen und Wohnen
– Die Galerieebene ist einer Aussichtsplattform gleich zum Wohnraum und zur großen Loggia orientiert.

Grundstücksgröße: 411 m² | Wohnfläche: 182 m² | Baukosten je m² Wfl: 2900,- DM
Anzahl der Bewohner: 4 | Nutzfläche: 77 m² | Baukosten gesamt: 751.000,- DM
Überbaute Fläche: 104 m² | Ausführung: 9/92 – 5/93

2. Obergeschoß

1. Obergeschoß

Erdgeschoß

1 Schlafzimmer
2 Wohnen
3 Essen/Küche
4 Luftraum
5 Galerie mit Arbeitsplatz

M 1:200

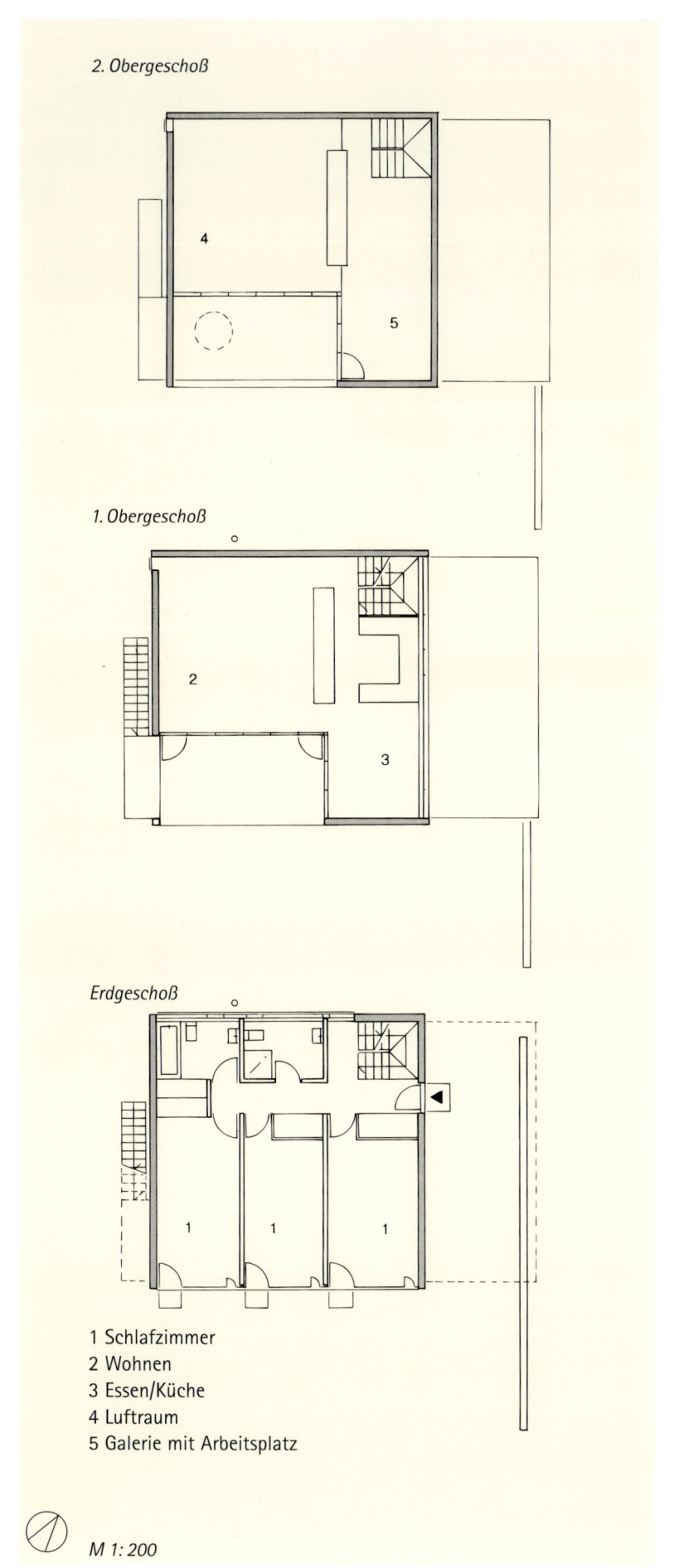

*Linke Seite: Die Südecke mit dem großen Loggiaeinschnitt; die überdachte Eingangssituation.
Oben: Die mit Lärchenholz verschalte Westfassade mit Treppe zum Garten und dem Schiebetor.*

M 1:1000

Wohnhaus
im Landkreis München

Architekt:
Prof. Reinhold Tobey,
Detmold

Unter der mit 22 Grad Dachneigung im Bebauungsplan vorgegebenen Bauform sollte eine individuelle, lichtdurchflutete Wohnwelt mit separaten Bereichen in weitgehender Offenheit des Grundrisses entstehen. In seinem Erscheinungsbild sollten Funktionalität und werkgerechte Gestaltung das Haus ausweisen. Das Raumkonzept sieht eine unterschiedlich differenzierte Verbindung des Innen- und Außenraumes vor. Im Erdgeschoß dominiert ein großer, hoher Wohnraum mit Eßplatz und Kochzeile, im Eingangsbereich liegt ein optisch und akustisch separiertes Arbeitszimmer mit eigenem Ausgang zum Vorplatz. Die kleinteilige Gliederung der Individualräume und Bäder im Obergeschoß wird durch die durchgehenden, vom Tageslicht indirekt aufgehellten Dachunterflächen der sichtbaren Konstruktion visuell erweitert. Im Kellergeschoß sind zusätzlich ein großzügig belichtetes Musik- und Gästezimmer mit eigenem Bad untergebracht. Der zum Garten hin geschlossene Carport – ebenfalls mit geneigtem Dach – bildet zusammen mit der Südfassade einen kleinen, geschützten Hof.

Der Grundriß
– Betonte Eingangssituation an der Giebelseite, der Balkon dient als schützendes Vordach
– Platzsparende Spindeltreppe im Eingangsbereich
– Von hier erfolgt auch der Zugang zum Arbeitszimmer
– Der Eingangsbereich kann durch wandhohe Schiebeelemente als Windfang abgetrennt werden, offen dient er als Raumerweiterung des Wohntraktes
– Durchgängig offener Wohnbereich mit optisch abgeteiltem Eßplatz und zum Wohnraum hin geschlossener Küche
– Die Fassade des Wohnraumes ist einseitig nach Süden ausgestellt. Sie schafft einen transparenten Übergang zwischen Innen- und Außenraum
– Die Schlafräume der Kinder im Obergeschoß sind nach Süden, das der Eltern nach Osten orientiert
– Hier befindet sich zusätzlich eine kleine Arbeitsgalerie mit eigenem Austritt auf den Ostbalkon
– Gespiegelte Balkonsituation mit Blick nach Südwesten vor einem der Kinderzimmer, während das zweite einen Austritt auf den Südbalkon hat
– Großzügig getrennte Bäder für Eltern und Kinder.

Grundstücksgröße: 420 m²
Anzahl der Bewohner: 4
Überbaute Fläche: 88 m²

Wohnfläche: 132 m²
Nfl. Keller mit Gastzimmer: 62 m²

Eigenleistung: 25.000,- DM
Baukosten je m² Wfl/Nfl: 2835,- DM
Baukosten gesamt: 550.000,- DM

Obergeschoß

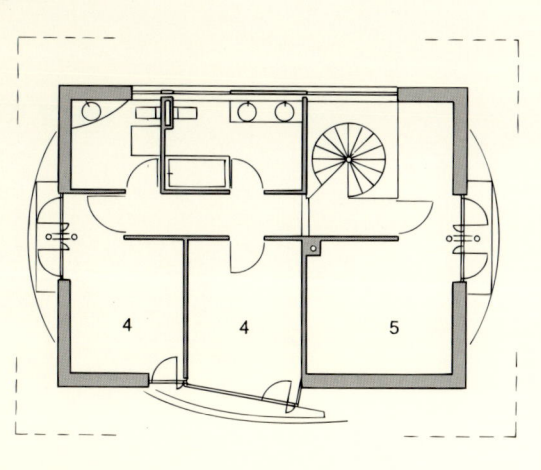

Erdgeschoß

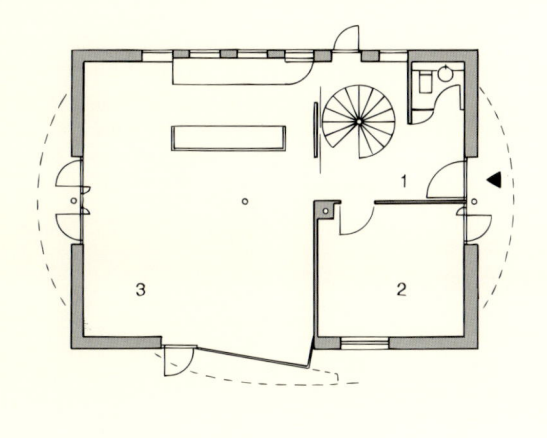

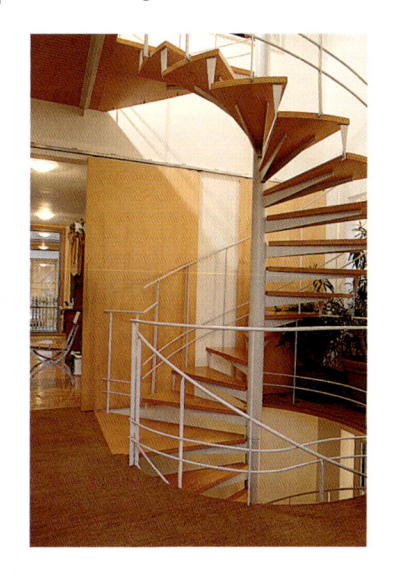

Linke Seite: Der Eingang an der Giebelseite mit Balkon als Vordach; der filigran ausgebildete Dachüberstand.
Oben: Erschließung und Versorgung der Geschosse über eine Wendeltreppe.

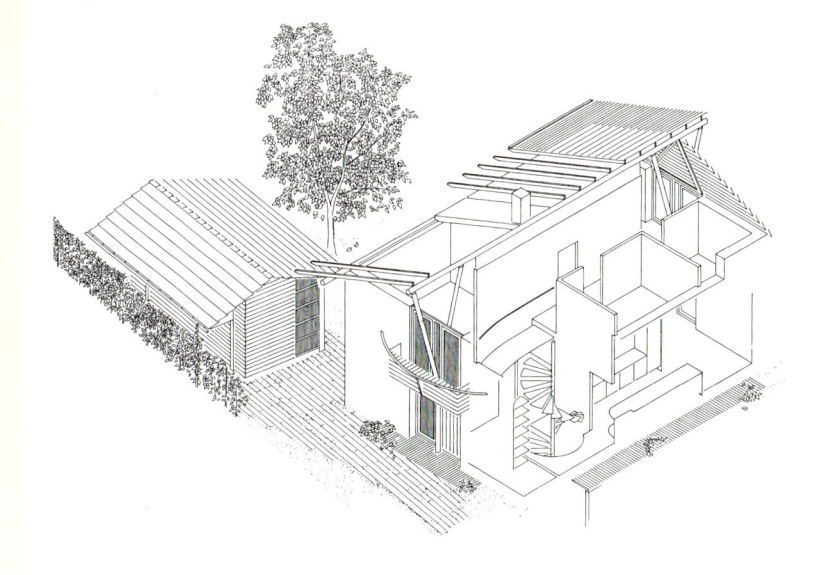

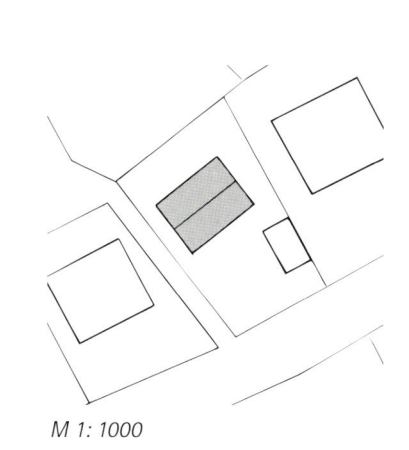

1 Windfang mit eingestellter Wendeltreppe
2 Arbeiten
3 Wohnen/Essen/Küche
4 Kind
5 Eltern

M 1: 200

M 1: 1000

Wohnhaus bei Bregenz

**Architekten:
Dietrich + Untertrifaller,
Bregenz**

Der Baugrund wurde von der Gartenfläche eines bestehenden Hauses abgetrennt, um dort zwischen Einfamilienhäusern und landwirtschaftlich genutzten Flächen ein Einfamilienhaus für vier Personen zu errichten. Entstanden ist ein klar definierter Baukörper, in dessen Geometrie ein überdeckter Sitzplatz, der Balkon sowie eine Doppelgarage eingebunden sind. Mit schwach geneigtem Satteldach und seinen vertraut-wohlproportionierten Formen und Flächen, die ihren zeitgenössischen Bezug nicht leugnen wollen, bietet es sich selbstverständlich dar – und überzeugt in seinem Landschaftsbezug viel mehr, als so mancher Bau mit seinen falsch verstandenen alpenländisch typischen Versatzstücken.

Als Konstruktion wurde ein innen sichtbares, zweigeschossiges Holzskelett aus Douglasleimbindern auf einem Raster von 3,60 x 3,00 Metern gewählt. Durch Abhängen der Balkendecke an einer verstärkten Mittelpfette konnte der Raum in seiner ganzen Breite von sechs Metern stützenfrei überspannt werden. Die Fassade besteht aus einer Stülpschalung in Oregon Pine, die ebenso wie alle anderen Holzbauteile unbehandelt verarbeitet wurde. Eine Materialvariante bildet die Garage, deren Außenlängswände aus Stahlbeton bestehen, Glas und Sperrholzplatten bilden die Rückwand. Zur Beheizung des hochwärmegedämmten Gebäudes dient eine Gaszentralheizungsanlage mit alternativ nutzbarem Stückgutholzkessel und einem Grundofen im Wohnbereich.

Der Grundriß
– Der Zugang erfolgt geschützt unter dem Garagenvordach, der Eingang selbst ist in der Fassade zurückversetzt
– Vom Windfang aus werden die Garderobe und das separate Arbeitszimmer erschlossen
– Im Erdgeschoß ist die Raumfolge linear mit zunehmender Privatheit angelegt: Eingang, Nebenräume, Kochen, Essen, Wohnen, überdeckte Terrasse, Garten
– Im Obergeschoß gliedern Treppe und Bad den Grundriß in getrennte Bereiche für Eltern und Kinder
– Dem Schlafbereich der Eltern ist ein begehbarer Schrank vorgelagert, ohne den bis in das Dach hineinreichenden Raum in seinem Eindruck zu stören
– Der überdachte Südbalkon schafft auch im Obergeschoß den Bezug zur Landschaft.

Grundstücksgröße: 525 m² | Wohnfläche: 159 m² | Ausführung: 1995
Anzahl der Bewohner: 4 | Nutzfläche Keller: 78 m² | Baukosten je m² Wfl/Nfl: 2550,- DM
Überbaute Fläche: 160 m² | Planung: 1994 | Baukosten gesamt: 604.500,- DM

Obergeschoß

Erdgeschoß

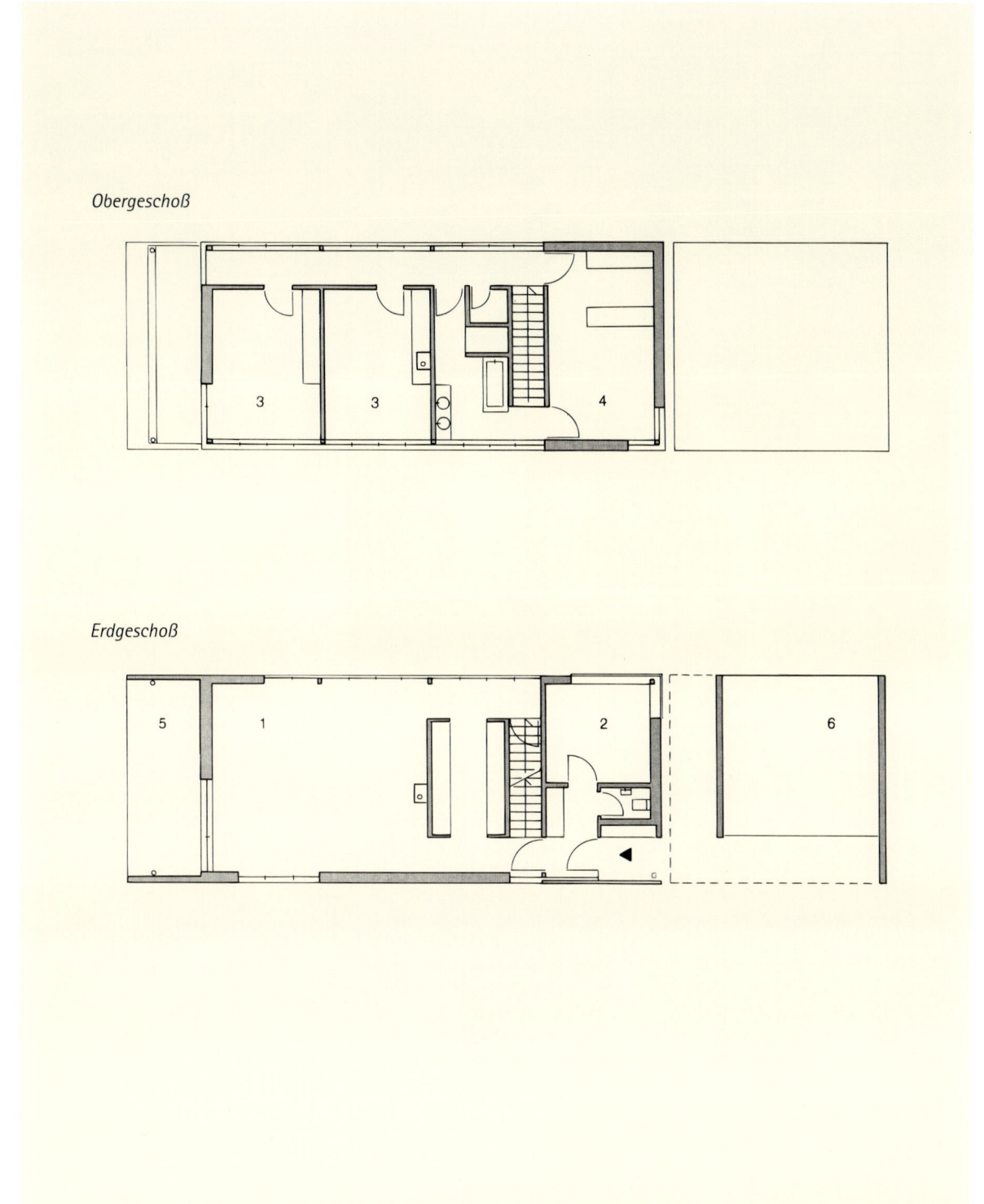

Linke Seite: Die Ostfassade mit Eingang und Garagenzufahrt; die Giebelseite mit überdachter Südterrasse.
Oben: Untersicht auf den Betonrahmen, der auch als »Geländer« fungiert.

1 Wohnen/Essen/Kochen
2 Arbeiten
3 Kind
4 Eltern
5 Terrasse
6 Garage

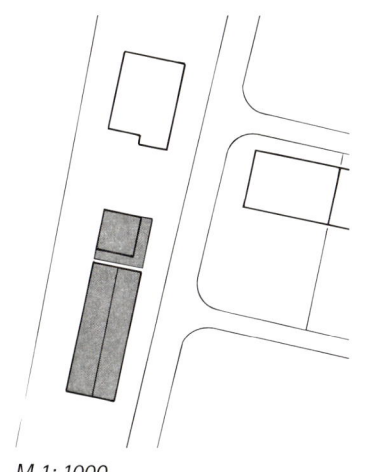

M 1:200

M 1:1000

Wohnhaus bei Wien

**Architekt:
Hans Häusler,
Wien**

Es war der Wunsch der Bauherren, ihr als anonym und gesichtslos empfundenes Fertighaus zu verkaufen und noch einmal zu bauen, individuell mit einem Architekten, der sie versteht: der Neubau sollte durch klare architektonische Formen bestechen und sich ohne »Zierat« darstellen. Das schmale, tiefe Grundstück und die verschachtelten Kleinhäuser der Umgebung führten zu dem Konzept des langgestreckten Baukörpers mit einer deutlichen Betonung des Frontgiebels. Zwei flankierende dreieckige Mauerpfeiler, die den Balkon des Obergeschosses tragen, balancieren abgewogen zwischen einladender und abwehrender Geste. Zur Akzentuierung der Baukörper- und Grundrißanlage wurde dem langgestreckten, archetypischen Satteldachhaus im Erdgeschoß ein kreissegmentförmiger Baukörper untergeschoben. Er dient gleichermaßen zur Raumerweiterung und zur Dynamisierung der Gebäudeform, schafft im Inneren offene Wohnbereiche mit unterschiedlichen Höhen und großer räumlicher Transparenz. Außen wird die Durchdringung der beiden Architekturelemente durch die Farbgebung und die verschiedenartige Gestaltung der Putzflächen betont.

Der Grundriß

- Die Wegeführung erschließt wie ein Rückgrat die Räume im Erd- und Obergeschoß
- Vom Eingang führt in der Längsachse des Hauses eine Stahltreppe auf die Galerie ins Obergeschoß zu den Schlafräumen und Bädern, die durch eine Schleuse verbunden sind
- Die Galerie prägt durch ihre langgestreckte Form die Weiträumigkeit und das Volumen des Hauses
- Darüber hinaus vermittelt die leichte, gelb lackierte Stahlkonstruktion zusammen mit dem gläsernen Bodenbelag eine helle, freundlich-stimulierende Transparenz
- Im Erdgeschoß wird die Form der Galerie durch den Holzbodenbelag nachgezeichnet und ihr perspektivischer Effekt noch verstärkt
- Wohnbereich, Küche und Eßplatz bilden einen offenen Raumzusammenklang mit dennoch deutlich erlebbaren Funktionstrennungen und unterschiedlicher Raumwirkung, die durch differenzierende Ebenen, Stufen, Pfeiler und Raumecken geprägt werden.

Grundstücksgröße: 1168 m² | Wohnfläche: 180 m² | Baukosten je m² Wfl/Nfl: 1900,- DM
Anzahl der Bewohner: 4 | Nutzfläche Keller: 90 m² | Baukosten gesamt: 513.000,- DM
Überbaute Fläche: 158 m² | Ausführung: 1993

Erdgeschoß

Obergeschoß

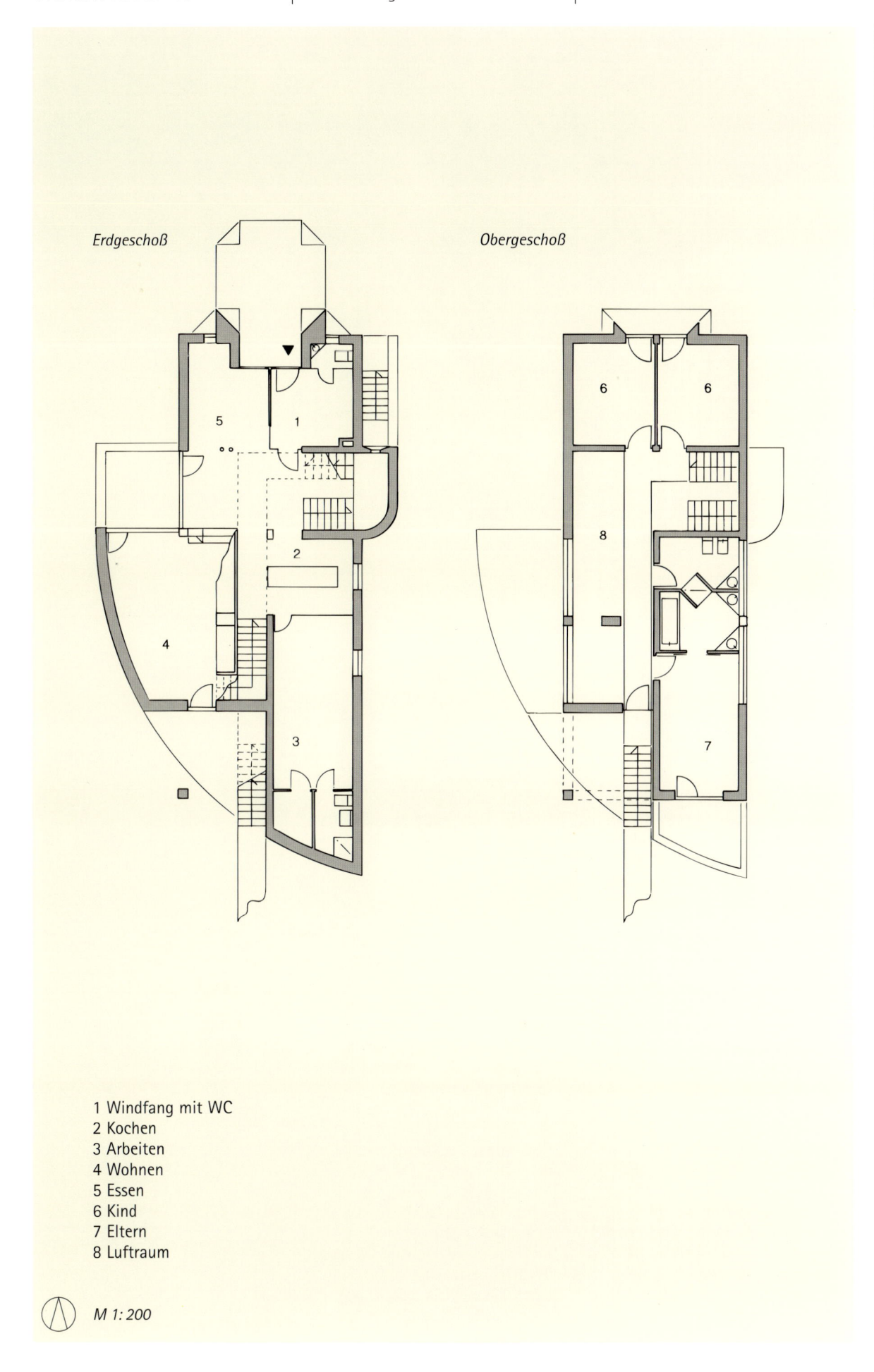

Linke Seite: Die Nordfassade mit dem einladenden, eingeschnittenen Eingang; der untergeschobene Baukörper mit der Treppe zum Garten.
Oben: Der zweigeschossige Wohnraum mit dem eingehängten Steg.

1 Windfang mit WC
2 Kochen
3 Arbeiten
4 Wohnen
5 Essen
6 Kind
7 Eltern
8 Luftraum

M 1:200

Wohnhaus in Aichach

Architekt:
Prof. Sampo Widmann,
München

Auf der Restfläche eines bestehenden Grundstücks sollte für die Eigentümer des benachbarten größeren Hauses ein »Austragshäusel«, das Altenteil, gebaut werden. Auf diese Bauaufgabe geht der Entwurf mit einem offenen Grundrißkonzept ein, das einen ganzen und einen halben, daraufgesetzten Würfel umschreibt. Nur der Schlafbereich im ersten Obergeschoß ist abgeschlossen. Die Einbauten wurden minimiert, das Konzept des Hauses war vielmehr auf eine bewußte Auseinandersetzung mit den quadratisch kargen Räumen und ihren darauf abgestimmten Gebrauch angelegt – eine Herausforderung. Die Ecken des Hauses sind verglast – nach Südosten und Südwesten größer als auf den beiden anderen Seiten –, die geschlossenen Flächen dagegen schirmen zum alten Haus ab. Entgegen der Erwartung lassen sich diese Flächen zum Lüften öffnen – für diese Zeit werden sie zu Fenstern. Die Grundfläche des Gebäudes mißt nur sechs auf sechs Meter, dabei bietet sein künstlerisch-plastisches Volumen dank sehr guter Wärmedämmung und guter solarer Energiegewinne den Standard eines Niedrigenergiehauses. Eine minimalistische Architektur mit freundlichem Antlitz – sie setzt einen willkommenen Maßstab für eine wichtige Bauaufgabe.

Der Grundriß

– Erschließung des Hauses von Norden unter einem Vordach, das auch den Carport einbezieht
– Das Gebäude verfügt über vier Ebenen – jedes Geschoß stellt eine Funktionsebene dar
– Direkter Zugang in den offenen Grundriß, die einläufige Treppe erschließt die einzelnen Ebenen und stellt den weiten Blickkontakt zwischen allen Geschossen her
– Die wie ein Möbel eingestellte Küche wirkt als Raumteiler, zum Eßraum ist sie offen
– Abgeschlossen zeigt sich das Schlafgeschoß, das durch eine Funktionsspange mit Bad, WC und Schrankraum vom offenen Treppenraum getrennt ist
– Das Dachgeschoß dient als Wohnraum
– Hier wird das Entwurfskonzept der zwei gestapelten Würfel durch die lange Diagonale und die doppelte Raumhöhe im Inneren erlebbar.

Grundstücksgröße: Restfl. 300 m²
Anzahl der Bewohner: 2
Überbaute Fläche: 41 m²

Wohnfläche: 94 m²
Nutzfläche Keller: 32 m²
Ausführung: 1996

Baukosten je m² Wfl/Nfl: 3490,- DM
Baukosten gesamt: 440.000,- DM

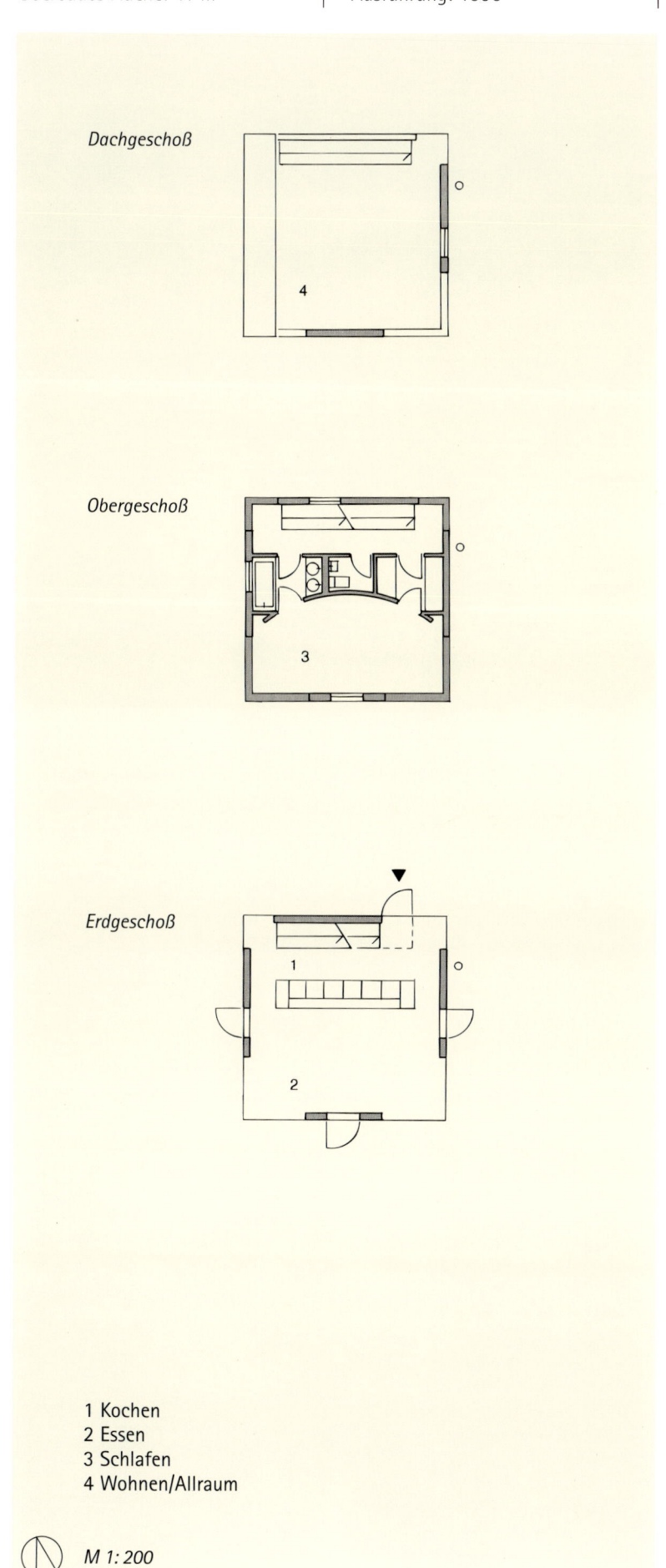

Dachgeschoß

Obergeschoß

Erdgeschoß

Linke Seite: Die Südfassade; das Pultdach ist nach Westen zur Straße geneigt.
Oben: Die markante Eckverglasung - hier im Erdgeschoß.

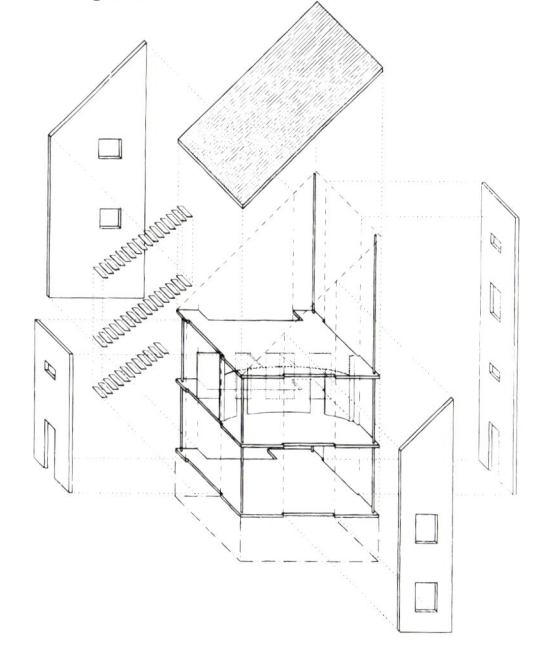

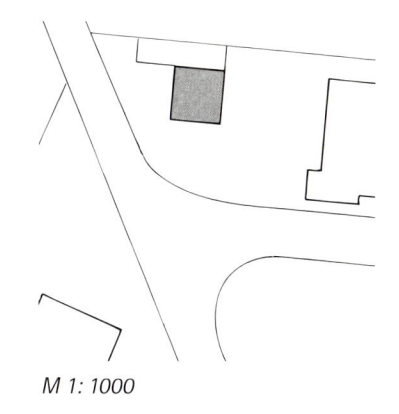

1 Kochen
2 Essen
3 Schlafen
4 Wohnen/Allraum

M 1: 200

M 1: 1000

Wohnhaus in Feldkirch

**Architekt:
Robert Felber,
Wien**

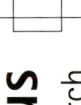

Der zentrale Wunsch der Bauherren an die Planung war ein windgeschützter, großzügiger Freiraum zwischen Haus und Garten. Die Hausfigur umschließt diesen Raumkern, der Wind wird abgelenkt und streicht daran vorbei. Eingefaßt wird der durch die beiden Baukörper gebildete Innenhof von einem unterkellerten Nebenhaus, das parallel zur Straße verläuft. Im Haupthaus gibt es eine konstruktiv definierte Mittelachse aus Wandscheibe und Betonstützen, auf denen der Hauptträger der Dachkonstruktion ruht. Diese Achse bildet die Trennlinie zwischen dem gebogenen Teil, der als Speichermasse in Mauerwerk ausgeführt wurde und den spitzwinklig gestalteten, südorientierten Räumen aus Holz. Die hier gewählten unterschiedlichen Formate der Fenster sollen viel Licht und Sonne in das Haus lassen. Die warmtonige Farbgebung erinnert an den farbintensiven Bauch eines Vogels, die gemauerten Teile dagegen wurden in kühlen Blautönen gehalten. Im Inneren ist die Farbgebung weiter differenziert und aufgefächert entwickelt, sie wird durch die einfallende Sonne je nach Tages- und Jahreszeit entsprechend aktiviert. Wichtige Energiequelle ist die Solarenergie. Passiv wird sie über die Glasfassaden genutzt, während die Warmwasserbereitung aktiv über Solarzellen erfolgt, wobei ein Kachelofen die Energieversorgung in der Übergangszeit übernimmt, die Heizspitzen deckt eine Gasheizung ab.

Der Grundriß
– Das Haus wird vom Nebenbaukörper her betreten, Weg und Blick führen in die Tiefe des Grundrisses
– Eine gebogene Treppe nimmt die Bewegung auf, lenkt diese um und trägt sie weiter ins Obergeschoß
– In der Eingangsebene ist der Grundriß des Hauses offen und fließend organisiert
– Am Ende des trapezförmigen Eingangsflures liegt das raumkorrespondierende Arbeitszimmer
– beide umschließen den geschützten Terrassenbereich
– Der Nebentrakt ist über den Innenhof und von der Straße aus zu erreichen
– Die Galerie im Obergeschoß führt in die separierten Schlafbereiche der Kinder und Eltern sowie in den gläsernen Vorbau über der Terrasse – ein transparenter Raum zwischen Haus und Garten mit freiem Blick in das Gebirgspanorama.

Grundstücksgröße: 850 m² | Wohnfläche: 130 m² | Baukosten je m² Wfl/Nfl: 2200,- DM
Anzahl der Bewohner: 4 | Nutzfläche Keller: 65 m² | Baukosten gesamt: 430.000,- DM
Überbaute Fläche: 180 m² | Ausführung: 1992

Obergeschoß

Erdgeschoß

1 Garderobe
2 Küche
3 Essen
4 Wohnen
5 Arbeiten
6 Abstellraum
7 Luftraum
8 Kind
9 Eltern
10 Carport

M 1:200

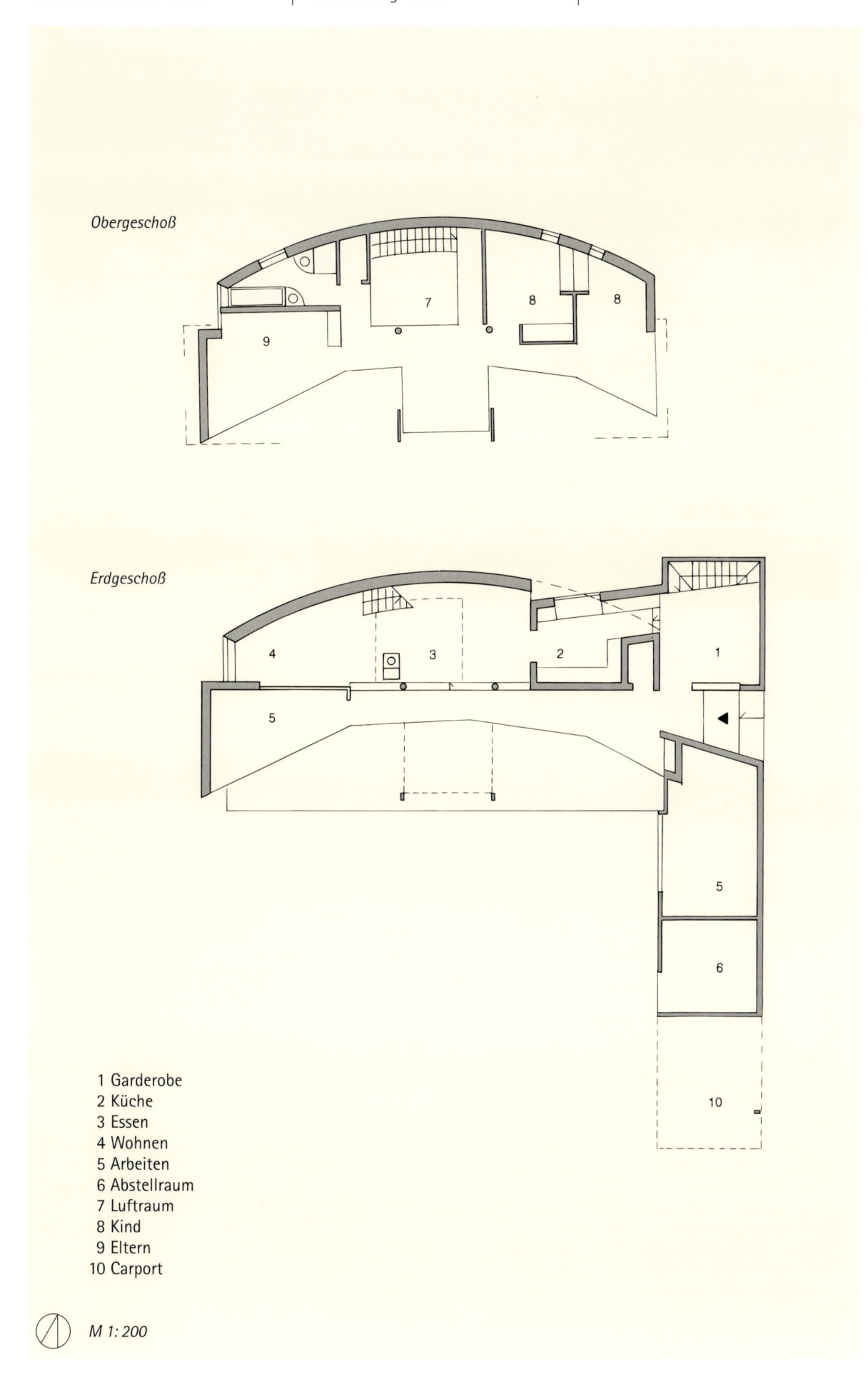

Linke Seite: Die schirmartig ausgebildete Südfassade; der eingeschnittene Zugang durch das Nebengebäude.
Oben: Das Ensemble von der Eingangsseite und die Hofsituation mit Blick nach Osten.

Wohnhaus mit Einlieger
bei Bonn

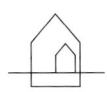

**Architekt:
Thiess Marwede,
Köln**

Sowohl das Äußere als auch das Innere des kubusartigen weißen Putzbaus ist durch Symmetrie geprägt. Über die gesamte Fassade verteilen sich regelmäßig und zu allen Seiten annähernd gleichberechtigt Fenster und Fenstertüren korrespondierender Proportion. Darüber hinaus wird die Fassade durch Vor- und Rücksprünge strukturiert. Die Lage des Hauses auf dem Grundstück und die Anordnung der Räume innerhalb des Hauses wurden erdbiologisch untersucht und unter Vermeidung von Störzonen definiert. Neben den geopathischen Vorgaben gruppieren sich die Räume nach dem Einfall des Tageslichtes um die zentrale Erschließung. Das Treppenhaus verbindet in einer halbrunden Solitärform die drei Geschosse und belichtet durch ein im Dach eingesetztes Glaselement die Flure der einzelnen Ebenen. Überspannt wird das Haus von einem »aufgesetzten«, durch eine Schattenfuge getrennten, schiefergedeckten Walmdach mit geringer Neigung, das einen zu einem späteren Zeitpunkt vorgesehenen Ausbau auf einfachem Wege ermöglichen soll.

Der Grundriß
– Erschließung erfolgt mittig von Norden
– Im Erdgeschoß bildet der großzügige offene Wohn- und Eßraum das Zentrum, der in gerader Linie vom Eingang aus erreicht wird; ihm angegliedert ist die Bibliothek
– Die Küche wird über einen Wintergarten mit dem Eß- und Wohnbereich verbunden
– Durch das symmetrische Konzept entstehen sowohl kleine als auch sehr große Räume
– Durch die Abgrabung des Geländes an der Ostseite des Hauses konnte im Untergeschoß eine separate Einliegerwohnung mit eigener Terrasse untergebracht werden.

Grundstücksgröße: 830 m² | Wohnfläche: 222 m² | Baukosten je m² Wfl/Nfl: 2600,- DM
Anzahl der Bewohner: 3 | Nutzfläche: 121 m² | Baukosten gesamt: 892.000,- DM
Überbaute Fläche: 149 m² | Ausführung: 1993

Obergeschoß

Erdgeschoß

Untergeschoß

1 Küche
2 Wintergarten/Essen
3 Bibliothek
4 Wohnen
5 Kind
6 Arbeiten
7 Eltern
8 Hauswirtschaft
9 Schlafen
10 Keller

M 1:250

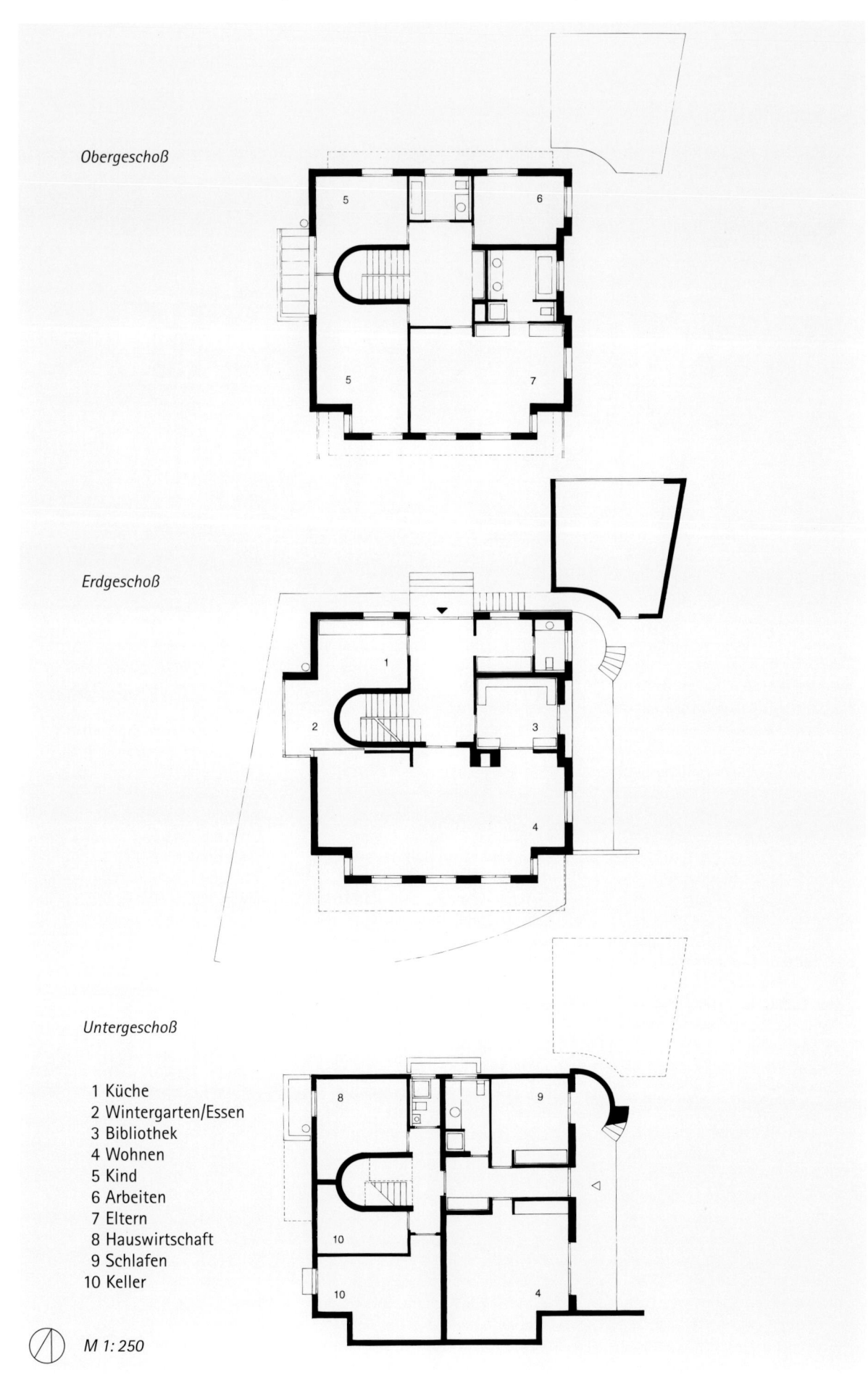

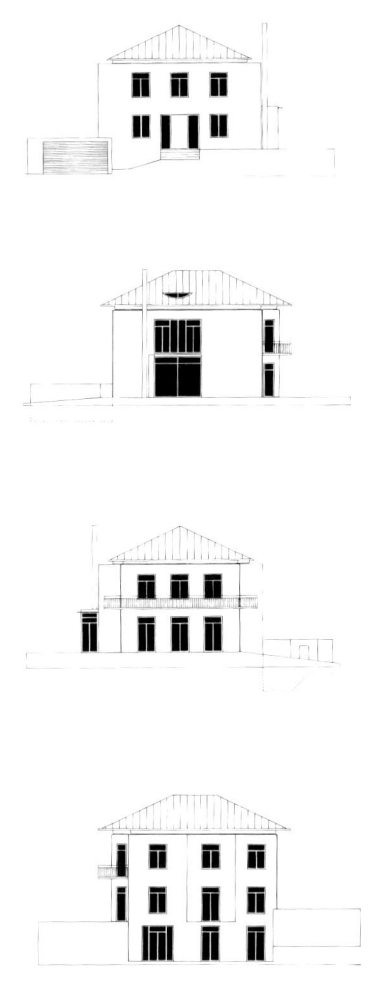

Linke Seite: Die durch den abgesenkten Hof dreigeschossige Ostfassade mit Eingang zur Einliegerwohnung.
Oben: Die Ansichten (ohne Maßstab) verdeutlichen das Prinzip der Dachgestaltung.

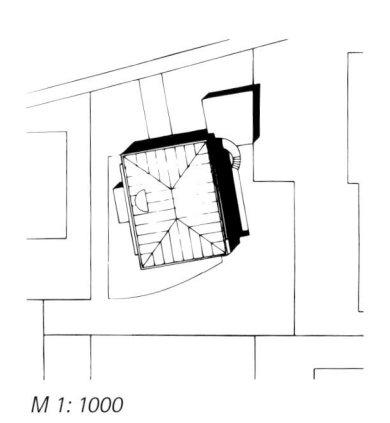

M 1:1000

Wohnhaus mit Einlieger bei Hamburg

**Architekten:
Stoeppler + Stoeppler,
Hamburg**

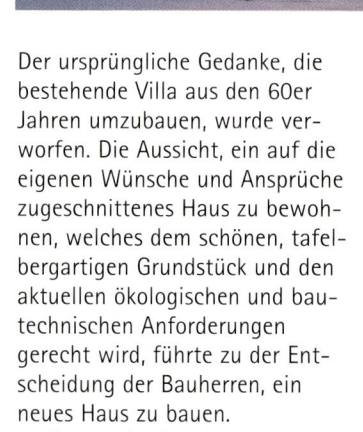

Der ursprüngliche Gedanke, die bestehende Villa aus den 60er Jahren umzubauen, wurde verworfen. Die Aussicht, ein auf die eigenen Wünsche und Ansprüche zugeschnittenes Haus zu bewohnen, welches dem schönen, tafelbergartigen Grundstück und den aktuellen ökologischen und bautechnischen Anforderungen gerecht wird, führte zu der Entscheidung der Bauherren, ein neues Haus zu bauen.

Entstanden ist ein langgestreckter, eingeschossiger Baukörper mit staffelgeschoßartigem Dach in Ost-West-Richtung für eine Familie mit vier Personen. Darüber hinaus bietet das Haus im Souterrain Platz für eine Einliegerwohnung und eine große Tiefgarage.

Die auf der Nordseite des Grundstücks verlaufende zwei Meter hohe verputzte Mauer bildet einen halbkreisförmigen, mit Schieferplatten belegten Innenhof, der das offene Haus von einem öffentlichen Wanderweg abschirmt. Das Zentrum des eleganten Hauses bilden die drei ineinander übergehenden Wohnräume, die ganz ohne Unterzüge, durch die leichte Abtreppung der Topographie des Grundstücks folgend, eine beeindruckende Raumwirkung ergeben. Das markante Dach besteht aus einer nach Süden weit auskragenden, belüfteten Schalenkonstruktion aus gebogenen Stahlrahmen mit Holzbeplankung und Zinkblechdeckung, in die auf der Nordseite die vier großen quadratischen Dachgaupen eingefügt sind. An der Tragkonstruktion des südlichen Dachüberstandes ist zur Verschattung eine automatische Fallarm-Sonnenschutzanlage angebracht, die etwa zwei Meter lange einzelne Textilsegel über die gesamte Länge des Gebäudes ausfahren kann.

Der Grundriß
– Eine zwischen zwei halbhohen Sichtbetonscheiben gespannte Stahl-/Holztreppe führt durch die schmale Öffnung der gebogenen Wandscheibe zum Hauseingang
– Zweigeschossige Eingangshalle mit frei eingestellter gebogener Treppe
– Klare Gliederung der einzelnen Bereiche
– Die Haupträume des Erdgeschosses folgen durch Stufen der Geländetopographie, sie werden über raumhohe Schiebeelemente in den Querwänden miteinander verbunden oder voneinander getrennt und erlauben ein Wohnen über die gesamte Hausbreite hinweg
– Separater Gästebereich mit Bad und eigener Terrasse nach Osten
– Das Obergeschoß teilt sich in einen Kinderbereich mit zwei Zimmern, Bad und Ankleidezimmer und dem großen Elterntrakt mit einer vom Schlafzimmer aus zugänglichen Badelandschaft mit Sauna über die ganze Haustiefe.

Grundstücksgröße: 3015 m² 　　Wohnfläche: 420 m² 　　Baukosten je m² Wfl: keine Angaben
Anzahl der Bewohner: 4 + Einl. 　Nutzfläche Keller/Garage: 120 m² 　Baukosten gesamt: keine Angaben
Überbaute Fläche: 209 m² 　　Ausführung: 1995/96

Obergeschoß

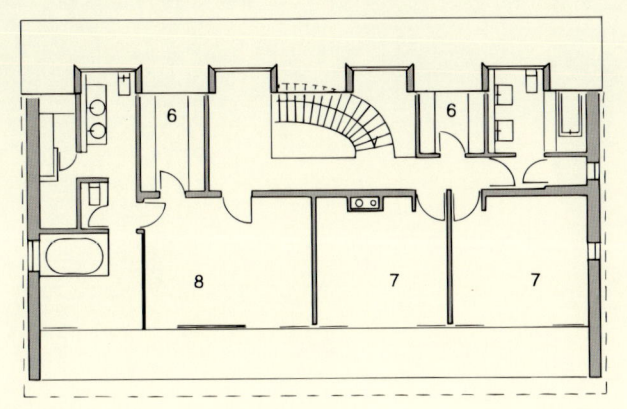

Erdgeschoß

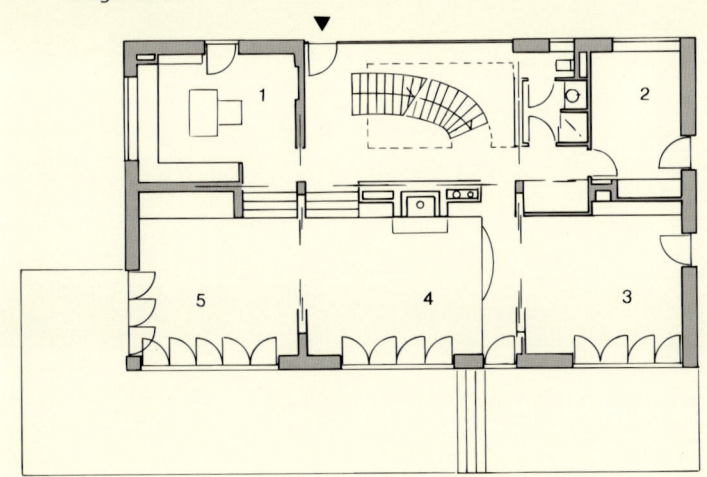

1 Küche
2 Gast
3 Bibliothek
4 Wohnen
5 Essen
6 Ankleide
7 Kind
8 Elternzimmer
　mit Bad/Sauna

M 1: 250

Linke Seite: Die zweigeschossige, südwestorientierte Gartenfassade mit der erhöhten Terrasse vor der Bibliothek; Blick in die Eingangshalle.
Oben: Der durchgängig angelegte Wohntrakt läßt sich durch Schiebetüren in einzelne Räume abtrennen.

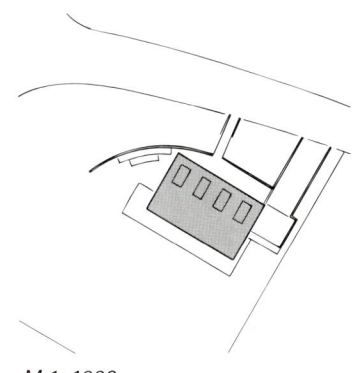

M 1: 1000

Wohnhaus mit Büro und Einlieger in Dietersheim

Architekten:
Büro 4 Wagner + Wanner,
Dietersheim

Die Planung hatte sich auf die Vorgaben eines Bebauungsplanes einzustellen, in dem Gebäudelage, Baumasse, Geschoßzahl, Dachneigung und Materialien festgelegt waren. Innerhalb dieser eng gesteckten Grenzen sollte ein Gebäude mit einer großen und einer kleinen Wohneinheit geplant werden: die große für eine Familie mit Kindern, die kleinere als Altenteil, Starterwohnung oder als abgeschlossenes Büro.

Das Gebäude wurde als vorgefertigter Holzrahmenbau erstellt, wobei die geschlossenen Wände mit außen gedämmtem Mauerwerk ausgefacht wurden. Die verglasten Fassaden sind eine Pfosten-Riegel-Konstruktion in Brettschichtholz mit Preßverglasung. Das Warmdach besteht aus vorgefertigten Holz-Sandwichelementen.

Die im Bebauungsplan geforderte Traufhöhe wurde durch ein verglastes, schützendes Vordach eingehalten und gleichzeitig die Hausbreite soweit zurückgenommen, daß im Dachgeschoß am Kniestock eine senkrechte Verglasung von 1,50 Metern Höhe entstand. Die Lösung entspricht den Vorgaben, darüber hinaus konnte durch diese Entwurfsidee auf störende Gaupen im Dach verzichtet werden.

Der Grundriß
– Erschließung der beiden Wohneinheiten von Norden
– Haupt- und Einliegerwohnung erstrecken sich über alle drei Geschosse
– Der Windfang dient als Verteiler zu Garderobe, Küche und Wohnraum
– Das gesamte Erdgeschoß ist U-förmig geschlossen, die Ausrichtung der Räume erfolgt allein nach Süden mit betontem Gartenbezug
– Das Untergeschoß verfügt über einen vorgelagerten Innenhof, über den die Arbeitsräume vollwertig belichtet werden
– Das Obergeschoß der Hauptwohnung bietet drei annähernd gleiche Schlafräume, die zentrale, großzügig ausgelegte Diele dient als zusätzlicher Wohnraum.

Grundstücksgröße: 500 m² | Hauptwohnung: 168 m² | Ausführung: 1994
Anzahl der Bewohner: 4 | Einlieger: 52 m² | Baukosten je m² Wfl/Nfl: 2200,- DM
Überbaute Fläche: 136 m² | Nutzfläche Keller/Büro: 13/62 m² | Baukosten gesamt: 649.000,- DM

Obergeschoß

Erdgeschoß

Untergeschoß

1 Wohnen
2 Essen
3 Küche
4 Heizung/
  Hausanschlußraum
5 Büro
6 Kind
7 Eltern
8 Zimmer

M 1:200

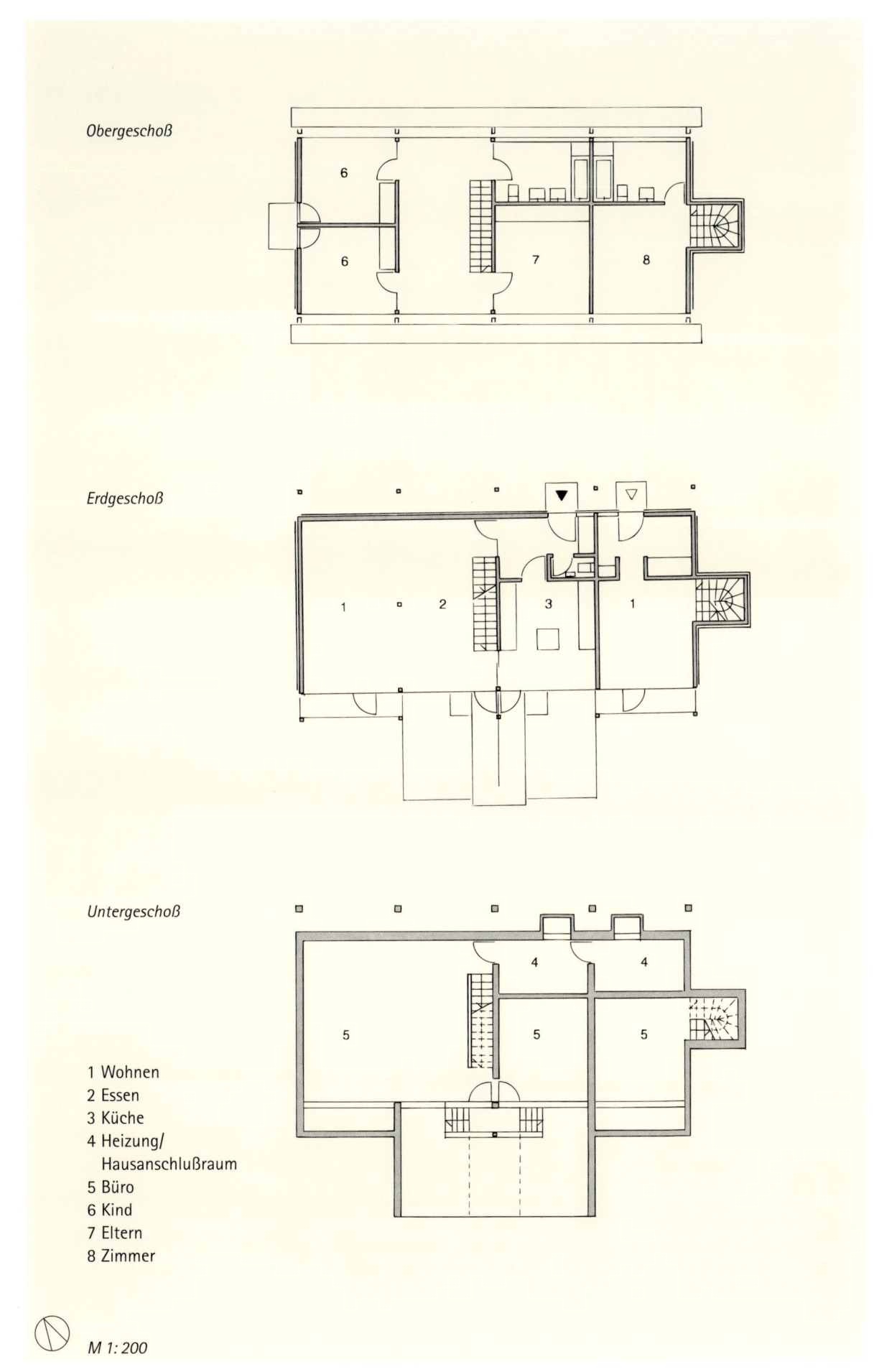

Linke Seite: Die Südfassade mit verglastem Dachüberstand und dem kleinen Innenhof vor dem Büro im Untergeschoß; die Giebelseite nach Nord-Westen. Oben: Blick in das angesetzte Treppenhaus der Einliegerwohnung.

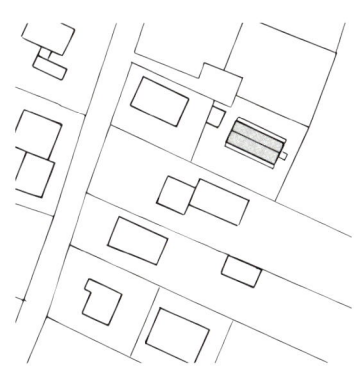

M 1:1000

Wohnhaus mit Einlieger in München

**Architekten:
Illig, Weickenmeier + Partner, München**

Leitgedanke der Planung war der Wunsch nach einer zeitlosen Architektursprache, die sich auf der einen Seite an der Beständigkeit einer vertraut-kompakten Baukörperform mit geneigtem Dach orientiert, auf der anderen den optimierten Einsatz der heutigen technologischen und ökologischen Möglichkeiten in den Entwurf einbezieht. Das Ergebnis ist ein formal klassisches Einfamilienhaus mit Niedrigenergiestandard. Dieser wird durch eine hochwärmegedämmte Außenhülle mit einer Energieversorgung über aktive Solarzellen und die Nutzung der passiven Solarenergie über die großflächig verglasten Süd- und Westfassaden erreicht. Eine Niedrigtemperaturheizung mit Gas-Brennwertkessel bereitet die notwendige Zusatzenergie. Für den sommerlichen Wärmeschutz sorgen der weite Dachüberstand und die Balkone im Obergeschoß, der winterliche Wärmeschutz wird durch konvektionshemmende Außenjalousien unterstützt. Für Roh- und Ausbau kamen nur recycelfähige Materialien zum Einsatz, die Spülung der WCs und die Wasserversorgung im Garten erfolgt über einen sechs Kubikmeter fassenden unterirdischen Regenwassertank.

Der Grundriß
– Teilung des Gebäudes im Erdgeschoß in zwei Wohneinheiten mit sichtgetrennter Erschließung von Norden (Einlieger) und Osten (Hauptwohnung)
– Das kleine Appartement ist mit seinem Wohn-/Schlafraum nach Westen orientiert
– Die Hauptwohnung ist nach Süden und Westen ausgerichtet
– Abgeschlossenes Treppenhaus mit Gäste-WC und Zugang zur Küche
– Im Anschluß offener Wohn-/Eßbereich mit Südwestterrasse als Holzdeck, die auch von der Küche zugänglich ist
– Bedingt durch die quadratische Hausform öffnen sich die Räume im Obergeschoß fächerförmig zum Sonnenkreis
– Der innenliegende Flur erfährt seine Belichtung über die Tür des Balkons auf dem darunterliegenden Windfang
– Die große, aufgesetzte Dachlaterne birgt einen abgeschlossenen Atelierraum.

Grundstücksgröße: 480 m² | Hauptwohnung: 176 m² | Ausführung: 1994
Anzahl der Bewohner: 4 | Nutzfläche Keller: 98 m² | Baukosten je m² Wfl/Nfl: 2590,- DM
Überbaute Fläche: 154 m² | Einlieger: 39 m² | Baukosten gesamt: 810.000,- DM

Obergeschoß

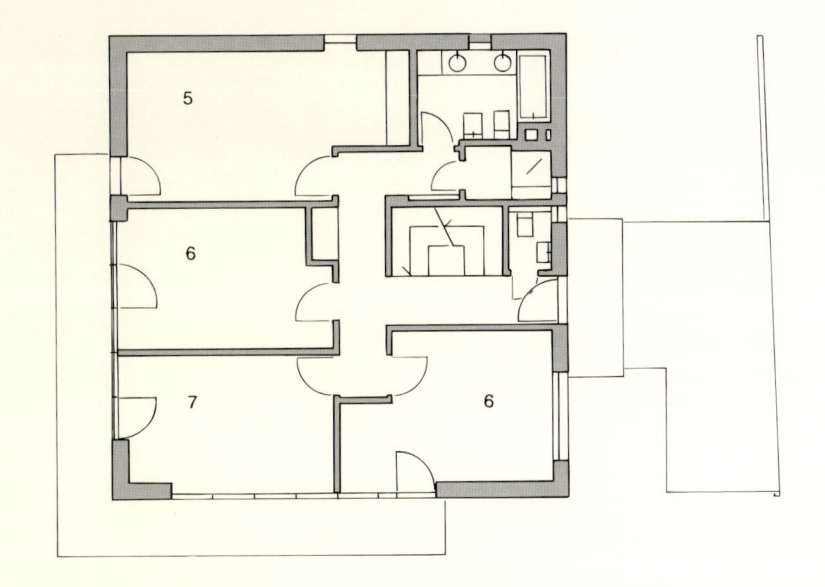

Erdgeschoß

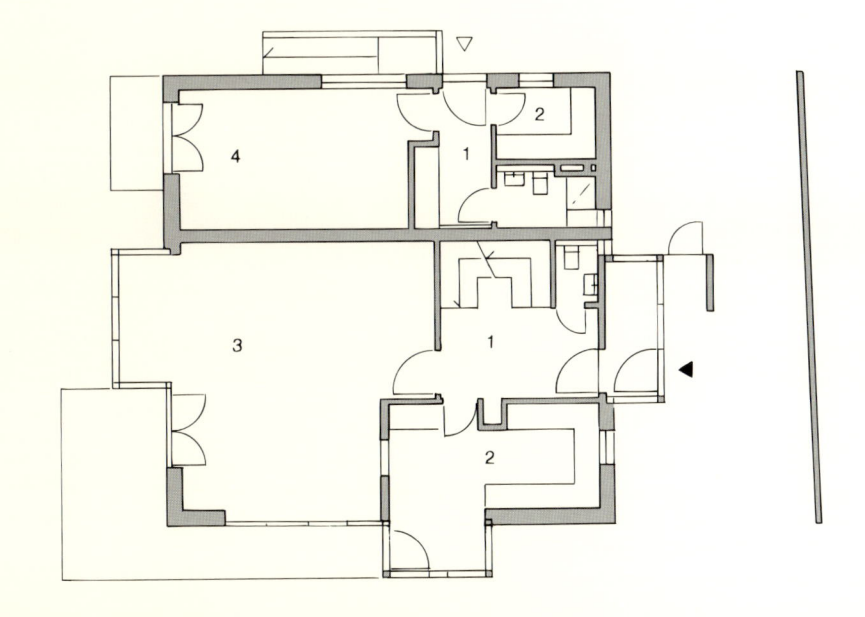

Linke Seite: Die Südfassade mit der dominanten Dachlaterne.
Oben: Die Südostecke des Hauses mit Frühstücksterrasse und vorgelagertem Teich.

1 Flur
2 Küche
3 Wohnen
4 Wohnen + Schlafen
5 Eltern
6 Kind
7 Arbeiten

M 1:200

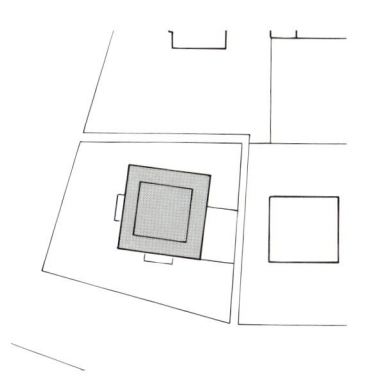

M 1:1000

Drei-Generationen-Haus in Köln

Architekt:
Prof. Ulrich Coersmeier,
Köln

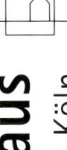

Die Lage des Grundstücks in einem Kölner Vorort gab durch die heterogene Bebauung in der Nachbarschaft außer der vorgeschriebenen Ein- bis Zweigeschossigkeit keine gestalterischen Bindungen für das Konzept des Hauses vor. Die Grundanliegen des Entwurfes waren: den drei Generationen der Bauherrenfamilie die gewünschten räumlichen Bedingungen zu schaffen, den besonderen Ansprüchen einer stimmigen Kunstpräsentation gerecht zu werden und die Sonnenenergie auf baulich selbstverständliche Weise zu nutzen. Folgerichtig öffnet sich das Haus nach Süden, um die tief auftreffenden Sonnenstrahlen zu nutzen, im Sommer dagegen wird das Haus durch horizontale Roste abgeschirmt. Hochwärmegedämmtes Mauerwerk umfaßt mit seiner Speicherwirkung wie eine schützende Schale die anderen Gebäudeseiten. Aus dem gleichen Grund klappt sich das Dach zur Sonne hin auf, während es im Norden mit großem Überstand die Wand und auch den Zugang zum Eingang schützt. Eine besondere Rolle in dem Entwurfskonzept spielt das Licht. So ist – im Gegensatz zu den Einzelräumen – der zentrale Bereich nicht völlig in Licht getaucht, sondern über das Dach wird Zenit-Streifenlicht auf die große Bilderwand gelenkt. Ein herausgekippter kleiner gläserner Erker schafft Blickkontakt mit dem Garten. Die wenigen Lochfenster wirken wie lichte Bilder, die die sich verändernden Detailausschnitte der Umgebung zeigen. Die Haupthelligkeit des Raumes schließlich dringt von der Seite über Empore und Eßplatz ins Innere. Dadurch bleiben große, fast unangetastete Ziegelwände für die Präsentation der Bildersammlung.

Der Grundriß
– Erschlossen werden Hauptwohnung und der Kindertrakt von Norden über den vorgelagerten »Platz«
– Die zweite Wohnung dagegen wird auch optisch separiert von Osten erschlossen
– Eine innere Verbindung über die Diele der Hauptwohnung erlaubt den direkten Kontakt der Familienmitglieder
– Die zentrale »Versorgungseinheit« aus Küche und Hauswirtschaftsraum ist auf kurzen Wegen vom Eingang aus zu erreichen; außerdem stellt sie eine zusätzliche Verbindung zur zweiten Wohnung dar
– Der Küche vorgelagert ist der Eßbereich
– Daran anschließend öffnet sich der Wohnraum, der über beide Geschosse reicht
– Die Räume der heranwachsenden Kinder im Obergeschoß werden direkt aus der Diele erreicht
– Arbeitsempore und Elternwohnung werden aus dem zweigeschossigen Hauptraum erschlossen.

Grundstücksgröße: 1350 m²
Anzahl der Bewohner: 4 + 1
Überbaute Fläche: 165 m²

Wohnfläche: 300 m²
Nutzfläche Keller: 80 m²
Planung u. Ausführung: 1993/94

Baukosten je m² Wfl/Nfl: 2420,- DM
Baukosten gesamt: 920.000,- DM

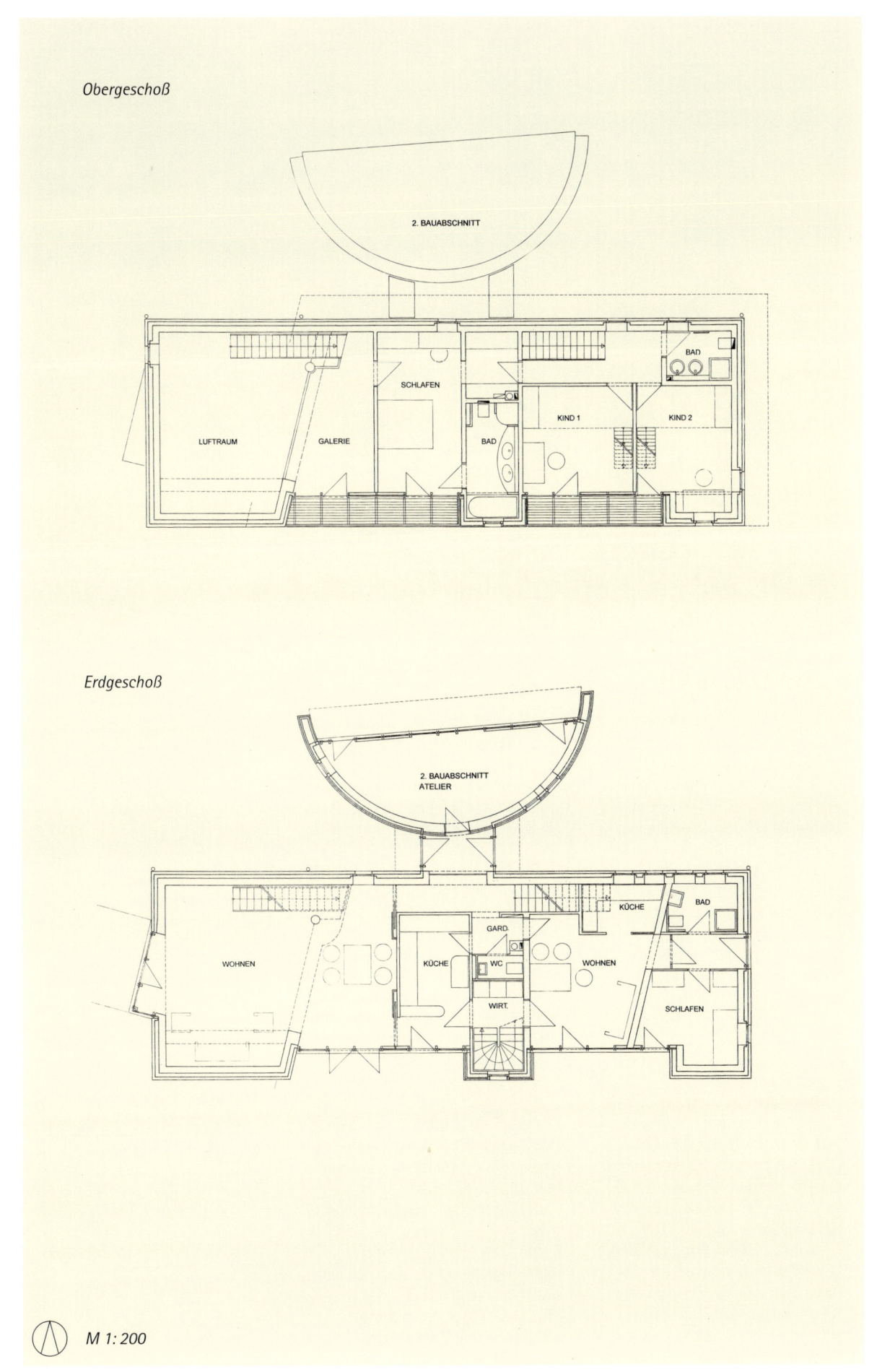

Obergeschoß

Erdgeschoß

M 1 : 200

Linke Seite: Der aus unterschiedlichen Elementen zusammengesetzte Baukörper bildet nach außen das Raumprogramm ab. Oben: Die Sicht auf Galerie und halb geschlossene Küche in der nach Westen orientierten Haushälfte.

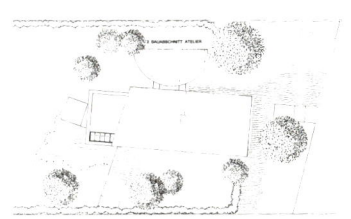

M 1 : 1000

Wohnhaus mit Einlieger in Matzing

**Architekt:
Martin Jobst,
Traunwalchen**

Das Haus mit seinen beiden unterschiedlich großen Wohneinheiten war als Doppelhaus geplant, wurde aber als solches in dem vorhandenen Einfamilienhausgebiet nicht genehmigt. So entstand ein Wohnhaus mit Einliegerwohnung – in der Funktion ein Doppelhaus, in Erscheinungsbild und Architektursprache das gewünschte Einfamilienhaus. Es ist ein klarer, einfacher Bau, unspektakulär, aber in seiner stimmigen Proportionierung (3:4), Fassadengestaltung, Materialwahl und Detaillierung eindeutig, individuell – selbstverständlich. Eine Architektur, die in ihrer traditionellen Ausformung der Region entstammt und diese ohne Brüche ins Zeitgenössische transponiert.

Das Haus ist massiv aus Kalksandstein gemauert, Kelleraußenwände und Decken sind betoniert. Die sichtbare Brettschalung aus Lärchenholz mit offenen Fugen und dahinterliegender Wärmedämmung dient als Wetterschutz. Der notwendige Wechsel in der Brettrichtung im Giebelbereich und das Obstspalier schaffen eine zusätzliche formale Gliederung der Fassade. Die Dachuntersicht ist blau gestrichen – sie assoziiert den Blick in den klaren, wolkenlosen Himmel.

Der Grundriß
– Ein in die Fassade eingezogener offener Vorraum erschließt beide Hausteile. Als optische Zäsur beider Wohneinheiten fungiert der Schornsteinzug, der in Kalksandstein-Sichtmauerwerk errichtet wurde
– Die Treppen sind jeweils der Wohnungstrennwand zugeordnet, in der kleineren Wohnung versteckt hinter einem Einbauregal, in der größeren ist sie als Treppenmöbel ausgeführt
– Die in Mauerpfeiler aufgelöste Mittelwand mit eingebauten Regalen trennt im Erdgeschoß den niedriger gelegenen Wohnraum vom höheren Eingangs- und Küchenbereich
– Der offene Grundriß mit langen Blickachsen über die gesamte Haustiefe schafft trotz der geringen Grundfläche das Gefühl eines großzügigen Raumangebotes
– Im Obergeschoß sind die Schlafräume um einen zentralen Mittelflur angeordnet. Hier ist das Dach durch die Schrägen erfahrbar. Der Spitzboden dient als zusätzlicher Abstellraum.

Grundstücksgröße: 720 m² | Wohnfläche: 105 m² | Ausführung: 1996/97
Anzahl der Bewohner: 4/3 | Einlieger: 84 m² | Baukosten je m² Wfl/Nfl: 1850,- DM
Überbaute Fläche: 150 m² | Nutzfläche Keller: 51/32 m² | Baukosten gesamt: 503.000,- DM

Obergeschoß

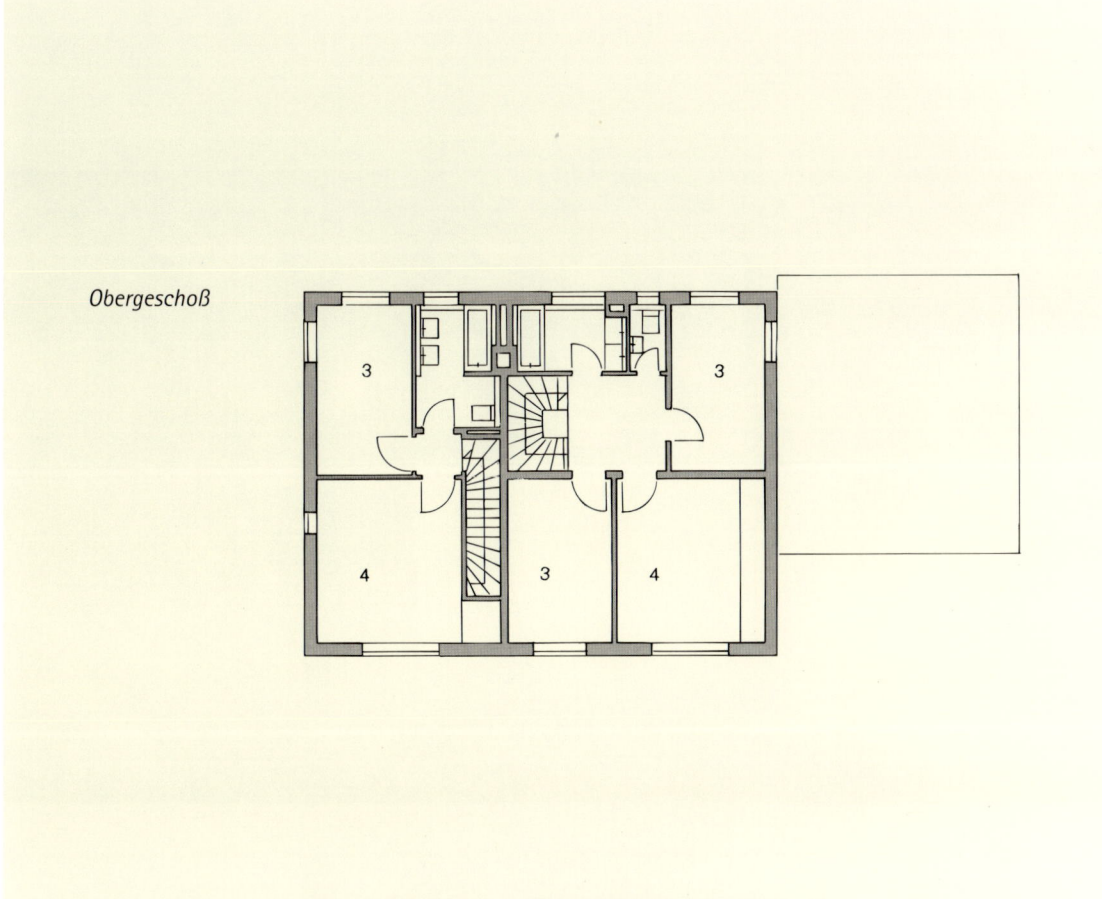

Erdgeschoß

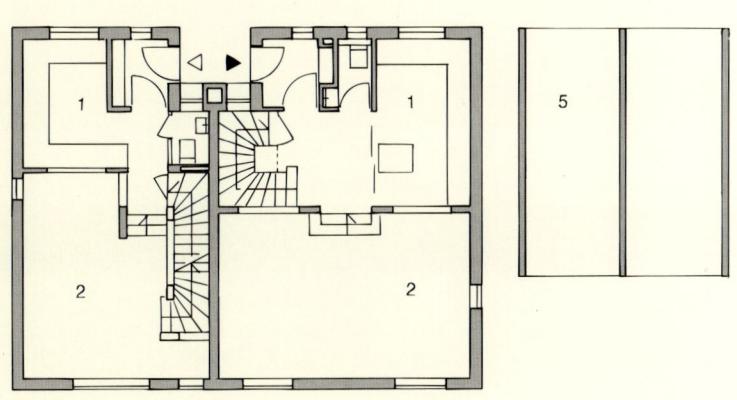

1 Küche
2 Wohnen/Essen
3 Kind
4 Eltern
5 Doppelgarage

M 1:200

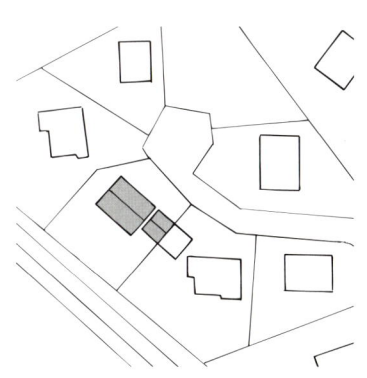

*Linke Seite: Der gemeinsame Zugang für beide Wohnungen an der Nord-Ost-Fassade; die Westecke des Hauses mit Austritt zum Garten und haushohem Pflanzspalier.
Oben: Blick vom Wohnraum der Hauptwohnung auf Küche und Eingangsbereich.*

M 1:2000

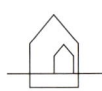

Wohnhaus mit Einlieger in Solln

**Architekt:
Hans Kohl,
München**

Das Grundstück liegt in einem Münchener Villenvorort, für den restriktive Auflagen bezüglich der Bebauung, wie Grenzabstand, Geschossigkeit etc., bestehen. Auf dem vorderen Grundstücksteil steht das ehemalige Wohnhaus der Bauherren, welches jetzt nur noch als Praxis genutzt wird.

Der dahinter liegende Neubau ist zweigeteilt und bietet neben der Hauptwohnung für die vierköpfige Familie auch einer Einliegerwohnung Platz.

Der quadratische Grundrißzuschnitt des Haupthauses wurde parallel zur westlichen Grundstücks- und Baumgrenze angelegt. Durch die zum Altbau gedrehte Lage wendet sich das Haus der Sonne optimal zu. Darüber hinaus ergeben sich räumlich interessante Gartenrestflächen. Der baubehördlichen Forderung nach einer eingeschossigen Bauweise beggnet der Entwurf mit einem Kunstgriff: Das Erdgeschoß wurde im Wohnbereich um 75 cm bezogen auf die Geländeoberfläche abgesenkt. Dadurch konnte man bei einer erlaubten Traufhöhe von 4,50 m einen Gebäudekörper mit zwei Vollgeschossen errichten.

Den Schwerpunkt des Hauses betont das kleine Zeltdach, unter dem ein Studio in luftiger Höhe untergebracht ist.
Dem Studio angegliedert ist eine schmale Dachterrasse, die auf der Dachfläche der 4,50 m hohen Eingangshalle ruht.

Als eigenständiges Gebäude fügt sich die Einliegerwohnung mit einer extensiv begrünten Dachfläche und der großen Glasfront in den Gartenbereich ein und begrenzt die Freiräume des Neubaus.

Zusammen mit einem auf ökologischen Hausbau spezialisierten Generalunternehmer wurde ein markantes, gut durchdachtes Holzhaus mit Niedrigenergiestandard realisiert.

Der Grundriß
– Die vertikale Erschließung und die Bäder des Haupthauses bilden einen zentralen Kern
– Die Eingangshalle dient als Bindeglied zwischen Haupthaus und Einliegerwohnung
– Durch den Luft- bzw. Galerieraum im Süden des Hauses entstehen optische und räumliche Verbindungen zwischen Wohn- und Schlafbereichen
– Verschiedene abgestaffelte Balkone schaffen geschützte Freibereiche
– Das kleine Studio im 2.OG bietet eine ungestörte, intime Rückzugsmöglichkeit.

Grundstücksgröße: 1180 m² | Wohnfläche: 183 m² | Baukosten je m² Wfl/Nfl: 2565,- DM
Anzahl der Bewohner: 4 | Nutzfläche Keller: 90 m² | Baukosten gesamt: 700.000,- DM
Überbaute Fläche: 149 m² | Ausführung: 1994 – 96

Dachgeschoß

Obergeschoß

Erdgeschoß

1 Halle
2 Wohnen
3 Kochen/
  Essen/Wohnen
4 Schlafen
5 Kinder
6 Eltern
7 Luftraum
8 Studio

M 1: 200

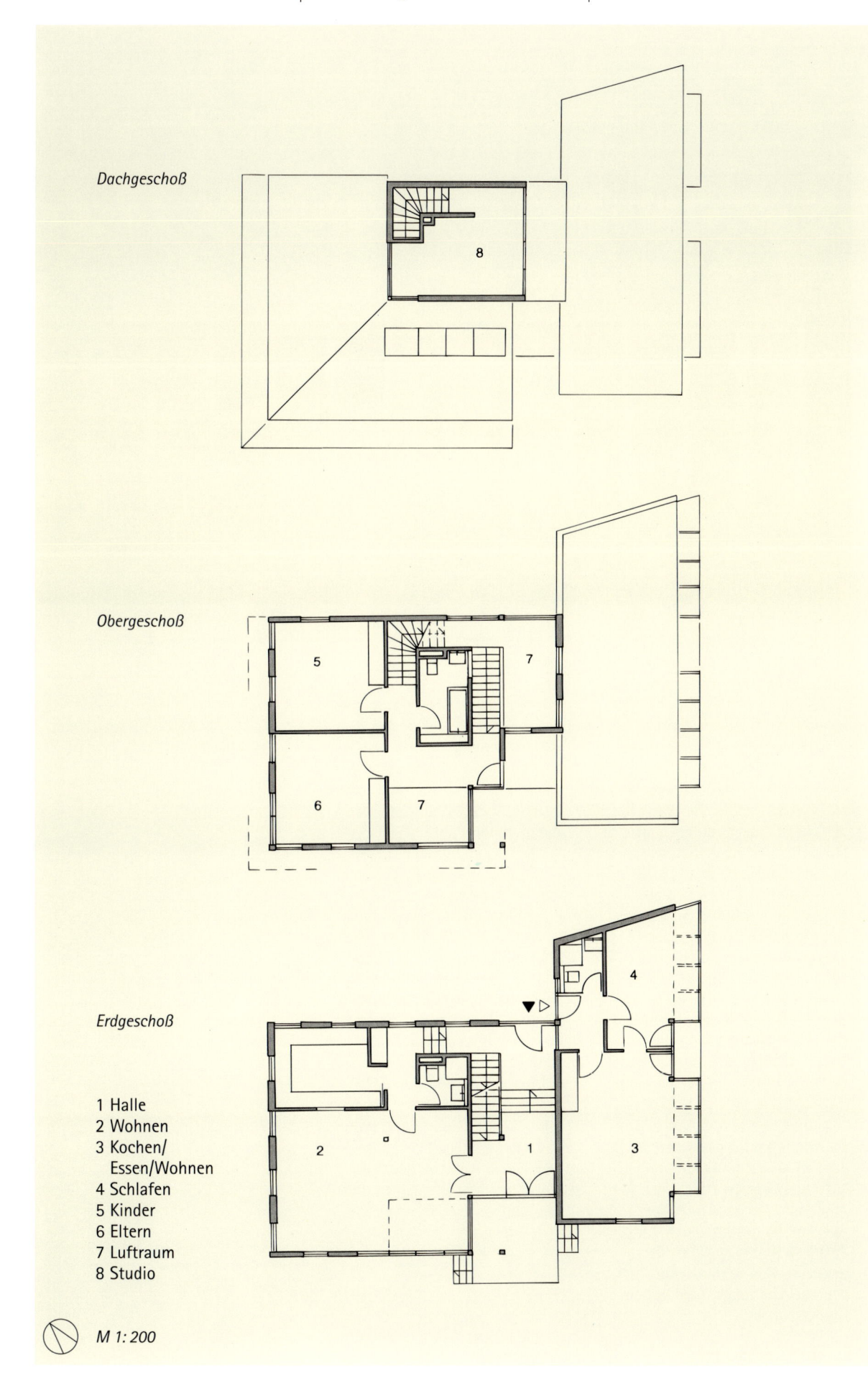

Linke Seite: Ansicht der nach Osten orientierten, über die ganze Front verglasten Einliegerwohnung; dahinter das abgestaffelte, über drei Geschosse reichende Haupthaus.
Oben: Innenansicht der Einliegerwohnung; die zweigeschossige Eingangshalle.

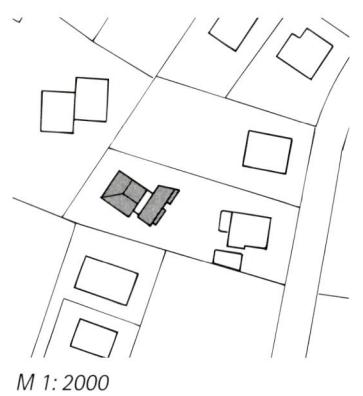

M 1: 2000

69

Wohnhaus mit Einlieger in Hard

**Architekten:
Baumschlager + Eberle,
Lochau**

Das Einfamilienhaus mit Einliegerwohnung setzt mit seiner konsequent strengen Formensprache einen klaren Akzent in einem identitätslosen Umfeld, in dem heterogene Vorstellungen vom Bauen und Wohnen und verschiedenste Stilrichtungen aufeinandertreffen. Ein Entwurf, der unabhängig von der Umgebung sich nur der Autonomie seiner Form verpflichtet fühlt.

Der an drei Seiten fast geschlossene Kubus aus Sichtbeton zeigt sich, von ein paar scharf eingeschnittenen Öffnungen abgesehen, nach außen wenig vermittelnd. Lediglich die Südseite öffnet sich mit der gerasterten Betonfassade für gerahmte Blicke. Kräftige horizontale Lamellen aus Holz zur Verschattung unterstützen die die Fassade prägende Geometrie. Aus dem Baukörper herausgeschnittene Formen lassen Terrassen und Lufträume entstehen, die den Innenraum großzügig und offen gliedern. So gestaltet sich das Positiv-Negativ-Spiel des Quaders zu einem spannungsreichen Wechsel von Innen- und Außenraum.

Der Grundriß
– Die Eingangsachse führt wie eine Straße quer durch das Haus, von der aus alle drei Hauseinheiten zugänglich sind: rechts die Hauptwohnung, links die Einliegerwohnung und geradeaus das »Gartenhaus«
– Der Erdgeschoßgrundriß der Hauptwohnung organisiert sich mit Küche, Eß- und dem zweigeschossigen Wohnraum L-förmig um die Terrasse
– Die Eingangszone wird durch einen Block begrenzt, der Treppe, WC und Abstellraum aufnimmt
– Im Obergeschoß befinden sich neben Bad und Ankleidezimmer die drei Schlafzimmer, die alle über ein Lichtband im Dach auch von oben belichtet werden
– Alle Zimmer sind über Schiebetüren miteinander verbunden
– Im Obergeschoß wird nur die hintere, nördliche Fläche bewohnt; der südliche Raum dient ausschließlich Lufträumen und der Loggia dieses Geschosses.

Grundstücksgröße: 850 m² | Wohnfläche: 174 m² | Ausführung: 03/94 – 03/95
Anzahl der Bewohner: 4 + 1 | Einlieger: 48 m² | Baukosten je m² Wfl/Nfl: 2630,- DM
Überbaute Fläche: 230 m² | Nutzfläche Schuppen: 25 m² | Baukosten gesamt: 650.000,- DM

Obergeschoß

Erdgeschoß

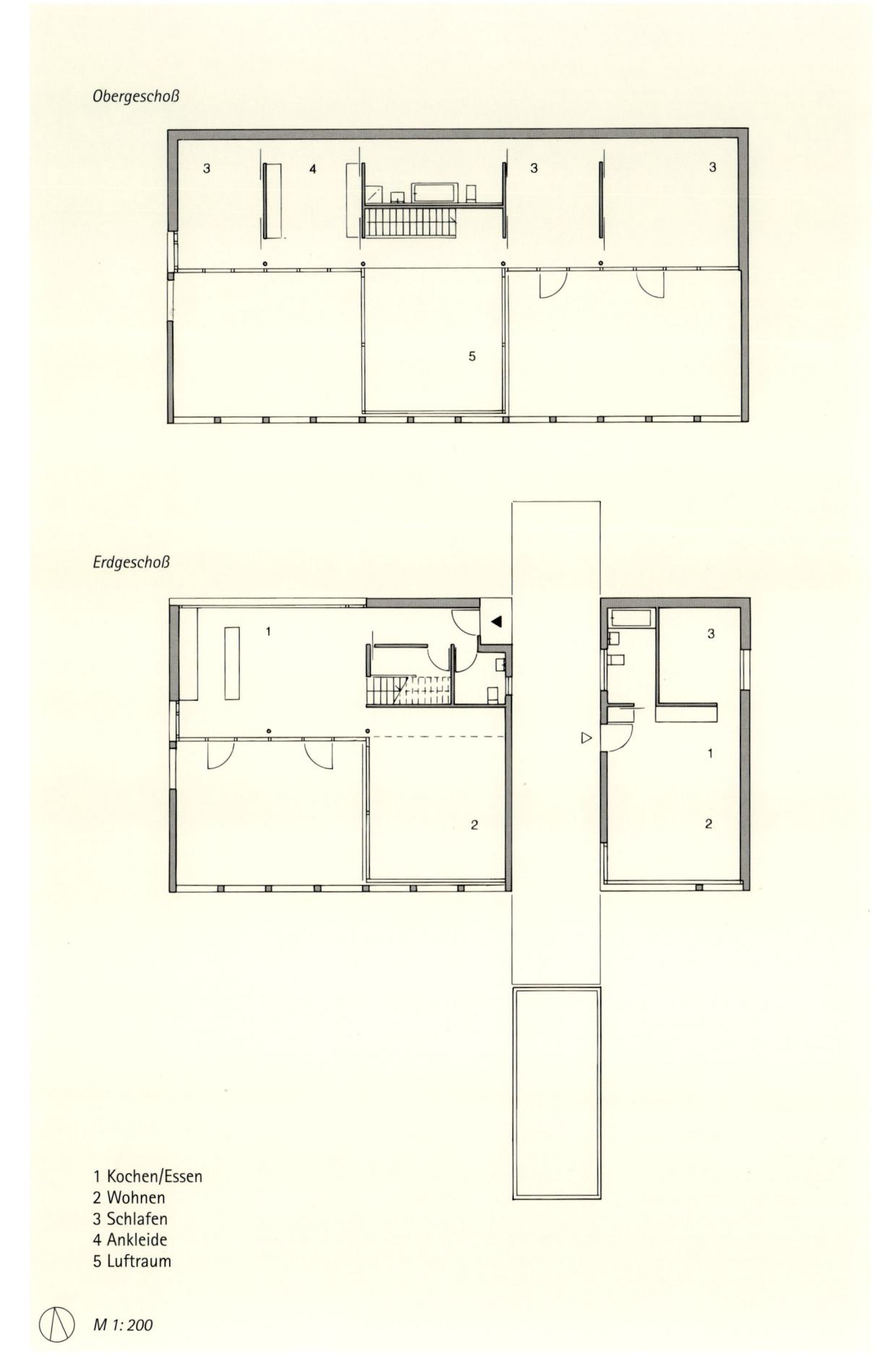

Linke Seite: Das geometrische Betonraster der Südfassade mit den aus dem Baukörper ausgeschnittenen Terrassen; die geschlossene Nordfassade mit dem tunnelartig angelegten Zugang im Erdgeschoß. Oben: Blick vom Wohnraum auf den oberen Terrassenausschnitt.

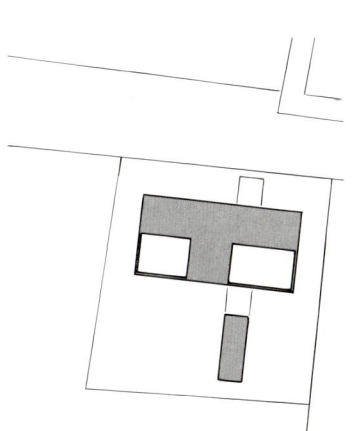

1 Kochen/Essen
2 Wohnen
3 Schlafen
4 Ankleide
5 Luftraum

M 1: 200

M 1: 1000

Wohnhaus mit Einlieger in München

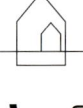

**Architekten:
Fink + Jürke,
München**

Das in seiner Form auffällige Gebäude wurde im rückwärtigen Teil eines Gartengrundstückes mit eigener Zufahrt errichtet. Im Zuge der Nachverdichtung entstanden ein Haus für eine Familie sowie eine separate Einliegerwohnung für eine Person. Bedingt durch die unterschiedlichen Lebensrhythmen der Bewohner wurde für den Einlieger die entferntere Lage im ersten Obergeschoß mit eigener, separater Außentreppe gewählt. Die bildhafte Trennung der rückseitig massiven Form und der im Süden vorgelagerten Leichtbauweise spiegelt das Niedrigenergiekonzept des Hauses wider. Der Bau ist konstruktiv und formal in zwei Bereiche unterteilt: nördlich ein fester »Rücken« mit betonierter Speichertrennwand und gemauerter Außenwand. Das Südhaus ist als Holzkonstruktion mit Ständerwänden und einer Holzstapeldecke ausgeführt. Der schräg gestellte Sonnenschutz aus filigranen Stahlprofilen läßt im Erd- und Obergeschoß geschützte Übergangszonen im Bereich des Balkons und der Terrasse entstehen.

Der Grundriß
– Beide Wohneinheiten werden von Osten erschlossen
– Der Windfang der Hauptwohnung dient als Zugang mit kurzem Weg zur Küche und Garderobe und – vom Wohnraum separiert – zum Gäste-WC
– Der Keller mit Hobbyraum ist sowohl hausintern als auch von außen zugänglich
– Das Erdgeschoß ist als halboffener Grundriß angelegt: der Eßplatz ist durch eine eingestellte Wand von beiden Wohnbereichen mit Ausrichtung nach Süden und Westen abgetrennt, wobei der Blickbezug über die Diagonalen für ein weites Raumgefühl sorgt
– Die nach Südwesten vorgelagerte, gleichsam schwebende Holzterrasse, schafft den wahlweise offenen oder geschützten Übergang zum Garten
– Das erste Obergeschoß ist mit zwei Zimmern und eigenem Bad den Kindern vorbehalten
– Von hier aus führt eine einläufige Treppe in den Elternbereich, der sich über die ganze Hausbreite erstreckt
– Die Einliegerwohnung reicht über zwei Ebenen. Im ersten Obergeschoß befindet sich der Wohnbereich, der sich bis ins zweite Geschoß erstreckt
– Ein eigener Westbalkon schafft den Kontakt zum Garten
– Im zweiten Obergeschoß befindet sich die Schlafgalerie.

Grundstücksgröße: 512 m²
Anzahl der Bewohner: 4 + 1
Überbaute Fläche: 104 m²

Hauptwohnung: 141 m²
Einlieger: 44 m²
Nutzfläche: 89 m²

Planung u. Ausführung: 1993/94
Baukosten je m² Wfl/Nfl: 2400,- DM
Baukosten gesamt: 660.000,- DM

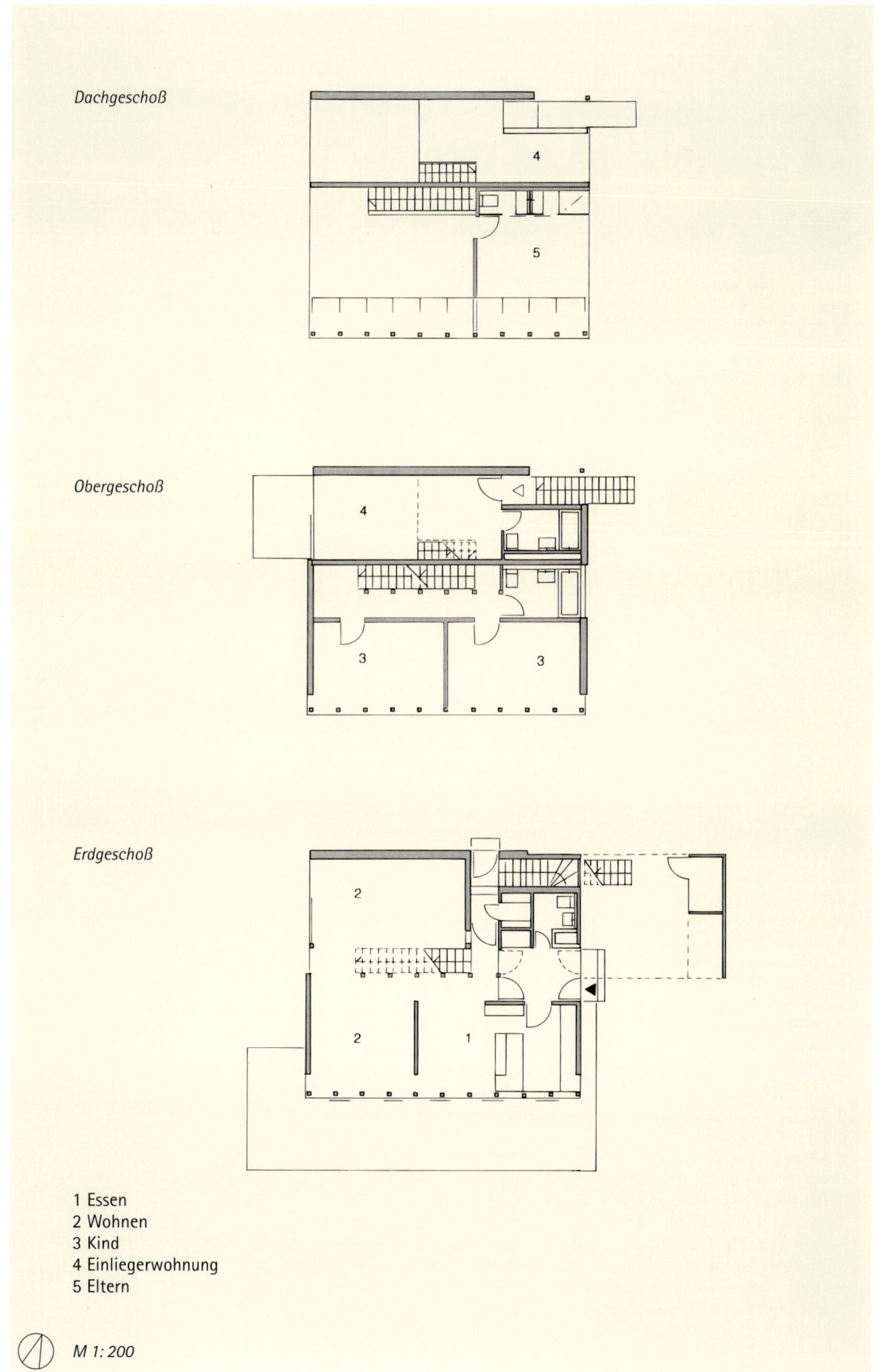

Dachgeschoß

Obergeschoß

Erdgeschoß

1 Essen
2 Wohnen
3 Kind
4 Einliegerwohnung
5 Eltern

M 1: 200

Linke Seite: Die Süd-Ostfassade mit der Eckverglasung auf beiden Geschossen für die Besonnung der Wohnräume am Nachmittag; der vollständig verglaste Ostgiebel mit den versetzt angeordneten Halbtonnen.
Oben: Der Zugang zur Einliegerwohnung im ersten Obergeschoß.

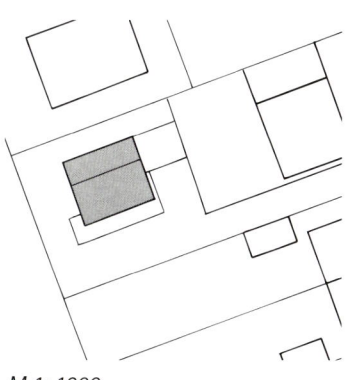

M 1: 1000

Wohnhaus mit Unterrichtsräumen bei München

**Architekten:
Fink + Jürke,
München**

Das teilweise in Vorfertigung erstellte Holzhaus mit einem zur Straße geöffneten Pultdach liegt in einem dicht besiedelten, heterogen bebauten Wohngebiet in Ottobrunn. Nach der von den Bauherren gestellten Planungsaufgabe sollte das Haus neben den Wohnräumen zusätzlich separat zu erschließende, akustisch abgeschirmte Räumlichkeiten für den Musikunterricht umfassen. Diesen Vorgaben wurde durch eine prägnante Anordnung des quadratischen Wohnhauses und der gegenüberliegenden, rechteckigen Garage auf dem Grundstück begegnet. Unter dem funktional aufgewerteten Nebengebäude befinden sich über einen eigenen Eingang erschließbar die Unterrichtsräume. Die um den großen Lichthof gruppierten, im Erdreich schallgeschützt untergebrachten Räume dienen gleichzeitig als Verbindungstrakt zwischen Wohnhaus und Nebengebäude und damit als Puffer zwischen privatem und öffentlichem Bereich.

Zwischen den beiden Baukörpern liegt eine großzügige Terrasse, die sich nach Südosten zur Straße hin öffnet und nach Nordwesten durch den Lichthof begrenzt wird. Dem Wohnhaus liegt ein quadratischer Grundriß in den Abmessungen 9,5 x 9,5 m zugrunde. Das nur als Zwei-Personen-Haushalt konzipierte Haus verfügt über ein großzügiges Raumprogramm, dessen Funktionsbereiche übereinander gestapelt auf die einzelnen Geschoßflächen verteilt sind.

Der Grundriß
– Die Erschließung des Wohnhauses erfolgt über den gestalteten Hof von Nordosten
– Dem Eingangsbereich sind Garderobe, Gäste-WC, Treppe und der Eingang zur Küche funktional zugeordnet; er ermöglicht den Durchblick in den sich anschließenden, nach Südwesten orientierten Wohn-/Eßraum
– Im Obergeschoß befindet sich der Schlafbereich, der einzelne Räume vorsieht, während das Dachgeschoß als Raum ohne Unterteilung in voller Größe als weiterer Wohnraum zur Verfügung steht
– Im Untergeschoß sind neben den Kellerräumen die Musikräume in dem Verbindungsbau zwischen Wohnhaus und Garage untergebracht.

Grundstücksgröße: 500 m² | Wohnfläche: 245 m² | Baukosten je m² Wfl/Nfl: 1880,- DM
Anzahl der Bewohner: 2 | Nutzfläche: 90 m² | Baukosten gesamt: 630.000,- DM
Überbaute Fläche: 136 m² | Ausführung: 1997

Dachgeschoß

Obergeschoß

Erdgeschoß

Untergeschoß

1 Eingangsbereich
2 Essen/Wohnen
3 Zugang Musikunterricht
4 Schlafen
5 Wohnen
6 Keller
7 Unterricht
8 Abstellraum
9 Lichthof
10 Terrasse

M 1:200

M 1:1000

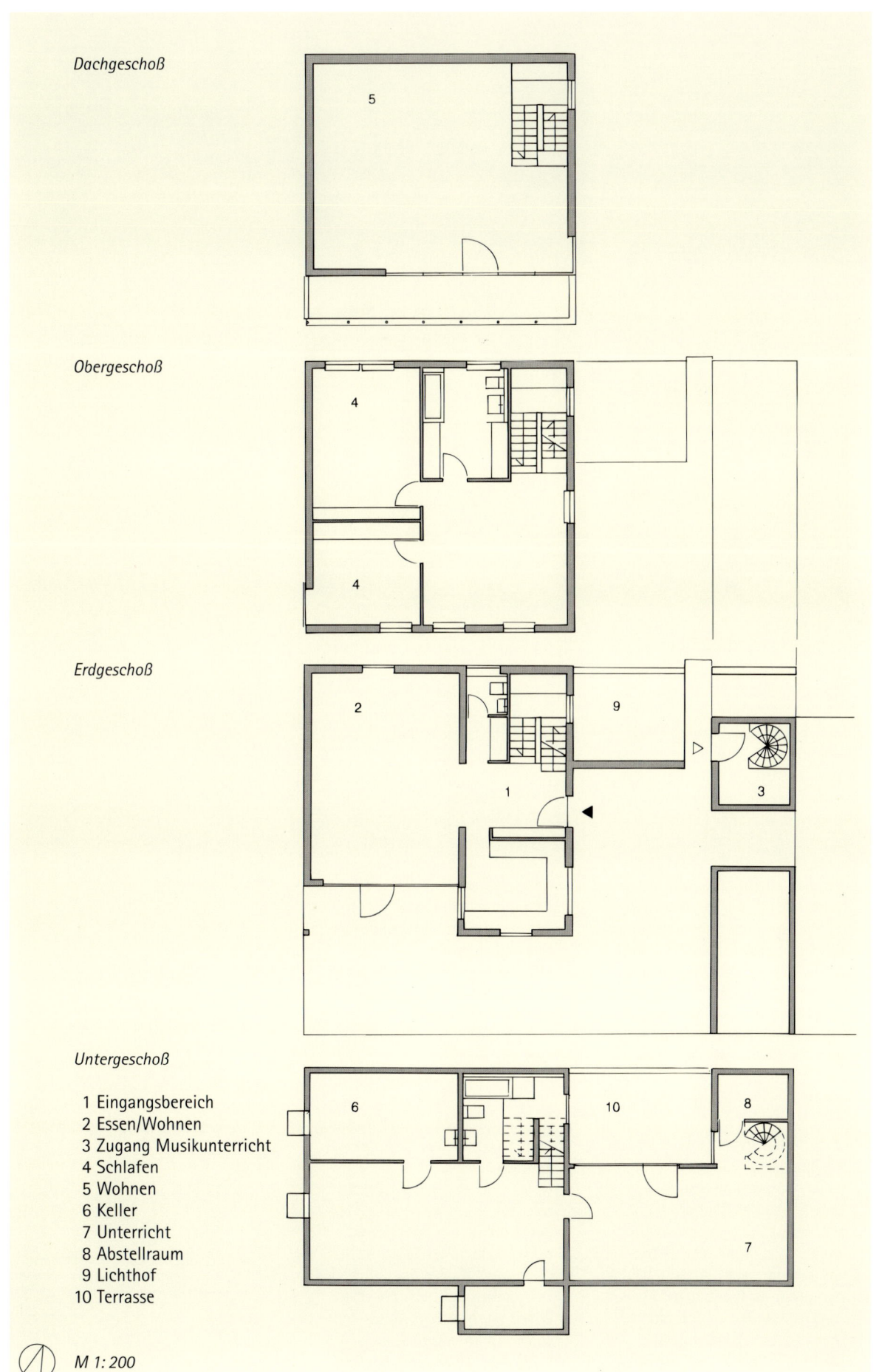

Linke Seite: Der hölzerne Kubus mit dem nach Süden, zur Straße geöffneten Pultdach; die eingeschnittene Terrasse vor dem großen Südfenster.
Oben: Durchblick von der Südterrasse durch die Küche auf den Eingangshof.

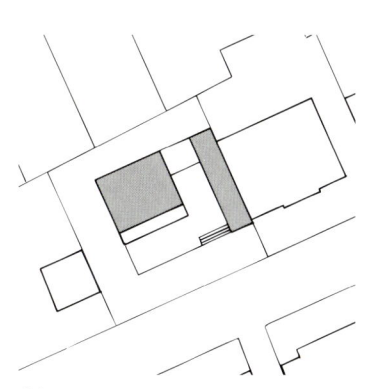

Wohnhaus in Hebertshausen

Architekt:
German Deller,
Karlsfeld

Auf dem 1400 Quadratmeter großen Grundstück in Ortsrandlage mit schönem alten Baumbestand sollte neben dem Elternhaus ein zweites Gebäude für eine junge Familie errichtet werden. Die Vorgaben für die Planung lauteten: kostengünstig, erweiterbar, hoher Eigenleistungsanteil und eine Bauzeit nicht länger als fünf Monate. Darüber hinaus sollte die Planung eine Teilbarkeit des Hauses in zwei Wohneinheiten mit dem Ziel berücksichtigen: Neuorganisation des Grundrisses, wenn die Kinder ausgezogen sind, miteinander Wohnen von Alt und Jung unter einem Dach in getrennten Wohneinheiten oder die Unterbringung unterstützender Hilfe im Alter in den eigenen vier Wänden.

Der realisierte Entwurf ist das Ergebnis konsequenten »Miteinander-Planens« bei frühzeitiger Beteiligung der Bauherren an allen Entscheidungen, der Anwendung einer elementierten, vorgefertigten Bauweise in Holz und der Umsetzung ökologischer Ansätze sowohl im Gebäude (Konstruktion, Materialwahl, Niedrigenergiekonzept mit solarer Brauchwassererwärmung) als auch im Außenraum, wo Bodenflächenausbildung, Bepflanzung, Rankgerüste zur Fassadenbegrünung und offene Wasserflächen für ein gesundes, hausnahes Kleinklima sorgen.

Der Grundriß

– Das Erdgeschoß ist als »laute« Familienebene konzipiert
– An die großzügige, zweigeschossig angelegte Eßdiele mit Bezug zum Wintergarten schließt der um 40 Zentimeter abgesenkte Wohnraum an
– Der offene Grundriß besticht durch seine vielfältigen Außenbezüge, besonders zu dem vorgelagerten, glasgedeckten Werk- und Spielhof
– Die dem Eingangsbereich zugeordneten Nebenräume wurden aus Kostengründen oberirdisch entlang der Grundstücksgrenze angelegt
– Das Obergeschoß ist den derzeitigen Nutzungswünschen entsprechend in Eltern- und Kindertrakt sowie Arbeitsgalerie organisiert. Durch Schließen des Luftraumes läßt sich die obere Ebene auch zu fünf abgeschlossenen Räumen umbauen
– Der Spitzboden mit 2 x 9 m² Fläche ist als Schlafdeck oder Studierebene den Kinderzimmern zugeordnet
– Die Belichtung der Obergeschoßräume wird durch eine großzügige Firstverglasung ergänzt.

Grundstücksgröße: 1400 m² | Wohnfläche: 144 m² | Ausführung: 5/95 – 9/95
Anzahl der Bewohner: 4 | Nutzfläche Abstellräume: 12 m² | Baukosten je m² Wfl: 1690,- DM
Überbaute Fläche: 99 m² | Planung: 9/94 – 4/95 | Baukosten gesamt: 263.500,- DM

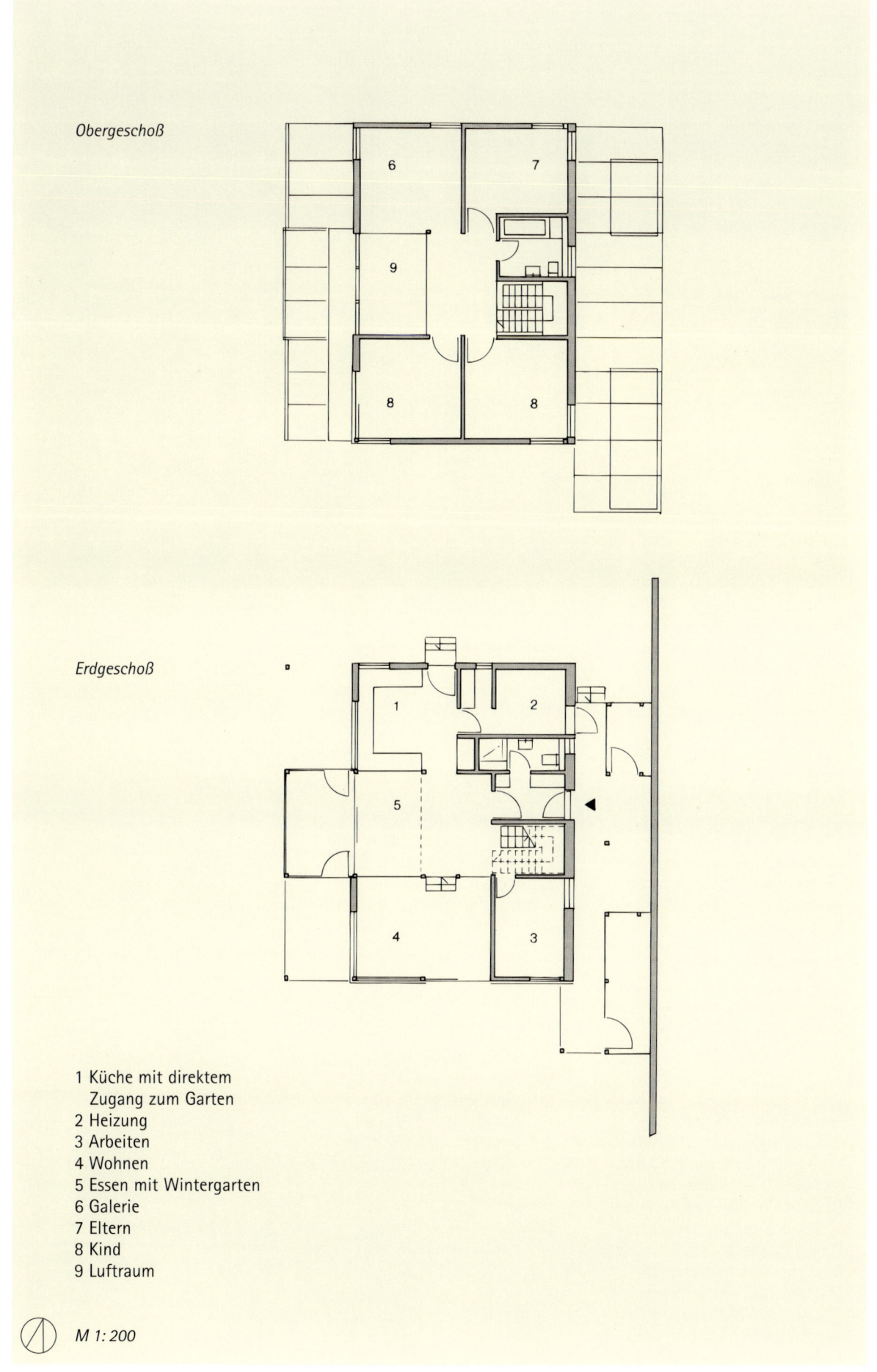

Obergeschoß

Erdgeschoß

*Linke Seite: Die Westfassade mit dem körperhaft vorgestellten Rankgerüst; zur Belichtung des Spitzbodens ist der First auf der ganzen Hauslänge verglast. Blick in den Wohnraum.
Oben: Der Gegenblick über die Galerie.*

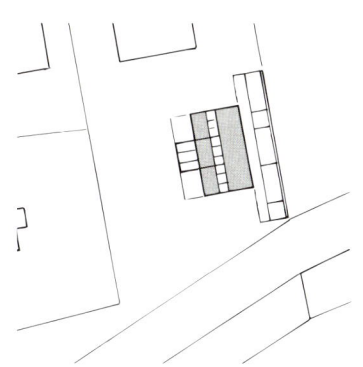

1 Küche mit direktem Zugang zum Garten
2 Heizung
3 Arbeiten
4 Wohnen
5 Essen mit Wintergarten
6 Galerie
7 Eltern
8 Kind
9 Luftraum

M 1: 200

M 1: 1000

Wohnhaus an der Nordsee

**Architekt:
Klaus Sill,
Hamburg**

Das eingeschossige Wohnhaus liegt inmitten der weiten Geest- und Marschlandschaft an der Westküste Schleswig-Holsteins, die durch die karge Natur, die Topographie und die spürbare Präsenz der natürlichen Kräfte Meer, Sturm, Regen und Sonne bestimmt wird. Die »windschiefe« Gebäudeform, die wie durch schwere Stürme gezeichnet wirkt, weckt Assoziationen an die Umgebung – windgepeitschte Bäume, Deiche, Sperrwerke und Wellenbrecher.

Das langgestreckte Haus, parallel zur Straße in West-Ost-Richtung ausgerichtet, teilt sich in zwei Baukörper. Die drei gegeneinander versetzten Wandscheiben des nördlichen Körpers beschreiben einen gefaßten Raum, indem sie sich nach Nordwesten schützend gegen die Haupt-Wind- und Wetterrichtung stellen. Für den leichteren, südlichen Bauteil und die Außenterrasse dienen sie als Rückgrat.

Diese Unterschiedlichkeit der beiden Hausseiten definiert auch das Grundrißkonzept und die Materialwahl. Die versorgenden Räume Bad, Abstell- und Heizungsraum sind im nördlichen Gebäudeteil untergebracht, der als Massivkonstruktion aus Beton und Mauerwerk mit vorgesetzten Aluminiumblechen ausgeführt ist. Der südliche Trakt mit Wohn- und Schlafräumen ist in Holzrahmenbauweise errichtet und öffnet sich durch die geneigte Glasfassade komplett zur Sonne.

Der Grundriß
– Ein expressiv geformtes Vordach markiert den Eingang an der Nordseite des Gebäudes
– Die dienenden Räume Abstellraum, Bad, Archiv, Hauswirtschaft und Heizung sind in dem nördlichen Bauteil untergebracht, die Schlafräume und das Arbeitszimmer nach Süden orientiert
– Der Wohnbereich ist als offener Raum mit Küche konzipiert, der das Wohnen über die ganze Haustiefe erlaubt
– Die Stellung und Ausformung des Gebäudes bildet eine windgeschützte Terrasse nach Süden.

Grundstücksgröße: 2000 m²
Anzahl der Bewohner: 3
Überbaute Fläche: 150 m²

Wohnfläche: 115 m²
Nutzfläche: 18 m²
Ausführung: 9/94 – 11/95

Baukosten je m² Wfl/Nfl: 3400,- DM
Baukosten gesamt: 452.000,- DM

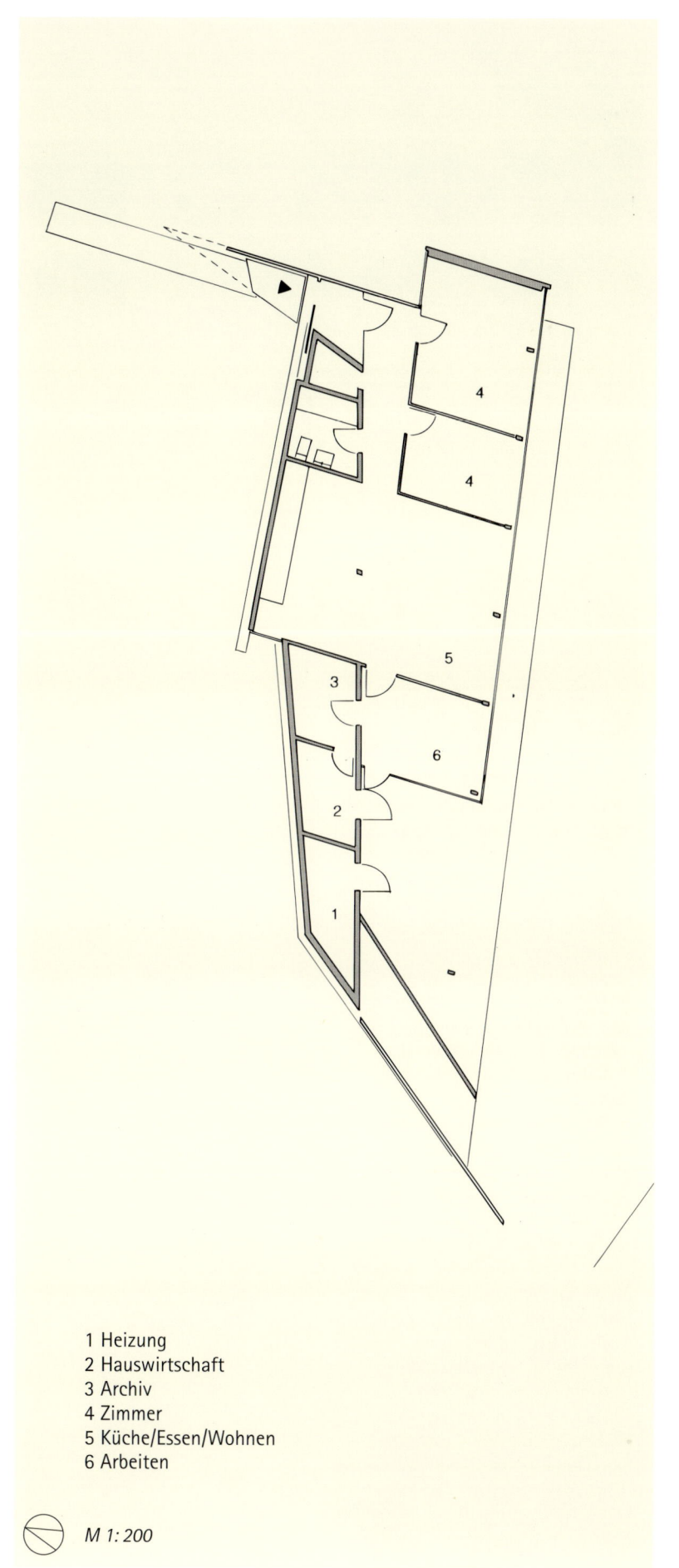

1 Heizung
2 Hauswirtschaft
3 Archiv
4 Zimmer
5 Küche/Essen/Wohnen
6 Arbeiten

M 1:200

Linke Seite: Blick über die Gebäudespitze auf die eingefaßte Terrasse; die Südfassade mit dem ausgefahrenen textilen Sonnenschutz. Oben: Die Nordseite des Wohnraumes mit dem »Panoramafenster« und dem vertikalen Lichtschlitz nach Westen.

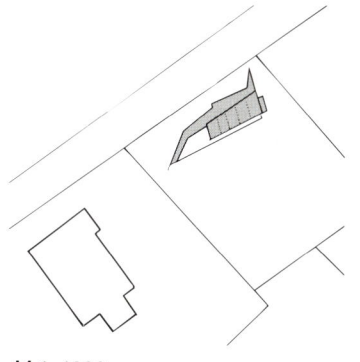

M 1:1000

Sieben Wohnhäuser in Groningen (NL)

Architekten:
Thomas Müller, Ivan Reimann, Andreas Scholz, Berlin

Die Grundstückssituation dieser neuen Wohnanlage aus sieben Einzel- und acht Doppelhäusern besticht durch ihre landschaftliche Schönheit. Am Übergang von der Stadt zu unverbauten grünen Freiräumen gelegen, bildet das parkartige Grundstück die äußere Grenze der Stadt. So bestimmt die Verbindung von Stadt und Landschaft, von Haus und Garten das Entwurfskonzept. Die Einzelhäuser der Wohnanlage reihen sich entlang eines Kanals auf, der hier die Stadtgrenze bildet. Sie orientieren sich zu den im Süden liegenden Privatgärten und zur angrenzenden freien Landschaft. Sie werden in sich wiederum aus einzelnen Einheiten, »Häusern« zusammengesetzt, die in ihrer Organisation, Gestaltung und Materialität der jeweiligen funktionalen Bestimmung entsprechen. Daß sich Häuser dieser architektonischen Qualität, mit derart großzügigem Flächenangebot für weniger als 250.000 Mark erstellen lassen, ist Mut machende Realität.

Der Grundriß
– Das an der Straße liegende »Steinhaus« aus einem dunklen Backstein beinhaltet alle dienenden Räume – Eingang, vertikale Erschließung, Bäder, Küche, Abstellräume und die Garage
– Auf beiden Ebenen gibt es raumhohe Einbauschränke als Abstellflächen
– Das »Holzhaus«, mit witterungsbeständigem, unbehandeltem Zedernholz verkleidet, beherbergt die Wohnräume
– Auf der Südseite ist es großflächig verglast
– Die Räume öffnen sich zum Garten, die Landschaft wird durch die Fenster »eingerahmt«
– Das »Gartenhaus«, eine zweigeschossige offene Loggia, verbindet das Gebäude mit dem Garten, ermöglicht den Austritt aus allen Räumen und gewährleistet den nötigen Sonnenschutz
– Die klare Gliederung der Fassaden schafft eine sehr flexible Aufteilung der Innenräume
– Fast alle Häuser erhielten den Wünschen der Bewohner entsprechend unterschiedliche Grundrisse.

Grundstück:
Gemeinschaftseigentum
Anzahl der Bewohner: 4

Überbaute Fläche: 117 m² je Haus
Wohnfläche: 185 m²
Ausführung: 1993–95

Baukosten je m² Wfl/Nfl: 1250,- DM
Baukosten gesamt: 231.000,- DM

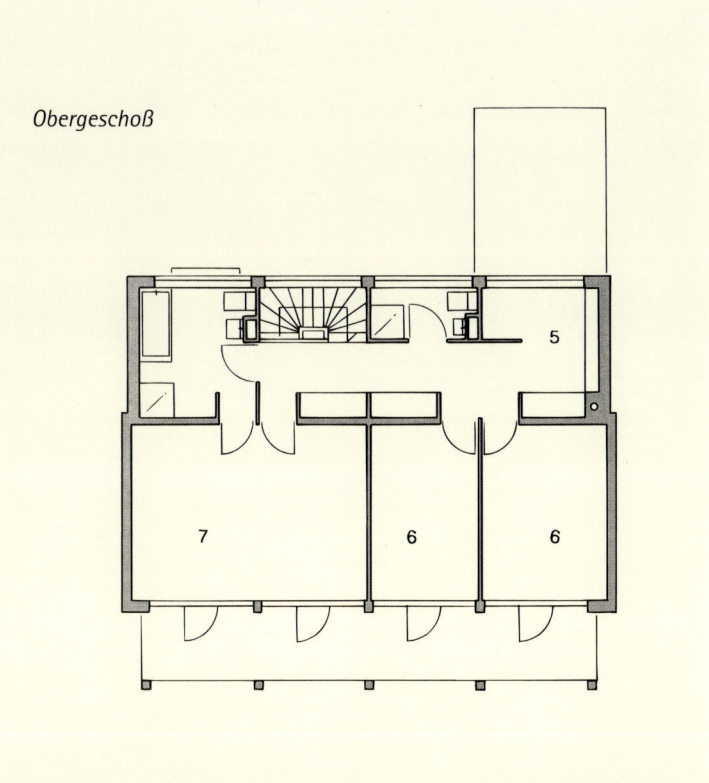

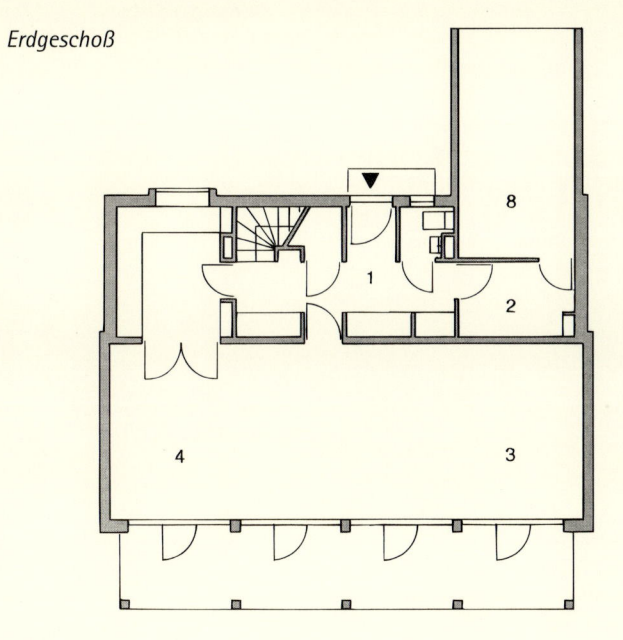

Obergeschoß

Erdgeschoß

1 Diele
2 Abstellraum
3 Wohnen
4 Essen
5 Arbeiten
6 Kind
7 Eltern
8 Garage

M 1:200

Linke Seite: Die Südseite der Gesamtanlage.
Oben: Der Kontrast des nutzungsgerecht geschlossenen »Steinhauses« zum klimagerecht offenen »Gartenhaus«.

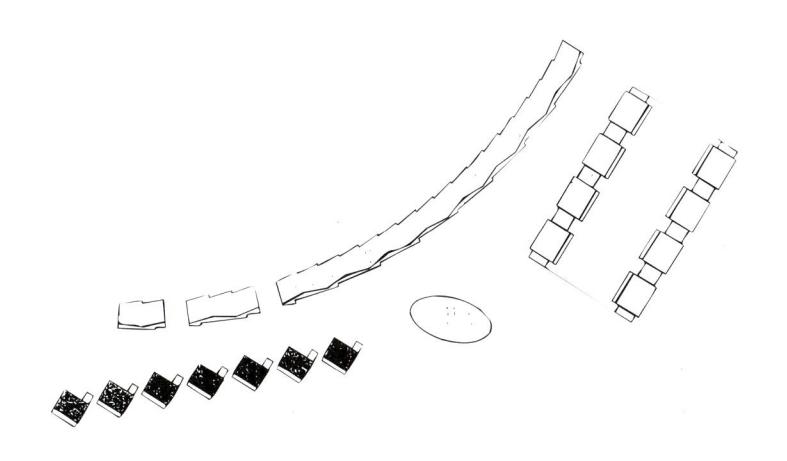

Wohnhaus
im Kreis Dithmarschen

**Architekt:
Klaus Sill,
Hamburg**

Das Wohnhaus liegt in einer Erweiterungszone freistehender Einfamilienhäuser an der Peripherie eines Ortes in Norddeutschland. Aufgrund dieser exponierten Randlage kommt dem eingeschossigen Gebäude eine »stadträumliche« Aufgabe zu. Es bildet zum einen den Abschluß der bebauten Struktur der Stadt und zum anderen den Übergang zu der für die küstennahe Gegend typischen flachen und weiten Landschaft. Dies geschieht, indem das Haus die für die anderen Häuser typische Orientierung traufseitig zur Straße verläßt und sich mit seinem schlanken, langgestreckten Körper in das schmale Grundstück hineinentwickelt. Die so entstandene gebaute Kante formuliert eine deutliche Zäsur zwischen Landschaftsraum und bebauter Struktur. Gleichzeitig ist sie jedoch aufgrund ihrer leichten Struktur, dem Wechsel von Innen- und Außenraum, in der Weise konzipiert, daß eine Verzahnung von Gebäude und Landschaftsraum stattfindet.

Der langgestreckte Körper unterscheidet zwei Zonen. Das Bauteil nach Westen ist als massiver Mauerwerksbau ausgebildet, der rotbraun verklinkert ist. Der östliche Gebäudeteil ist als skelettierte Holzrahmenkonstruktion leicht und durchlässig errichtet. Der Garten wird durch die sich in Nord-Süd-Richtung aus dem Gebäude heraus entwickelnde Wandscheibe betont, die die angrenzenden Gartenhöfe vor den Nordwest-Winden schützen.

Der Grundriß
– Klare Zonierung des Hauses: im östlichen Baukörper reihen sich die Funktionsräume Heizung, Gäste-WC, Küche, Bad und Hausarbeitsraum, auf der Westseite sind die Wohn- und Schlafzimmer untergebracht
– Anbindung aller Bereiche über zentralen »Weg« in Nord-Süd-Richtung, der das Gebäude axial durchschneidet
– Spannungsreiche Innen-Außen-Verbindungen durch eingezogene Patios
– Die langgezogene Außenmauer bietet verschiedene geschützte Außenbereiche.

Grundstücksgröße: 946 m² | Wohnfläche: 136 m² | Baukosten je m² Wfl/Nfl: 2900,- DM
Anzahl der Bewohner: 3 | Nutzfläche: 14 m² | Baukosten gesamt: 435.000,- DM
Überbaute Fläche: 150 m² | Ausführung: 10/95 – 11/96

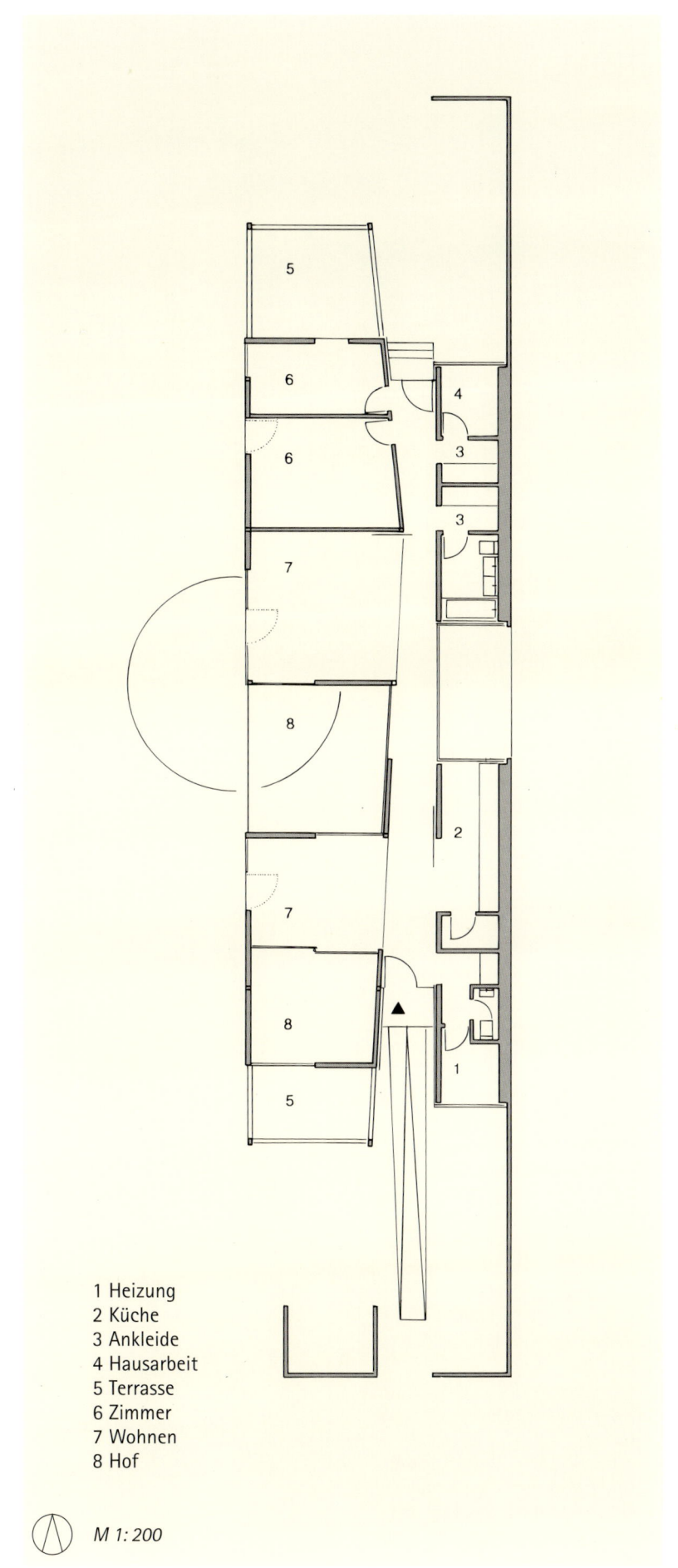

Linke Seite: Die schützende Ziegelfassade nach Osten mit dem eingeschnittenen Lichthof.
Oben: Die Westfassade mit dem Wechsel offener und geschlossener Fassadenflächen.

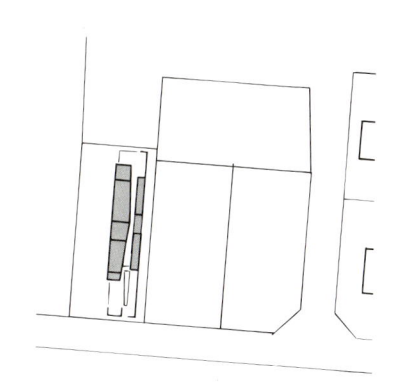

1 Heizung
2 Küche
3 Ankleide
4 Hausarbeit
5 Terrasse
6 Zimmer
7 Wohnen
8 Hof

M 1: 200

M 1: 1000

Wohnhaus am Bodensee

Architekt:
Ingo Bucher-Beholz,
Gaienhofen

Die Ausgangssituation für die Planung war ungewöhnlich: auf einer Restfläche des vorhandenen Grundstücks der Bauherren sollte ein Neubau mit wesentlich mehr Wohnfläche für die Familie erstellt werden. Dabei war das Baubudget auf 330.000 Mark begrenzt. Gefragt war also ein kostenbewußt und innovativ denkender Architekt.

Das Grundrißkonzept erfüllt gleich mehrere Bedingungen: alle Aufenthaltsräume wurden aus energetischen und Belichtungsgründen nach Süden orientiert, während die Nordfassade fast geschlossen ist und mit ihrer »zweiten Fassade« der Erschliessungsgalerie auch als Lärmpuffer zur Straße dient – ein überzeugend einfaches Konzept. Kostenoptimiert ist auch die gewählte Konstruktion. Auf dem Untergeschoß aus Ortbeton mit Arbeitszimmer, Technikraum und Doppelgarage wurde eine Holzskelettkonstruktion mit flach geneigtem Pultdach errichtet. Eingedeckt ist es mit einfachem Alu-Wellblech. Treppen, Stege und Freisitze sind aus verzinktem Stahl konstruiert mit Bodenbelägen aus Normgitterrosten. Es wurden nur einfach zu handhabende Materialien verwendet, so daß die Baustelle ohne kostspieligen Kran bedient werden konnte. Ein überzeugendes Haus, das zu günstigen Bedingungen errichtet und aufgrund des stimmigen Energiekonzeptes auch preiswert im Unterhalt ist.

Der Grundriß
– Erschließung an der Stirnseite von Osten
– Prinzip des offenen Grundrisses im Erdgeschoß
– Optische Trennung von Küche, Eß- und Wohnbereich durch die Stellung der notwendigen Holzstützen
– Großes Terrassendeck nach Süden über die gesamte Hausbreite
– Südorientierung der drei Schlafräume im Obergeschoß mit vorgelagertem Balkon
– Halboffener Grundriß durch Verwendung raumhoher Schiebetüren
– Der Flur vor den Schlafräumen ist als galerieartiger Steg ausgebildet
– Die Öffnung der Decke sorgt für eine optische Verbindung der Geschosse untereinander und dient der rückseitigen Belichtung des Erdgeschosses.

Grundstücksgröße: 320 m²
Anzahl der Bewohner: 5
Überbaute Fläche: 96 m²

Wohnfläche: 236 m²
Nutzfläche Keller: 40 m²
Ausführung: 1992

Eigenleistung: 15.000,- DM
Baukosten je m² Wfl/Nfl: 1200,- DM
Baukosten gesamt: 330.000,- DM

Obergeschoß

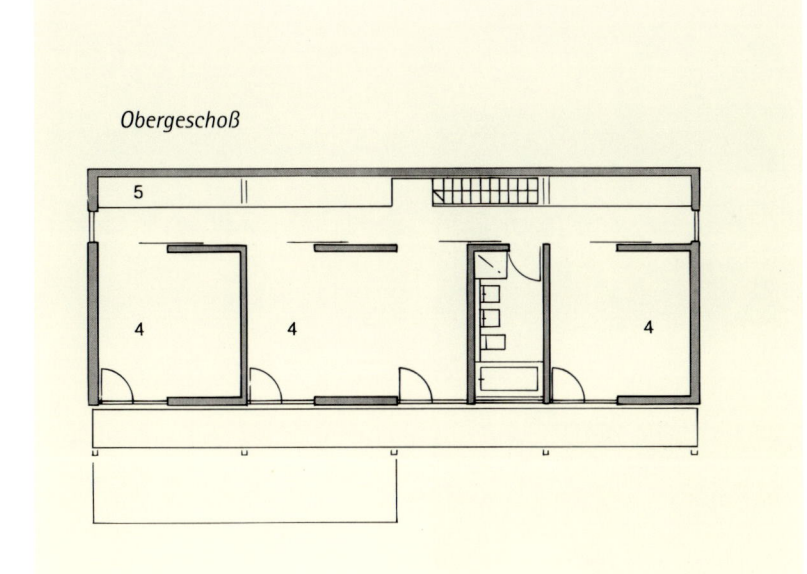

Erdgeschoß

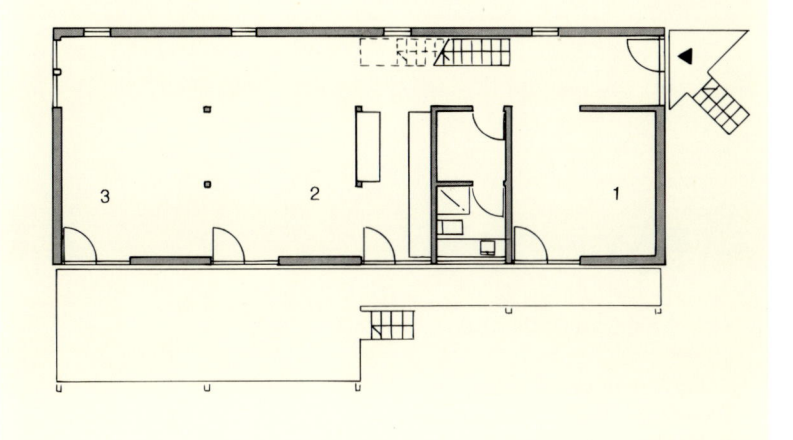

*Linke Seite: Die Verschattung der Südfassade erfolgt über den auskragenden Balkon, den Dachüberstand und die alten Bäume.
Oben: Die betont grafische Wirkung der konstruktiven Elemente.*

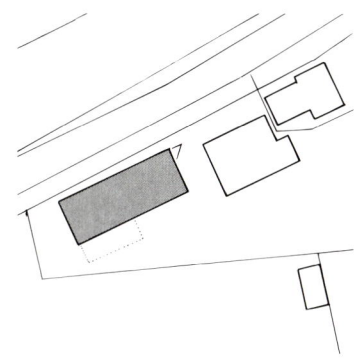

1 Arbeiten
2 Küche/Essen
3 Wohnen
4 Zimmer
5 Luftraum

M 1: 200

M 1: 1000

Wohnhaus am Hang
bei Wien

Architekt:
Walter Stelzhammer,
Wien

Die Gegebenheiten des schmalen nach Süden abfallenden Hanggrundstückes und die behördliche Auflage, das Gebäude an die höher gelegene, nördliche Erschließungsstraße anzubinden, führten zu dem Grundkonzept des Entwurfes: Durch das Aufstellen einer grundstücksbegrenzenden Stützmauer von 35 Metern Länge und einer Höhe von fünf Metern wurde das Plateau für den 20 x 6 Meter großen, pavillonartigen Kubus des Hauses geschaffen. Das hangparallele Hauptgebäude ist dreigeschossig angelegt, wobei das haustiefe Treppenhaus auf allen drei Ebenen eine Zäsur der Raumfunktionen schafft.

Raumplanartige Entwurfsabsichten ordnen je nach Wertigkeit den Funktionsbereichen unterschiedliche Raumhöhen zu. Dramaturgische Gesten wie die zweigeteilte Treppe, deren Austrittspodeste jeweils als Übergangszonen dienen, betonen den räumlichen Fluß innerhalb des strengen Kubus und verbinden auch visuell die verschiedenen Funktionsebenen.

Der Grundriß
– Eine gelenkartige Zufahrtsbrücke erschließt im Obergeschoß Garage, Vorbereich und die Einliegerwohnung
– Die Treppe führt in das höhenversetzte Hauptgeschoß mit Speisezimmer, Küche und Wohnraum
– Vor dem Speisezimmer befindet sich ein gedeckter Eßplatz, an den sich der Patio zwischen Stützmauer und Gebäude anschließt
– Der Wohnraum ist nach Westen mit einer klassischen, die Raummaße fortführenden Loggia erweitert
– Im linear organisierten Untergeschoß, das ebenerdig von allen Räumen in den Garten führt, befinden sich die Schlafzimmer der Kinder und Eltern – durch das Treppenhaus separiert – mit angeschlossenem Schrankzimmer und zusätzlichem Abstellraum
– Der Badbereich ist mit Mittelwanne, Sauna, Dusche und anschließenden Schrankzimmern großzügig ausgelegt.

Grundstücksgröße: 900m²
Anzahl der Bewohner: 4
Überbaute Fläche: 155 m²

Wohnfläche: 198 m²
Nutzfläche: 42 m²
Planung u. Ausführung: 1992–96

Baukosten je m² Wfl/nfl: 2415,- DM
Baukosten gesamt: 580.000,- DM

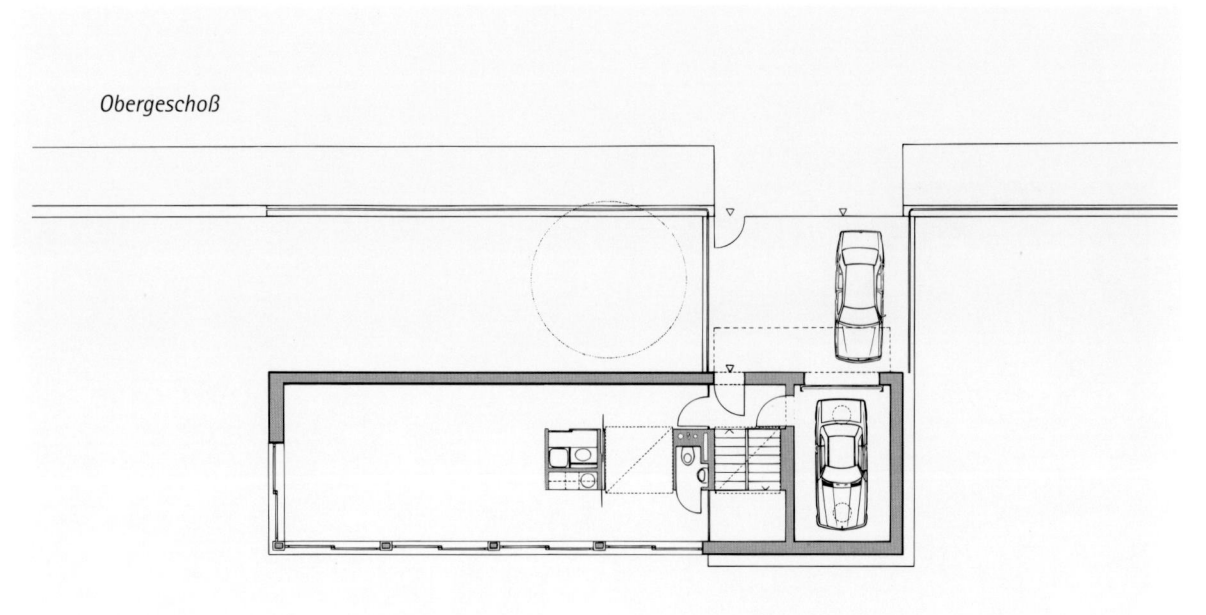

Obergeschoß

Linke Seite: Die Westfassade mit der geschützten Loggia im Erdgeschoß; der offene Treppenraum. Oben: Der Sitzplatz am Kamin im Wohnraum.

Erdgeschoß

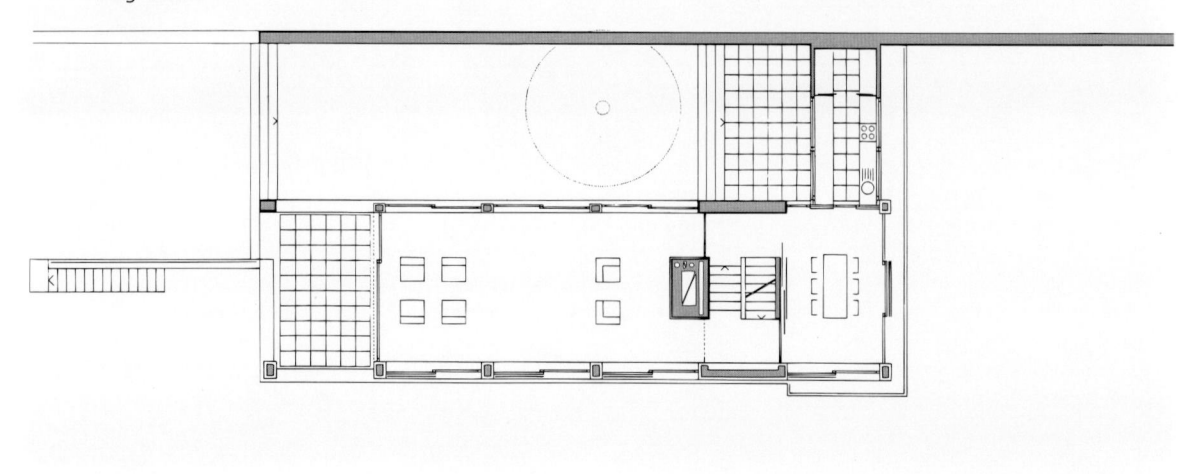

Hanggeschoß

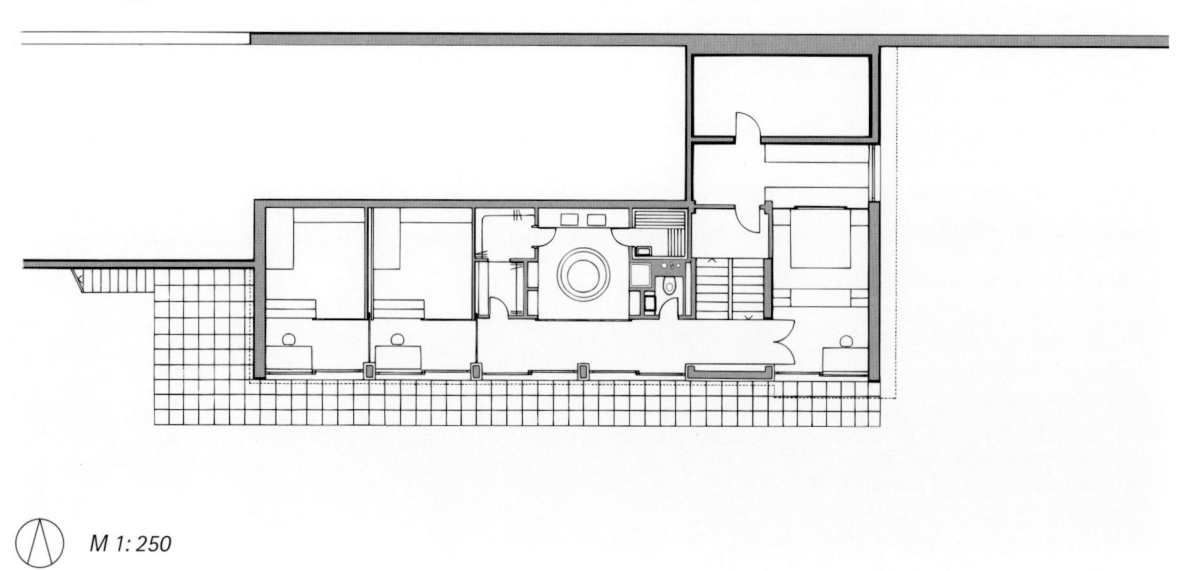

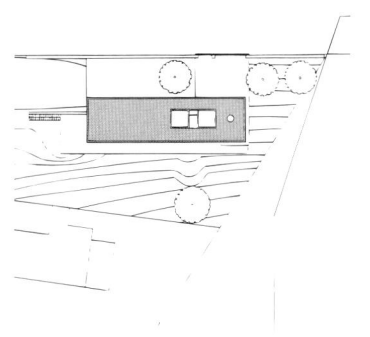

M 1: 250

M 1: 1000

Zwei Wohnhäuser am Hang
bei Tübingen

Architekten:
Oed + Haefele,
Tübingen

Auf zwei benachbarten schmalen Südhanggrundstücken entstanden zwei Pultdachhäuser – das eine mit roter, das andere mit weißer Stülpschalung – nach ökologischen Grundsätzen. Die zwei fast identischen Gebäude wurden zueinander gedreht auf den Grundstücken so angeordnet, daß der vorhandene Obstbaumbestand und die Wiesen möglichst unberührt blieben.

Entwurfsdeterminanten waren das sehr schmale langgezogene Baugrundstück, der vorhandene Obstbaumbestand, die Ausrichtung nach Süden und die Optimierung des Volumen-/Flächenverhältnisses.

Die klaren Baukörper orientieren sich mit ihren Wohn- und Eßbereichen, die entsprechend dem Hangverlauf um ein halbes Geschoß abgesenkt sind, nach Süden. Große Glasflächen bzw. Wintergärten schaffen einen fließenden Übergang vom großzügigen Wohnbereich zum baumbeschatteten Terrassenbereich. Die massiven Wandscheiben der Wintergärten geben die solaren Wärmegewinne zeitverzögert in den Wohnraum ab. Dem Niedrigenergiehaus-Konzept folgend wurden Elemente wie Cellulose-Wärmedämmung, Gas-Brennwerttechnik, Regenwassernutzung und extensive Dachbegrünung eingeplant, die in einem günstigen Kosten-/Nutzenverhältnis realisiert werden konnten.

Fortsetzung auf Seite 90

Der Grundriß
– Zugang von Norden über vorgelagerten Windfang mit Garderobe und Abstellraum
– Der Erdgeschoßgrundriß ist als Split-Level organisiert
– Das Elternschlafzimmer mit Bad liegt, wie auch das Gäste-WC, auf der Eingangsebene, ein halbes Geschoß tiefer befinden sich die Küche mit anschließendem Wintergarten und der große, durch die Absenkung eineinhalbgeschossige Wohnraum mit großflächiger Öffnung nach Westen
– Im Obergeschoß liegen die Räume auf einer Ebene
– Das Bad ist nach Osten zur Morgensonne angeordnet, die Kinderschlafzimmer gruppieren sich um den zentralen Flur nach Süden, Westen und Norden.

Grundstücksgröße: 395 m² | Wohnfläche: 152 m² | Baukosten je m² Wfl/Nfl: 2600,- DM
Anzahl der Bewohner: 5 | Nutzfläche Keller: 58 m² | Baukosten gesamt: 550.000,- DM
Überbaute Fläche: 98 m² | Ausführung: 1993

Obergeschoß

Erdgeschoß

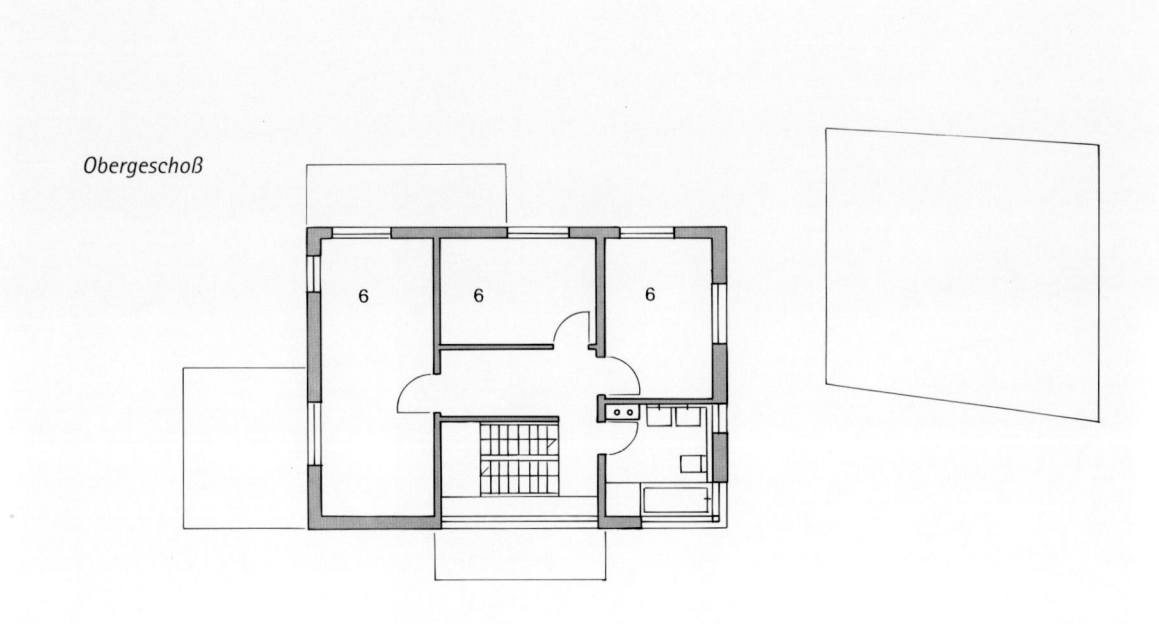

Linke Seite: Die aufgeständerte Terrasse an der Südseite; die Ostfassade mit herausgezogenem Windfang und schützendem Vordach.
Oben: Blick auf den Treppenlauf und die betonten Konstruktionselemente.

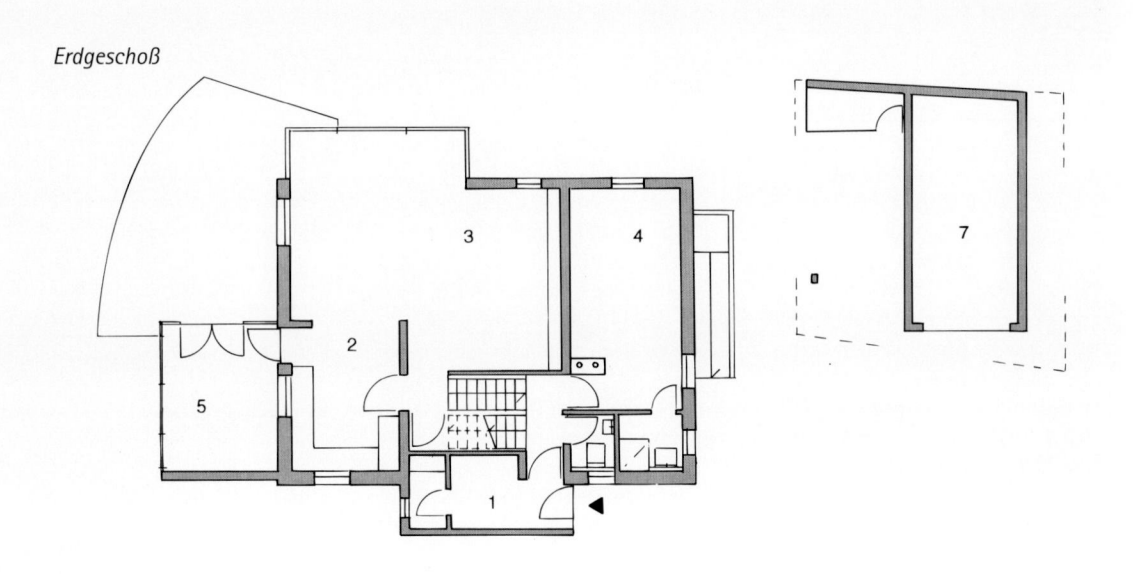

1 Windfang
2 Küche
3 Wohnen
4 Gast
5 Wintergarten
6 Schlafen
7 Garage

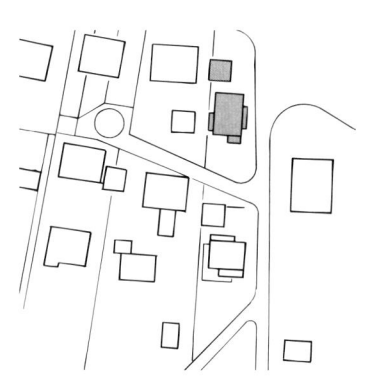

M 1: 200

M 1: 2000

Zwei Wohnhäuser am Hang
bei Tübingen

Architekten:
Oed + Haefele,
Tübingen

Die beiden Häuser verfügen jeweils über eine »bergseitige«, nördliche Teilunterkellerung, die aus Betonfertigteilen erstellt wurde. Die ab Oberkante Keller bzw. Bodenplatte beginnende größtenteils vorgefertigte Holzrahmenkonstruktion wurde in kompletten Elementen per Tieflader auf die Baustelle gebracht und dort lediglich montiert. Der Rohbau dauerte dank dieser Vorgehensweise nur eine Woche. Das Anbringen der Innen- und der Außenverkleidung und das Einblasen der Cellulose-Dämmung in deren Zwischenräume erfolgte vor Ort. Die Wärme- und Warmwasserversorgung der Häuser wird neben der Gasbrennwert-Therme durch Solarkollektoren, die durchschnittlich 60% des ganzjährigen Energiebedarfs abdecken, geleistet. Darüber hinaus verfügt jedes Haus über eine Zisterne, in der Regenwasser gesammelt wird, das als Brauchwasser für Toilettenspülung und Waschmaschine Trinkwasser sparen hilft – eine Einrichtung, die heute eigentlich bei jedem Bauvorhaben Standard sein sollte.

Der Grundriß
– Der Zugang erfolgt über einen Steg von Osten auf der oberen Ebene des Split-Level-Erdgeschosses, auf der sich auch zwei Gäste-/Arbeitszimmer und ein separates WC befinden
– Ein halbes Geschoß tiefer liegt der zentrale Wohnraum mit Küche und Eßplatz
– Die Küche verfügt über eine direkte und schnelle Treppenverbindung in den Keller
– Im Obergeschoß sind auf einer Ebene die vier Individualräume und das Familienbad angeordnet.

Grundstücksgröße: 403 m² | Wohnfläche: 152 m² | Baukosten je m² Wfl/Nfl: 2600,- DM
Anzahl der Bewohner: 4 | Nutzfläche Keller: 58 m² | Baukosten gesamt: 550.000,- DM
Überbaute Fläche: 88 m² | Ausführung: 1993

Obergeschoß

Erdgeschoß

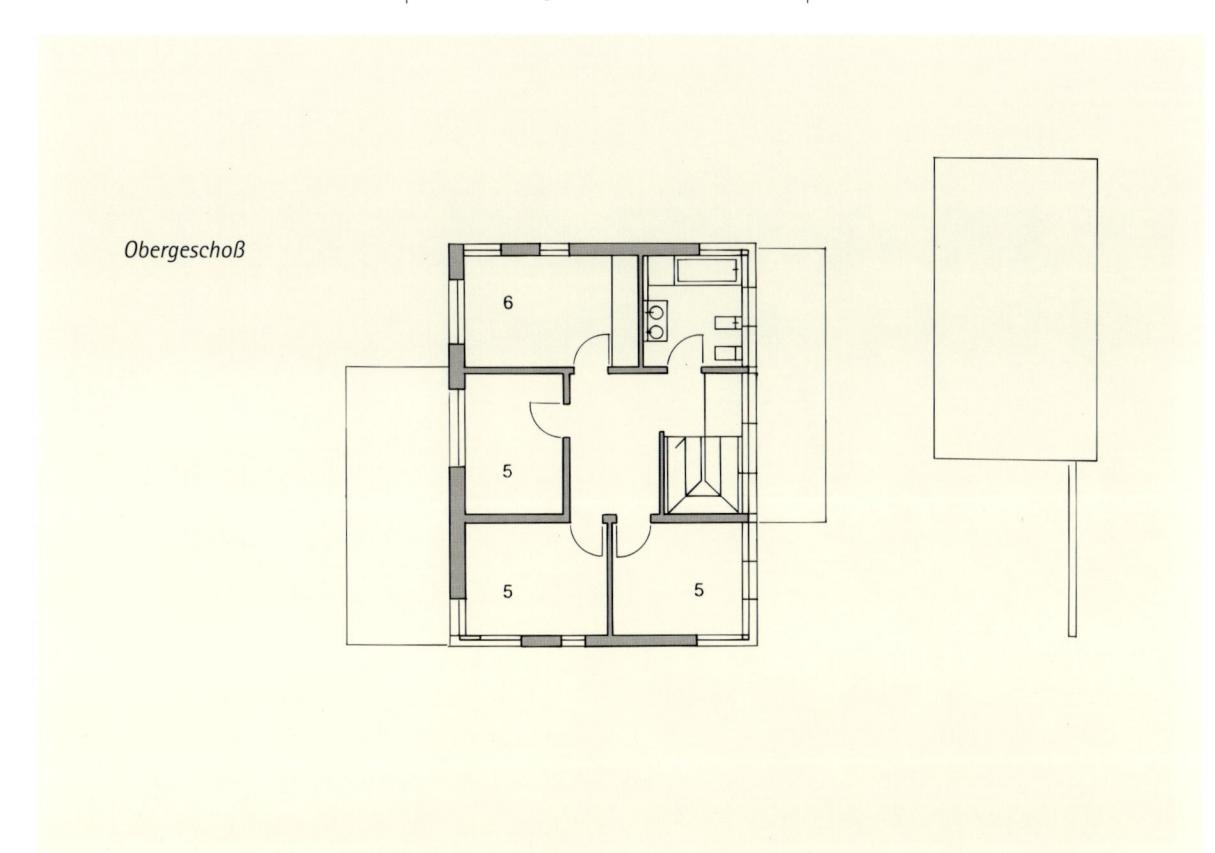

Linke Seite: Die Eingangsseite des Nachbarhauses von Seite 88. Die Zusammengehörigkeit der Häuser wird durch das korrespondierende Farbkonzept betont.
Oben: Die durch die alten Obstbäume verschattete Südterrasse.

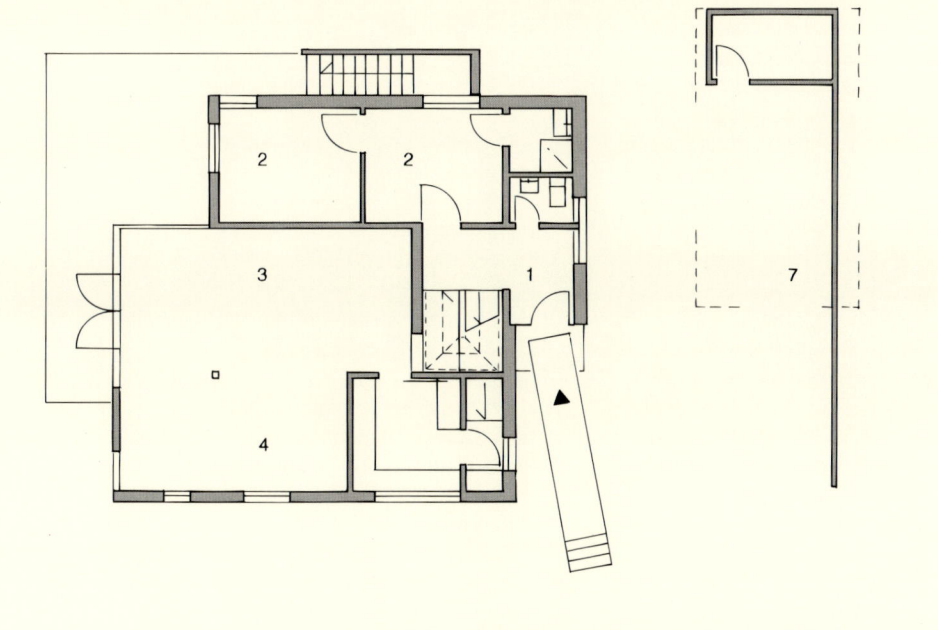

1 Windfang/Flur
2 Arbeiten
3 Wohnen
4 Essen
5 Kind
6 Eltern
7 Carport/Fahrräder

M 1:200

M 1:2000

Wohnhaus am Hang
in der Hallertau

Architekt:
Walter Stolz,
Rosenheim

Die Grundstückssituation war einladend: ein Westhang in einer Wohnsiedlung am Stadtrand mit heterogener, akzeptabler Bebauung und schönem alten Baumbestand. Die Auftraggeber wünschten sich für ihr Haus eine klare Formensprache ohne Schnörkel und überflüssige Zutaten.

Das Haupthaus wurde an den nördlichen Grundstücksrand gelegt, zusammen mit der frei stehenden Garage und einer einfassenden Gartenmauer nach Osten bildet es einen geschützten, gut proportionierten Gartenhof. Nach Westen öffnet sich das Grundstück mit weitem Blick talwärts über die Stadt.

Das Gebäude-Ensemble wurde konventionell in Massivbauweise unter Verwendung ökologisch einwandfreier Baustoffe erstellt. Wenige Materialien und Farben bestimmen das Erscheinungsbild, die Detailausbildung wurde bewußt einfach gehalten – eine im Wortsinne schnörkellose Architektur mit nachhaltig zeitloser Ausstrahlung.

Der Grundriß
– Eingang über einen unbeheizten Glasvorbau, der als Windfang dient, Zugang von Osten
– Durch Schiebetüren abtrennbare Küche
– Offene, über das ganze Haus reichende Raumfolge mit Küche, Eßbereich und Wohnraum
– Weite Blickbezüge auf den nahen und entfernten Außenraum entlang der Baukörperachsen
– Der große Wohnraum ist um fünf Stufen abgesenkt und erhält dadurch für die Raumgröße entsprechend angenehme Proportionen
– Einläufige Treppe entlang einer festen Wandscheibe verbindet Keller, Erd- und Obergeschoß
– Treppenanlage als bewußte Betonung der Gebäudelänge, ebenso wie Firstverglasung, Mittelpfetten und Flure
– Über die ganze Haustiefe reichender Elterntrakt
– Auf der gegenüberliegenden Hausseite das Kinderzimmer
– Zwei Bäder nach Norden
– Großes Arbeitszimmer nach Süden mit zwei Zugängen.

Grundstücksgröße: 862 m²
Anzahl der Bewohner: 3
Überbaute Fläche: 124 m²

Wohnfläche: 195 m²
Nutzfläche Keller: 98 m²
Ausführung: 1996/97

Baukosten je m² Wfl/Nfl: 3230,- DM
Baukosten für Wfl: 945.000,- DM

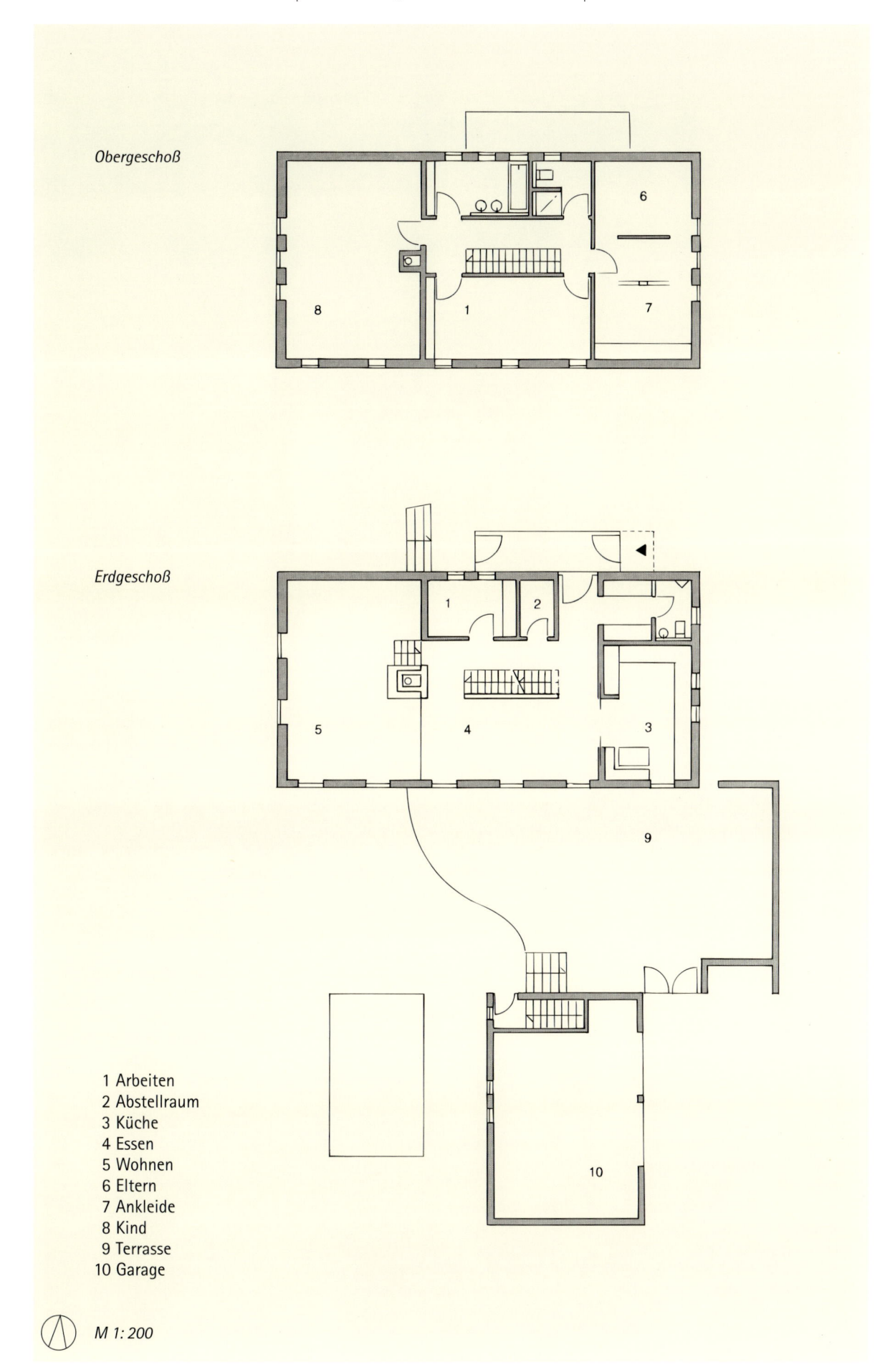

Obergeschoß

Erdgeschoß

Linke Seite: Die Hofsituation mit Stützmauer, Garage und Wohnhaus von Osten.
Oben: Der symmetrische Westgiebel.

1 Arbeiten
2 Abstellraum
3 Küche
4 Essen
5 Wohnen
6 Eltern
7 Ankleide
8 Kind
9 Terrasse
10 Garage

M 1:200

M 1:2000

Drei-Generationen-Haus am Hang
in Lörrach

Architekt:
Prof. Günter Pfeifer,
Lörrach

Ein Haus für drei Generationen in nicht abgeschlossenen Wohneinheiten auf schwierig zu bebauendem Gelände – so lautete die Aufgabe für den Architekten. Daß sie nicht zu einem psychologischen Abenteuer, sondern zu einem kalkulierbaren Experiment würde, dafür liefert der Entwurf dieses Hauses die konzeptionelle Voraussetzung. Das Grundstück ist ein nach Norden ausgerichteter Steilhang, der mit drei »Häusern« bebaut wurde. Das mittlere fungiert als Energieraum. Es ist von Norden und nach Süden voll verglast. Solare Energiegewinne, Luftvolumen und Speichermasse stehen in einem abgestimmten Verhältnis zueinander und liefern eine Energiekennzahl, die weit unterhalb der gängigen Werte von Solarhäusern liegt. Dieser Energieraum dient als Haus der Verbindungen und Brücken – auch im übertragenen Sinne. Er ist großzügige Spielfläche, Treffpunkt und lichtdurchfluteter Arbeitsraum für alle. In den beiden »Nachbarhäusern« leben im Erdgeschoß die Großeltern, auf der zweiten Ebene orientieren sich nach Osten die Kinderzimmer, nach Westen die Wohnräume der Familie. Auf der dritten Ebene ist eine Schlafgalerie nach Osten und eine Arbeitsgalerie nach Westen eingerichtet, die in ihren Nutzungsmöglichkeiten austauschbar sind und als Reserveflächen dienen.

Die Wände zum Energieraum sind in Stahlbeton ohne Wärmedämmung als Speichermasse ausgeführt. Glas-Schiebetüren aus Lärchenholz stellen die Verbindung zwischen Wohn- und Energieraum her.

Dem Haus vorgelagert sind eine große Garage mit Schiebetor und das Eingangspodest, von dem aus effektvoll eine schmale lange Treppe dem Licht entgegen auf die nordseitige Dachterrasse führt, die als Eingangsebene, Spielfläche und zusätzlicher Sitzplatz dient. Auf der Südseite ist die Hauptterrasse in den Hang eingegraben und mit einigen Stufen nach Süden hin abgetreppt.

Der Grundriß
- Das Konzept von drei unabhängigen Häusern, viel Fläche, unterschiedlichen Wohnebenen und Außenräumen, die entweder getrennt oder gemeinsam genutzt werden können, schafft das notwendige räumliche und organisatorische Angebot für das Zusammenleben dreier Generationen
- Die Erschließung der Häuser und Ebenen erfolgt an der Nordseite auf der oberen Terrasse
- Der Energieraum dient als »Treppenhaus«, im hinteren Teil befinden sich die Kellerräume
- Der Großelternbereich gliedert sich in zwei separate Wohnzonen, die Verbindung erfolgt über den »Hof«
- Eine einläufige Treppe erschließt den Wohntrakt der Familie
- Eltern- und Kindertrakt sind über drei Brücken miteinander verbunden
- Von beiden Wohnbereichen führen jeweils einläufige Treppen auf die Schlaf- und Arbeitsgalerie, die untereinander auch über eine Brücke zu erreichen sind
- Alle Zimmer sind entweder nach Norden oder Süden organisiert, mit Öffnungen zum Energieraum und mit kleinen Spielelementen der ost- und westorientierten Fenster, die die Sonnenstrahlen auf vielfältige Weise in das Haus eindringen lassen; so entstehen Räume von unterschiedlicher Dichte und atmosphärischer Qualität.

Grundstücksgröße: 676 m² | Wohnfläche: 279 m² | Baukosten je m² Wfl: 3120,- DM
Anzahl der Bewohner: 5+2 | Nutzfläche Keller: 59 m² | Baukosten für Wfl: 870.500,- DM
Überbaute Fläche: 256 m² | Ausführung: 5/1996 – 2/1997

Obergeschoß

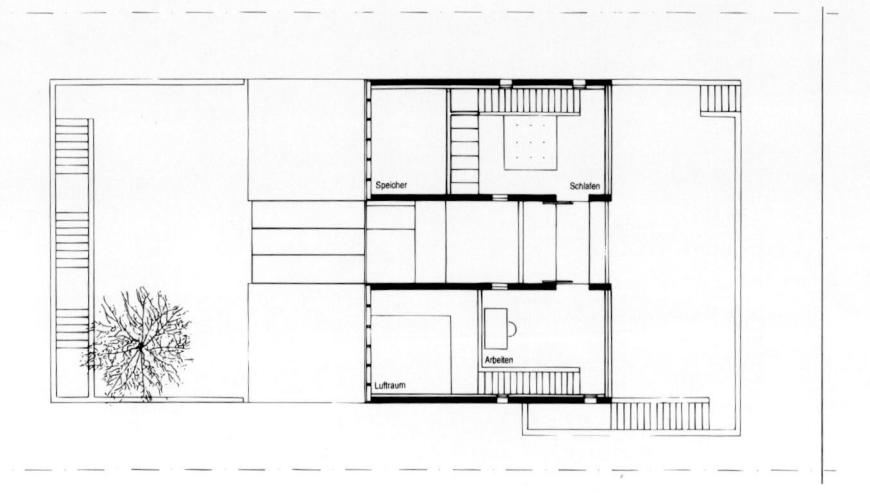

Erdgeschoß

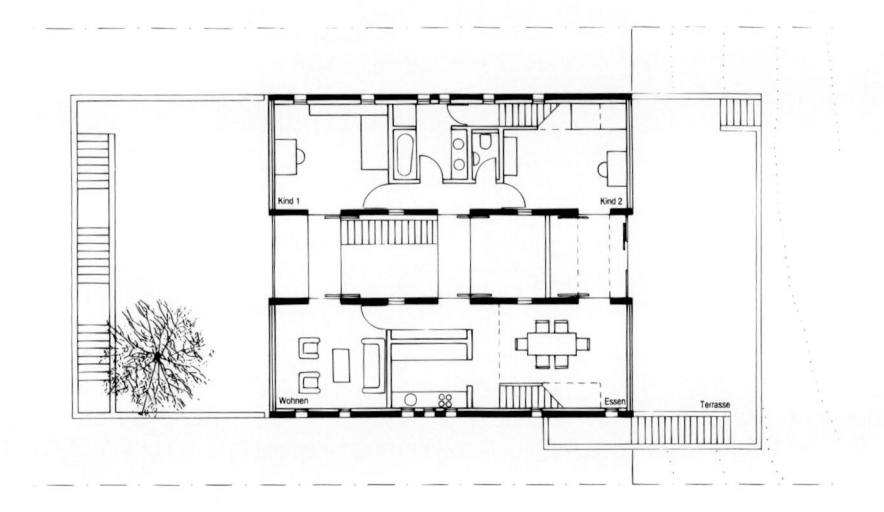

Hanggeschoß

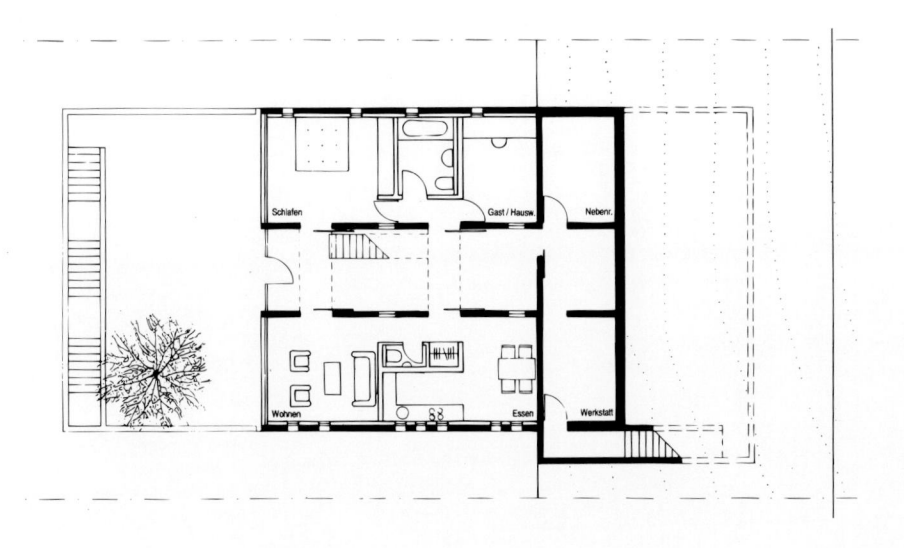

M 1: 200

Linke Seite: Die Südseite des Hauses am oberen Hang mit den beiden geschlossenen Betonkörpern, die durch das Energie-Glashaus verbunden werden; die Ostfassade mit den, wie spielerisch gesetzten, betont kleinen Öffnungen zum dichten Nachbarn.
Oben: Brücken im Glashaus auf jedem Geschoß verbinden die beiden Haushälften.

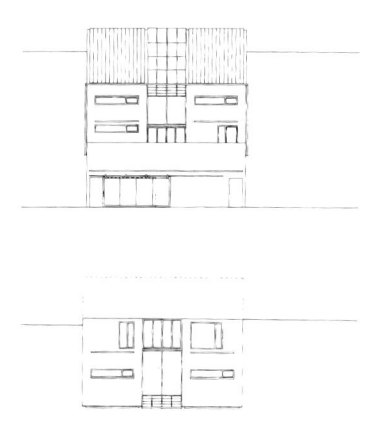

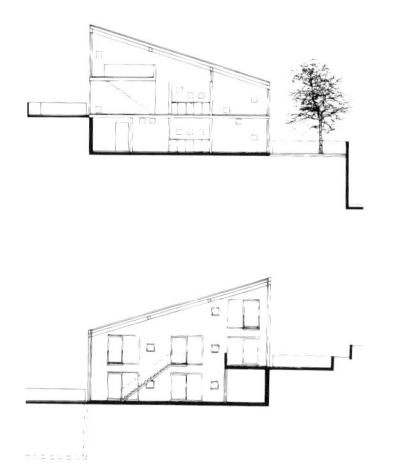

Wohnhaus am Hang bei Landshut

Architekt:
Thomas Strobel,
Landshut

Das leicht geneigte Grundstück liegt in einem ländlichen Gebiet – wo sonst ließe sich ein Grundstück dieser Größe noch zu erschwinglichen Preisen erwerben? Der First des Hauses verläuft in Ost-West-Richtung, die Wohnräume sind nach Süden auf den großen Garten hin orientiert. Die Nebenräume dienen an der Nordseite als Wärmepuffer. Mit den versetzten Geschossen folgt das Gebäude dem nach Westen abfallenden Hang. Daraus ergibt sich eine vertikale Teilung, mit übereinander liegenden Eß- und Wohnräumen und den versetzt gegenüber angeordneten Schlafräumen im Erd- und Obergeschoß.

Ziel war es, ein im Detail und Konzept einfaches Haus zu erstellen, das nach Errichtung des Rohbaus einen hohen Anteil an Selbsthilfe ermöglicht. Es wurden daher nur einfache, wiederkehrende Details und Materialien verwendet. Die strenge Orientierung am Rastermaß von 62,5 Zentimetern erlaubte es, die von der Industrie günstig angebotenen, großflächigen Bauelemente einzusetzen. Der reine Holz- und Trockenbau ermöglichte darüber hinaus eine kurze Bauzeit ohne Baufeuchte, was sich positiv auf das Raumklima auswirkt. Der große Fensteranteil im Süden und Westen garantiert ganzjährig die Nutzung der passiven Solarenergie. Auf einen teuren Keller wurde zugunsten eines ebenerdigen Lagerraumes verzichtet, ebenso auf einen Heizraum. Die Gastherme wurde platzsparend im Bad untergebracht. Zugleich garantiert die zentrale Lage zu den Entnahmestellen geringe Wärmeverluste.

Der Grundriß

– Erschließung des Hauses von Norden mit im Eingangsbereich untergebrachten Einbauschränken, Garderobe und Gäste-WC mit zusätzlichem Duschbad
– Auf dem Eingangsniveau liegt das nach Süden orientierte Kinderzimmer mit eigener kleiner Terrasse
– Der Eßbereich ist um einen Meter abgesenkt
– Nach Norden schließt sich an die offene Küche eine traditionelle Speisekammer an
– Aufgeständerte Terrasse nach Süden und Westen
– Das Obergeschoß wird über die offene Split-Level-Treppe erschlossen, dadurch entstehen im Haus weite Blickachsen
– Der Schlaftrakt mit Bad ist analog zum Erdgeschoß um einen Meter versetzt
– Der Höhenversatz im Grundriß verschafft der Schlafebene eine besondere Geborgenheit
– Der dem oberen Wohnraum vorgelagerte Balkon hat eine eigene Treppenverbindung sowohl zur unteren Terrasse als auch zum Garten
– Vom Wohnraum führt eine Treppe auf die dritte Ebene, die als zusätzliche Arbeitsgalerie genutzt wird.

Grundstücksgröße: 4000 m² | Wohnfläche: 140 m² | Baukosten je m² Wfl/Nfl: 1950,- DM
Anzahl der Bewohner: 4 | Ausführung: 1992-94 | Baukosten gesamt: 273.000,- DM
Überbaute Fläche: 85 m²

Obergeschoß

Erdgeschoß

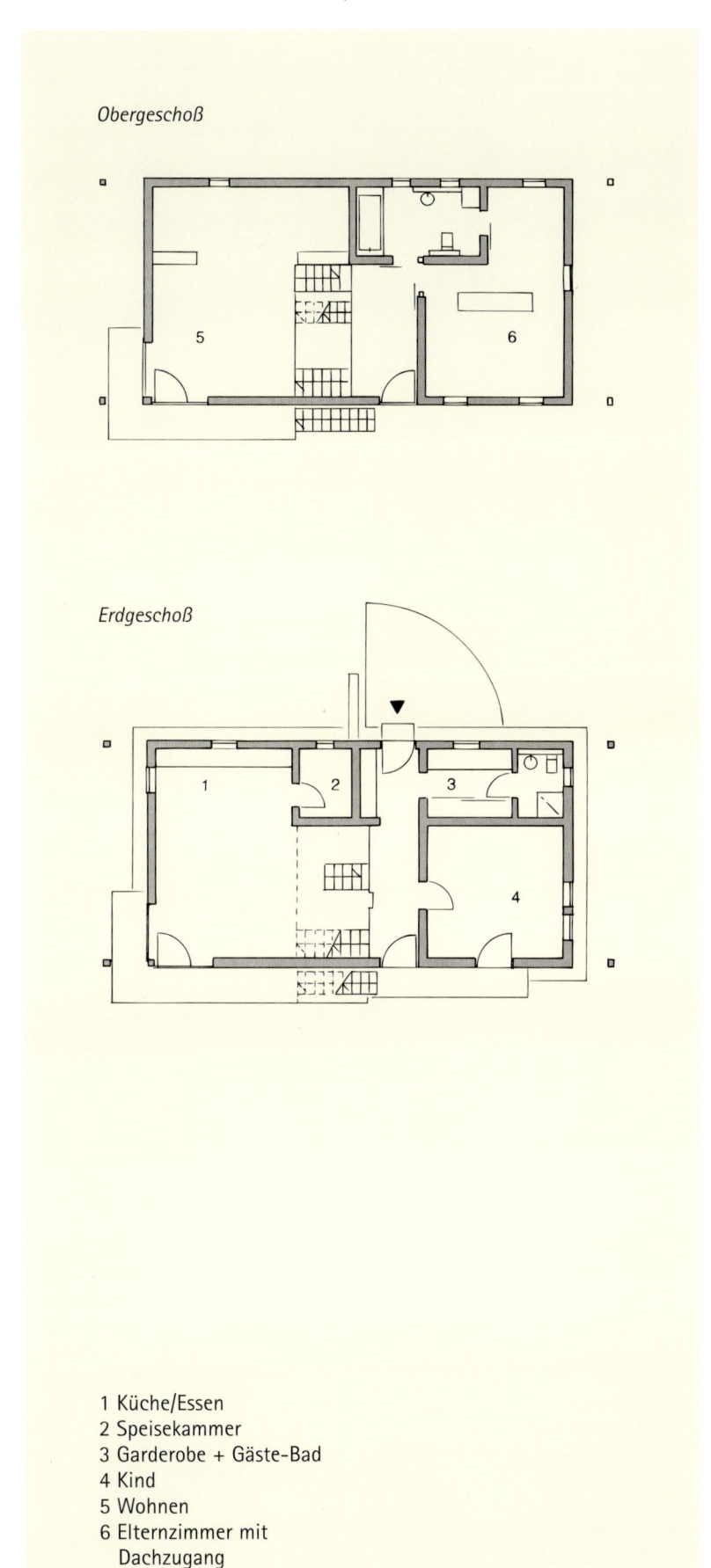

Linke Seite: Die geschlossene Nordfassade mit der dem Hang folgenden Abtreppung; die Südfassade mit den beiden Terrassenniveaus. Oben: Die offene Galerie im Obergeschoß und der unprätentiöse Eingang.

1 Küche/Essen
2 Speisekammer
3 Garderobe + Gäste-Bad
4 Kind
5 Wohnen
6 Elternzimmer mit
  Dachzugang

M 1: 200

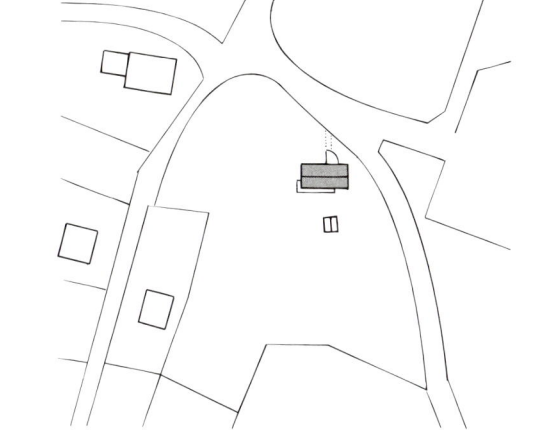

M 1: 2000

Wohnhaus am Hang
am Bodensee

**Architektin:
Angelika Blüml,
Radolfzell**

Das kleine Grundstück liegt an einem Nordhang mit Ausblick auf den unteren Bodensee. Die Bauherren wünschten sich ein Haus, daß trotz der Beschränkung in der Fläche großzügige, offene und helle Räume bieten sollte. Außerdem sollte jedes Familienmitglied einen eigenen geschlossenen Rückzugsbereich bekommen.

Dem Hangverlauf folgend wurde das Gebäude als Split-Level-Typ konzipiert, was diesem Einfamilienhaus aufgrund der offenen Ebenen den Charakter eines Atelierhauses verleiht. Dieser Eindruck wird durch die großzügigen Glasfronten noch verstärkt. Die drei Pultdächer ermöglichen in Verbindung mit dem überzeugenden Grundriß- und Innenraumkonzept vielfältige Ein-, Aus- und Durchblicke und geben dem Haus ein unverwechselbares, individuelles Aussehen.

Entsprechend dem Konzept der Wandelbarkeit und Offenheit des Hauses wurde als Traggerüst eine Stahlskelettkonstruktion mit aussteifenden Betondecken gewählt, die dem Innenraum mit Hilfe der gering dimensionierten Stützen Transparenz und Durchlässigkeit verleiht. Darüber hinaus ermöglichte diese Konstruktion den Bewohnern, den Innenausbau schrittweise selbst zu tätigen. Die hochgedämmte Fassade besteht aus einer Holzschalung ungehobelter naturbelassener Fichtenbretter, die auf einer hinterlüfteten Unterkonstruktion montiert sind.

Der Grundriß
– Aufgrund der Grundstückssituation erfolgt die Erschließung von Süden
– Den Auftakt des Hauses bildet ein Allraum, der neben der Eingangsfunktion vor allem Eßraum ist. Er ist nach Süden orientiert und hat eine kleine Terrasse
– Der höher liegende Wohnraum orientiert sich nach Norden
– Über die zentrale Treppe erreicht man das Souterrain, in dem neben Kellerräumen ein Kinder- und ein Gästezimmer untergebracht sind
– Die Split-Level-Bauweise paßt sich dem Hangverlauf an; somit ist im Erd- bzw. Souterraingeschoß jedem Innenraum ein Außenraum auf gleicher Ebene zugeordnet
– Von der Galerieebene im Obergeschoß gelangt man über eine Stiege ins »Vogelnest«; einer kleinen Ebene, die durch den Versatz der Dächer einen Rundumblick ermöglicht.

Grundstücksgröße: 340 m² | Wohnfläche: 125 m² | Baukosten je m² Wfl/Nfl: 2900,- DM
Anzahl der Bewohner: 4 | Nutzfläche: 58 m² | Baukosten gesamt: 530.700,- DM
Überbaute Fläche: 111 m² | Ausführung: 1994

Obergeschoß

Erdgeschoß

Hanggeschoß

1 Flur
2 Essen
3 Wohnen
4 Schlafen
5 Zimmer
6 Galerie
7 Luftraum
8 Öltank
9 Heizung
10 Hobby
11 Abstellraum

M 1: 200

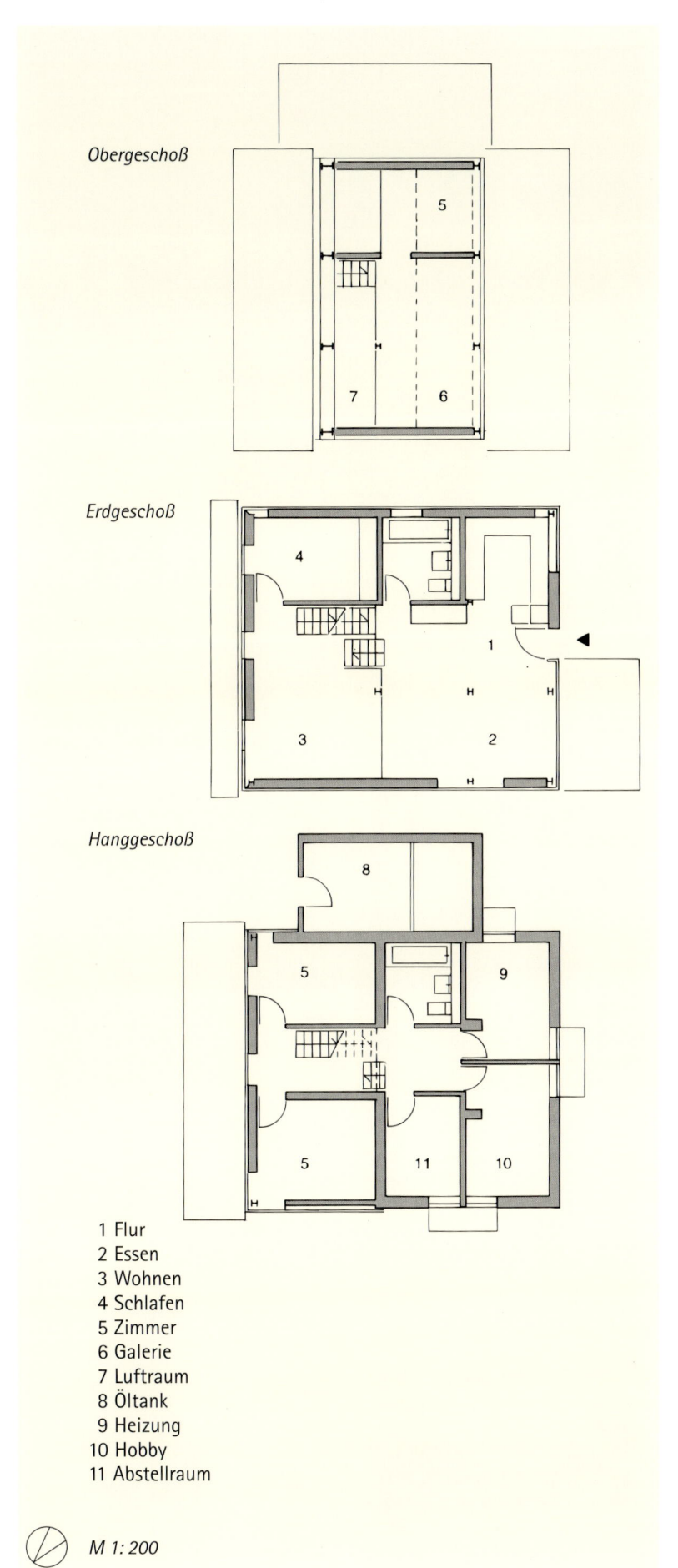

Linke Seite: Die Eingangsseite im Südwesten mit dem großen Atelierfenster; die Nordostseite mit den gegeneinander versetzten Pultdächern.
Oben: Blick auf das Atelier mit der eingezogenen, zweiten Galerie.

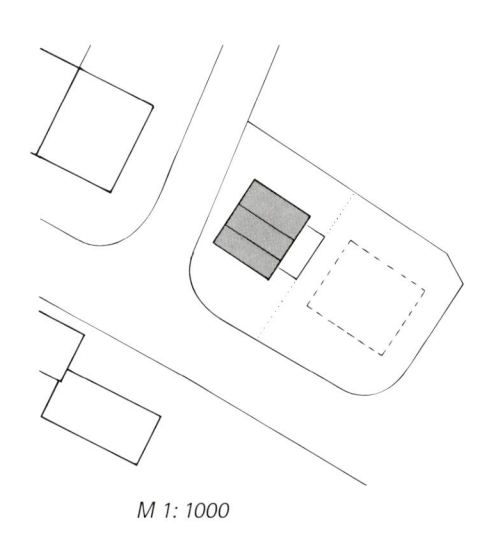

M 1: 1000

Wohnhaus am Hang
bei Tübingen

**Architekten:
Ackermann + Raff,
Tübingen**

Das Grundstück liegt in einem Neubaugebiet über dem Neckartal mit schöner Aussicht auf die Schwäbische Alb. Die Süd-West-Ausrichtung bietet beste Besonnungsmöglichkeiten, die Hanglage läßt gartenseitig ein zusätzliches halbes Vollgeschoß zu.
Der Entwurf folgt konsequent dem Prinzip der Einfachheit und Reduktion. Der Baukörper wurde in Grundriß, Schnitt und Fassade schlicht und unspektakulär im Sinne einer guten Gebrauchsform entwickelt: in einem traditionellen Haustypus sollten Räume für zeitgemäßes, individuelles Wohnen geschaffen werden. Der Baukörper ist aus wenigen Elementen zusammengesetzt, die möglichst in ihrer Reinform wirken sollten: verputzte Wände, die mit einer Farblasur behandelt wurden, präzise Einschnitte für die Fenster und die Haustür, mit farbigen Akzenten in den Laibungen, die die gewünschte Körperhaftigkeit der Form noch unterstreichen. Diesen Effekt betont auch die ruhige Dachfläche – ohne Störungen durch Dachflächenfenster oder Gaupen. Über eine große Schrägverglasung nach Süden werden die Schlafräume und das Bad im Obergeschoß belichtet. Der Balkonvorbau ist mit Lochblechen als Sonnenschutz verkleidet und dient als transparenter Übergang zwischen Innen- und Außenraum. Dem Wunsch der Auftraggeber folgend, wurde das Haus kostengünstig und umweltschonend gebaut, auch der Betrieb als Niedrigenergiehaus mit sehr guten Dämmwerten folgt diesem Prinzip.

Der Grundriß
– Streng symmetrisches Raumkonzept mit optimierten Spannweiten für eine kostenbewußte Bauweise
– Verwendung von günstigen Deckenfertigteilen
– Ungewöhnliche, großzügige Eingangssituation mit separatem Zugang zum Arbeitszimmer (Lärmschleuse)
– Orientierung der Erdgeschoßräume nach Süden
– Fließender Übergang zwischen Küche und Eßplatz im Wintergarten
– Der Wohnraum erstreckt sich über die ganze Haustiefe, mit großer Türöffnung nach Westen zum überdachten Sitzplatz
– Strenge symmetrische Raumanordnung auch im Obergeschoß
– Das von der Fassade zurückgesetzte Bad erfährt eine qualitätvolle Raumerweiterung durch den vollverglasten Wintergarten, der auch als Zugang, Ruheraum, Aussichtsplattform und solarer Energielieferant dient.

Grundstücksgröße: 600 m²
Anzahl der Bewohner: 5
Überbaute Fläche: 112 m²

Wohnfläche: 189 m²
Ausführung: 11/90 – 7/91

Eigenleistung: 40.000,- DM
Baukosten je m² Wfl: 3100,- DM
Baukosten gesamt: 586.000,- DM

Obergeschoß

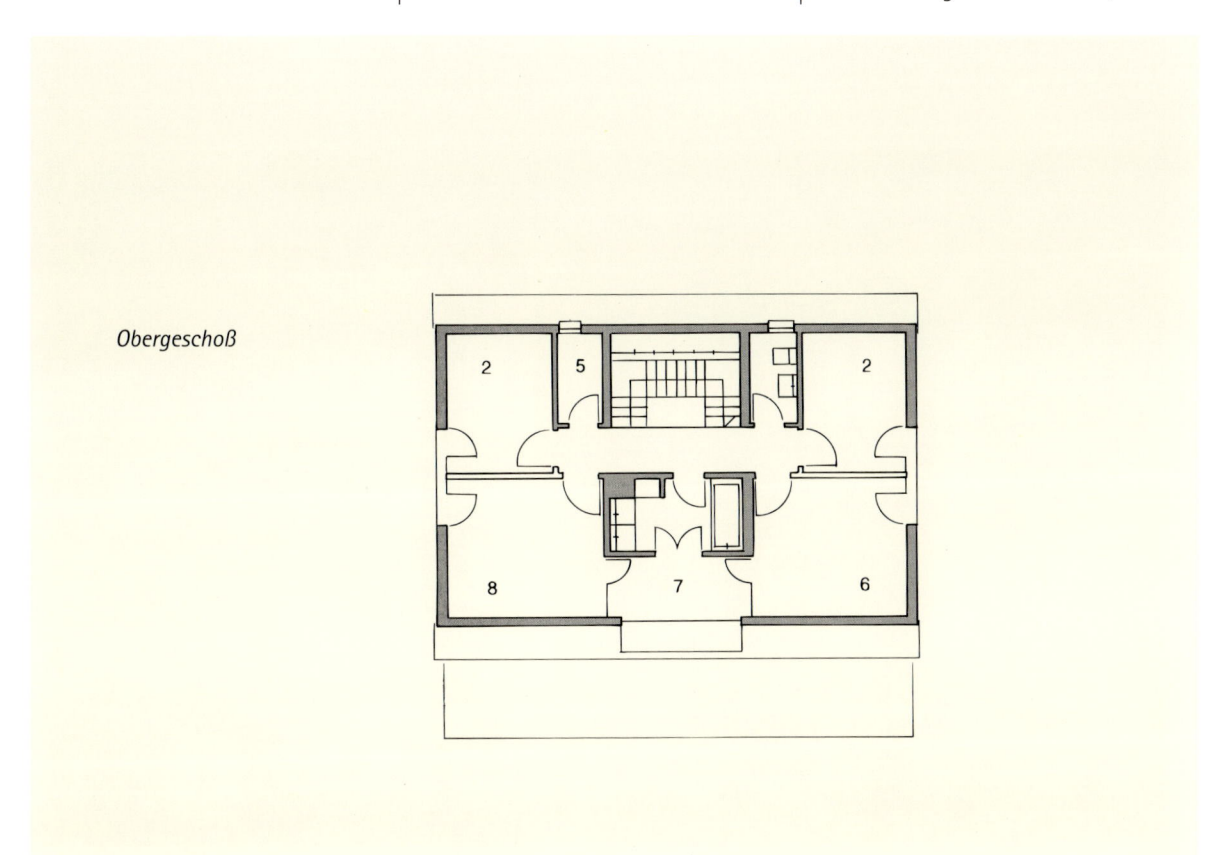

Erdgeschoß

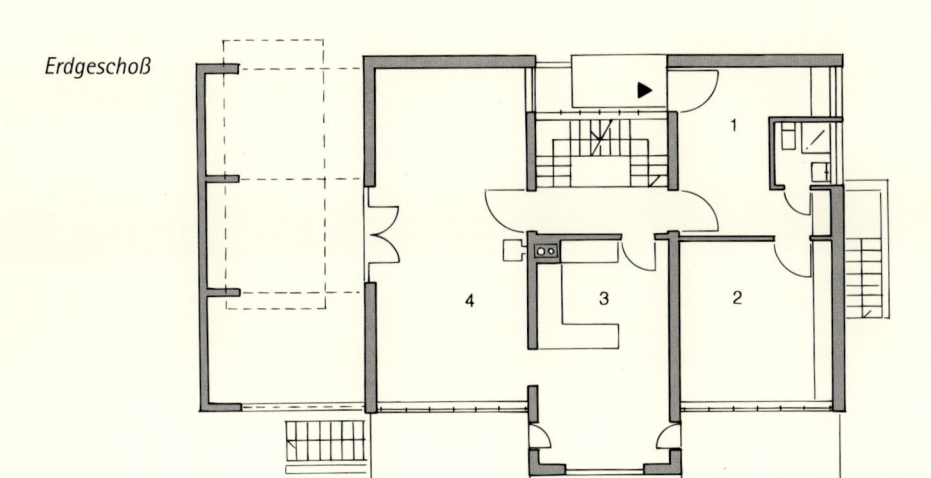

1 Eingang mit Garderobe
2 Zimmer
3 Küche
4 Wohnen
5 Abstellraum
6 Kind
7 Wintergarten
8 Eltern

M 1:200

*Linke Seite: Die Südfassade mit der vorgestellten, schwebenden Terrassenkonstruktion, deren Dach auch als Sonnenschutz dient; die Eingangsfront an der Straße.
Oben: Der Wohnraum mit Blick nach Süden.*

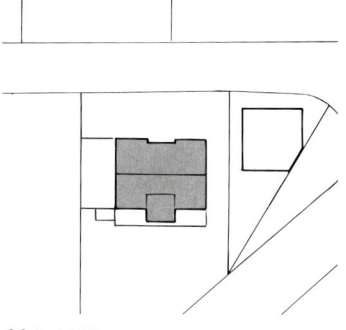

M 1:1000

Wohnhaus am Hang
bei Bregenz

Architekten:
Baumschlager + Eberle,
Lochau

Das Raumprogramm entspricht ganz den herkömmlichen Vorstellungen von einem Einfamilienhaus für eine vierköpfige Familie – um so ungewöhnlicher die gewählte Form: ein rechteckiger, turmartiger Körper mit expressivem Bug.

Das dreigeschossige, unterkellerte Wohnhaus liegt an einem sehr steilen, nach Norden gerichteten Hang am Stadtrand von Bregenz, in der Nähe des Bodensees. Der Eingang und das bewegte Auf und Ab innerhalb des Hauses sind zentrale Themen des Entwurfs: Eine langgezogene Rampe führt vom Gehweg der Straße aus zu dem an der höher gelegenen Südseite befindlichen Eingang. Von hier aus leitet eine Treppe in die oberste Ebene entlang einer runden Kanzel ganz aus Glas, die eine atemberaubende Aussicht über die Stadt und deren Umgebung bietet. Der Aufstieg endet im lichten, offenen Wohn- und Eßraum mit angrenzender Küche, der sich über die gesamte Geschoßfläche erstreckt. Ein schmaler, durchgehender Lichtschlitz in der Decke und die nach Süden komplett verglaste Fensterfront erzeugen einen besonderen Lichteinfall, der diesen Mittelpunkt des Hauses wechselvollen Raumstimmungen unterwirft. In die östliche Hausseite, verkleidet mit großformatigen, gelben Fassadenplatten, sind in rhythmischer Folge sieben Fenstertüren eingelassen, die gezielte Ein- und Ausblicke erlauben. Einen spannungsreichen Gegensatz dazu bildet die traditionell geschindelte, in großen Teilen geschlossene Westfassade. Den Bauherren und Architekten ist es mit diesem herausragenden Entwurf in eindrucksvoller Weise gelungen, vertraute Grenzen zu überschreiten.

Der Grundriß
– Jeder Ebene ist ein Funktionsbereich zugeordnet
– Erschlossen wird das Haus im 1. Obergeschoß, in dem auch der Elternbereich mit angrenzendem Bad untergebracht ist
– Die 2., oberste Ebene schließlich ist komplett geöffnet als Wohnbereich der ganzen Familie: Kochen, Essen, Wohnen
– Das Kellergeschoß enthält neben Heizungsraum und Abstellräumen ein kleines Gästezimmer
– Die Kinderzimmer befinden sich im eigentlichen Erdgeschoß mit einem eigenen vorgelagerten Hof.

Grundstücksgröße: 1240 m² | Wohnfläche: 125 m² | Baukosten je m² Wfl/Nfl: 3350,- DM
Anzahl der Bewohner: 4 | Nutzfläche: 48 m² | Baukosten gesamt: 580.000,- DM
Überbaute Fläche: 56 m² | Ausführung: 9/93 –10/94

Erdgeschoß

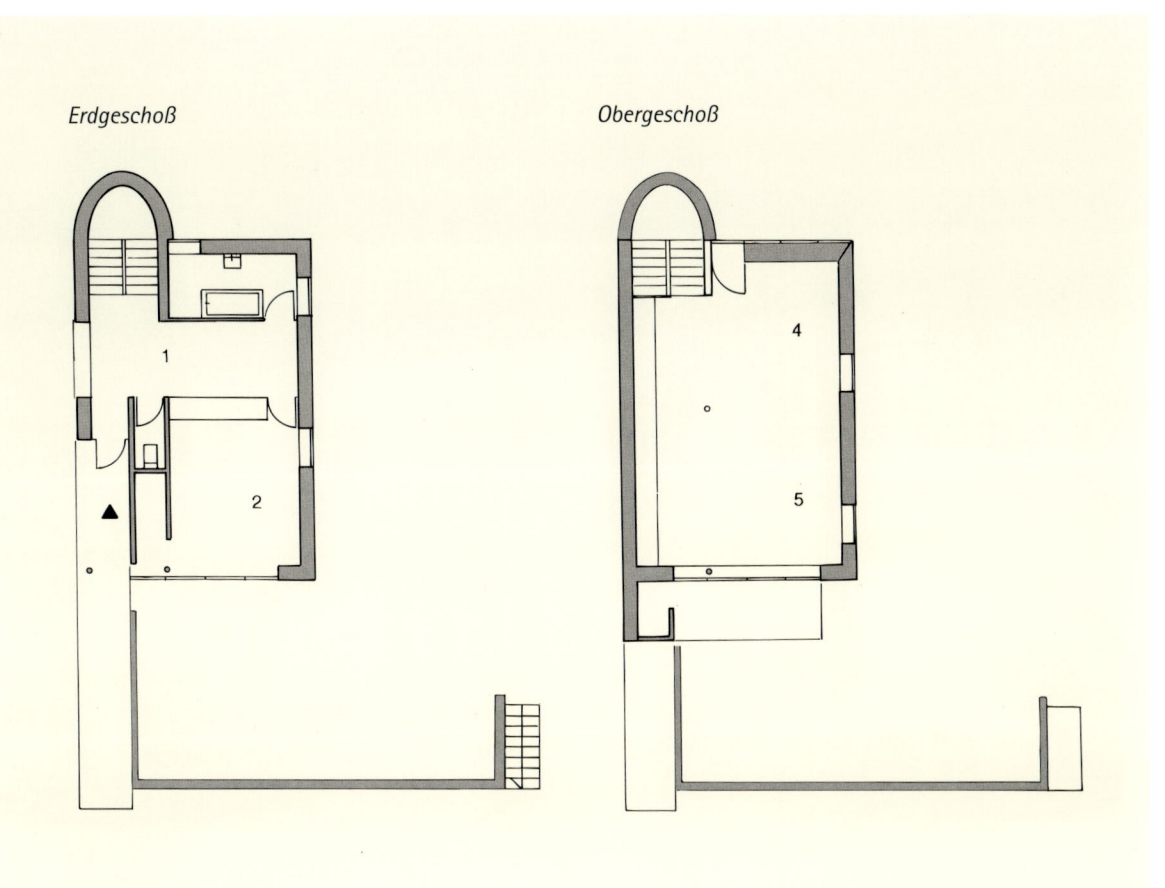

Obergeschoß

Hanggeschoß

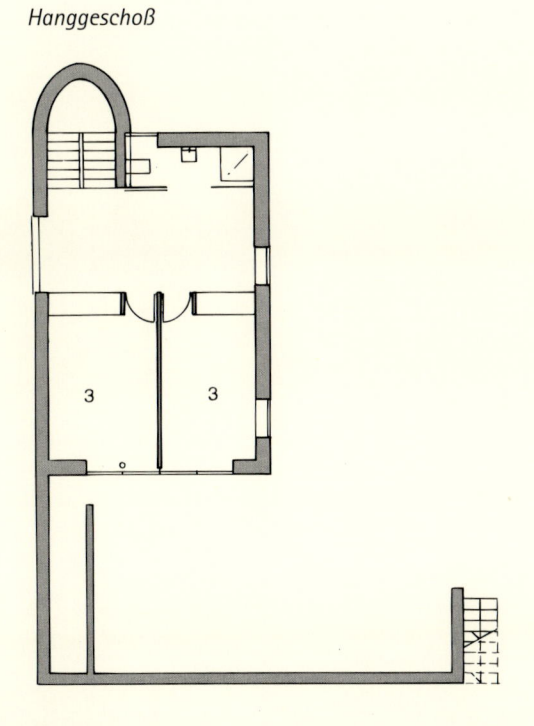

1 Diele
2 Eltern
3 Kind
4 Küche/Essen
5 Wohnen

M 1: 200

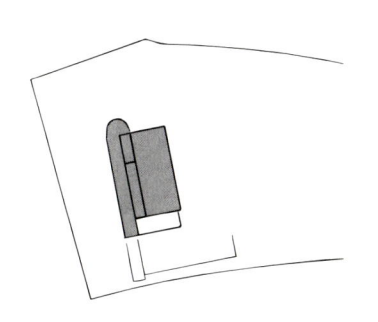

Linke Seite: Die Südfassade mit der bergseitigen Erschließung; ganz anders stellt sich die Nordseite mit der Panoramakanzel dar.
Oben: Die Treppe zum Obergeschoß mit dem horizontalen Lichtschlitz über der Küchenzeile.

M 1: 1000

Wohnhaus am Hang in Aarau (CH)

Architekten:
DeBiasio + Scherrer,
Zürich (CH)

Der Bauplatz ist ein kleines Quadrat, das aus einem großen Grundstück herausgeschnitten wurde, um Platz für ein zweites Wohnhaus auf dem schön angelegten Gelände zu schaffen. Das vorhandene Gebäude stammt aus den 20er Jahren und war Bezugspunkt. Das Gelände fällt zur Rückseite des neuen Hauses stark ab, so daß im Souterrain nach Nordwesten die Hälfte des Geschosses über der Erdgleiche angelegt werden konnte. Der Neubau und das alte Haus liegen sich auf dem Grundstück gegenüber. Als Verbindungselement dient die alte Gartenmauer, deren Krümmung zum neuen Haus weitergeführt wurde. Die Fassade setzt diese räumliche Bewegung fort, die Zusammengehörigkeit von Alt und Neu wird als Geste betont. Es sind nur wenige akzentsetzende Mittel, die dieses Haus in seiner Wirkung herausheben. Fläche, Körperhaftigkeit, Proportionen und Linienführung stehen in einem überraschenden Spannungsverhältnis – eine Architektursprache, die sich inhaltlich nicht erschöpft. Sie bleibt geheimnisvoll – wie jedes gute Kunstwerk.

Der Grundriß
– Erschließung des Hauses im Untergeschoß mit Gäste-WC, Garderobe und Hobbyraum, im hinteren Teil sind die Kellerräume untergebracht
– Eine einläufige Treppe verbindet die Geschoßebenen
– Die beiden Hauptebenen, Erd- und Obergeschoß, sind konsequent nach Südwesten zum Garten hin orientiert
– Im Erdgeschoß wird die gesamte Haustiefe für die Wohnräume genutzt, die durch Schiebetüren wie Kabinette abtrennbar sind
– Flurflächen entfallen bei diesem Grundrißkonzept im Erdgeschoß völlig
– Im Obergeschoß fungiert ein schmaler, symmetrisch angelegter Flur als Verteiler; er erschließt die aufgereihten Zimmer, die sich zu dem verbindenden Balkon hin öffnen.

Grundstücksgröße: 442 m² | Wohnfläche: 182 m² | Ausführung: 1990
Anzahl der Bewohner: 4 | Nutzfläche Keller: 90 m² | Baukosten je m² Wfl/Nfl: 3070,- DM
Überbaute Fläche: 98 m² | Planung: 1989 | Baukosten gesamt: 835.000,- DM

Obergeschoß

Erdgeschoß

Hanggeschoß

1 Hobby
2 Kellerraum
3 Schutzraum
4 Bibliothek
5 Wohnen
6 Küche
7 Zimmer
8 Ankleide

M 1: 200

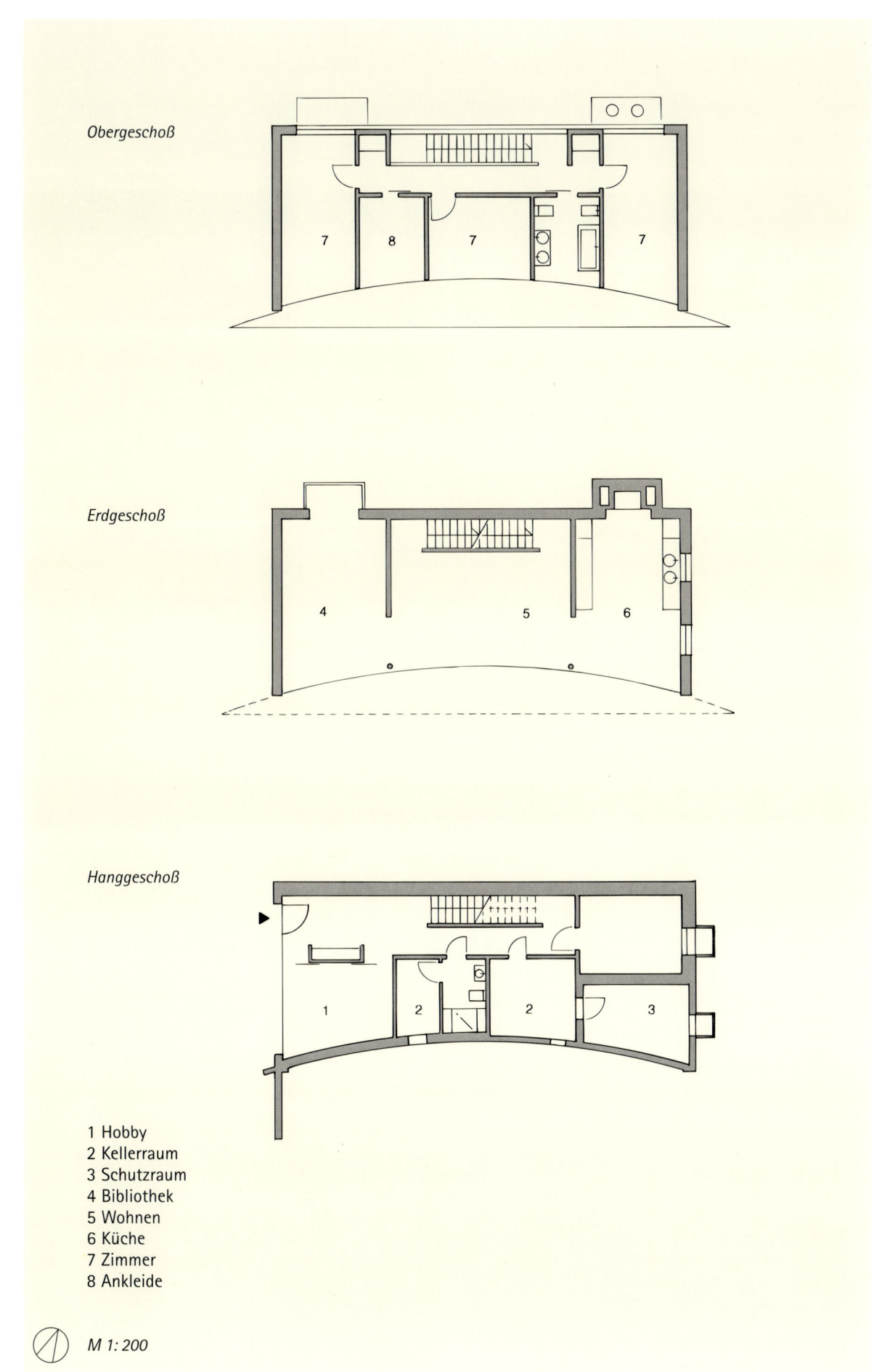

Linke Seite: Die der Westsonne zugewandte Gartenfassade mit dem auskragenden Balkon; der Zugang erfolgt über das Hanggeschoß.
Oben: Blick entlang der gewölbten Südfassade durch den Wohnraum in die Bibliothek.

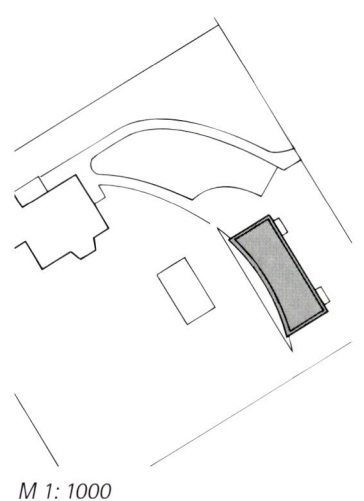

M 1: 1000

Wohnhaus am Hang
in Vorarlberg

**Architekten:
Dietrich + Untertrifaller,
Bregenz**

Das Grundstück liegt an einem steilen Hang inmitten landwirtschaftlicher Nutzflächen oberhalb eines Dorfes. Nach Osten schließt ein Wald an, nach Westen besticht die unverbaubare Aussicht auf die tieferliegende Landschaft und die Berge in der Ferne. Das Raumprogramm für eine vierköpfige Familie sah zusätzlich ein separates Musikstudio vor, das über einen eigenen Eingang erschlossen werden sollte. Der einfache kubische Baukörper wurde im Unter- und im Erdgeschoß massiv ausgeführt, das Obergeschoß ist ein aufgesetzter Holzskelettbau aus Douglasleimbindern, bei dem die Deckenkonstruktion sichtbar belassen wurde. Die offene, lamellenartige Schalung besteht aus unbearbeitetem Lärchenholz. Die Verwendung von Leimbindern erlaubte die für Holz relativ groß ausgelegten Spannweiten mit weiten Auskragungen im Dach, die auf der einen Seite die Terrasse, auf der anderen den Autoabstellplatz überdecken. Das Gebäude ist als Niedrigenergiehaus mit einer Flüssiggasheizanlage angelegt, für die Übergangszeit gibt es einen Holzofen.

Der Grundriß
– Der Hauptzugang des Hauses erfolgt im Obergeschoß über eine befahrbare Brücke, zwei weitere Eingänge erschließen im Erdgeschoß die Kinderzimmer und den Elternschlafbereich sowie das Musikstudio
– Die Wohnebene befindet sich im Obergeschoß, große Fensterflächen erlauben hier eine panoramaartige Sicht auf die Landschaft
– Der Grundriß ist bis auf die kleine Vorratskammer offen angelegt
– Zu beiden Seiten des Wohn-/Eßtraktes gibt es überdachte Terrassen
– Das Untergeschoß birgt die aufgereihten Schlafräume mit einer über das ganze Haus vorgelagerten Terrasse
– Das Musikstudio verfügt über einen eigenen Eingang, ist aber auch über Bad und Waschküche mit dem Schlaftrakt verbunden
– Eine Außentreppe verbindet die Terrassenebenen.

Grundstücksgröße: 696 m²
Anzahl der Bewohner: 4
Überbaute Fläche: 138 m²

Wohnfläche: 146 m²
Nutzfläche Keller: 28 m²
Ausführung: 1995

Baukosten je m² Wfl/Nfl: 3700,- DM
Baukosten gesamt: 644.000,- DM

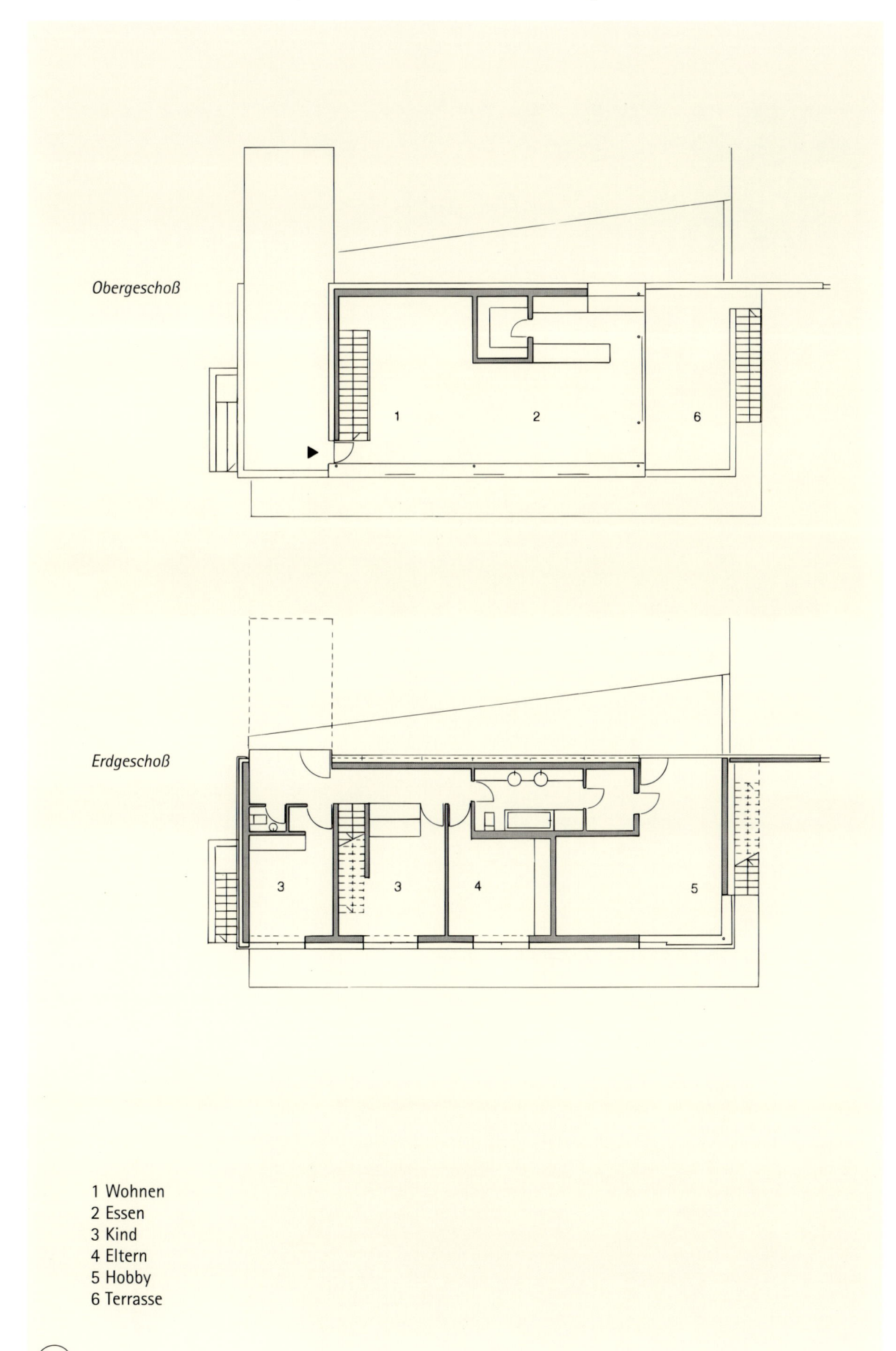

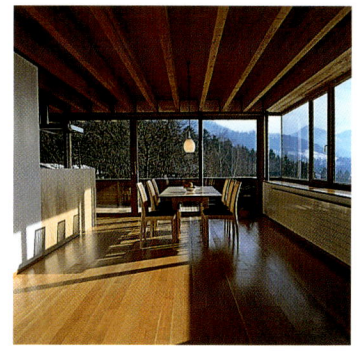

Obergeschoß

Erdgeschoß

1 Wohnen
2 Essen
3 Kind
4 Eltern
5 Hobby
6 Terrasse

M 1:200

Linke Seite: Die bergseitige Ansicht mit der Erschließung von Norden über die Brücke; die Westfassade mit dem weit auskragenden Dach über Eingang und Terrasse.
Oben: Der über das ganze Obergeschoß reichende Wohn-/ Eßraum.

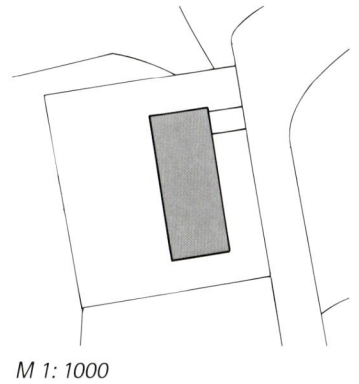

M 1:1000

Wohnhaus am Hang in Graz

Architekten:
Kreutzer + Krisper,
Graz

Auf dem herausragend schönen Südhanggrundstück mit weitem Panoramablick auf die Stadt und die umliegenden Berge sollte für ein Elternpaar mit kleinem Kind und viel Hausbesuch ein klassisch modernes Gebäude geplant werden.

Die starke Hanglage ließ eine naturbelassene Gartenanlage, die auch genutzt werden kann, nicht zu. Daher wurde ein Terrassenkonzept auf drei Ebenen angelegt. Bergseits bilden das dreigeschossige Haupthaus und der zweigeschossige Garagenbau einen Eingangsvorplatz. Auf der mittleren Hanggeschoßebene mit den Wohnräumen wurde der große Wohngarten als offene Bergterrasse mit überdachtem Sitzplatz und Außenkamin eingerichtet. Auf der unteren Hangebene befindet sich, dem Gebäude vorgelagert, ein dritter, flach geneigter Gartenbereich, in dem sich ein Freischwimmbad befindet. Von dieser unteren Ebene ist auch ein zusätzlicher Schlafraum, der als Gästetrakt genutzt wird und mit separatem Eingang ausgestattet ist, erreichbar. Eine geschwungene Gartentreppe verbindet die beiden Terrassenebenen.

Der kubisch gegliederte Baukörper wird von einem weit auskragenden Dach bekrönt, das als Wetterschutz dient. Die großen Fensterflächen nach Süden lassen sich als solarer Energielieferant nutzen, gedämmte Rolläden vor allen Fenstern sorgen sowohl für Sonnen- als auch für den nötigen sommer- und winterlichen Wärmeschutz. Als Ausgleich für die versiegelten Naturflächen wurden die Dächer begrünt.

Der Grundriß
- Die Erschließung erfolgt bergseitig im obersten Geschoß von Norden
- Dem Eingangsbereich sind Garderobe und Gäste-WC zugeordnet
- Auf dieser Ebene liegen auch die Schlafräume
- Die einläufige Treppe führt in das tiefer liegende Wohngeschoß
- Hier dominiert die zweigeschossig angelegte Bibliothek, die in den großen offenen Eß- und Wohnbereich übergeht
- Der eigentliche Wohnraum erfährt seine optische Begrenzung durch den eingestellten Kamin.

Grundstücksgröße: 4400 m² | Wohnfläche: 254 m² | Ausführung: 1994
Anzahl der Bewohner: 3 | Einliegerwohnung: 30 m² | Baukosten je m² Wfl: keine Angaben
Überbaute Fläche: 190 m² | Nutzfläche Abstellräume: 60 m² | Baukosten gesamt: keine Angaben

Obergeschoß

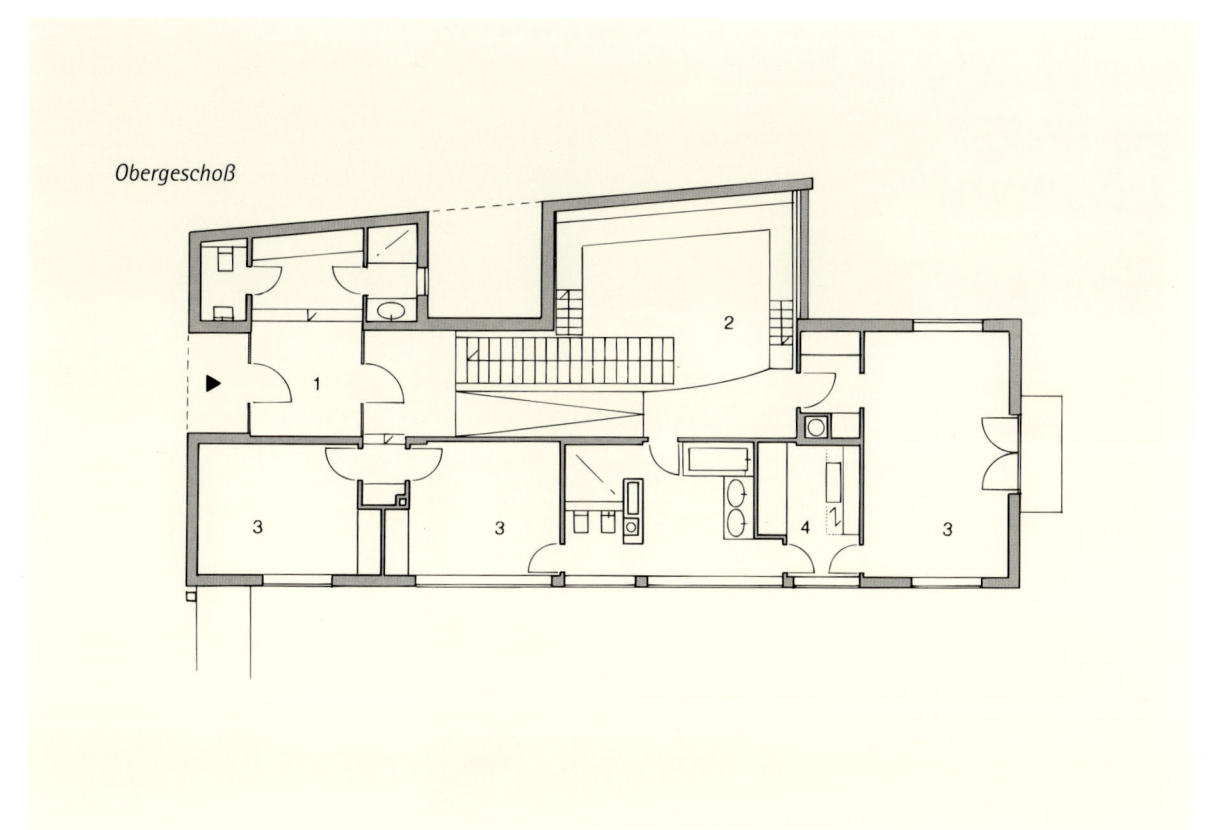

Erdgeschoß

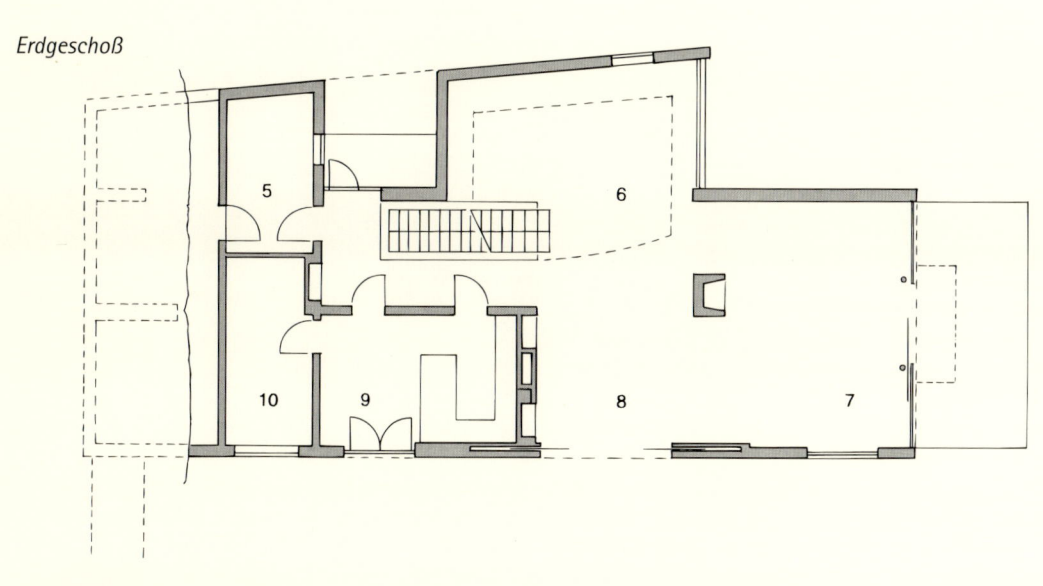

1 Windfang mit Garderobe, WC und Bad
2 Luftraum
3 Schlafen
4 Ankleide
5 Abstellraum
6 Bibliothek
7 Wohnen
8 Eßbereich
9 Küche
10 Hauswirtschaft

M 1:200

Linke Seite: Die Westfassade des in den Hang geschobenen Baukörpers; der haushoch eingerahmte Nebeneingang.
Oben: Blick in die zweigeschossige Bibliothek mit umlaufendem Erschließungsgang. Die Terrasse mit dem weiten Blick nach Süden und Westen.

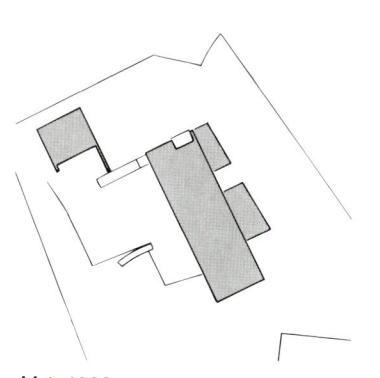

M 1:1000

Wohnhaus am Hang in Stuttgart

**Architekten:
Kaag + Schwarz,
Stuttgart**

In einem Stuttgarter Vorort war ein kleines Restgrundstück in Hanglage zu erwerben. Das vorgegebene Baufenster und die beengte Grundstückssituation bestimmten als planerische Vorgabe den Baukörper und den Entwurf des räumlichen Gefüges. Über dem massiven, verputzten Sockel des Hanggeschosses lagert der leichte zweigeschossige Wohnkubus, dessen innere Struktur durch die raumhohen gläsernen Fassadenelemente von außen ablesbar ist. Die Eingangsfassade, die kaum die Breite einer Doppelgarage einnimmt, macht einen unscheinbaren Eindruck. Um so überraschender ist die großzügige Wirkung im Innern: durch die lange Blickachse wird die kleine Grundrißfläche in ihrem Raumerleben wirkungsvoll mit dem Außenraum verknüpft. Die weitgehende Verglasung des Erdgeschosses läßt den Wohnbereich besonders groß erscheinen, da die Gartenkulisse mit einbezogen wird. Vor der Fassade aus Aluminiumprofilen sind Sonnenschutzlamellen angebracht, die bei Bedarf auch als Raumabschluß dienen. Im Ergebnis entstand ein durchdachtes Minimalhaus mit einem vielfältigen Raumangebot bei einer Größe der einzelnen Ebenen von nicht einmal 40 m².

Der Grundriß
- Stapelung der Funktionen
- Durch vertikale Zonierung klare Trennung der Bereiche: im Mittelgeschoß befindet sich der Eingang und der offene Wohn- und Eßbereich mit angeschlossener Küche; das Schlaf- und Arbeitszimmer der Eltern füllen die obere Etage; der Kinderbereich liegt im Hanggeschoß mit eigenem Gartenzugang
- Verbindung der Ebenen über die einläufige Treppe
- Durch das Grundrißkonzept entstehen kaum Neben- oder Flurflächen.

Grundstücksgröße: 277 m²
Anzahl der Bewohner: 4
Überbaute Fläche: 48 m²

Wohnfläche: 108 m²
Nutzfläche: 8 m²
Ausführung: 1992

Baukosten je m² Wfl/Nfl: 3300,- DM
Baukosten gesamt: 383.000,- DM

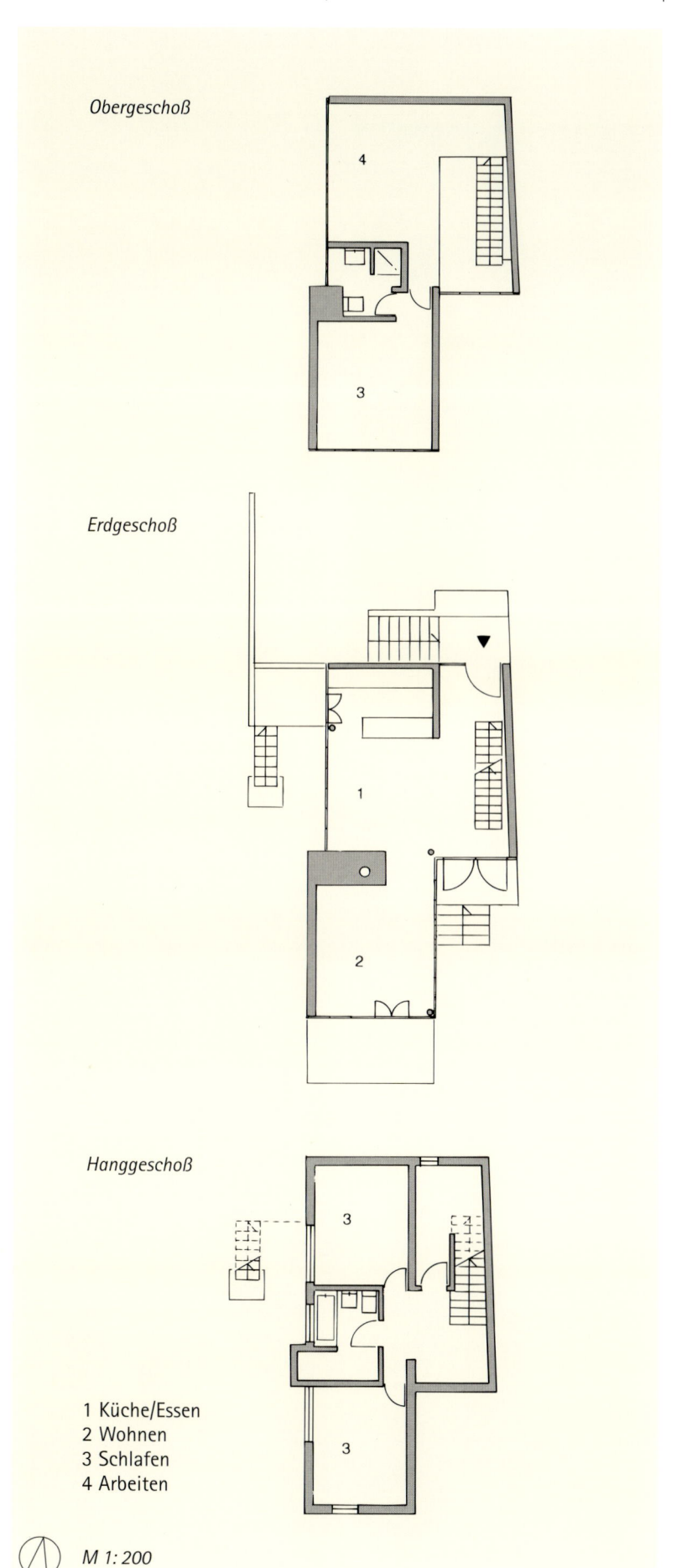

Obergeschoß

Erdgeschoß

Hanggeschoß

1 Küche/Essen
2 Wohnen
3 Schlafen
4 Arbeiten

M 1: 200

Linke Seite: Die über drei Geschosse reichende Südfassade; der Durchblick von der offenen Treppenanlage in den Garten.
Oben: Die Außenjalousien zur Beschattung sorgen auch für unterschiedliche Lichtstimmungen im Inneren.

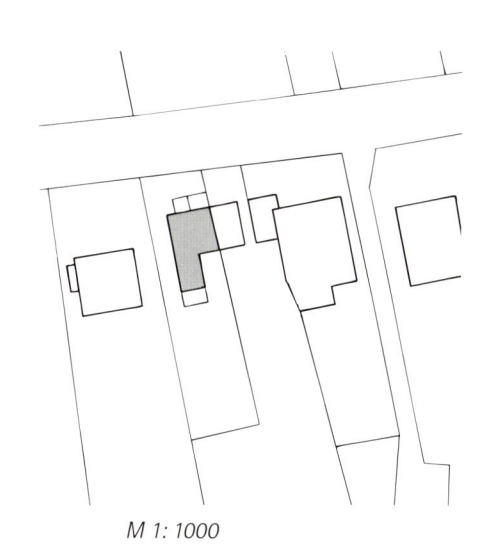

M 1: 1000

Zwei benachbarte Wohnhäuser am Hang
in Reutlingen

**Architekt:
Thomas Bamberg,
Pfullingen**

Die beiden Grundstücke liegen an einem Nordhang über dem alten Ortskern mit weitem Blick über die angrenzende Ebene. Die Ausrichtung zum Tal, die Lage an einer Straßenkrümmung und das Gefälle des Grundstücks von Süden in Richtung Norden zum Tal hinab bilden die Hauptparameter des Entwurfes. Aufgrund der Kurve erfahren die hier gelegenen Grundstücke eine räumliche Erweiterung, die durch die schmale Grundrißorganisation und die Anordnung der Gebäude noch betont wird. Von der Straße her sind beide Häuser einsehbar, entsprechend geschlossen – aber nicht abweisend – sind ihre Fassaden.

Der Bebauungsplan sah ein Vollgeschoß, ausgebautes Dachgeschoß und in Ausnahmen Wohnräume im Untergeschoß vor. Trauf- und Firsthöhen, Dachform und die giebelständige Anordnung waren baurechtlich vorgegeben. Für die notwendigen Befreiungen vom Bebauungsplan war vor allem die städtebauliche Wirkung der beiden neuen Gebäude von Bedeutung. Für die Bewertung des Entwurfs und des Bauantrags war ausschlaggebend, daß die Dachflächen zu den bestehenden Nachbarhäusern geneigt und mit Ziegeln eingedeckt würden. Die Dachflächen zwischen den beiden neuen Häusern dagegen durften freier gestaltet werden. Über eine flexible Auslegung des Bebauungsplanes konnten die beiden Häuser auf der Westseite im Dachgeschoß über Oberlichtschlitze und großflächige Fenster maximal geöffnet und belichtet werden, während die von der Straße her einsehbare Südseite der Häuser weitgehend geschlossen als Eingangsfassade gestaltet werden konnte.

Fortsetzung auf Seite 114

Der Grundriß
- Erschließung entlang des Carports über eine Treppe zum tieferliegenden Hauseingang
- Geschützter Eingang mit Windfang und Zugang zum Hauswirtschaftsraum
- Der mittig angeordnete Flur betont die Längsachse des Hauses
- Entlang der Achse sind Küche und Treppenhaus angeordnet
- Am Ende weitet sich der Zugang zur haustiefen Raumfolge des Eß- und Wohnraumes mit weitem Blick über Dorf und angrenzende Landschaft
- Das Haus ist über drei Geschosse organisiert
- Im Untergeschoß sind die beiden Kinderzimmer, das Gastzimmer, Bad, separates WC, die Sauna und zwei Kellerräume untergebracht
- Im Dachgeschoß befindet sich der großzügige Schlafbereich mit zugehörigem Bad.

Grundstücksgröße: 594 m²
Anzahl der Bewohner: 2
Überbaute Fläche: 100 m²

Wohnfläche: 180 m²
Nutzfläche Keller: 87 m²
Ausführung: 1996

Baukosten je m² Wfl: 2800,- DM
Baukosten für Wfl: 504.000,- DM

Obergeschoß

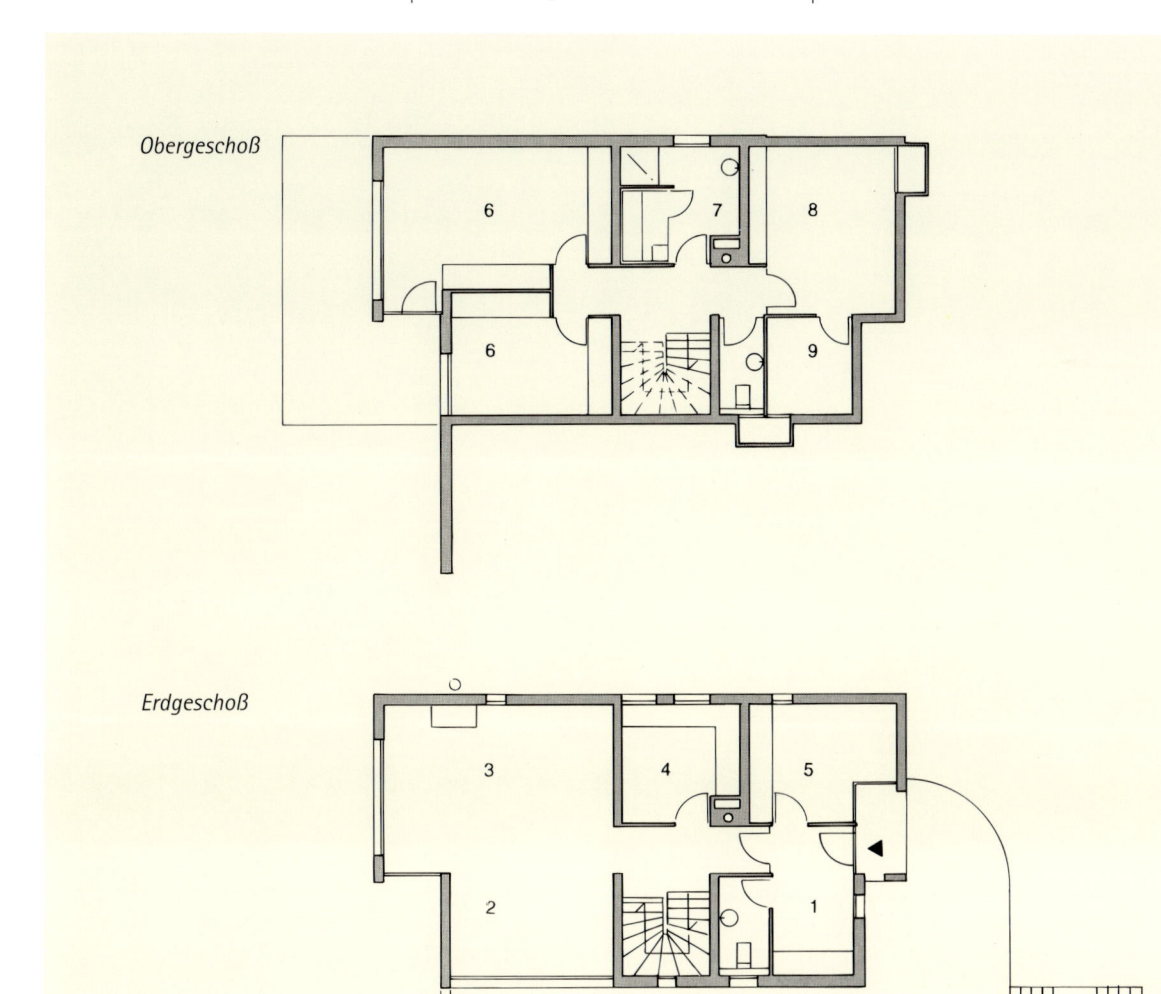

Erdgeschoß

Untergeschoß

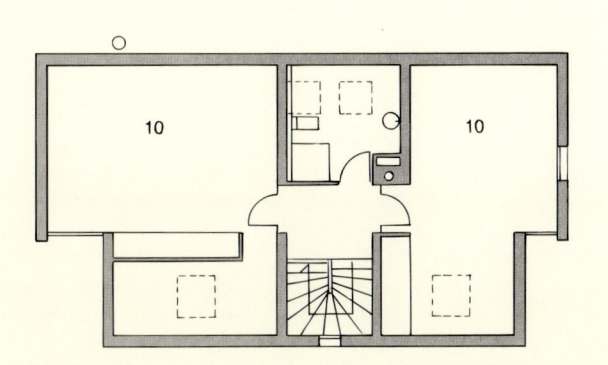

1 Diele mit Garderobe
2 Essen
3 Wohnen
4 Küche
5 Hauswirtschaft
6 Kind
7 Bad/Sauna
8 Heizung/Technik
9 Abstellraum
10 Schlafen

M 1:200

Linke Seite: Die Eingangsfassade nach Südosten; Blick vom Carport des korrespondierenden Nachbarhauses.
Oben: Die versetzten Pultdächer erlauben die Belichtung des Obergeschosses über ein durchlaufendes Fensterband.

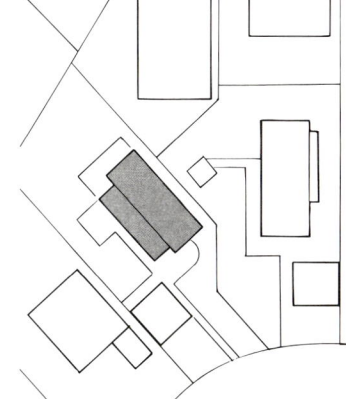

M 1:1000

Zwei benachbarte Wohnhäuser am Hang
in Reutlingen

Architekt:
Thomas Bamberg,
Pfullingen

Zwei mit einer Stahl-Glas-Konstruktion gedeckte Carports flankieren die beiden Grundstücke und schirmen die Häuser zu den Nachbargebäuden ab. Gezielte Öffnungen in den seitlichen Betonwänden rahmen Bildausschnitte der beiden neuen, tieferliegenden Gebäude, des alten Dorfkerns und der umliegenden Natur ein. In den Häusern selbst werden durch die präzise festgelegten Fensteröffnungen bewußt Teile der benachbarten Bebauung ausgegrenzt. Dagegen werden sehenswerte Blickpunkte auf die umgebende Landschaft und die dörfliche Architektur des Ortszentrums bildhaft inszeniert.

Der Grundriß
- Die mittige Erschließung entlang des Carports führt über eine Treppe zum tieferliegenden Hauseingang
- Der einmal begonnene Weg zum Haus wird im Inneren in der Längsachse fortgesetzt
- Entlang dieser Achse sind die einzelnen Funktionen (Garderobe, vertikale Erschließung, Kochen, Essen, Wohnen) so angeordnet, daß die eigentliche Gangfläche den Wohnbereichen zugeordnet ist
- Den Abschluß der schrittweisen Öffnung des Grundrisses bildet der über die ganze Haustiefe reichende Wohnraum mit seiner Hauptorientierung nach Westen
- Das Haus ist wie das Nachbargebäude über drei Geschosse organisiert
- Im Untergeschoß befindet sich neben Kellerraum, Haustechnik und Sauna ein separater Gästetrakt mit vorgelagerter Westterrasse
- Das Dachgeschoß nimmt Schlafraum, Ankleide und ein großzügig bemessenes Bad sowie ein Arbeitszimmer auf.

Grundstücksgröße: 606 m² | Wohnfläche: 200 m² | Baukosten je m² Wfl: 3400,- DM
Anzahl der Bewohner: 2 | Nutzfläche Keller: 84 m² | Baukosten für Wfl: 680.000,- DM
Überbaute Fläche: 98 m² | Ausführung: 1996

Obergeschoß

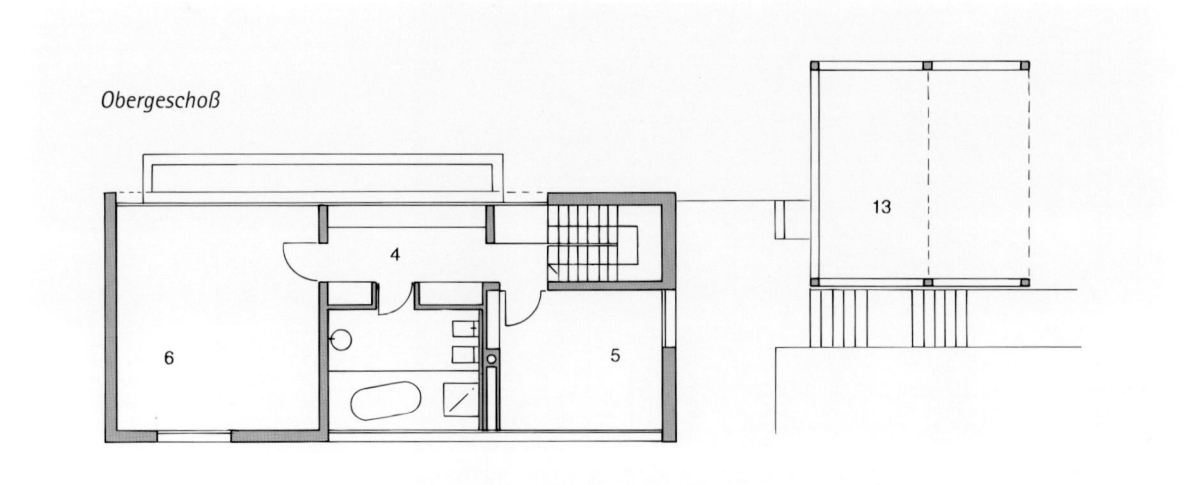

Erdgeschoß

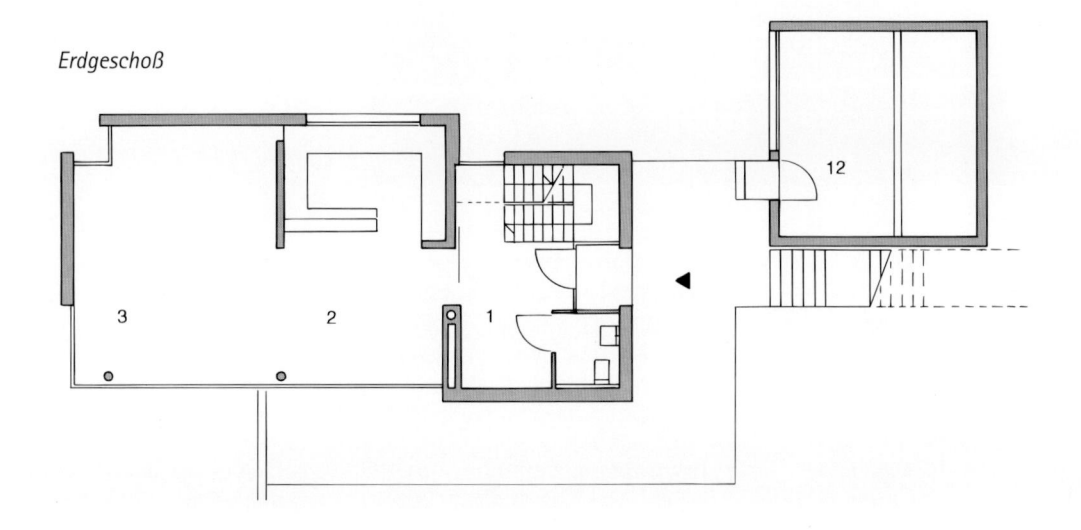

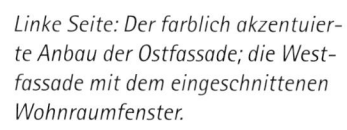

Hanggeschoß

Linke Seite: Der farblich akzentuierte Anbau der Ostfassade; die Westfassade mit dem eingeschnittenen Wohnraumfenster.
Oben: Das großzügige Bad im Obergeschoß und die Kaminwand an der Schmalseite des Hauses mit außen liegendem Zug.

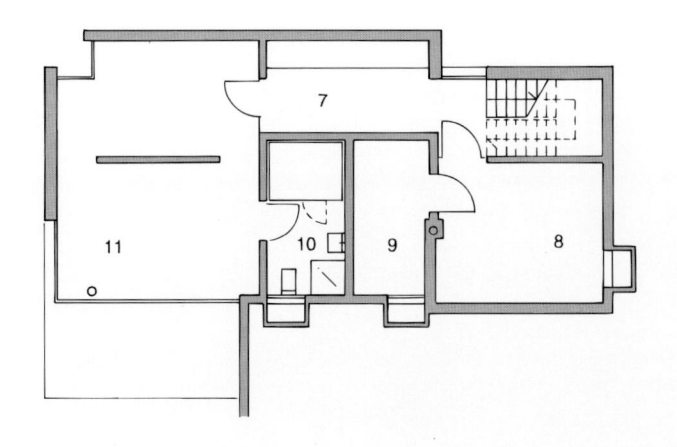

1 Flur mit Garderobe und WC
2 Küche/Essen
3 Wohnen
4 Ankleide
5 Arbeiten
6 Schlafen
7 Schrankraum
8 Kellerraum
9 Heizung
10 Duschbad mit Sauna
11 Gast
12 Abstellraum mit Heizöltank
13 Carport

M 1:200

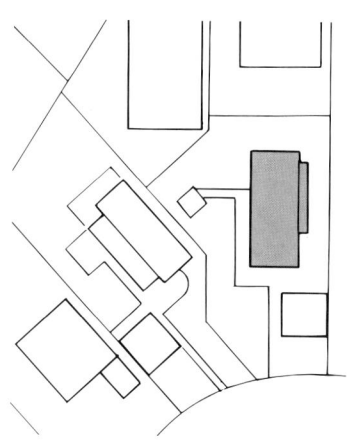

M 1:1000

Wohnhaus am Hang in Wien

Architekt:
Gert M. Mayr-Keber,
Wien

Der topographische Bestand des Grundstücks – enge Baugrenzen, langgestreckte Form und schon im nutzbaren Bereich an der Straße ein starkes Gefälle – bestimmt das Thema des Entwurfes. Das architektonische Konzept gliedert die Hausanlage in vier Bereiche, zwei innere und zwei äußere. In allen vier Teilen sollen trotz unterschiedlicher Qualitäten die herausgearbeiteten architektonischen Anforderungen gleichermaßen erfüllt sein: der psychologisch wirksame Einsatz der Innen- und Außenraumgestaltung mit ganz verschiedenen Wertigkeiten und Behaglichkeitsansprüchen, das Spürbarmachen der räumlichen Dimension durch differenzierte Ausblicke von den verschiedenen Ebenen des Hauses, eine minimierte physische Belastung durch eine entsprechende Führung der vielen notwendigen Treppenläufe und eine vielfach plastische Ausgestaltung der Räume, deren Wirkung die verschiedenen natürlichen und künstlichen Lichtquellen noch hervorheben.

Als Antwort auf das sehr differenzierte geistig-räumliche Konzept des Entwurfes, wurde das Haus farblich sehr zurückhaltend gestaltet. Dieser neutrale Hintergrund schafft die notwendigen Flächen für die eigentliche Einrichtung der Bewohner, die sich gegen das plastische Raumgefüge dieses ungewöhnlichen Gebäudes behaupten muß.

Der Grundriß

– Die Eingangssituation ist inszeniert: ein angedeuteter labyrinthischer Weg bereitet »auf Umwegen« auf das Betreten der Privatsphäre vor
– Im Inneren des Hauses gibt es zwei unterschiedliche Zonierungen: in der Aufenthaltsebene im ersten Obergeschoß bestimmt räumliche Weite den Entwurf, hier ist das Zusammenfügen von zweigeschossigen Räumen das konzeptionelle Anliegen
– Durchblicke, Ausblicke – der kleine Balkon vor der Küche zur Straße –, Höhenversatz zwischen Eß- und Wohnebene, eine gekrümmte Glaswand zum Treppenhaus, der expressive Wintergarten – gedanklich-entwurfliche Vielfalt von großem Reiz – im Gegensatz dazu schließt sich das Haus zunehmend nach oben:

Unter dem Dach, das straßenseitig über zwei Geschosse reicht, sind die Privaträume untergebracht
– Im obersten Geschoß befinden sich die Kinderzimmer, die untereinander über eine Käfigbrücke zu erreichen sind und die die beiden eingezogenen Galerien verbindet.

Grundstücksgröße: 810 m² Wohnfläche: 205 m² Baukosten je m² Wfl: keine Angaben
Anzahl der Bewohner: 5 Nutzfläche Keller: 40 m² Baukosten gesamt: keine Angaben
Überbaute Fläche: 120 m² Ausführung: 1989-91

1. Obergeschoß

Dachgeschoß

2. Obergeschoß

Eingangsgeschoß

M 1:200

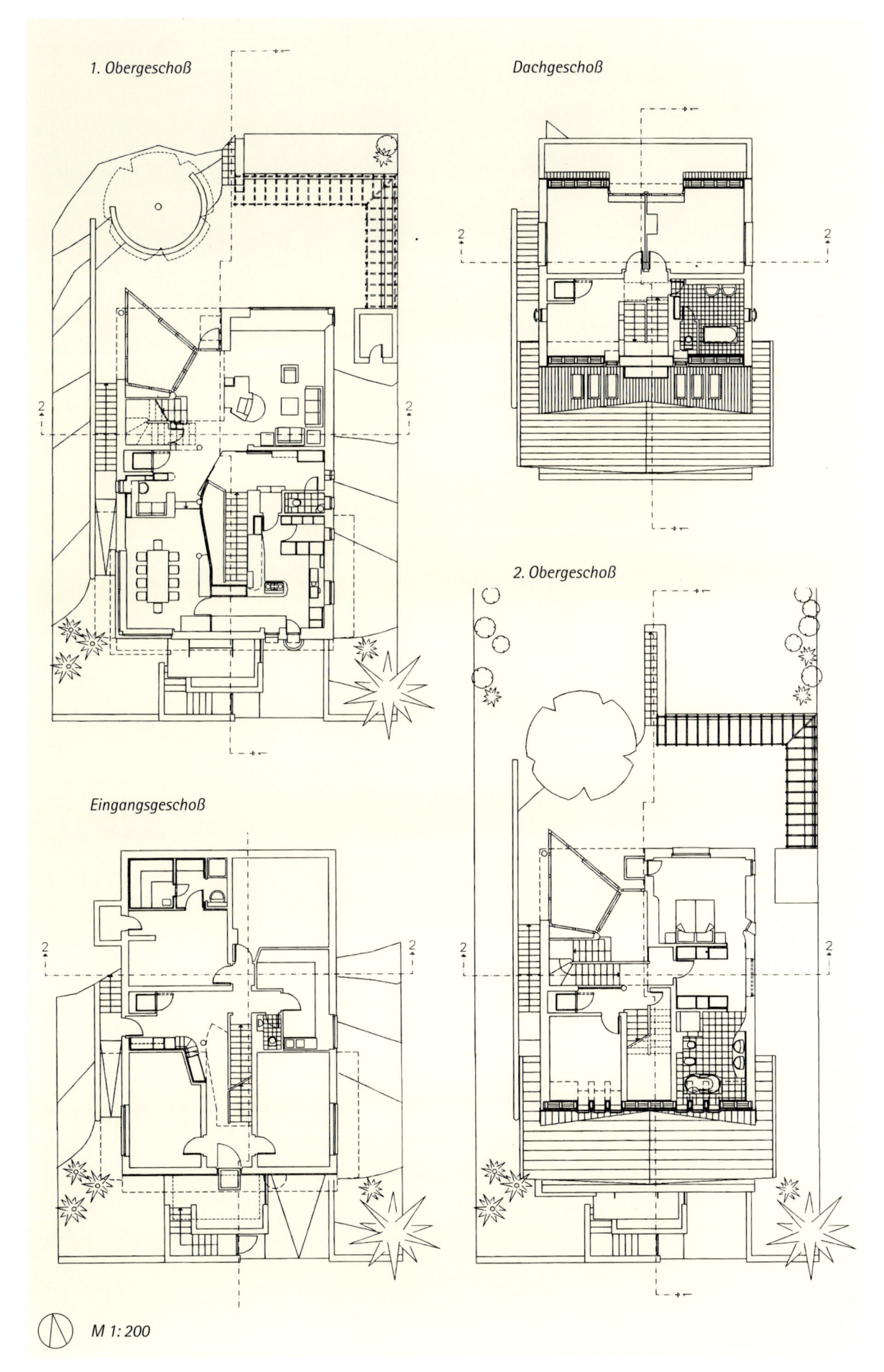

Linke Seite: Die Gartenfassade mit der Terrasse im ersten Obergeschoß; die Eingangsseite mit dem dominanten Eckfenster zur Belichtung des Eßzimmers.
Oben: Das zweigeschossig eingeschobene Glashaus.

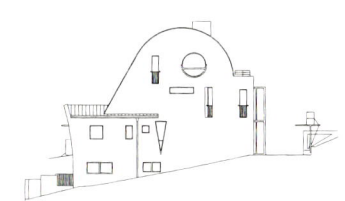

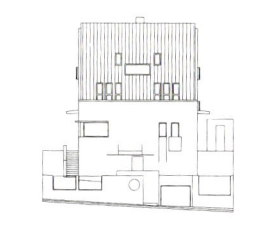

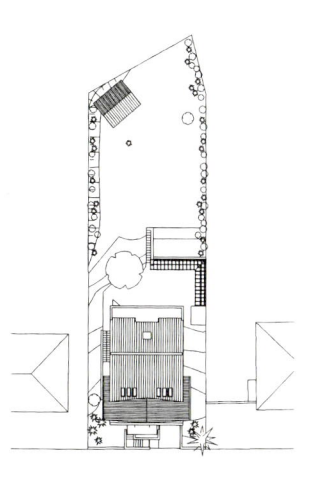

117

Wohnhaus mit Einlieger im Odenwald

Architekten:
Peter W. Beckenhaub + Martin Hohm,
Bad König

Bedingt durch die örtlichen Gegebenheiten – Südhanggrundstück mit angrenzendem alten Bauernhof, Feldscheune und Silo – wurde beim Entwurf auf die Stilmittel der Umgebung zurückgegriffen. So stand das Thema »Alte Feldscheune« im Vordergrund, die sich in einen Hauptbaukörper und diverse untergeordnete Anbauten gliedert. Die formale Interpretation dieses Themas fand ihren Ausdruck in der funktionalen Gliederung des Wohnhauses in Haupthaus, Anbau, Vordach und Turm. Entstanden ist ein Ensemble, das die Ausgangssituation widerspiegelt und diese auch bis ins Detail der verwendeten Materialien fortsetzt: anthrazitfarbener Ziegel für die Dachdeckung des Haupthauses, analog zur Scheune Zinkblech für die Anbauten, während das Treppenhaus mit einem Dachlichtelement versehen wurde. Die Außenwände sind gemauert und mit einem weiß gestrichenen Thermoputz versehen. Nur der Turm ist sandsteinfarben gestrichen, als sei er aus dem ortsüblichen Boden gewachsen.

Der Grundriß
– Zugang des Hauses erfolgt hangaufwärts von der Straße her
– Erschließung innerhalb des Hauses über die Haupttreppe zwischen den beiden Baukörpern
– Versetzte Ebenen, bei der die Hauptwohnebene um ein halbes Geschoß nach oben versetzt ist
– Das Haupthaus (Wohnen, Essen, Galerie, interne Treppe und Elternschlaftrakt) erstreckt sich als offener Baukörper über drei Ebenen mit eigenständiger, abgeschlossener Raumwirkung
– Im Gegensatz dazu ist das Nebenhaus in drei separate Ebenen aufgeteilt mit Eingang und Gästetrakt im Erdgeschoß
– Abgeschlossene Einliegerwohnung im Obergeschoß
– Kindertrakt mit eigenem Bad auf der dritten Ebene.

Grundstücksgröße: 633 m² | Wohnfläche: 225 m² | Eigenleistung: 20.000,- DM
Anzahl der Bewohner: 5 | Nutzfläche: 70 m² | Baukosten je m² Wfl/Nfl: 2800,- DM
Überbaute Fläche: 119 m² | Ausführung: 11/93 – 9/94 | Baukosten gesamt: 820.000,- DM

Dachgeschoß

Obergeschoß

Erdgeschoß

1 Wohnen
2 Essen
3 Küche
4 Gast
5 Abstellraum
6 Luftraum
7 Galerie
8 Eltern
9 Einlieger
10 Kind

M 1:200

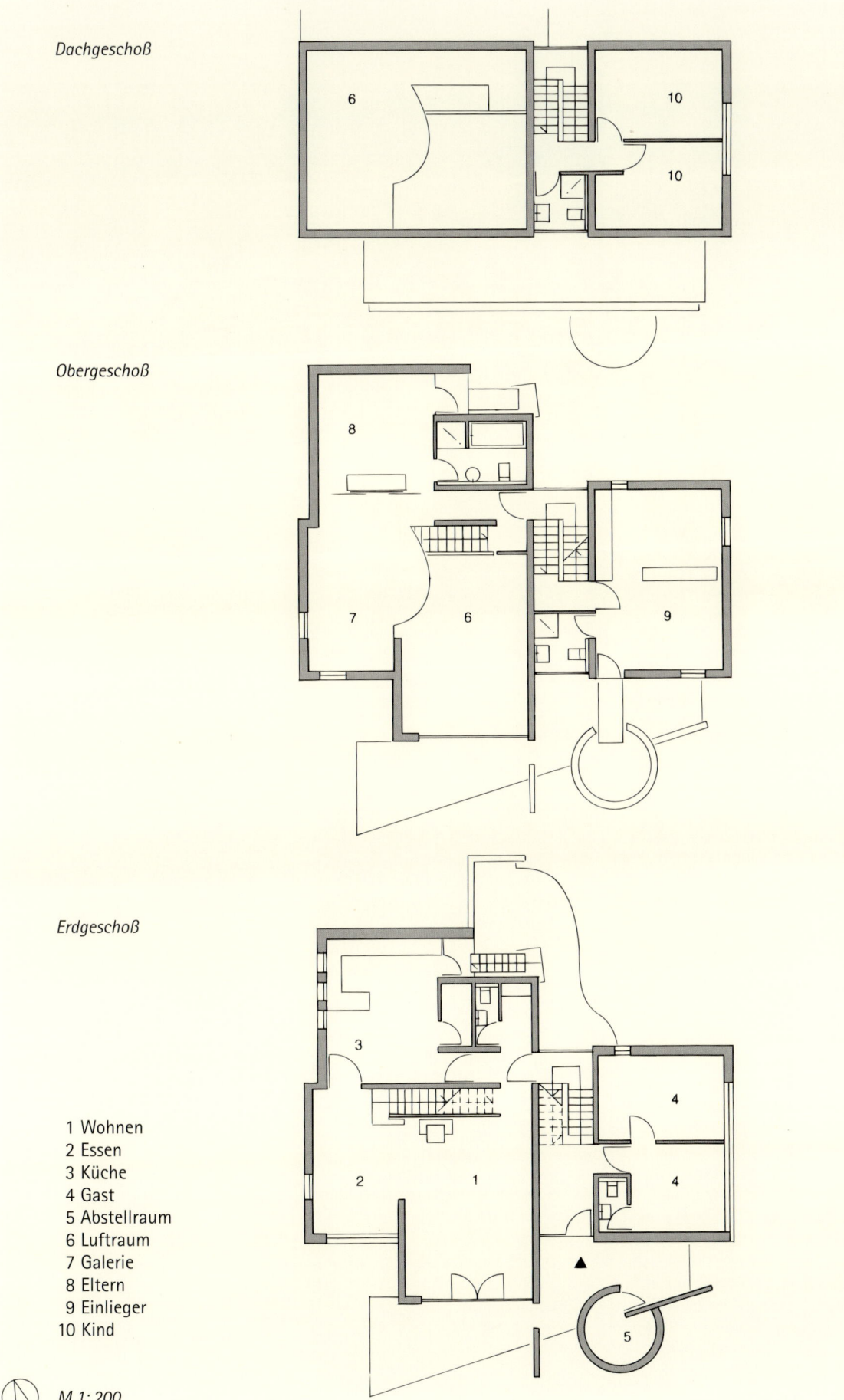

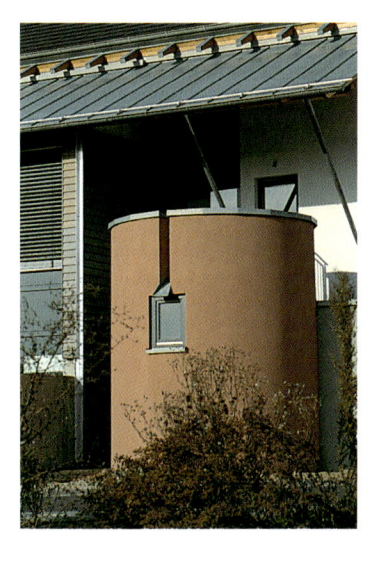

Linke Seite: Die Westfassade mit dem verglasten Giebeldreieck; die strukturierte Eingangsfassade. Oben: Das Traufdetail am Westgiebel; die markante Tonne dient als Abstellraum.

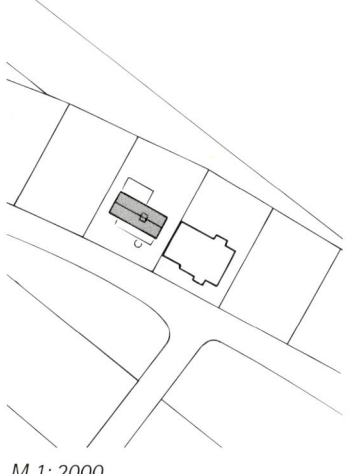

M 1:2000

Wohnhaus am Hang bei München

Architekten:
Franz Wimmer, München,
Alfons Lengdobler, Pfarrkirchen

Auf einer Grundfläche von etwa 12 x 12 Metern entwickelt sich der Baukörper entsprechend seinen inneren Funktionen, seinen Anforderungen an die Belichtung der Räume sowie der spezifischen Südhanglage in ein bauplastisch heterogenes Gebilde. Die Rücksprünge im Baukörper gliedern die Baumasse, geben ihr ein spannungsvolles, leichtes Erscheinungsbild und ermöglichen eine differenzierte Belichtung der Räume. Die Neigung der Dachflächen entspricht der Hangneigung.

Ein wichtiger konzeptioneller Ansatz waren Überlegungen, wie das Haus bei veränderten Familienverhältnissen genutzt werden kann. So ist das Dachgeschoß sowohl intern als auch durch einen eigenen Zugang über eine Außentreppe auf der Nordseite zu erreichen und damit als eigene Wohnung abtrennbar. Eine weitere Größenvariante der Grundrißaufteilung ergibt sich, wenn man die Kinderzimmer im Westteil des Obergeschosses durch Schließen einer Türöffnung von den anderen Räumen in diesem Geschoß trennt. So bilden Dachgeschoß und der Westteil des Obergeschosses eine separate Einheit. Das Haus kann also in zwei unabhängig voneinander funktionierende Wohnungen aufgeteilt werden.

Der Grundriß
– Quadratische Grundrißanlage mit einer in der Mitte liegenden zweifach viertelgewendelten Treppe
– Bergseitige Teilunterkellerung unter der Garage und dem Musikzimmer
– Der Wohnraum ist aufgrund der Hanglage um drei Stufen abgesenkt und erhält so mehr Raumhöhe
– Verschieden kleine Platzbereiche sind mit dem Erdgeschoßgrundriß verbunden: nach Süden eine Terrasse, die direkt in den Wohnraum übergeht, nach Westen ein Platz für die Abendsonne und nach Norden eine im Sommer kühle Kinderspielfläche
– Im Dachgeschoß ist ein Arbeitsraum untergebracht, der über eine separate Erschließung verfügt und später zu einer Einliegerwohnung ausgebaut werden kann.

Grundstücksgröße: 1000 m² | Wohnfläche: 230 m² | Baukosten je m² Wfl/Nfl: 2600,- DM
Anzahl der Bewohner: 4 | Nutzfläche Keller: 60 m² | Baukosten gesamt: 754.000,- DM
Überbaute Fläche: 140 m² | Ausführung: 1993/94

2. Obergeschoß

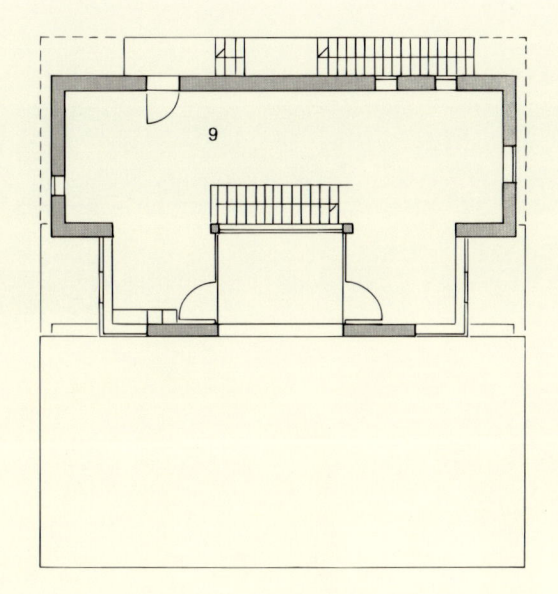

1. Obergeschoß

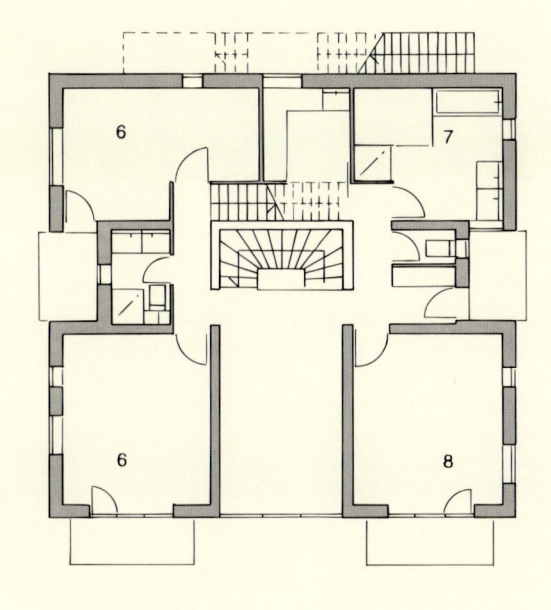

Erdgeschoß

1 Windfang mit Garderobe
2 Küche
3 Wohnen/Essen
4 Musikzimmer
5 Garage mit Abstellraum
6 Kind
7 Bad und Sauna
8 Eltern
9 Atelier mit
  eigenem Zugang

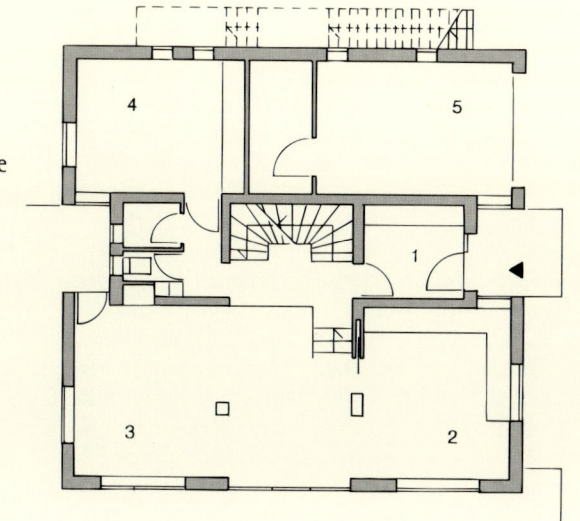

M 1:200

Linke Seite: Die Südfassade mit dem zurückgesetzten Obergeschoß; der nach Norden geschlossene Baukörper mit dem Zugang zum Atelier. Oben: Im Gegensatz zu den Weißtönen der Fassade dominieren im Inneren naturbelassene Holzdecken; Blick aus dem abgesenkten Eßraum auf die Eingangsebene.

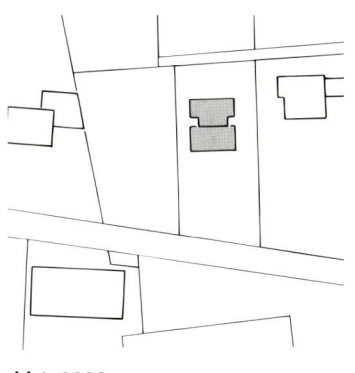

M 1:2000

Wohnhaus mit Einlieger in Bonn

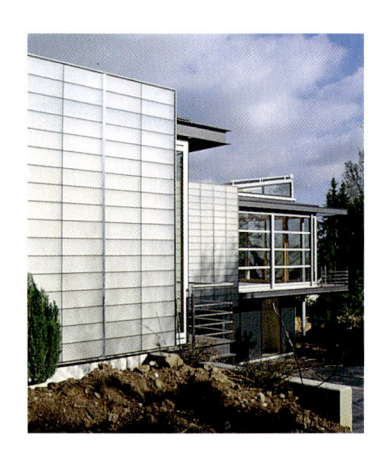

Architekten:
Hascher + Jehle,
Berlin

Das Grundstück ist äußerst reizvoll, eine Herausforderung für den Architekten, auf die prädestinierte Lage mit einem angemessenen Entwurf zu reagieren: ausreichend Fläche, Hanglage mit sechs Metern Höhenunterschied und weitem Blick von der Höhe ins Rheintal und auf den gegenüberliegenden Drachenfels. Das Konzept ist auf die individuellen Wohnwünsche zugeschnitten und eine beispielhafte Antwort auf die Situation: Das Gebäude ist als langer, schmaler Grundriß angelegt, der durch die pavillonartige Einliegerwohnung zu einem Winkel ergänzt wird. Es entsteht so ein Eingangsvorplatz, der durch das Gebäude und die bestehende Topographie dreiseitig gefaßt ist. Aufgrund der Erschließung vom unteren Teil des Grundstücks liegt der Eingang im Gartengeschoß zwischen diesen beiden Gebäudebereichen. Die Einliegerwohnung ist mit einem separaten Eingang über die Terrasse erschlossen. Ein schmaler Zwischenbau verbindet beide Gebäudeteile miteinander. Das Haus ist geprägt von den Außenraumbezügen, die das Grundstück in idealer Weise bietet und im Inneren von dem Entwurfsprinzip des »Durchwohnens«. Das Grundstück wurde früher als Kiesgrube genutzt und später verfüllt. Dies bedingte eine besondere Gründung. Das untere Geschoß wurde als steifer Kasten ausgebildet, das obere Geschoß sowie das Dach ruhen als Flachdecken auf Stahlverbundstützen. Durch diese Konstruktion mit großen Spannweiten ließ sich das Prinzip des freien Grundrisses optimal realisieren. Bei einfacheren Bedingungen wären die Baukosten sicher wesentlich geringer ausgefallen.

Der Grundriß
– Der Plan gliedert sich in klassischer Weise auf zwei Ebenen in die Funktionsbereiche Schlafen (Gartengeschoß) und Wohnen (Erdgeschoß)
– Die nach Westen orientierten Zimmer im vorderen Teil werden durch Terrassen ergänzt und sind über einen Gang, der sich zum Vorplatz öffnet, zugänglich
– Dieser Teil kann bei einer späteren Nutzung als eigenständige Wohneinheit mit separatem Eingang abgetrennt werden
– Über eine offene Treppe gelangt man in die von Norden nach Süden durchgängige Wohnebene
– Die Wohnebene ist wie eine aufgeständerte Terrasse mit verschiebbaren Außenwänden konzipiert
– Raumhohe, vollständig verglaste Schiebetüren auf allen Gebäudeseiten bewirken eine intensive Verflechtung des Innen- und Außenraumes
– Die Wohnebene wird durch eine Längswand, hinter der sich die Küche, das Gäste-WC und das Arbeitszimmer befinden, gegliedert
– An den Gebäudeenden erstrecken sich der Wohn- und Eßbereich über die gesamte Gebäudebreite und setzen sich als Terrassen im Außenraum fort
– Die beiden Wohnbereiche können mittels Schiebewänden von der Kernzone abgetrennt werden
– Der Eßbereich dient dem familiären, täglichen Leben – er wendet sich nach Süden dem Garten und dem Teich mit der vorgelagerten Terrasse zu
– Der Wohnbereich im Norden mit seiner Offenheit, dem Glasdach und dem Ausblick ins Rheintal vermittelt Transparenz und Leichtigkeit.

Grundstücksgröße: 1800 m² | Wohnfläche: 244 m² | Ausführung: 1996/97
Anzahl der Bewohner: 4 | Nutzfläche: 75 m² | Baukosten je m² Wfl/Nfl: 2800,- DM
Überbaute Fläche: 173 m² | Planung: 1995 | Baukosten gesamt: 890.000,- DM

Obergeschoß

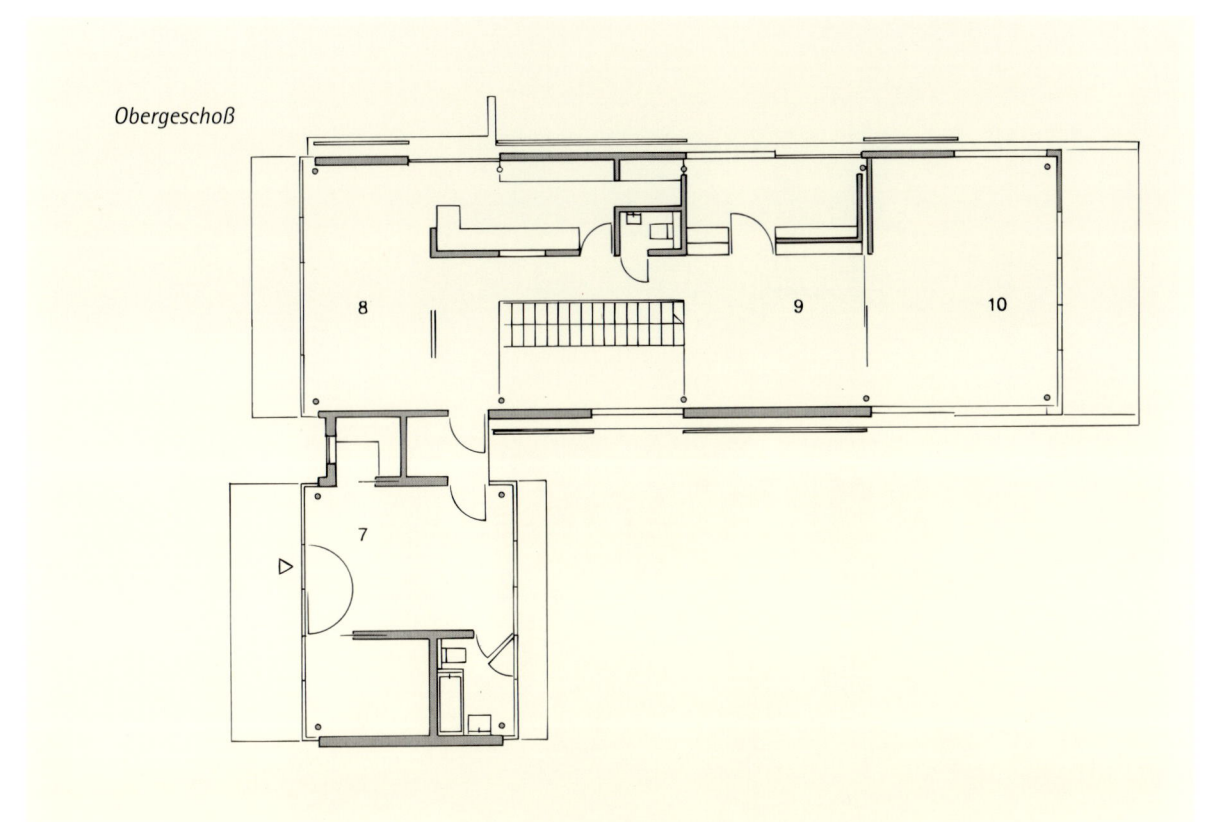

Erdgeschoß

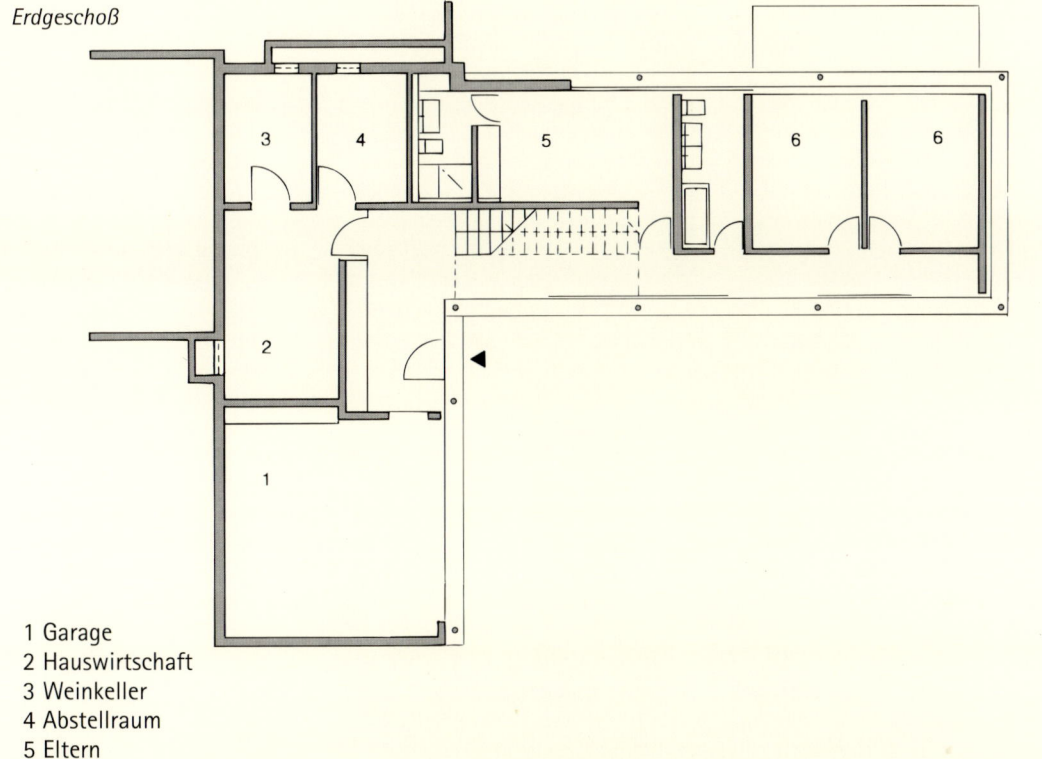

1 Garage
2 Hauswirtschaft
3 Weinkeller
4 Abstellraum
5 Eltern
6 Kind
7 Einlieger
8 Essen
9 Arbeiten/Lesen
10 Wohnen

M 1:200

Linke Seite: Der nach Nordosten weisende Hauptbaukörper läßt sich über außen liegende Schiebeelemente öffnen und schließen. Oben: Durch die verschiebbaren Fensterelemente läßt sich der Hauptwohnraum großflächig öffnen; Blick auf die eingebaute Bücherwand, die den Arbeitsplatz vom offenen Wohnbereich abtrennt.

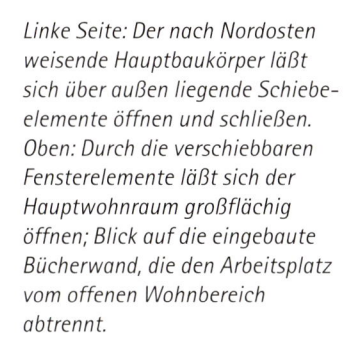

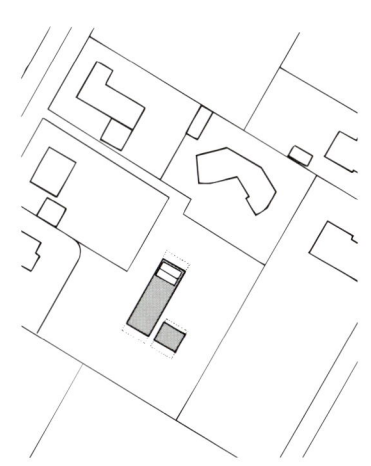

M 1:2000

Wohnhaus mit Einlieger am Hang
in Tuttlingen

Architekten:
H. + M. Muffler,
Meßkirch

Das Haus liegt an einem Südhang am Ende einer Wohnstraße, deren Bebauung aus den 60er Jahren stammt – mit den typischen Architekturmerkmalen dieser Zeit. Ziel des Entwurfskonzeptes war, trotz der erforderlichen Süderschließung und der angrenzenden öffentlichen Wege die notwendige Privatheit auf dem Grundstück zu schaffen. Das funktionale Gefüge des Hauses bestimmt auf der einen Seite die Topographie, die nicht verändert werden sollte, auf der anderen die Erschließung, die nur talseits erfolgen konnte. Das Entwurfskonzept antwortet auf diese einschränkenden Bedingungen mit zwei Baukörpern und einem verbindenden Erschließungselement, die zusammen einen geschützten Innenhof bilden. Er schafft die private Rückzugszone und ist das Zentrum des Hauses, auf das der Grundriß ausgerichtet ist. Der Baukörper entwickelt sich über vier Geschosse, wobei die Grundrißebenen der topographischen Schichtung des Hanges entsprechen. Das zentrale Erschließungselement aus Außentreppe, Innentreppe und Verbindungsgang übernimmt sowohl die horizontale als auch die vertikale Verbindung innerhalb des Hauses. Es wird zum zentralen Entwurfsthema – funktional und formal. Die offene skulpturale Außentreppe verbindet Wohnebene und öffentlichen Raum, die Innentreppe die Geschoßebenen, der Gang die voneinander gelösten Baukörper. Dabei entstehen offene und geschlossene sowie linear und vertikal betonte Räume mit ganz unterschiedlichen Raumqualitäten. Die Gebäudegestalt zeigt selbstbewußt die Gegensätzlichkeit von Bau- und Landschaftsstruktur, ohne es an dem notwendigen Respekt gegenüber der Natur fehlen zu lassen.

Der Grundriß
– Die einzelnen Raumbereiche werden entlang der Erschliessungszone angeordnet
– Im Untergeschoß (Ebene 1) befinden sich die Garage und ein Abstellraum
– Auf der zweiten Ebene ist eine Einliegerwohnung eingerichtet, im hinteren Teil die Technik- und Abstellräume sowie eine Sauna
– Auf der dritten Ebene wird in beiden Hausteilen gewohnt, wobei der separierte, zweigeschossige Wohnraum auf den Innenhof und die Ausblickssituation ausgerichtet ist. Das angrenzende Holzdeck dient als Terrasse und Brücke zum Eßtrakt
– An der Nordseite schieben sich WC, Garderobe und Hauswirtschaftsraum als markanter Kubus aus dem Baukörper heraus, im Obergeschoß sind es die Bäder
– Die Küche hat Blickbezüge zum Innenhof und zur Landschaft, vom Eßraum ist sie nicht einsehbar
– Der Schlafbereich auf der vierten Ebene ist nach Südwesten ausgerichtet
– Das Elternschlafzimmer verfügt über einen eigenen Ankleideraum
– Die Kinderzimmer haben raumtiefe Einbauschränke
– Am Gangende befindet sich noch ein kleines abgeschlossenes Arbeitszimmer.

Grundstücksgröße: 850 m² | Wohnfläche: 230 m² | Baukosten je m² Wfl: 2500,- DM
Anzahl der Bewohner: 4 | Einlieger: 42 m² | Baukosten gesamt: 680.000,- DM
Überbaute Fläche: 190 m² | Ausführung: 1994

Obergeschoß

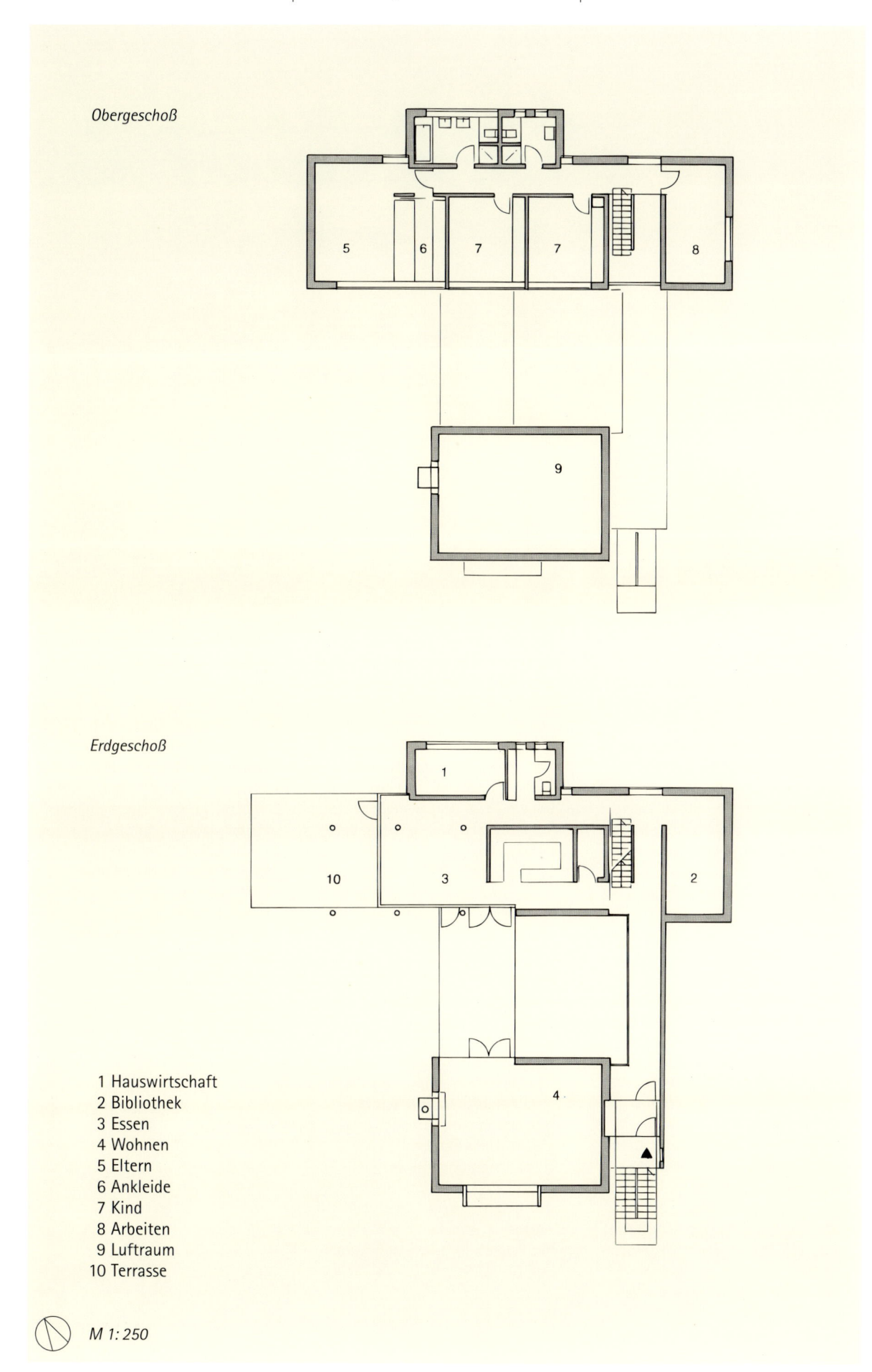

Erdgeschoß

*Linke Seite: Die Westfassade mit dem Durchblick auf den hinteren Eingangsflur; der offene Treppenturm an der Südseite.
Oben: Die rote Wand trennt den Eßbereich von der Küche.*

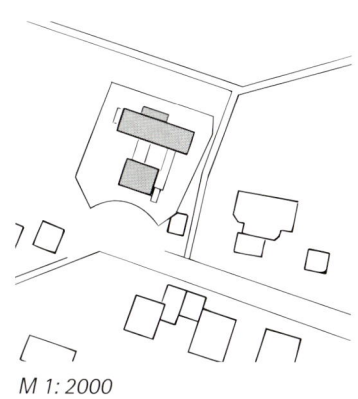

1 Hauswirtschaft
2 Bibliothek
3 Essen
4 Wohnen
5 Eltern
6 Ankleide
7 Kind
8 Arbeiten
9 Luftraum
10 Terrasse

M 1:250

M 1:2000

Wohnhaus mit Einlieger in Lörrach

**Architekt:
Prof. Günter Pfeifer,
Lörrach**

Kann Architektur über Eigenschaften und Passionen der Bewohner Auskunft und Ausdruck geben? Dieses Haus für einen Psychoanalytiker mit Familie bietet Raum für Interpretationen auf verschiedenen Ebenen – wenn man sich darauf einläßt, es einmal auf allen Ebenen zu durchschreiten und seinen Symbolgehalt, der ja gebaute Folge von intensivem Austausch zwischen Architekt und Auftraggebern und ihrer Biographie ist, zu erfassen und zu befragen. Die sich einstellenden Antworten zeigen, daß eine gute, eine komplexe Architektur, so einfach sie sich auch darstellen mag, immer das Ergebnis einer geistigen Durchdringung der Bauaufgabe ist – oft mit dem Ergebnis einer besonderen architektonischen Raffinesse.

Die Hausanlage besteht aus zwei Gebäuden und einem dazwischen gelegenen Hof als innerer äußerer Freiraum, in dem die Sonne den Mittag verschattet und den Abend wärmt. Eine harte Betonwand grenzt zum Nachbarn ab, auf der Obergeschoßebene dient sie – erweitert – intern als Brücke zwischen den beiden Häusern. Der Eingang ist als schmaler Abgang und Durchgang zum Hof gestaltet. Von hier aus betritt man das Wohnhaus durch eine bescheidene Tür – und gelangt in die entdeckungsreiche Welt vielfältiger Raumdurchdringungen. Der klar definierte Baukörper stellt sich als Ergebnis formaler Reduktion von hohem grafischen Reiz dar, der dominante Sonnen- und Sichtschutz auf der Südseite wird zur gebauten Physiognomie – eine sprechende Architektur, von welcher Seite sie auch befragt wird.

Der Grundriß

– Das Haus gliedert sich in zwei autarke Einheiten
– Der Zugang zum Haupthaus erfolgt inszeniert über einen bewußt schmalen Durchgang im Nebenhaus in die Weite des Innenhofes und von dort zum eigentlichen Eingang
– Das Haupthaus ist zweigeschossig angelegt und mittig durch eine Gangachse geteilt
– Von hier aus sind alle Räume des Hauses über Wandöffnungen und Blickachsen erfahrbar
– Der Wohnraum ist, dem Hang folgend, um fünf Stufen abgesenkt
– Das Nebenhaus birgt im Untergeschoß die Kellerersatzräume des Haupthauses, im Obergeschoß ist eine separate Gast-/Einliegerwohnung eingerichtet, die über einen eigenen Zugang von der Straße verfügt
– Der Grundriß verbindet Raumerlebnisse, die sowohl an archaische Wohnvorstellungen erinnern als auch ganz neue Ansätze virtueller Raumfolgen – die Geisteshaltung der Bauherren – umsetzen.

Grundstücksgröße: 1000 m² | Wohnfläche: 233 m² | Ausführung: 1992
Anzahl der Bewohner: 4 | Nutzfläche: 59 m² | Baukosten je m² Wfl/Nfl: 2850,- DM
Überbaute Fläche: 190 m² | Planung: 1991 | Baukosten gesamt: 832.000,- DM

Obergeschoß

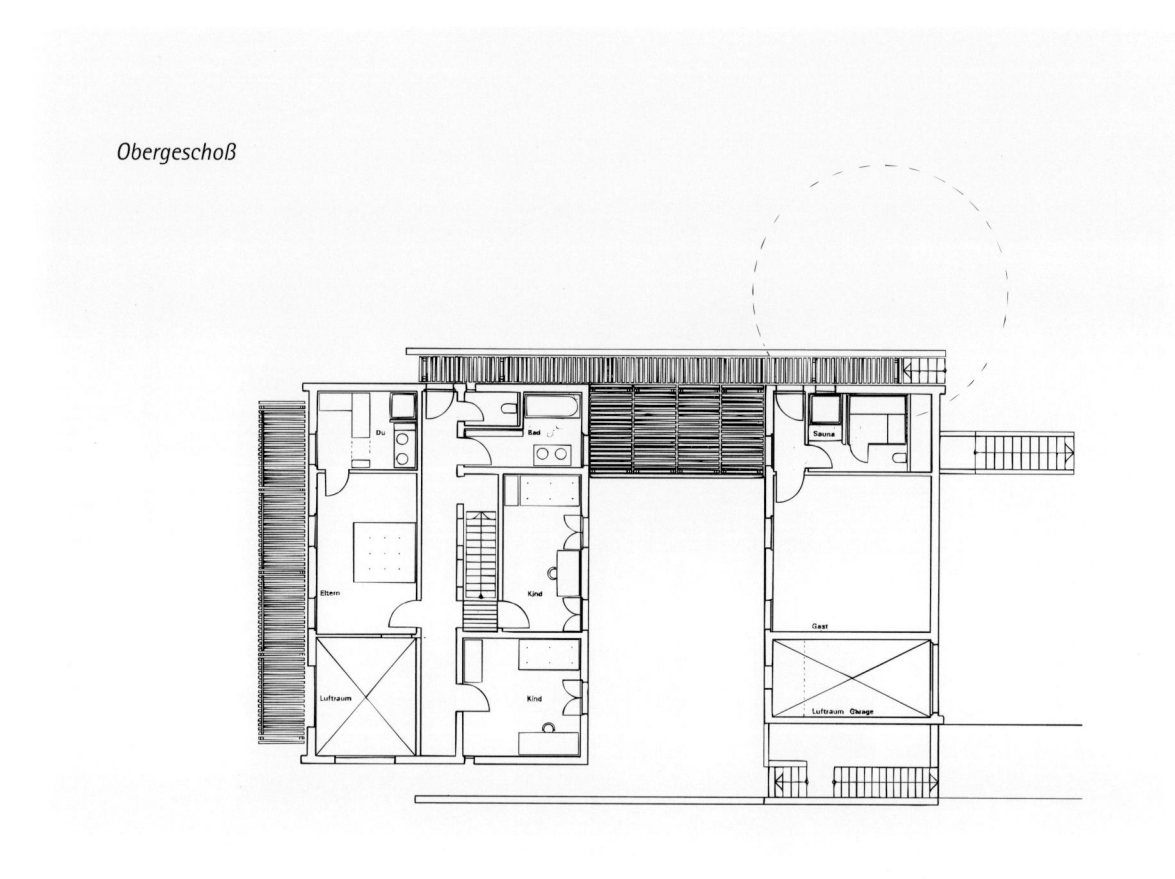

*Linke Seite: Die Gebäudestaffelung von der Eingangsseite an der Straße bis zur Westfassade; Blick in den dreiseitig geschlossenen Hof.
Oben: Die Sicht vom Eßzimmer zum abgesenkten Wohnraum durch die »ausgestanzte« Wandscheibe.*

Erdgeschoß

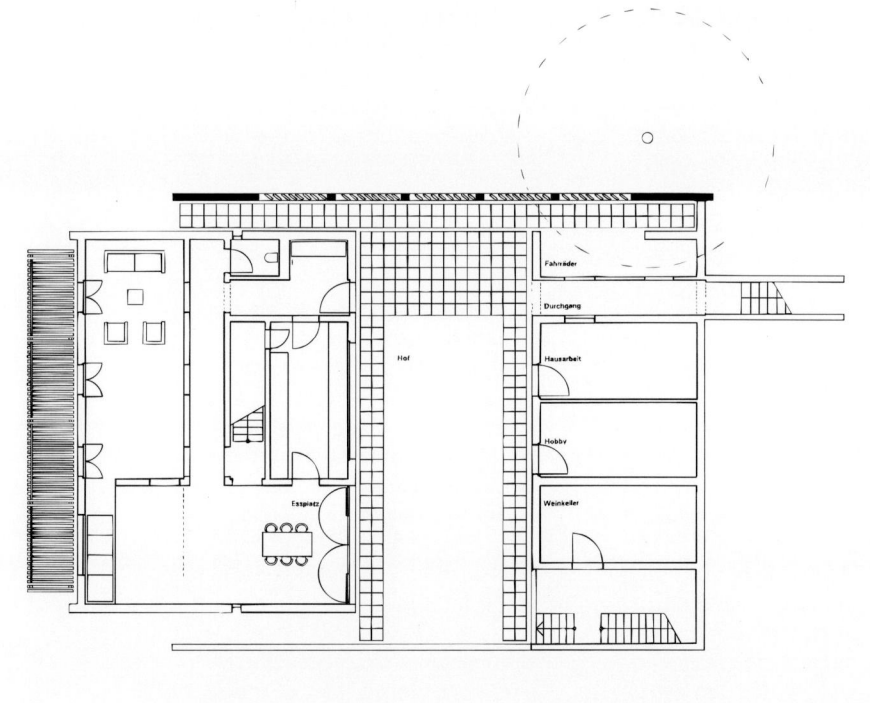

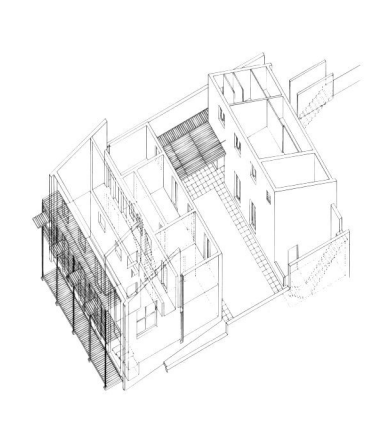

M 1:250

Hofhaus in Köln

Architekt:
BauCoop Köln, Wolfgang Felder, Köln

Die Grundstücksbedingungen waren schwierig: genehmigt wurden auf 540 Quadratmetern nur 140 Quadratmeter Wohnfläche, und der kleine Bauplatz war von drei Seiten einsehbar – keine idealen Bedingungen für den Wunsch nach großzügigem Wohnen und einer gewissen Abgeschlossenheit und Intimität auf dem Grundstück. Die Entwurfslösung sieht daher eine hofartige Bebauung mit einem U-förmigen Baukörper vor, der durch eine hohe, über die ganze Grundstückslänge reichende Betonwand von der Straße abgeschirmt wird. Das innere Konzept des Hauses setzt diesen Wunsch nach Abgeschlossenheit durch qualitativ ganz unterschiedliche Wohntrakte fort, die auf relativ wenig Fläche dennoch das Gefühl von Weite und Großzügigkeit vermitteln. Zur Errichtung des konsequent modernen und dabei zeitlos gestalteten Baukörpers wurden nur baubiologisch einwandfreie Werkstoffe verwandt. Materialwahl und Energiekonzept – solare Energiegewinne werden durch umfangreiche Speichermassen zeitversetzt genutzt – sorgen dafür, daß die Folgekosten zum Betrieb des Hauses äußerst gering gehalten werden können.

Der Grundriß
– Der U-förmige Grundriß schafft auf der Erdgeschoßebene die gewünschte Zonierung
– Abgeschlossener Wohntrakt am Eingang für das Kindermädchen
– Über zwei Geschosse angelegter, gläserner Mitteltrakt, der als Halle, Eßplatz, Spielfläche und Wintergarten dient
– Der sich anschließende, abtrennbare Wohnraum ist in seinen Dimensionen so gewählt, daß er sowohl als intimes Kaminzimmer fungieren kann als auch, der Raumflucht zugeschaltet, das Gefühl von Weite und Großzügigkeit zu vermitteln vermag
– Die Zonierung und Abgeschlossenheit setzt sich im Obergeschoß fort
– Eine Brücke über der Halle verbindet die beiden Schlafbereiche, wobei der südliche über eine eigene Dachterrasse verfügt
– Weite Blickbezüge im Inneren des Hauses und über die hohe Glasfassade in den Garten heben die baurechtlichen Beschränkungen des Grundstücks scheinbar auf.

Grundstücksgröße: 540 m²   Wohnfläche: 140 m²   Ausführung: 1/93 – 12/93
Anzahl der Bewohner: 4   Nutzfläche: 68 m²   Baukosten je m² Wfl/Nfl: 2355,- DM
Überbaute Fläche: 102 m²   Planung: 5/92 – 12/92   Baukosten gesamt: 490.000,- DM

Obergeschoß

Erdgeschoß

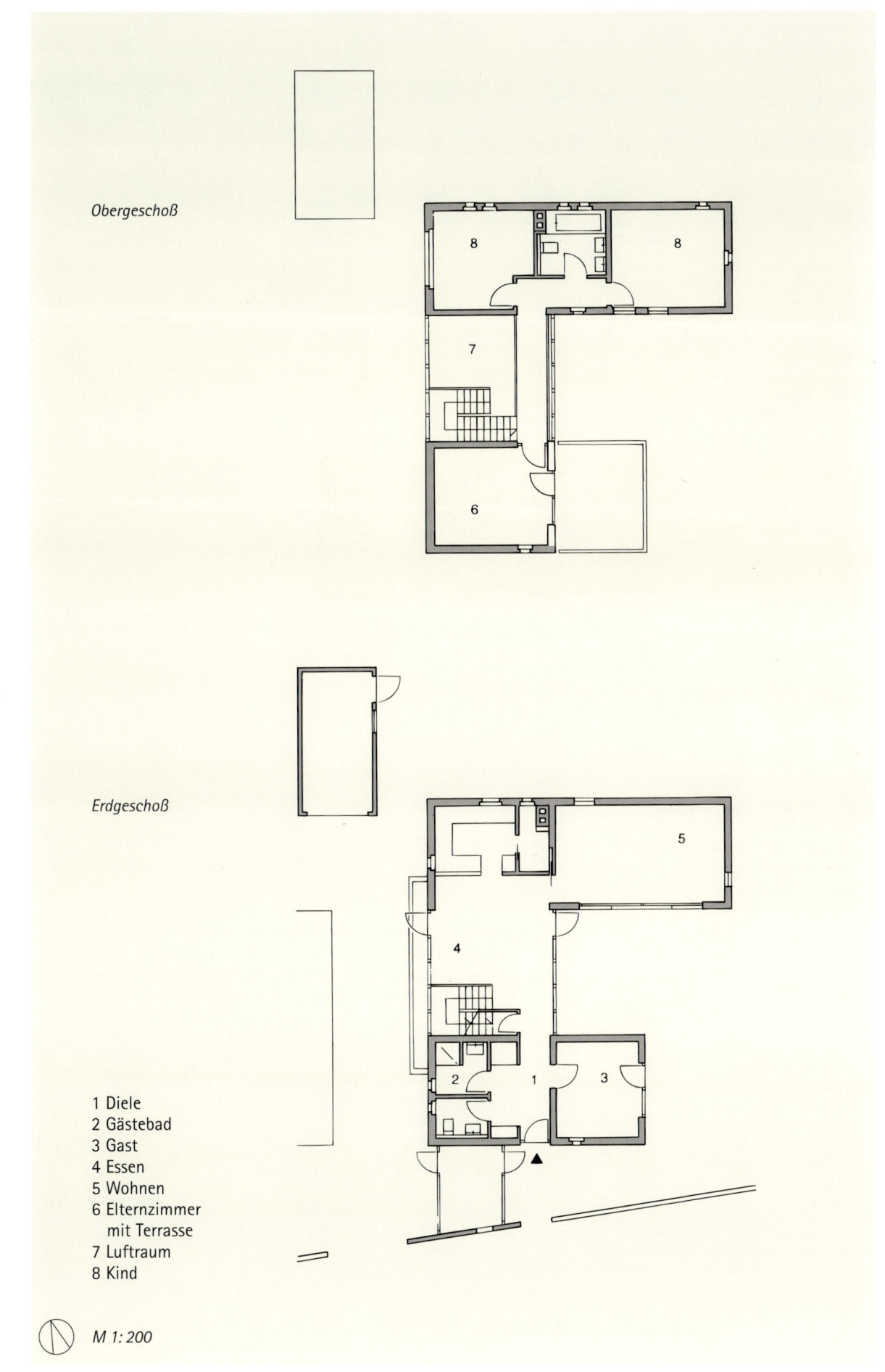

Linke Seite: Die Hofsituation von Osten; die Eingangsfront mit der Durchfahrt zur Garage.
Oben: Aufgang aus der zentralen Halle zum Verbindungssteg im Obergeschoß.

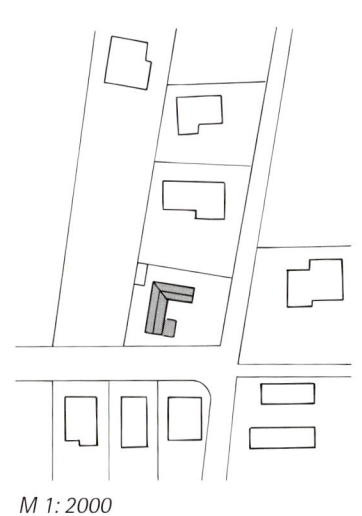

1 Diele
2 Gästebad
3 Gast
4 Essen
5 Wohnen
6 Elternzimmer mit Terrasse
7 Luftraum
8 Kind

M 1:200

M 1:2000

Wohnhaus am Hang
bei Hamburg

Architekten:
Architekten Gössler,
Hamburg

Das Grundstück mit starkem Gefälle Richtung Norden liegt in einem ruhigen Ort nahe dem Sachsenwald bei Hamburg. Auf dem ausgedehnten Areal wünschten sich die Bauherren ein zweigeschossiges Wohnhaus für ihre mehrköpfige Familie. Der für diese Gegend geltende Bebauungsplan erlaubte jedoch aus Gründen des Naturschutzes nur eine eingeschossige Bauweise. Um beiden Anforderungen gerecht zu werden, entwarfen die Architekten ein Haus mit einem Vollgeschoß und einem ausgebauten Dachgeschoß, das durch einen in den Hang eingegrabenen flachen Trakt ergänzt wird. Dieser rechtwinklig zum Haupthaus angelegte Gebäudeteil bildet zusammen mit dem Hauptbaukörper einen nach Süden orientierten, geschützten Hof. Über die Flachdachterrasse dieses massiv erstellten Traktes, in dem neben Hauswirtschaftsräumen und der Küche der Eßraum untergebracht ist, gelangt man zum Eingang im Dachgeschoß des Hauses. Eine Brücke führt in den offenen, transparenten Wohnraum, dessen Decke das Tonnendach raumbestimmend im Innern abbildet.

Die prägnante Form des Hauses wurde mit Hilfe einer vorgebogenen Stahlkonstruktion umgesetzt, die mit Kupferplatten verkleidet ist. Die Giebelseiten sind in Massivbauweise ausgeführt und weitgehend geschlossen. Im Erdgeschoßbereich sind sie verklinkert, was zusammen mit der Kupferverkleidung – die grün patiniert – zu einem ausgewogenen Material- und Farbkanon führt.

Der Grundriß
– Eingang von Südwesten im Dachgeschoß über die Dachterrasse des teilweise eingegrabenen Bauteils
– Hofbildung nach Süden durch L-förmige Anlage der Baukörper
– Im Erdgeschoß befinden sich neben Kellerräumen die Küche, der Eßraum und die Schlafzimmer
– Direkter Zugang zum Hof und in den Garten von allen Erdgeschoßräumen
– Das Dachgeschoß nimmt neben dem Eingangsbereich mit Bad und Garderobe ein Arbeitszimmer und den großen Wohnraum auf, der spannungsreich über eine Brücke erschlossen wird.

Grundstücksgröße: 5169 m²
Anzahl der Bewohner: 4
Überbaute Fläche: 203 m²

Wohnfläche: 212 m²
Nutzfläche: 26 m²
Planung: 9/92 – 9/93

Ausführung: 10/93 – 10/94
Baukosten je m² Wfl/Nfl: 3750,- DM
Baukosten gesamt: 892.000,- DM

Obergeschoß

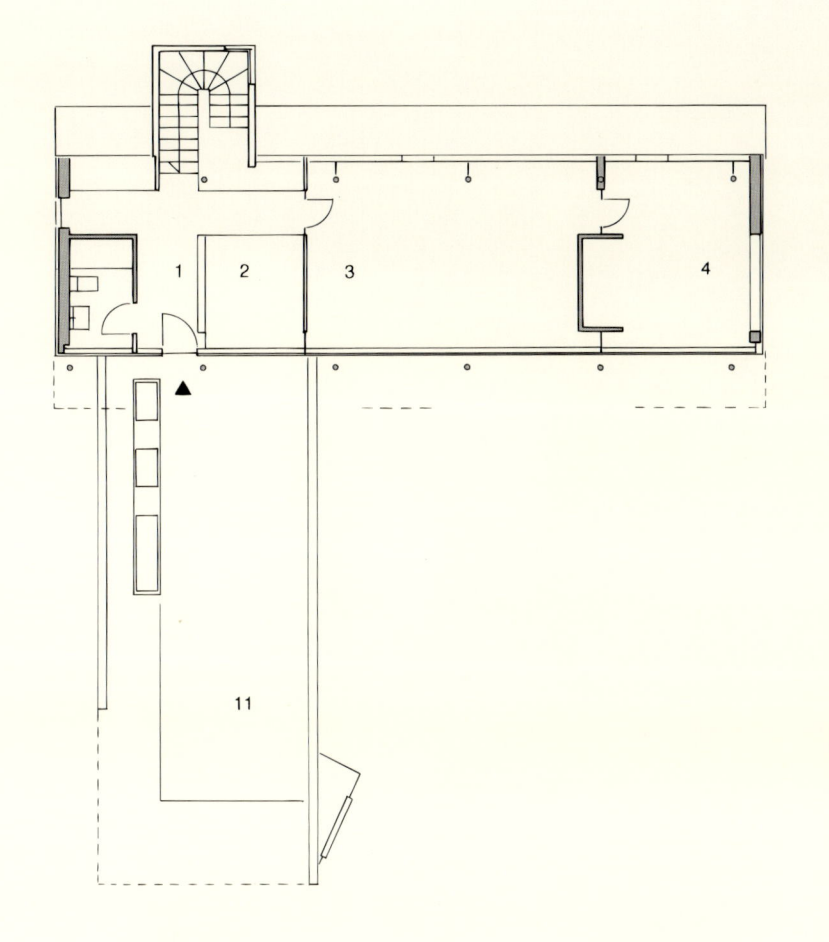

Erdgeschoß

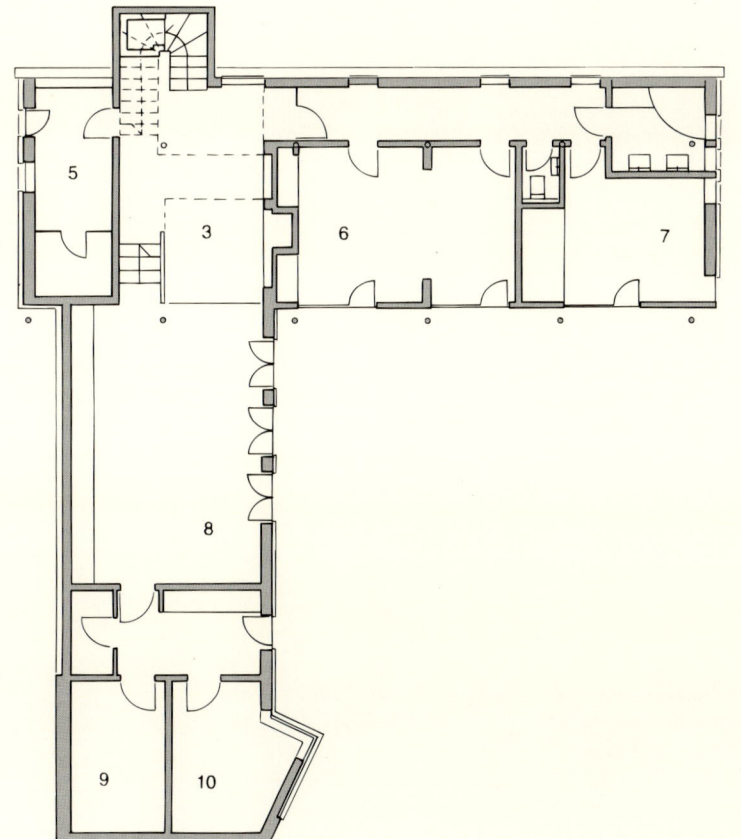

1 Eingangsbereich
2 Luftraum
3 Wohnen
4 Arbeiten
5 Gästezimmer mit Bad
6 Kind
7 Schlafen
8 Kochen/Essen
9 Abstellraum
10 Hauswirtschaft
11 Dachterrasse

M 1: 200

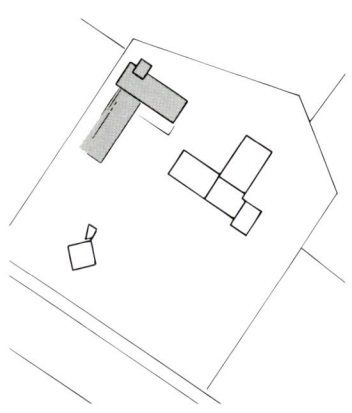

Linke Seite: Das gebogene Kupferdach des Hauptbaukörpers von Südosten; der Verbindungssteg im Obergeschoß zwischen Eingangs- und Wohnbereich.
Oben: Die Halbtonne des Daches bildet sich im Inneren als »Sternenhimmel« ab.

M 1: 2000

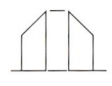

Wohnhaus in Selm-Cappenberg

Architekten:
Weiss Architektengruppe,
Lünen

Das Entwurfskonzept hatte sich auf der einen Seite formal auf das »Architekturchaos« der Nachbarschaft einzustellen, zum anderen gab es technische Auflagen zur Bergschadens-Sicherung (unterirdische Kohleförderung), die baurechtliche Auflage, auf beiden Seiten des Grundstücks einen 1,50 Meter breiten Streifen und zur Straße 8 Meter Abstand einzuhalten – einschneidende Bedingungen bei der gegebenen Grundstücksgröße.

Das Raumprogramm sah eine Trennung von Eltern- und Kindertrakt vor, der später auch als Einliegerwohnung genutzt werden könnte. Dabei sollte der Grundriß bei geänderten Wohnbedürfnissen so anpassungsfähig sein, daß diese auch ohne Umbaumaßnahmen verwirklicht werden können. So sind konzeptionell zwei Häuser entstanden, in denen aus Gründen der Raumökonomie die Gemeinschafts- und Verkehrsflächen zugunsten der Individualräume auf das gerade notwendige Maß reduziert wurden. Die Anordnung der Wandöffnungen und die Innenhofmauer zielen darauf ab, das Haus gegen Einblicke – auch bei später veränderter Nutzung – abzuschirmen. Sie erklären die Schrägen des Grundrisses, die sowohl eine für die Besonnung wichtige Süd-West-Ausrichtung der Räume als auch den Ausblick ohne Einblick zulassen. Anders stellt sich die Eingangsfassade dar. Sie läßt – beabsichtigt – den Durchblick auf die angrenzende Landschaft zu, transparent und trennendes Element zugleich, das die Intimität innerhalb der beiden »Häuser« wahrt und gleichzeitig einladend wirkt.

Der Grundriß

– Zwei-Haus-Anlage: Haupthaus und Kinderhaus
– Kinderhaus kann später als separate Einliegerwohnung genutzt werden, Windfang dient als unabhängiger Zugang für beide »Häuser«
– Die Separierung wird betont durch den Höhenversatz des Kinderhauses um ein halbes Geschoß
– Zur Nachbarschaft nach Westen abgeschlossener Gartenhof
– Im Haupthaus Einraumkonzept für Kochen, Essen, Wohnen
– Vom Wohnraum aus führt eine einläufige Treppe ins Obergeschoß, die durch ihre Transparenz das offene Grundrißkonzept unterstreicht
– Das Obergeschoß bietet neben dem Schlafraum die Qualität eines zweiten, großzügigen Wohnbereiches.

Grundstücksgröße: 650 m² | Wohnfläche: 180 m² | Ausführung: 3/94 – 12/94
Anzahl der Bewohner: 4 | Nutzfläche Keller: 36 m² | Baukosten je m² Wfl/Nfl: 2580,- DM
Überbaute Fläche: 157 m² | Planung: 8/93 – 3/94 | Baukosten gesamt 558.000,- DM

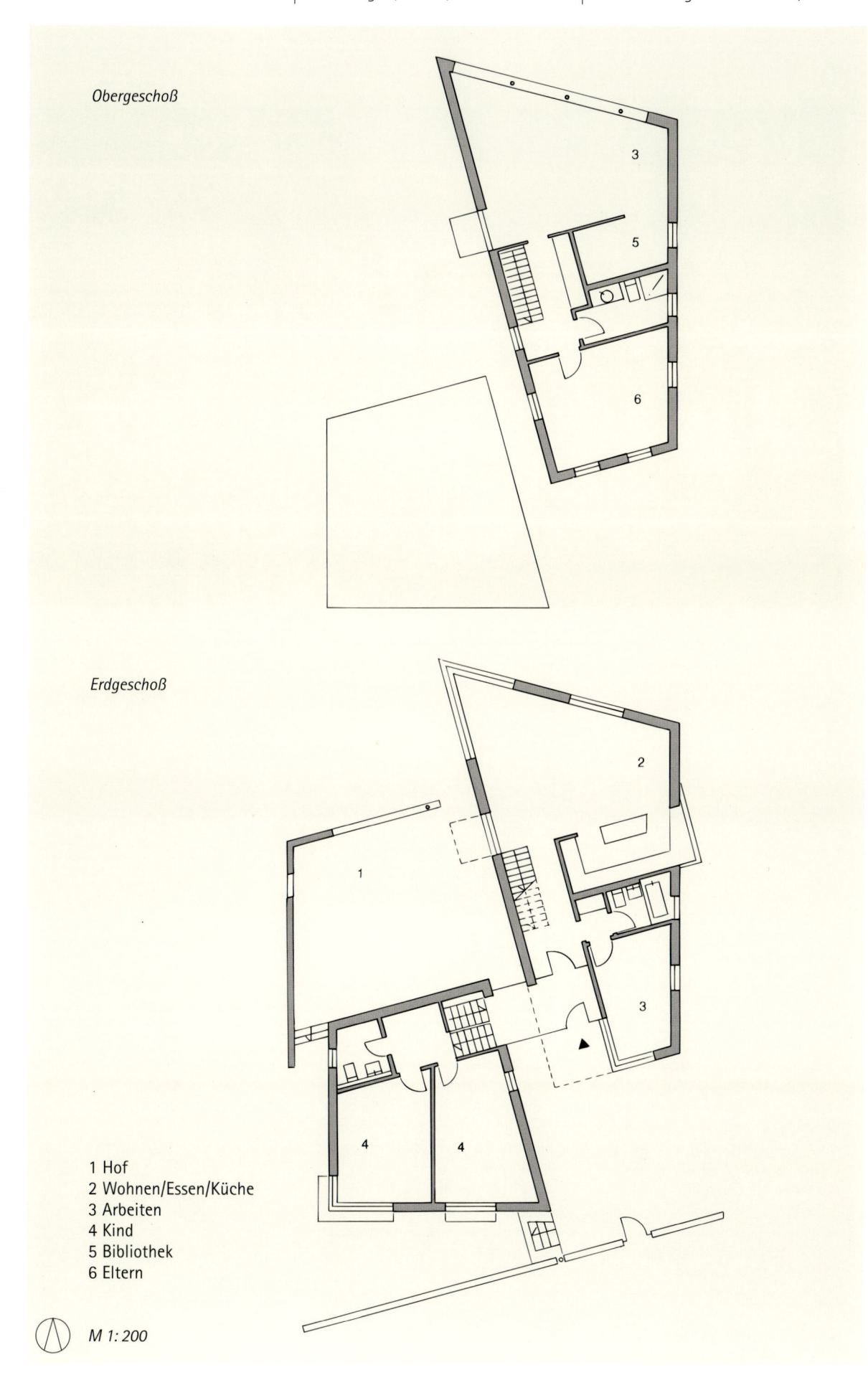

Obergeschoß

Erdgeschoß

1 Hof
2 Wohnen/Essen/Küche
3 Arbeiten
4 Kind
5 Bibliothek
6 Eltern

M 1: 200

*Linke Seite: Der mediterrane Gartenhof mit seinem arkadenartigen Abschluß nach Norden; die freigestellte Nordecke.
Oben: Im Inneren schafft die rahmenlose Verglasung den unmittelbaren Bezug zur umgebenden Landschaft.*

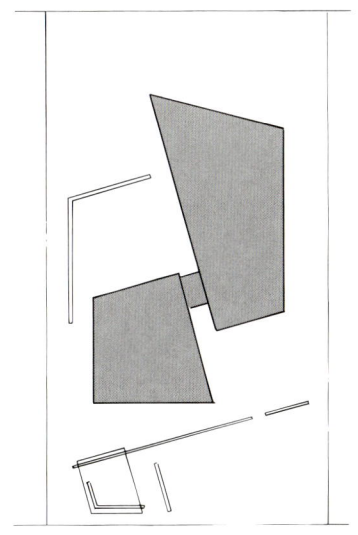

M 1: 500

Hofhaus
in Wahlwies

Architekten:
Schaudt Architekten, Martin Cleffmann,
Konstanz

Aufgrund der besonderen Lage des Grundstücks zwischen einer charakterlosen Neubausiedlung und dem alten Ortskern der Gemeinde Wahlwies entstand ein L-förmiges Gebäude-Ensemble, das sich mit dem Rücken zum Neubaugebiet und der Öffnung zum Dorf hin orientiert.

Die so entstandene Hofsituation ermöglicht den Blick von allen Räumen des Hauses in den mit alten Bäumen bestandenen Innenhof und auf den kleinen, den landwirtschaftlich geprägten Ort überragenden Kirchturm. Die extrem schmale Gebäudeform von nur vier Metern Breite bei 26 Metern Länge, versehen mit einem akzentuierenden Pultdach, hatte zunächst zu Diskussionen über die Verträglichkeit des Entwurfs mit der ortstypischen Bauweise Anlaß gegeben – Bauherren und Architekt konnten jedoch überzeugen. Der klar gegliederte Baukörper zeichnet sich durch hohe Wohnqualität aus, die dem schlüssigen Grundrißkonzept und dem gelungenen Einsatz des Materials Holz entspringt.

Das aus Kostengründen nicht unterkellerte Haus besteht aus einer Pfosten-Riegel-Konstruktion, die von einer waagerechten Lärchenholzschalung ummantelt wird. Die Beheizung des Hauses erfolgt umwelt- und ressourcenschonend über eine Gas-Brennwerttherme.

Der Grundriß
– Trennung von Haupt- und Nebenfunktionen in zwei unterschiedlichen Baukörpern
– Das Langhaus dient den Wohnfunktionen, das kurze Querhaus birgt die Kellerersatzflächen und im Obergeschoß einen Hobbyraum, der einen eigenen Treppenzugang hat, aber auch vom Haupthaus über einen Steg zu erreichen ist
– Im Erdgeschoß ist der Grundriß für das »Durchwohnen« ausgelegt, lediglich ein kleines Arbeitszimmer ist separiert
– Bedingt durch die schmale Gebäudegeometrie kann die Belichtung der Räume von Osten und Westen erfolgen
– Im Obergeschoß ist die Raumhöhe unter dem Pultdach so hoch ausgelegt, daß alle Zimmer zusätzlich über eine kleine Galerie verfügen
– Auf der Galerie über dem Bad wurde raumsparend und zuleitungsoptimiert die Heizung untergebracht.

Grundstücksgröße: 675 m² | Wohnfläche: 170 m² | Baukosten je m² Wfl/Nfl: 2100,- DM
Anzahl der Bewohner: 4 | Nutzfläche: 60 m² | Baukosten für Wfl: 360.000,- DM
Überbaute Fläche: 180 m² | Ausführung: 3/95 - 10/95 | Baukosten gesamt: 483.000,- DM

Obergeschoß

Erdgeschoß

1 Eingang
2 Garderobe
3 Essen
4 Wohnen
5 Arbeiten
6 Kind
7 Bad
8 Eltern
9 Ankleide
10 Abstellraum/Lager
11 Hobby

M 1: 200

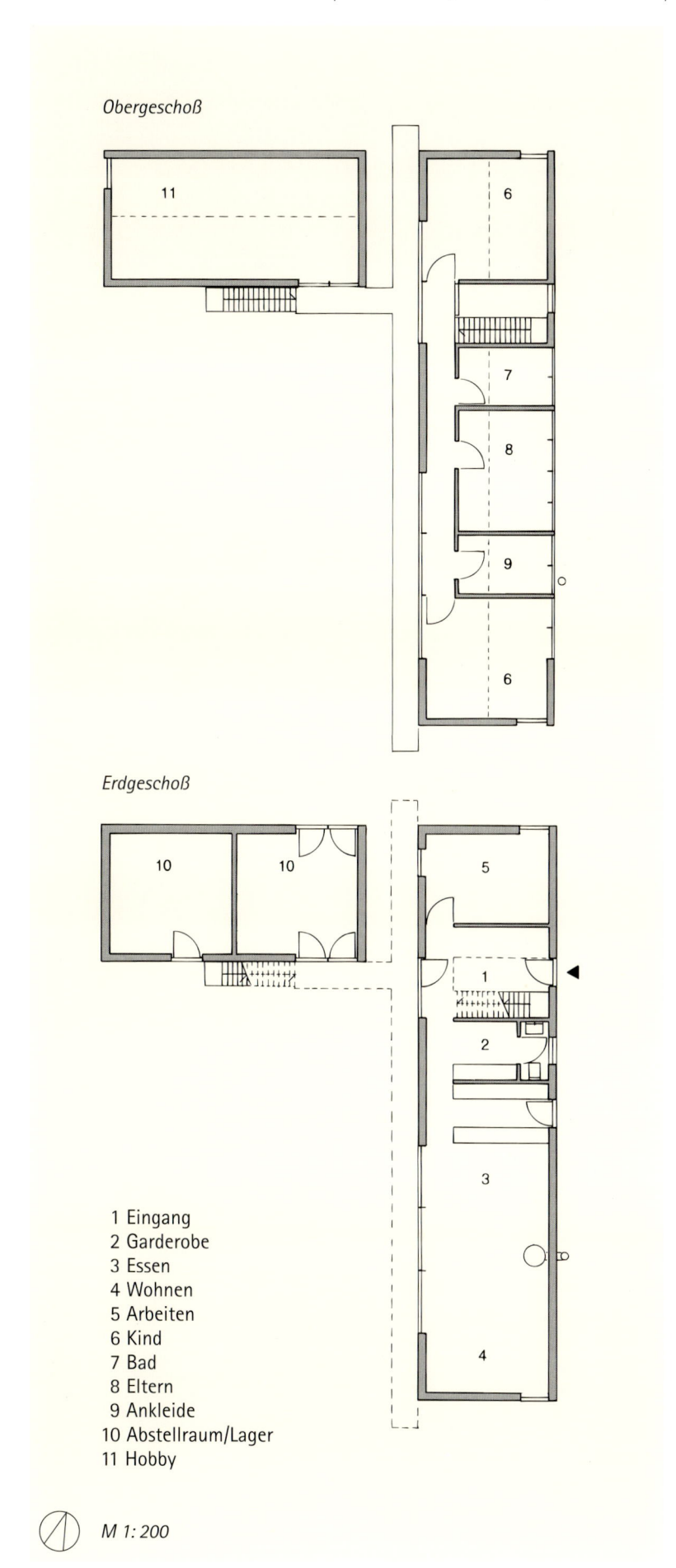

Linke Seite: Die über den nach Westen orientierten Laubengang verbundenen Baukörper; die Individualräume im Obergeschoß mit den Schlafgalerien im Luftraum des Pultdaches.
Oben: Der offene Wohnbereich im Erdgeschoß.

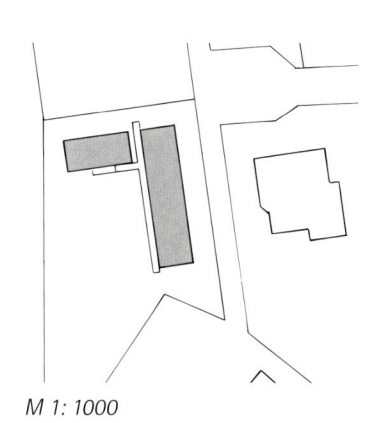

M 1: 1000

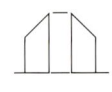

Wohnhaus bei Hannover

Architekt:
Dr. Andreas Uffelmann,
Hannover

Das Grundstück mit schwierig zu bebauender Dreiecksform liegt in einer kleinen Gemeinde, deren Bebauung aus weiß getünchten Einfamilienhäusern aus den 60er Jahren und großvolumigen, von Mauern umgebenen Bauernhäusern besteht. Diese das Dorf prägenden Architekturformen und Farben nimmt der Entwurf auf. Bestimmend für das Entwurfskonzept ist die Beziehung, die der klare weiße Baukörper mit der angrenzenden Landschaft eingeht. Daher wurde anstatt eines kompakten Hauses ein sehr schmaler, langgestreckter Baukörper mit einem quer dazu aufgesattelten Obergeschoß konzipiert. Dieser Entwurfsansatz ließ zwei gut nutzbare Gartenbereiche entstehen: im Süden der hofartig begrenzte »Rasengarten«, im Nordwesten der Obst- und Gemüsegarten mit direktem Bezug zur angrenzenden Landschaft. Das nach Funktionsbereichen gegliederte Grundrißkonzept schafft durch die hohen Glasfassaden zum Südgarten eine großzügige, freundlich helle Atmosphäre im Haus, während es sich nach Norden durch eine parallel zum Gebäude verlaufende, schützende Mauer und eine geschlossene Fassade abgrenzt. Zur Kompensation der durch das Bauwerk versiegelten Flächen und zur Vergrößerung der Energiespeichermassen wurden alle Dachflächen begrünt.

Der Grundriß
– Langgestreckter Baukörper mit Flurzone als Puffer nach Norden
– Additive Raumfolge mit angeschlossener Garage
– Separater Kinder- und Gästetrakt
– Große Diele mit Garderobe und Gäste-WC
– Nach Westen angrenzende, abtrennbare Küche mit Hauswirtschaftsraum
– Großzügig verglaste Eingangssituation als »Fenster ins Grüne«
– Zweigeschossiger Hauptwohnraum mit vorgelagerter Terrasse
– Die offene, geschwungene Treppe dient als Raumteiler zwischen Eß- und Wohnbereich, sie führt in den aufgesattelten Elterntrakt mit großzügigem Schlaf-, Ankleide- und Badbereich
– Nach Süden schließt sich eine Arbeitsgalerie mit weitem Blick in den Garten und über die Nachbarhäuser in die Landschaft an.

Grundstücksgröße: 1100 m² | Wohnfläche: 210 m² | Ausführung: 1995
Anzahl der Bewohner: 4 | Nutzfläche: 170 m² | Baukosten je m² Wfl/Nfl: 2100,- DM
Überbaute Fläche: 198 m² | Planung: 1994 | Baukosten gesamt: 798.000,- DM

Obergeschoß

Erdgeschoß

1 Hauswirtschaft
2 Gast
3 Zimmer
4 Kind
5 Wohnen
6 Ankleide
7 Eltern
8 Luftraum
9 Galerie

M 1:250

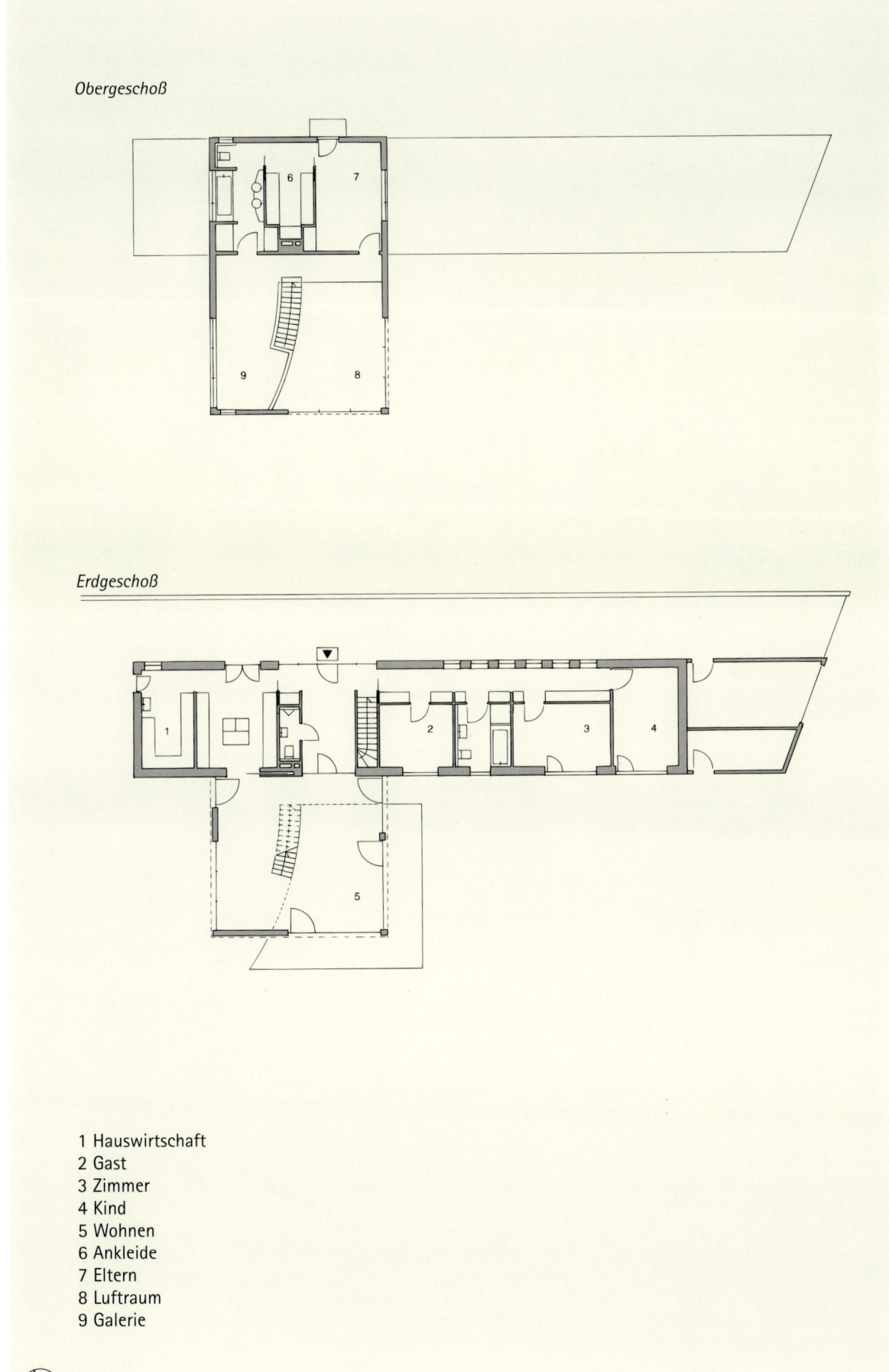

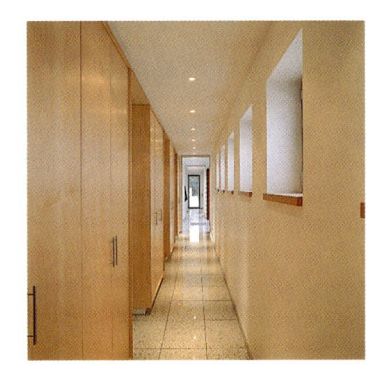

Linke Seite: Der nach Süden orientierte Innenhof mit dem langgestreckten Schlaftrakt und dem zweigeschossigen »Wohnhaus«.
Oben: Die Flurzone vor den Schlafräumen und der zweigeschossige Wohnraum mit dem Aufgang zur Galerie.

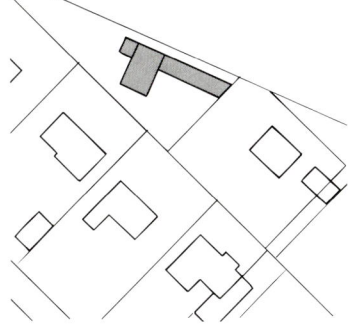

M 1:2000

Hofhaus mit Atelier in Hessen

Architekten:
Ladleif + Mosebach, Kassel

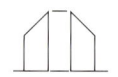

Der Entwurf dieses Hauses greift auf die Typologie der ländlichen Hofanlage zurück. Wohnen und Arbeiten – das kleinere Haus dient als Atelier für ein Grafikerehepaar – finden hier wege- und zeitsparend unter einem Dach statt. Angeregt durch die örtlichen bäuerlichen Hofkomplexe der Umgebung – das Grundstück selbst liegt am Rande eines historischen, ländlich geprägten Ortskerns – wurde ein Ensemble aus zwei schmalen Putzbauten mit unterschiedlicher Farbgebung entwickelt, die die räumlichen Kanten eines Innenhofes bilden. Der Hof öffnet sich nach Westen zu den angrenzenden Obstgärten der Bauernhöfe, nach Osten zur Straße wird er durch eine Mauer abgeschlossen. Eine U-förmig umlaufende Stahl-Glas-Konstruktion verbindet wettergeschützt die beiden Gebäude und hebt die Verteilerfunktion des Hofes hervor. Während sich das Wohnhaus mit seiner Südfassade auf den sonnenbeschienenen, geschützten Innenhof ausrichtet, zeigt sich das halbgeschossig versetzte Atelierhaus zum privaten Hof und kleinklimatisch durch seinen fast mediterranen Charakter: unter dem gläsernen Vordach überwintern Apfelsinenbäume und Oleander – der Innenhof wird zur vielfach nutzbaren Orangerie mit bewährtem architektonischen Reiz.

Der Wohnhausgrundriß
– Der offene Wohnbereich nimmt im Erdgeschoß die gesamte Grundfläche ein
– Es ist ein Einraumgrundriß mit fließenden Übergängen
– WC und Garderobe sind als Raummöbel in den Grundriß eingestellt und gliedern das Erdgeschoß in die unterschiedlichen Funktionsbereiche Essen, Versorgen, Wohnen
– Der Wohnraum läßt sich durch Schiebetüren abteilen, die in der Wand des Gäste-WC verborgen sind
– An der Nordfassade ist die Wand nach außen verschoben und bildet atmosphärisch einen eigenen Treppenhausraum
– Die Treppe wird zum Raumerlebnis, der Weg nach oben führt dem Licht entgegen
– Das Obergeschoß ist nach Süden orientiert, die Nordseite aus Gründen der Energieeinsparung fast ganz geschlossen, die Räume sind streng linear angeordnet
– Das Elternschlafzimmer verfügt über ein separates Bad mit eigenem Zugang, während sich die Kinderzimmer eines teilen.

Das Atelierhaus
– Auf beiden Ebenen nehmen die Arbeitsräume die gesamte Grundfläche ein
– Das Erdgeschoß verfügt über die notwendigen Sanitärräume und alle Anschlüsse für eine spätere Wohnnutzung, so daß das Ateliergebäude mit wenigen Eingriffen auch zu einem Zwei-Generationen-Haus umzubauen ist.

Grundstücksgröße: 1658 m² | Wohnfläche: 163 m² | Baukosten Atelier: 237.000,- DM
Anzahl der Bewohner: 4 | Nutzfläche Atelierhaus: 105 m² | Baukosten je m² Wfl: 2680,- DM
Überbaute Fläche: 172 m² | Baukosten Atelier je m²: 2257,-DM | Baukosten Wohnhaus: 437.000,- DM

Obergeschoß

Erdgeschoß

1 Eingangshof, überdacht
2 Wohnen
3 Essen
4 Küche
5 Elternschlafzimmer mit Bad
6 Kind
7 Atelier

M 1: 250

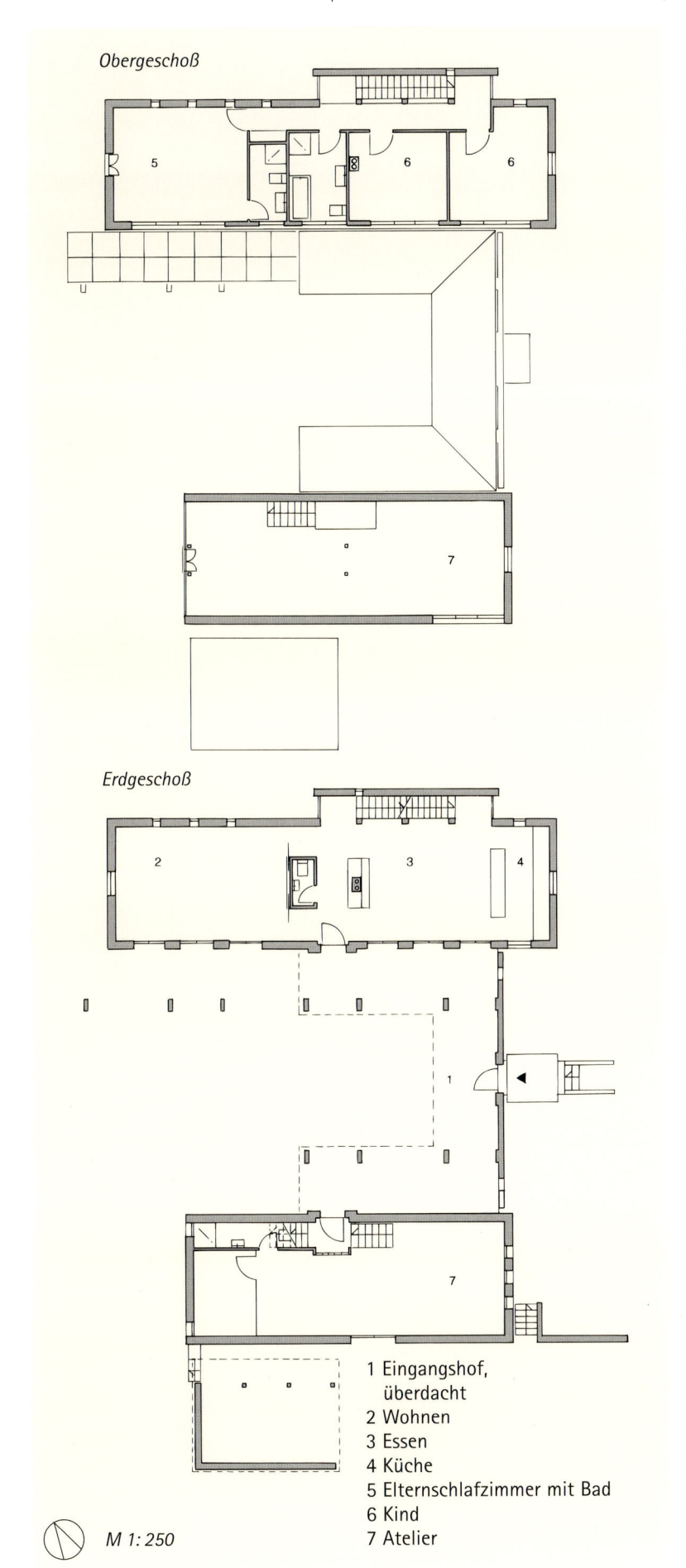

Linke Seite: Der nach Nordosten offene Innenhof. Im Vordergrund das Ateliergebäude; Blick unter das schützende Vordach hinüber zum Wohnhaus.
Oben: Durchblick von der offenen Küche bis in den Wohnraum.

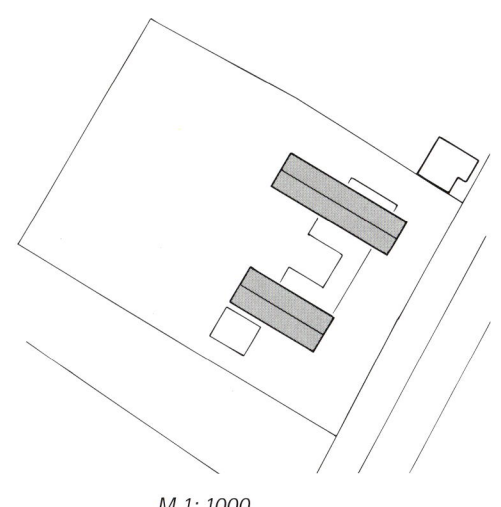

M 1: 1000

Wohnhaus in Reutlingen

Architekten:
Ackermann + Raff,
Tübingen

Zu beplanen war ein »Pfeifenkopf-Grundstück« in zweiter Reihe am Ortsrand von Reutlingen. Die umgebende Bebauung ist gesichtslos und heterogen: Ein- und Mehrfamilienhäuser, Kleingewerbehallen und ehemalige Bauernhäuser. Auf diese Situation antwortet der Entwurf mit einem klassisch-modernen Baukörper, der seiner Funktion entsprechend in der Höhe abgestuft ist. Da die Umgebung keine Anknüpfungspunkte zur Gestaltung eines geschützten Außenraumes im Sinne eines »grünen Zimmers« ermöglichte, wurde mit Hilfe eines winkelförmigen Baukörpers und einer kleinen Mauer ein abgeschirmter Hofraum definiert, der den Gartenanteil des relativ großen Grundstücks auf das Wesentliche konzentriert. Der verbleibende Teil wird zur notwendigen Abstandsfläche.

Trotz der energetisch ungünstigen Gebäudeform mit hohem Außenwandanteil erreicht das Gebäude die Energiekennzahlen eines Niedrigenergiehauses. Alle außenliegenden Sichtbetonflächen wurden thermisch getrennt, die Wärmedämmung besteht aus einer 24 Zentimeter starken Zellulosedämmung.

Der Grundriß
– Der Innenraum entwickelt sich bausteinartig aus einzelnen »Häusern«:
– dem erdgeschossigen »Kinderhaus« mit offenem Grundriß, eigenem Bad und Zugang zum Gartenhof, es läßt sich zu einem späteren Zeitpunkt als Büro- oder Arbeitsbereich abtrennen
– dem »Arbeitshaus« mit separatem Eingang
– dem »Elternhaus« im Obergeschoß, es verfügt über einen kleinen Wohnraum auf der Galerie und eine eigene Dachterrasse.
– Das vierte Haus bildet der zweigeschossige Wohnbereich im Erdgeschoß
– Das klassische Wohnzimmer wurde hier zugunsten eines Allraumes (Kochen, Essen, Familientreff) umgestaltet, der sich nach Südwesten zum Hof öffnet
– Wenige bauliche Fixpunkte definieren den Grundriß, dessen Raumanordnung sich bei geänderten Nutzungsvorstellungen leicht umgestalten läßt
– Raumhohe Schrankwände fungieren als Raumteiler.

Grundstücksgröße: 1800 m² | Wohnfläche: 160 m² | Baukosten je m² Wfl/Nfl: 2780,- DM
Anzahl der Bewohner: 4 | Nutzfläche: 80 m² | Baukosten gesamt: 650.000,- DM
Überbaute Fläche: 157 m² | Ausführung: 10/93 – 10/94

Obergeschoß

Erdgeschoß

1 Arbeiten
2 Küche/Essen
3 Wohnen
4 »Kinderhaus«
5 Eltern
6 Luftraum
7 Galerie
8 Carport
9 Dachterrasse

M 1:200

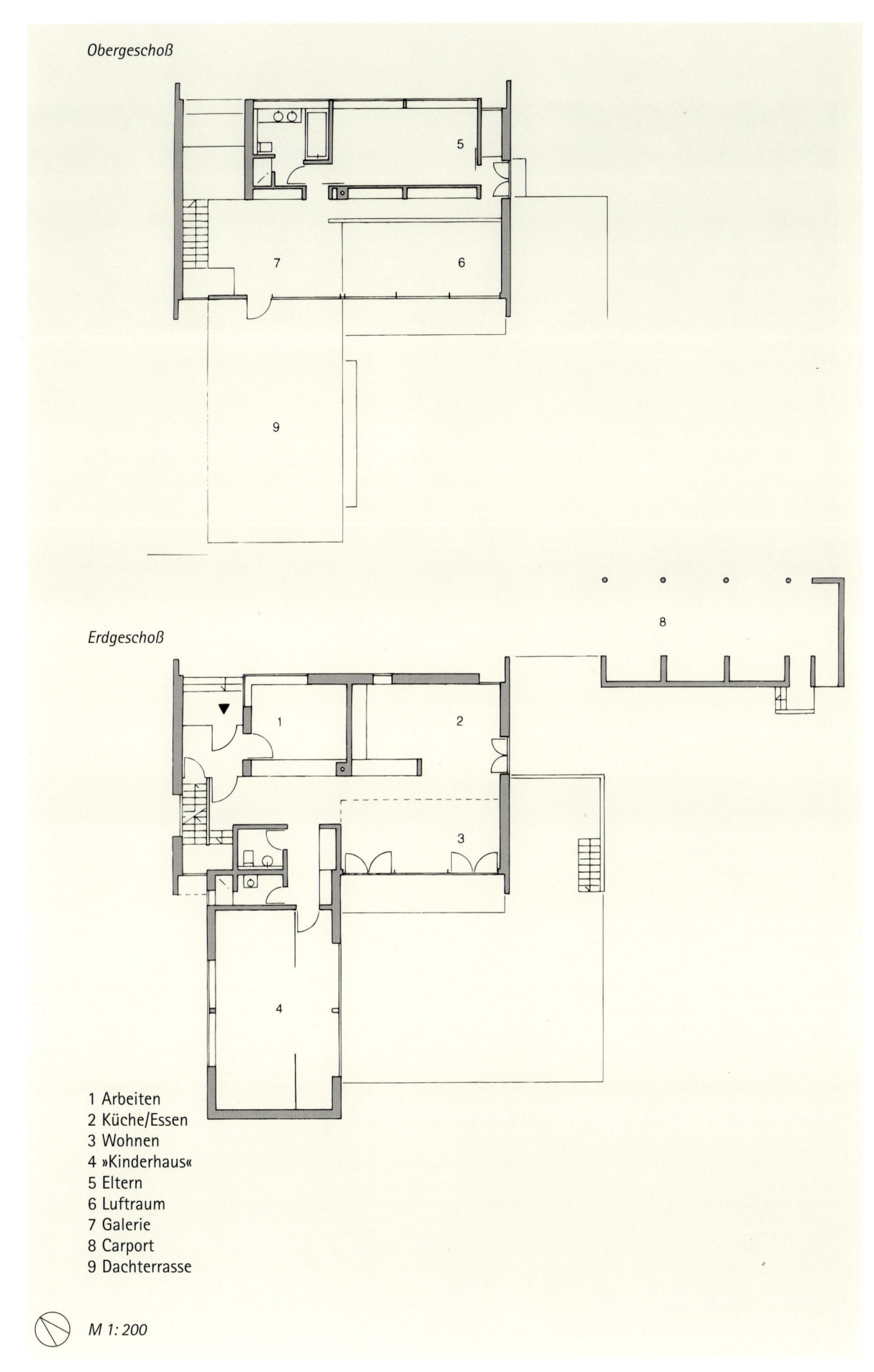

Linke Seite: Der Hauptbaukörper öffnet sich großflächig nach Südwesten, das rot abgesetzte »Kinderhaus« faßt den Hof ein; die Eingangsfassade nach Nordosten.
Oben: Durchsicht vom Wohnraum auf die offene Küche und entlang des Küchentresens auf die Treppe ins Obergeschoß.

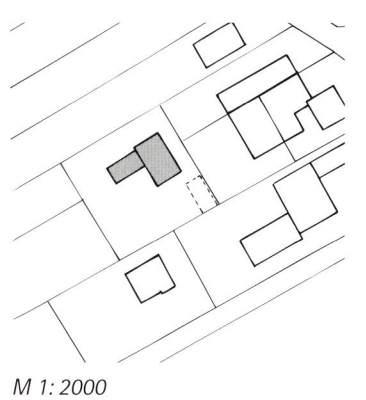

M 1:2000

Wohnhaus im Taunus

**Architekt:
Christoph Mäckler,
Frankfurt**

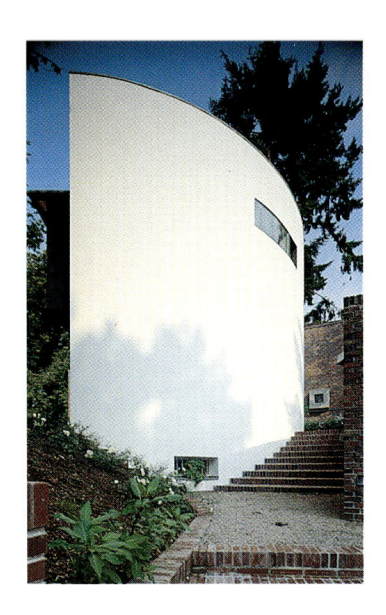

Das steil abfallende Hanggrundstück ist Teil eines verwunschenen Parks. Inmitten der üppigen Naturkulisse mit alten, efeuüberwucherten Bäumen liegen die beiden charakteristischen Baukörper, die sich wie Blütenblätter der Sonne zuneigen. Das architektonische Ensemble aus dem eher introvertierten, verklinkerten und dem sich öffnenden, halbrunden, weiß geputzten Baukörper, nutzt gekonnt die Gegebenheiten des Grundstücks und den schützenswerten Baumbestand. Zusammen mit einem in den Hang gegrabenen Wirtschafts- und Garagentrakt bilden die beiden Hausteile eine raumbildende städtebauliche Komposition von unspektakulärer Solidität.

Die Innenräume sind in ihrer architektonischen Wirkung ebenso unterschiedlich wie die Fassaden. Sie werden in ihrer Charakteristik von hohen und niedrigen, offenen und geschlossenen, hellen und dunklen Volumina geprägt.

Die Vielschichtigkeit und Komplexität des Entwurfes zeigen eine gleichsam mathematische Durchdringung der Bauaufgabe – ohne darüber auch nur im Ansatz die Phantasie zu vernachlässigen – im Gegenteil. Proportionen und Details, Materialien und Farben, Flächen und Räume sind beredte Formeln einer poesievollen Architektur auf höchstem Niveau.

Der Grundriß
– Das Gebäude besteht aus zwei Teilen, einem Langhaus und einem Halbzylinder
– Das Langhaus schirmt mit den rückwärtigen Funktionsräumen zum Nachbarn hin ab, es birgt außerdem im Erdgeschoß das an die Küche anschließende Speisezimmer und den großen Musikraum, im Obergeschoß den Elterntrakt
– In dem Halbzylinder befinden sich der große Wohnraum, im Obergeschoß separiert die drei Kinderzimmer
– Beide Gebäudeteile sind, dem Hang folgend, um ein halbes Geschoß versetzt angeordnet
– Die Verbindung erfolgt über ein gläsernes Treppenhaus
– Die klare Funktionstrennung der beiden Baukörper ermöglicht das ungestörte Wohnen aller Familienmitglieder in ganz unterschiedlichen räumlichen Welten.

Grundstücksgröße: 1100 m² | Wohnfläche: 225 m² | Baukosten je m² Wfl: keine Angaben
Anzahl der Bewohner: 5 | Nutzfläche Keller: 117 m² | Baukosten gesamt: keine Angaben
Überbaute Fläche: 129 m² | Planung u. Ausführung: 1988–90

Obergeschoß

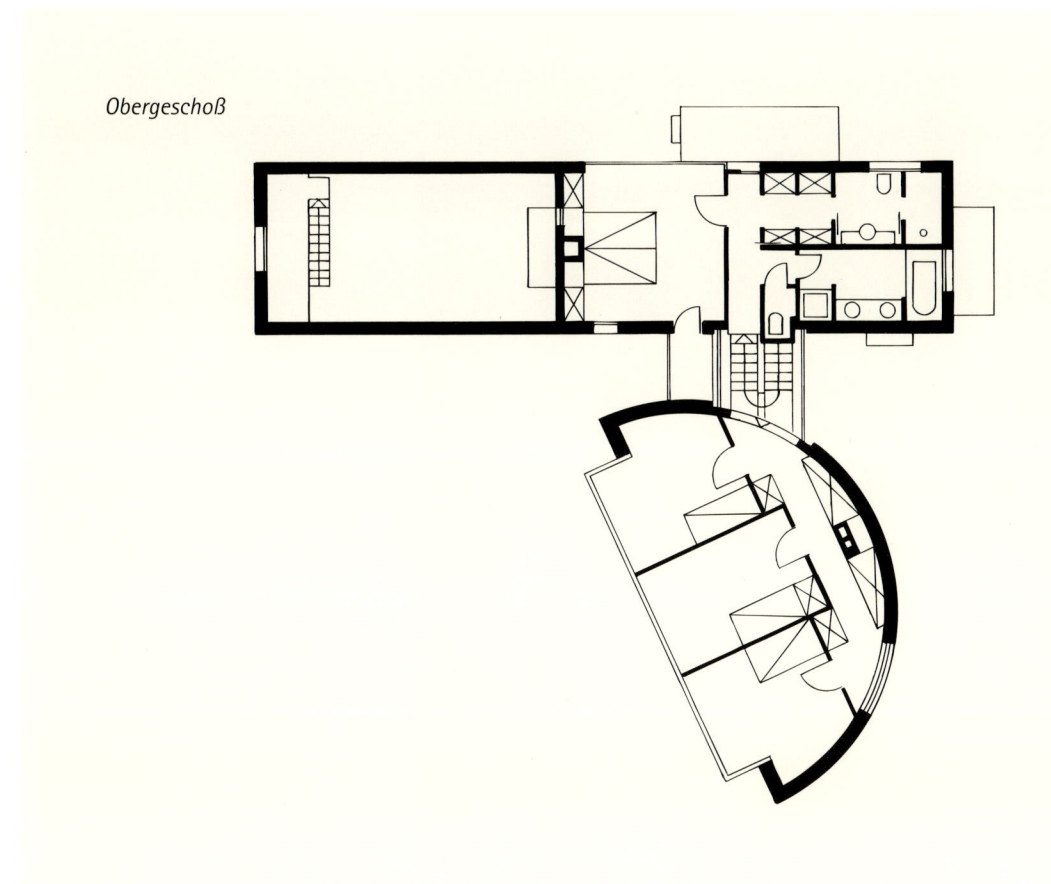

Erdgeschoß

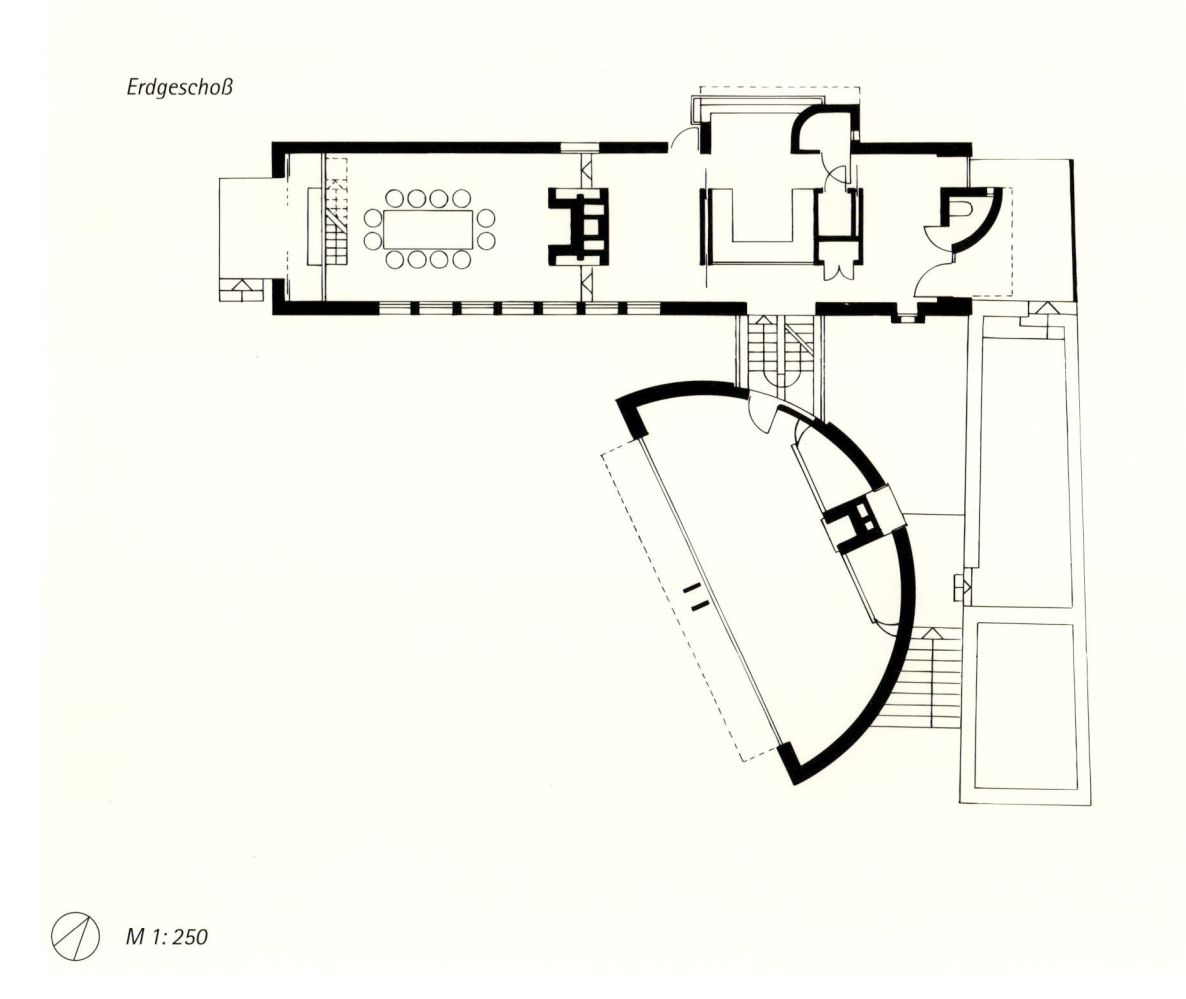

M 1:250

*Linke Seite: Das Ensemble aus Langhaus und Halbzylinder bildet den südorientierten Hof; die Putzfassade des Halbzylinders führt trichterförmig zum Eingang.
Oben: Der Innenraum des Langhauses mit der Arbeitsgalerie nach Westen.*

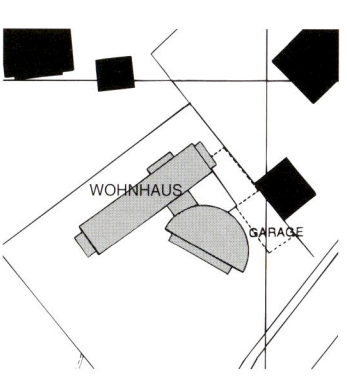

M 1:1000

143

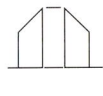

Wohnhaus in Bottighofen

Architekt:
Jean Claude Mahler,
Bottighofen (CH)

Drei Grundstücksgegebenheiten haben das Planungskonzept bestimmt: der alte Baumbestand sollte erhalten werden, die Ecksituation des Bauplatzes zwischen Landwirtschafts- und Einfamilienhauszone sollte eine Entsprechung in der Ausgestaltung der Baukörper finden und die dreiseitige Erschließung mit Wegerechten durfte die Funktion des Hauses nicht stören. So besteht der Bau aus zwei Körpern, einem geschlossenen Funktionstrakt im Norden, dessen Fassade durch Lochfenster strukturiert ist und einem westlichen Flügel mit den Wohnräumen, der pavillonartig, großflächig verglast, zum Garten hin geöffnet ist. Eine massive Mauer bildet seine rückwärtige Begrenzung. Auch nach Osten im Anschluß an die Bibliothek bildet eine Mauer die schützende Einfassung der nach Süden offenen Terrasse.

Dem Entwurf liegt die Vorstellung zugrunde, daß weniger die verwendeten Materialien und Technologien als vielmehr die Vielfalt der Nutzungsmöglichkeiten und die architektonische Qualität die Lebensdauer eines Gebäudes bestimmen. Je länger das Gebäude genutzt werden kann, desto günstiger ist seine Energiebilanz – Niedrigenergiestandard vorausgesetzt. So sind alle Räume grundsätzlich mehrfach nutzbar, zum Wohnen, Arbeiten oder Schlafen. Ein Haus, das sich dem Lebenszyklus seiner Bewohner reibungslos anpaßt.

Der Grundriß

– Erschließung des Hauses von Norden mit angrenzenden Funktionsräumen und Bibliothek
– Der winklig angeordnete Wohnflügel ist zum Garten hin großflächig geöffnet
– Im Obergeschoß deckungsgleiche Anordnung von Naßräumen und anschließendem Wohn- oder Arbeitszimmer
– Der Nordkörper ist schmal und hoch angelegt mit einem zum Garten hin geöffneten Pultdach
– Als halbes Haus schließt er die davor liegende Häuserzeile ab, die Vertikale dominiert
– Dagegen ist die Fassade der Wohnräume zum Garten eher horizontal strukturiert, die sichtbare Tragkonstruktion betont den Ateliercharakter des Hauses
– Im Kontrast zur offenen Gartenseite schließt sich das Gebäude nach Westen mit einer massiven, skulpturalen Sichtbetonwand ab – als Wetterschutz, Abgrenzung zur Nachbarbebauung und zur Straße
– Der hintere Abschnitt dieser zweigeteilten Fassade ist zurückgesetzt – es entsteht ein transparenter, haushoher Durchgang
– Er bietet Raum für den Eingang und Treppen und ermöglicht durch seine vollständige Verglasung großzügigen Lichteinfall entlang der Mauer.

Grundstücksgröße: 984 m² | Wohnfläche: 163 m² | Ausführung: 4/94 – 11/94
Anzahl der Bewohner: 4 | Nfl. Keller u. Dachboden: 105 m² | Baukosten je m² Wfl/Nfl: 2785,- DM
Überbaute Fläche: 166 m² | Planung 4/93 – 3/94 | Baukosten gesamt: 1.030.000,- DM

Obergeschoß

Erdgeschoß

1 Küche
2 Bibliothek
3 Wohnen mit Kamin
4 Hauswirtschaft
5 Zimmer

M 1: 200

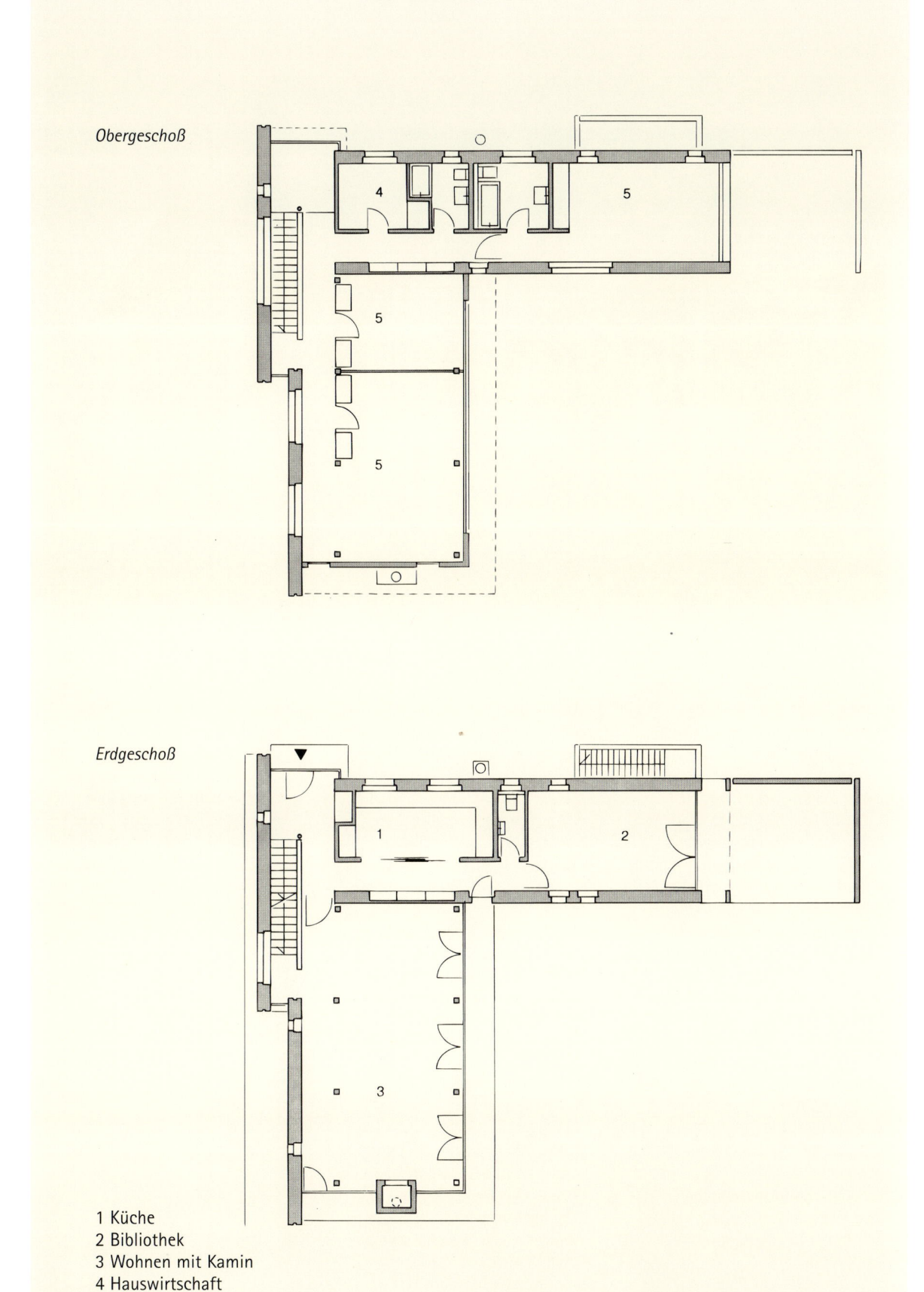

Linke Seite: Der klassisch moderne Baukörper mit Pultdach und der pavillonartige Quertrakt schließen den Gartenhof nach Norden und Westen ab; Durchsicht entlang der Wandscheibe auf Kamin und Garten.
Oben: Die Innenraumgestaltung im Obergeschoß mit dominanten Sichtbetonflächen.

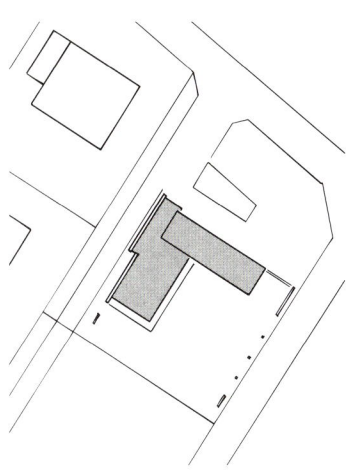

M 1: 1000

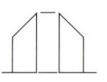

Hofhaus bei Salzburg

**Architekten:
Christine und Horst Lechner,
Salzburg**

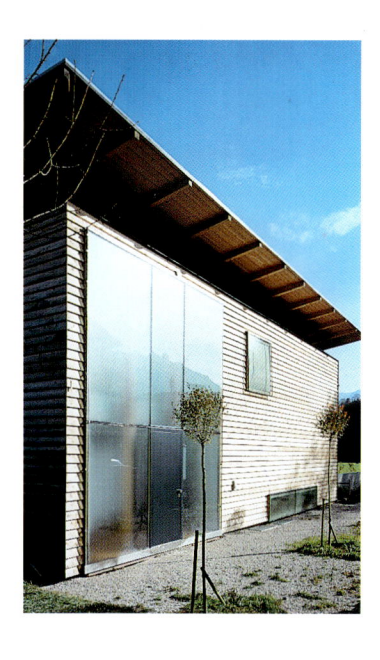

Ein Haus mit zeichenhafter Wirkung: Abbild der Wohn- und Lebensvorstellungen der Auftraggeber, Abbild aber auch des architektonischen, ja, künstlerischen und philosophischen Zusammenklangs von Auftraggeber und Architekt – eine Konstellation also, die sich beide Parteien beim Bauen immer wünschen.

Hofanlage, U-Form und »Säulenordnung« des Hauses wecken Assoziationen früherer Bautraditionen. Aber nichts davon ist hier Rückgriff oder Zitat, das Ganze und seine Teile sind vielmehr überzeugender Funktionalismus, dem die Form aber nicht einfach folgt, sondern sie vielmehr gestaltend im Sinne von Baukunst interpretiert.

Das Konzept dieses ungewöhnlichen Hauses erschließt sich am besten, wenn man es gedanklich durchschreitet und versucht, die offensichtlich unterschiedlichen Raumwirkungen in der Vorstellung nachzuempfinden.

Stichworte zur Planung: Klare Südorientierung des Baukörpers, die Ost-West-Ausrichtung gemäß der Raumfunktionen, eine extrem rationale, als System angewandte Holzkonstruktion mit einer klaren Trennung der Stützen vom ablesbaren Ausbau durch Paneele, Glas und Schiebetüren, ein Wand- und Dachgefüge nach Niedrigenergiehaus-Standard mit kostensparenden Verglasungen ohne Fenster- und Türstöcke und einfachen Ausstellfenstern, die nur aus an Scharnieren angehängten Isolierglasscheiben bestehen.

Das Baumaterial ab Kellerdecke ist unbehandeltes Fichten- und Lärchenholz, die Wärmedämmung Altpapier, die Fußböden aus massivem Akazienholz – kurz: ein Haus, das in Architektur, Lebensqualität, Energiekonzept, Unterhalt und Kostenrahmen Zeichen setzt.

Der Grundriß

– Eingang von Westen, die Umlenkung der erwarteten Gehrichtung im Windfang führt in einen Vorraum – Garderobe, WC und Zugang zum separaten Gästezimmer –, von dem aus das überraschende Grundrißkonzept mit dem Innenhof erlebbar ist
– Gästezimmer, Wohn- und Eßraum sowie die Küche umfassen den Hof
– Trotz fließender Übergänge wird visuelle Trennung zwischen zweigeschossigem Wohn- und Küchenbereich erreicht
– Im Obergeschoß teilt sich das Haus in zwei Flügel – Kinder- und Elternbereich verfügen je über ein eigenes Bad
– Die Wegführung im Obergeschoß macht die Hofsituation mit ihren Blickbezügen nach Innen und Außen stets deutlich.

Grundstücksgröße: 675 m² | Wohnfläche: 215 m² | Baukosten je m² Wfl: 2820,- DM
Anzahl der Bewohner: 5 | Nutzfläche Keller: 95 m² | Baukosten gesamt: 606.000,- DM
Überbaute Fläche: 117 m² | Ausführung: 1993

Obergeschoß

Erdgeschoß

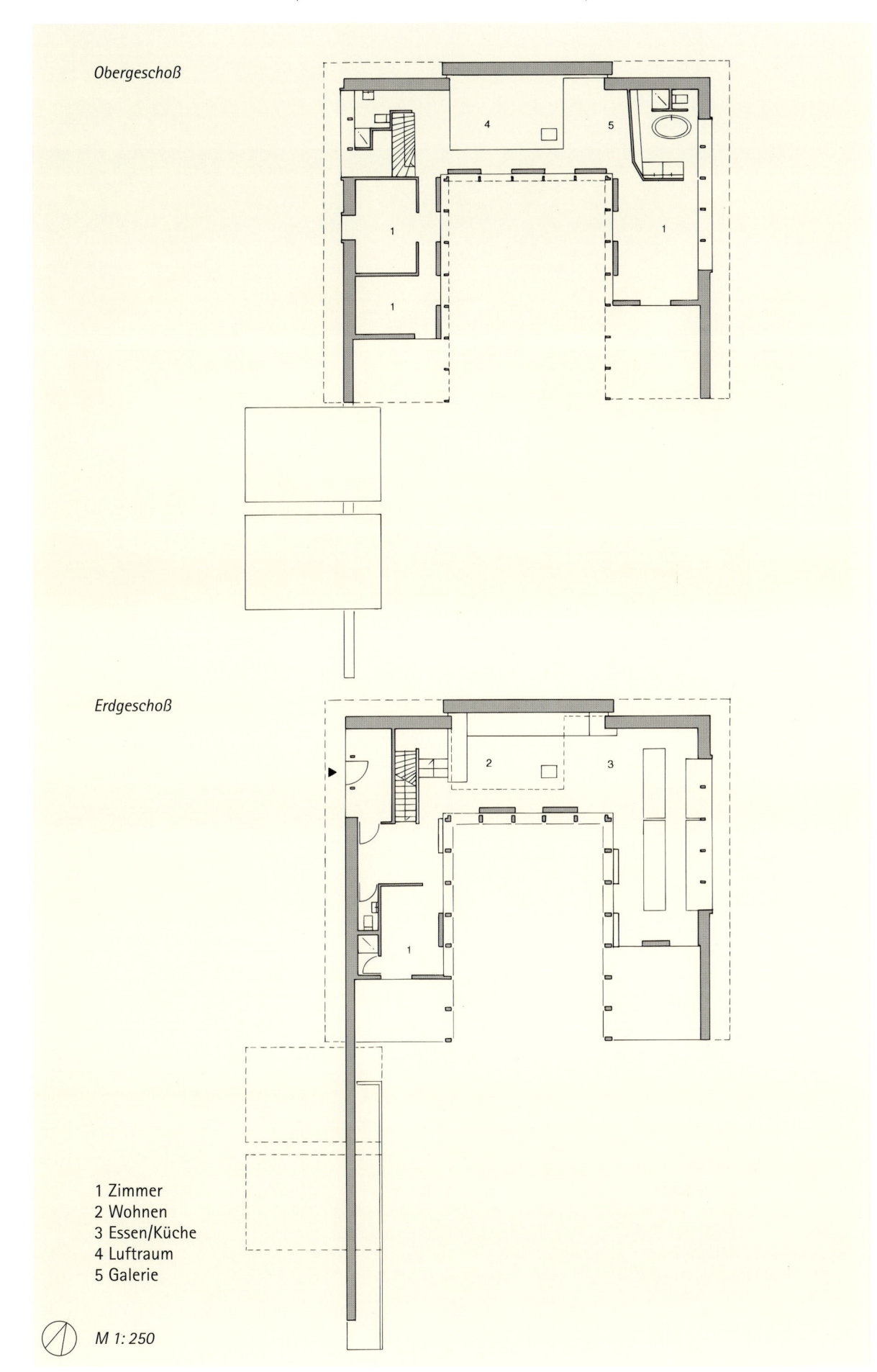

Linke Seite: Die sichtbare Holzkonstruktion bildet die umlaufende Arkade des Innenhofes; der haushoch verglaste Eingang an der Westseite.
Oben: Durchsicht vom Eßplatz auf die offene Küche.

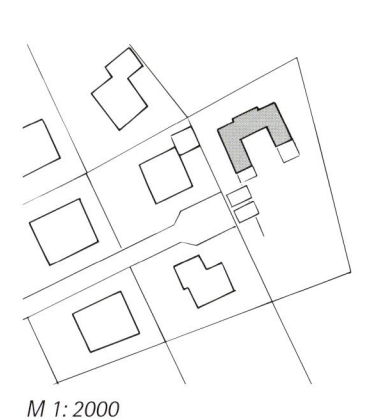

1 Zimmer
2 Wohnen
3 Essen/Küche
4 Luftraum
5 Galerie

M 1:250

M 1:2000

Wohnhaus bei Hamburg

Architekten:
AWP Architektengemeinschaft, Hamburg

Das Haus besteht aus zwei verschränkt angeordneten Baukörpern, einem zweigeschossigen Haupthaus und einem eingeschossigen Flügel, in dem die Kinderzimmer, das zugehörige Bad und ein großer Abstellraum untergebracht sind. Die Garage befindet sich im Untergeschoß, die Abstell- und Kellerersatzräume im Erdgeschoß. Um die ganze Tiefe und Qualität des mit alten Bäumen bestandenen Gartens nutzen zu können, wurde das Gebäude nahe an die Erschliessungsstraße gerückt. Dorthin, nach Norden und Osten, ist es fast vollkommen geschlossen konzipiert, nach Süden und Westen dagegen öffnet es sich fächerähnlich zum Grundstück, zum angrenzenden Wasser und zur Sonne. Die Grundrißorganisation ist einhüftig angelegt, alle Zimmer orientieren sich in eine Richtung. Lediglich untergeordnete und versorgende Räume – Technik, Bäder, Akten- und Ankleideraum sowie das nur temporär genutzte Gästezimmer – befinden sich im »Rücken« des Hauses.

Der Grundriß

– Der Zugang zum Gebäude erfolgt am Gelenkpunkt beider Hausteile über eine kleine Brücke
– Durch die Drehung der Baukörper zueinander entsteht am Eingang eine überdachte Zugangssituation, an die sich die zweigeschossige Eingangshalle anschließt
– Von hier aus öffnet sich jenseits der Mittelachse des Hauses der Blick kulissenartig über die Tiefe der Wohnebene in die Natur
– Dem Geländeverlauf folgend treppt sich der Grundriß Raum um Raum ab. Es entstehen steigende Raumhöhen und im Zusammenspiel mit Öffnungen, Fenstern und Brüstungen dreidimensionale Raumbeziehungen und Verflechtungen
– Der Wohntrakt wird zum großartigen Raumgefüge aus zentralem Eßzimmer mit angelagerter Küche, dem sechs Meter hohen Wohnsitzbereich, der Bibliothek sowie der Arbeitsgalerie im Obergeschoß
– Das Grundrißkonzept verzichtet auf Flure, die Gangflächen sind immer Bestandteil der angrenzenden Räume
– Auch im Obergeschoß wurde die Ausrichtung auf Garten und Natur mit Raumanordnung und Blickachsenkonzept übernommen
– Von der Arbeitsgalerie öffnet sich der Weg über eine großzügige Dachterrasse und die Terrassen vor den Kinderzimmern in den Garten.

Grundstücksgröße: 2000 m² | Wohnfläche: 298 m² | Ausführung: 1995
Anzahl der Bewohner: 4 | Nutzfläche: 65 m² | Baukosten je m² Wfl: keine Angaben
Überbaute Fläche: 274 m² | Planung: 1993/4 | Baukosten gesamt: keine Angaben

Obergeschoß

Erdgeschoß

1 Halle
2 Gast und Gästebad
3 Abstellraum
4 Wohnraum mit Bibliothek
5 Essen
6 Kind
7 Luftraum/Halle
8 Bad und Sauna
9 Ankleide
10 Eltern
11 Luftraum/Wohnen
12 Galerie mit Arbeitsplatz
13 Dachterrasse

M 1:250

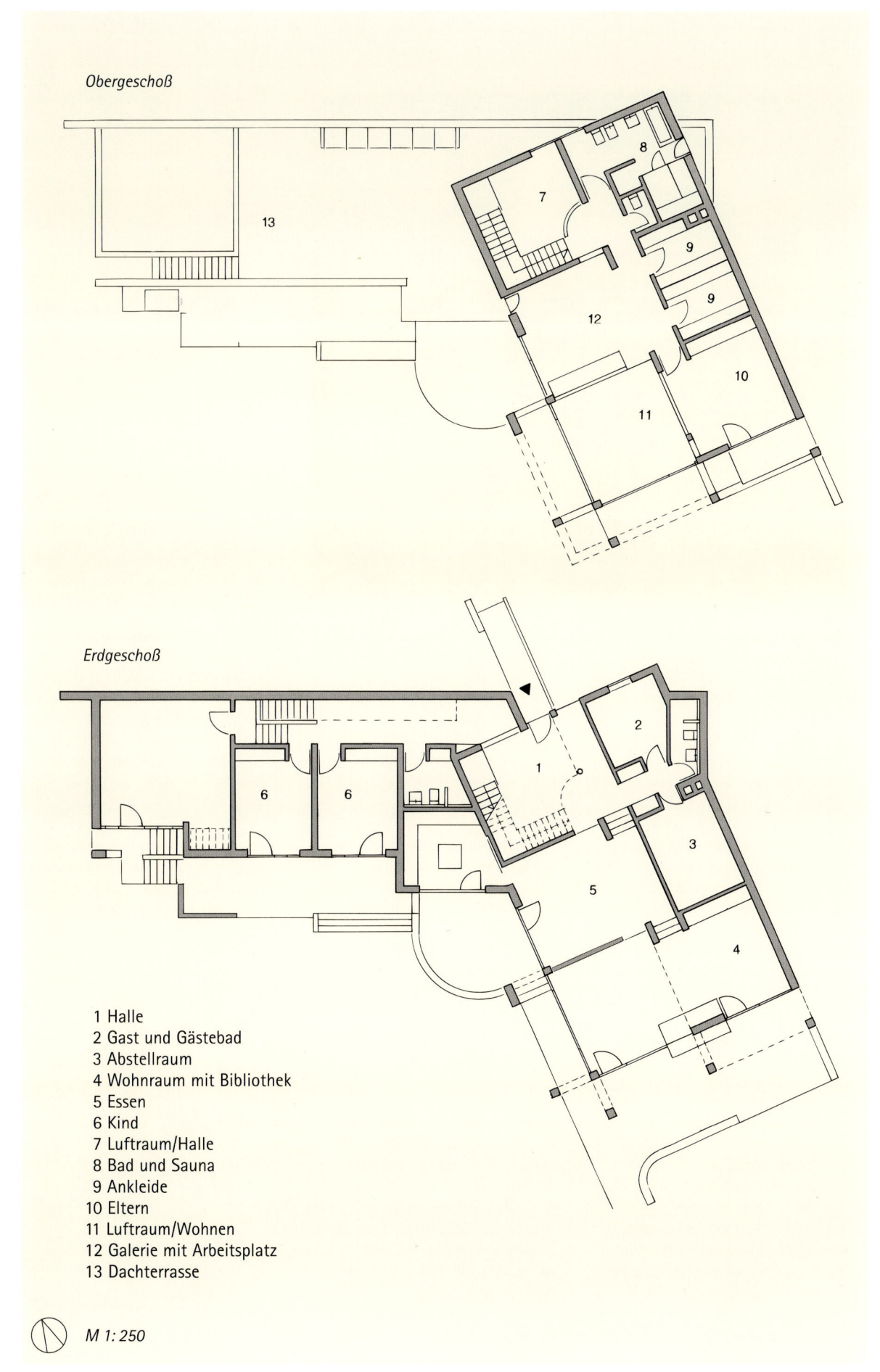

Linke Seite: Haupthaus mit vorgestellten Betonrahmen als zweite Fassade nach Süden.
Oben: Der zweigeschossig angelegte Wohnraum mit Blickkontakt zur Arbeitsgalerie.

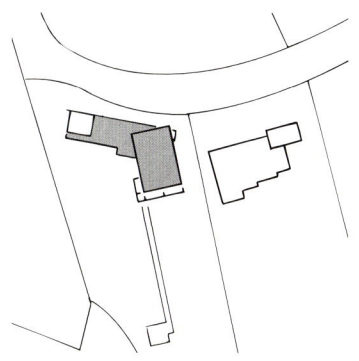

M 1:2000

Wohnhaus auf Restgrundstück in Konstanz

**Architekten:
Schaudt Architekten, Martin Cleffmann,
Konstanz**

Das Restgrundstück liegt inmitten einer Einfamilienhausbebauung aus den 60er Jahren, an die ein stark durchgrüntes Kleingartengebiet anschließt – eine angenehme, ruhige Wohnsituation.

Der Grundgedanke für den Entwurf war, einen möglichst schmalen Baukörper von nur vier Metern Breite zu entwickeln, so daß auf der Südseite des Hauses noch genügend Fläche zur Anlage eines Gartens übrigblieb. Dabei mußte das Gebäudeaußenmaß unter 16 Metern Länge bleiben, um das Schmalseitenprivileg nutzen und das Haus bis auf 2,50 Meter an die nördliche Grundstücksgrenze heranrücken zu können. Aufgabe war weiterhin, ein sehr preisgünstiges Haus zu entwerfen, das den zukünftigen Bewohnern auch die Möglichkeit zur Mitarbeit auf der Baustelle bieten würde. Da das Haus auf moorigem Gelände steht, verzichtete die Planung auf einen teuer zu gründenden Keller. Eine einfache Betonplatte mit Frostschürze bildet das Fundament, ein kleiner Kellerersatzraum befindet sich neben dem Eingang.

Die Konstruktion ist ein einfacher Stahl-Skelettbau mit sichtbaren Verbänden als Aussteifung. Die Wandelemente haben einen zimmermannsmäßigen Aufbau, sind stark gedämmt, mit einer hinterlüfteten Außenschalung aus Lärchenholz. Ebenso kostengünstig wurde das Halbtonnendach ausgeführt, sein konstruktiver Aufbau wurde dem einfachen Industriebau entlehnt – entsprechend hoch konnte bei der einfachen Grundrißanordnung, den angebotenen Details und Materialien der Eigenleistungsanteil ausfallen.

Der Grundriß

– Klarer und einfacher als dieser aus dem Einraumhaus abgeleitete Grundriß kann ein Raumkonzept kaum aussehen
– Unter einer schützenden Pergola liegen aufgereiht drei Eingänge: zum Abstellraum, zum Gebäude selbst und ein dritter für die Außenanlieferung der Küche
– Dieser Reihung entspricht die Anordnung der Raumzonen im Erdgeschoß, dessen Fläche sich offen über die gesamte Hauslänge erstreckt
– Offene Küche, Eßbereich und Wohnzone bilden einen fließenden Übergang mit Ausrichtung auf den Garten und die Terrasse als Zwischenzone
– Das Obergeschoß folgt wegen der geringen Haustiefe zwangsläufig dem Prinzip der Reihung, wobei das Treppenpodest den Grundriß in zwei getrennte Bereiche, Elterntrakt und Kinderzimmer teilt
– Der vorgelagerte Balkon mit einem Geländer aus Lochblech ist eine psychologisch wichtige Raumerweiterung und schafft auch im Obergeschoß einen Bezug zum Außenraum.

Grundstücksgröße: 300 m² | Wohnfläche: 125 m² | Eigenleistung: 35.000,- DM
Anzahl der Bewohner: 3 | Planung u. Ausführung: 1995 | Baukosten je m² Wfl: 2410,- DM
Überbaute Fläche: 84 m² | | Baukosten gesamt: 301.000,- DM

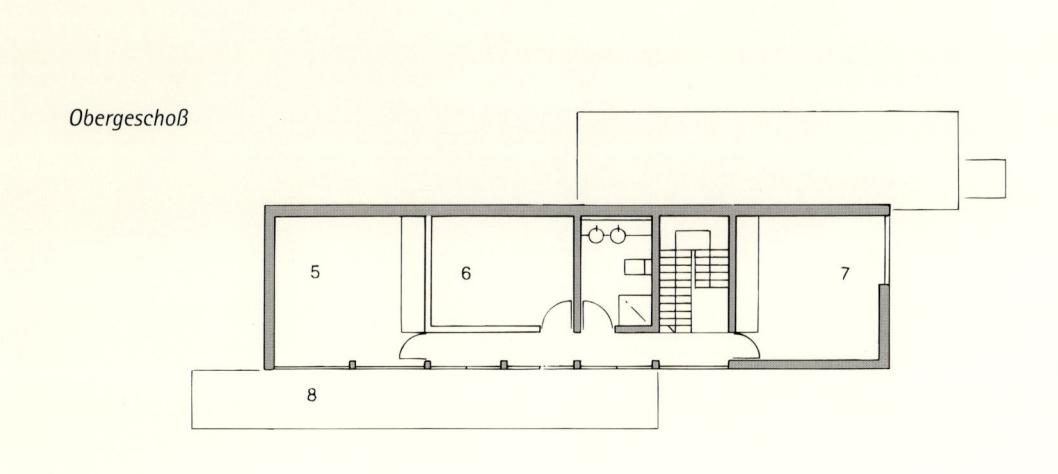

Obergeschoß

Erdgeschoß

Linke Seite: Die transparente Fassade nach Süden mit Metalldachüberstand und angehängtem Balkon als Sonnenschutz; Blick über die Südterrasse in den offenen Wohnraum.
Oben: Der Innenraum mit der sichtbaren Skelettkonstruktion.

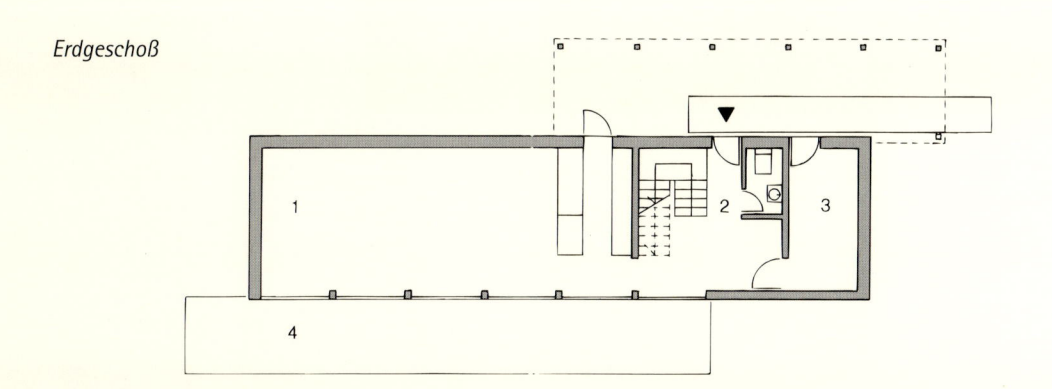

1 Wohnen/Essen
2 Eingangsbereich
3 Abstellraum
4 Terrasse
5 Eltern
6 Gast
7 Kind
8 Balkon

M 1:200

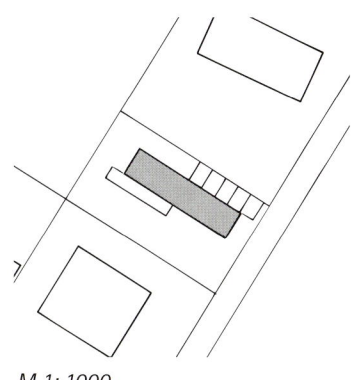

M 1:1000

Wohnhaus auf Restgrundstück in Rosenheim

**Architekt:
Walter Stolz,
Rosenheim**

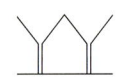

Im Zuge der Nachverdichtung wurde das relativ große, unbebaute innenstadtnahe Grundstück geteilt und der so entstandene Bauplatz über einen sogenannten Pfeifenstiel erschlossen. Die straßenseitige Bebauung wird in Kürze erfolgen.

Mit Rücksicht auf den alten Baumbestand und zur Abgrenzung zum Nachbarn wurde der Baukörper im Nordostteil des Grundstücks plaziert. Seine Formensprache ist bewußt einfach und formuliert mit der Ausbildung der Nordfassade und der großflächig geöffneten Südfassade, die über Schiebeläden verschlossen werden kann, das Konzept einer energiebewußten Bauweise. Der Baukörper ist kubisch klar, die Formensprache bis ins Detail reduziert. So erfährt die Fassade ihre Ausstrahlung allein durch die malerische Anordnung der Fenster in der Putzfläche. Im Inneren beeindruckt der Bau durch seine analoge Kargheit, die lichtdurchflutete, großzügige Anlage des Grundrisses, deren Reiz neben der Innenarchitektur von den Blickbezügen im Inneren und in den Garten bestimmt wird.

Der Grundriß
- Eingang stirnseitig mit direktem Zugang zu Garderobe, Küche und Speisekammer
- Zentrale zweiläufige Treppe ins Obergeschoß
- Wohnen über die ganze Hausbreite mit direkten Gartenbezügen
- Raumbetonter Eßplatz durch Deckenausschnitt und Blickverbindung ins Obergeschoß
- Dort abgetrennte Schlafräume und offene Galerie
- Sinnvolle Anordnung der Einbauschränke bei relativ geringer Grundfläche der Zimmer mit dem Ziel der »reinen« Raumwirkung.

Grundstücksgröße: 783 m² | Wohnfläche: 140 m² | Baukosten je m² Wfl/Nfl: 2290,- DM
Anzahl der Bewohner: 4 | Nutzfläche Keller: 74 m² | Baukosten gesamt: 490.000,- DM
Überbaute Fläche: 98 m² | Ausführung: 1994

Obergeschoß

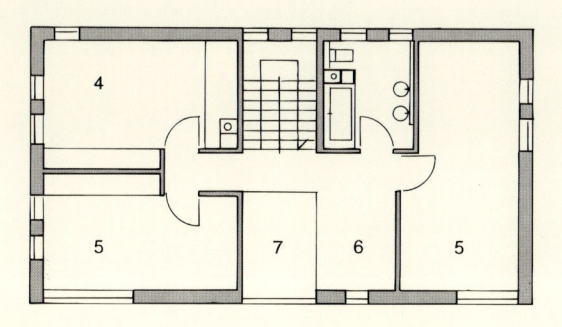

Erdgeschoß

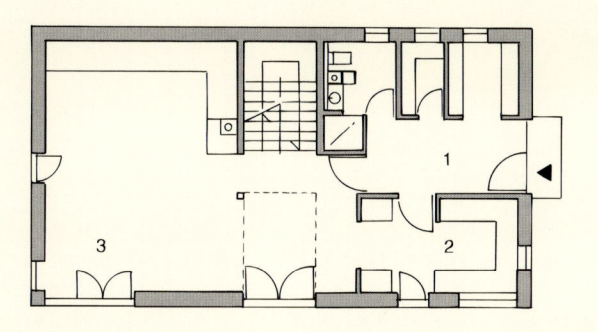

Linke Seite: Die grafisch angelegte Südfassade läßt sich abhängig vom Sonnenstand durch Schiebeläden verändern (noch nicht montiert); die geschlossene Nordfassade.
Oben: Der Deckenausschnitt über dem Eßplatz im Zentrum des Hauses.

1 Diele mit Garderobe
2 Küche
3 Wohnen/Essen
4 Eltern
5 Kind
6 Galerie
7 Luftraum

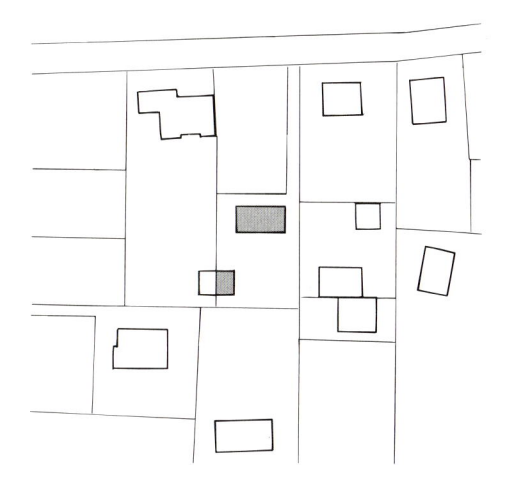

M 1: 200

M 1: 2000

153

Wohnhaus auf Restgrundstück in Waltrop

Architekt:
Andreas Corneliussen,
Waltrop

Das Grundstück liegt im Stadtkern von Waltrop, der durch eine ländliche Bauernhausarchitektur geprägt wird. Auf einem der ehemaligen Höfe wurde durch Grundstücksteilung ein Bauplatz frei. Der Bebauungsplan sah den Abriß aller alten Gebäude vor – wie traurig in Anbetracht des hier entstandenen Ensembles aus Alt (Arbeitshaus) und Neu (Wohnhaus). Die Überzeugungsarbeit des Architekten hat dazu geführt, daß das historisch interessante Backhaus erhalten wurde – es dient heute als Büro und Rückzugsbereich. Der Entwurf hatte zum einen Bauen im Bestand und zum anderen Nachverdichtung vorhandener städtebaulicher Strukturen zum Thema. Neben diesen Außenbezügen ging es um kostengünstiges Bauen – individuelles Wohnen einer Großfamilie – nach dem Prinzip »Weniger ist Mehr«. Und das auf allen Ebenen des Entwurfes. Die Qualität des Hauses wird bestimmt durch weniger Wände (als gemeinhin nötig), weniger Türen, weniger Flure, weniger Details, weniger Gewerke am Bau. So wurde zum Beispiel auf den Estrich verzichtet und der Oberboden nur gespachtelt. Innenputz, Fliesenarbeiten und Dachrinnen entfielen. Für den Rohbau wurden preiswerte Beton-Fertigteilelemente verwandt, innenseitig wurde der Sichtbeton belassen, im Naßbereich nur klar lackiert, um das Wasser abzuweisen. Eine überzeugende Architektur, anspruchsvoll in der Gestaltung – macht nicht sie allein den Charakter und letztlich den Wert eines Gebäudes aus? Daß all das auch mit einfachen Mitteln herzustellen ist, beweist dieses Haus auf eindrucksvolle Weise.

Der Grundriß
– Erschließung an der Giebelseite ohne Windfang
– Separate Garderobe, Gäste-WC und integrierter Abstellraum schaffen eine eigene Klimazone vor dem angrenzenden Wohnbereich
– Verbleibende Erdgeschoßfläche ist ein offener Einraum mit den Funktionen Kochen, Essen und Wohnen
– Prinzip des Starterhauses, dessen Erweiterung um 50% der Fläche auf allen drei Ebenen vorgeplant ist
– Das Obergeschoß verfügt über eine großzügige Diele über die ganze Hauslänge
– Zimmer, Ankleide und Bad sind durch Leichtbauwände unterteilt, die sich bei verändertem Raumbedarf (Anbau) leicht versetzen lassen
– Das Dachgeschoß ist als höhlenartiger Raum ideale Schlaf- und Spielebene für die Kinder – der Anbau wird später für eigene Zimmer sorgen.

Grundstücksgröße: 548 m² · Wohnfläche: 136 m² · Eigenleistung: 10.000,- DM
Anzahl der Bewohner: 7 · Ausführung: 1996 · Baukosten je m² Wfl: 1730,- DM
Überbaute Fläche: 65 m² · · Baukosten gesamt: 235.500,- DM

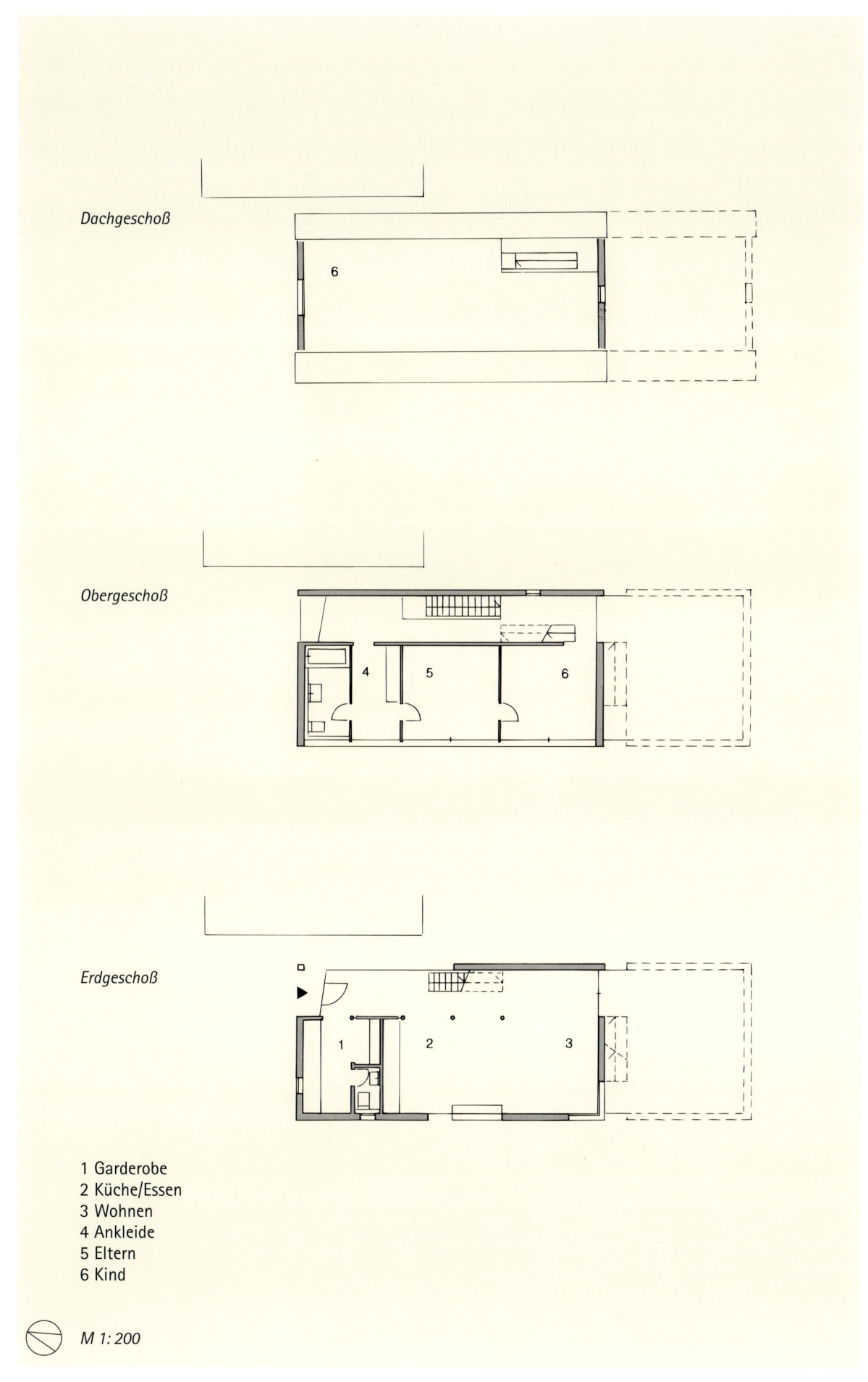

Dachgeschoß

Obergeschoß

Erdgeschoß

1 Garderobe
2 Küche/Essen
3 Wohnen
4 Ankleide
5 Eltern
6 Kind

M 1:200

Linke Seite: Das Ensemble aus neuem Wohnhaus und restauriertem Arbeitshaus von Südosten; die Süd-West-Ecke. Oben: Die offene Verbindung in den Dachraum.

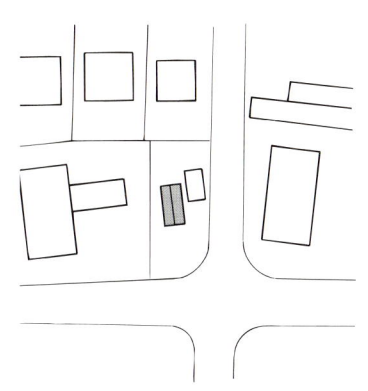

M 1:2000

Wohnhaus auf Restgrundstück in Bremerhaven

Architekten:
Grube + Grube, Bremerhaven

Das Haus wurde als zweigeschossiges Gebäude auf einem kleinen Restgrundstück im Kreuzungsbereich zweier Straßen errichtet. Es gliedert sich in einen dreieckigen Hauptbau für die Wohn- und Schlafräume mit einer Fassade aus Torfbrandklinkern und einen schmalen, weiß geputzten Kubus für die Funktionsräume. Was bei diesem Bau auf den ersten Blick nur wie interessante Grundrißgrafik und viel Baukörperdynamik aussieht, ergibt bei genauer Betrachtung ein schlüssiges Konzept, das ein Optimum an Ausnutzung dieses schwierig zu beplanenden Grundstücks bietet. Die optisch bewußt massiv ausgeführte Klinkerfassade schirmt das Gebäude gegen den Straßenlärm ab, während der schlanke, langgezogene Nebentrakt den notwendigen Abstand zum Nachbargebäude schafft. Eine über die ganze Fläche reichende Dachterrasse kompensiert die relativ kleine Gartenfläche. Mit seinen klaren Formen knüpft der Bau an die großen Vorbilder der Ziegelarchitektur der 20er und 30er Jahre an und liefert ein überzeugendes Beispiel für eine individuelle, kostenbewußte Architektur.

Der Grundriß
– Der schlichte Einschnitt in den Ziegelkubus schafft mit einfachen Mitteln eine betont gestische Eingangssituation
– Großzügige Diele mit WC, Garderobe und kleinem Abstellraum
– Nach Norden schließen sich mit weitem Durchblick über die ganze Hauslänge der Eßplatz, die offene Küche und der Hauswirtschaftsraum an
– Überzeugende Anbindung der Garage mit kurzen Wegen an die Küche
– Der große, nach Süden orientierte Wohnraum ist um eine Stufe abgesenkt – ein Mehr an Höhe, das den Raumproportionen gut tut
– Eine geschlossene, dreiläufige Treppe führt ins Obergeschoß
– Vom indirekt belichteten Flur gelangt man in das Schlafzimmer mit zwei Bädern und separatem Ankleideraum
– Von hier aus läßt sich auch die Dachterrasse erreichen
– Nach Süden schließen sich zwei Arbeitszimmer als Raumflucht an.

Grundstücksgröße: 420 m² | Wohnfläche: 158 m² | Baukosten je m² Wfl/Nfl: 2400,- DM
Anzahl der Bewohner: 2 | Nutzfläche: 20 m² | Baukosten gesamt: 428.000,- DM
Überbaute Fläche: 108 m² | Ausführung: 1994

Obergeschoß

Erdgeschoß

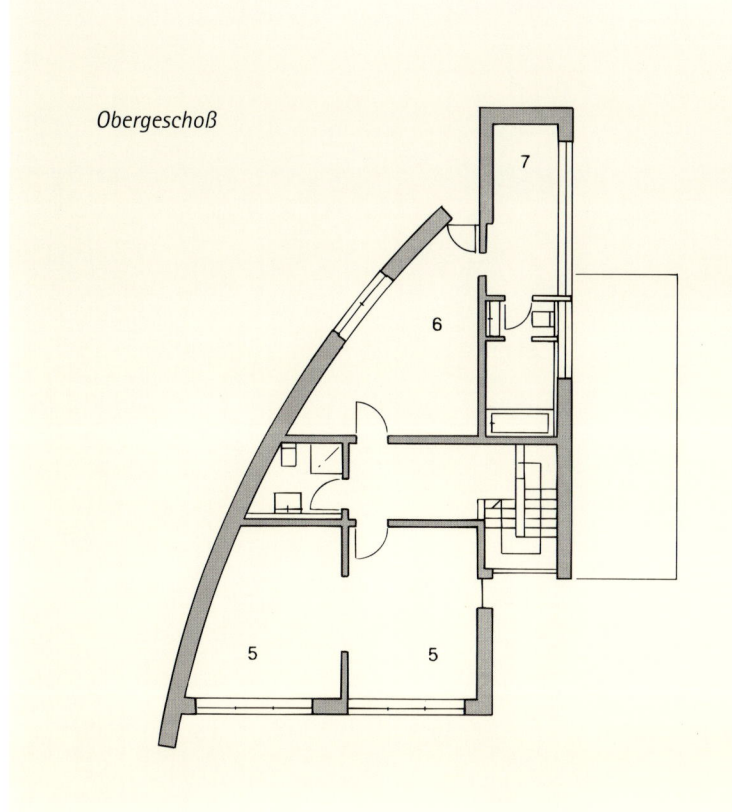

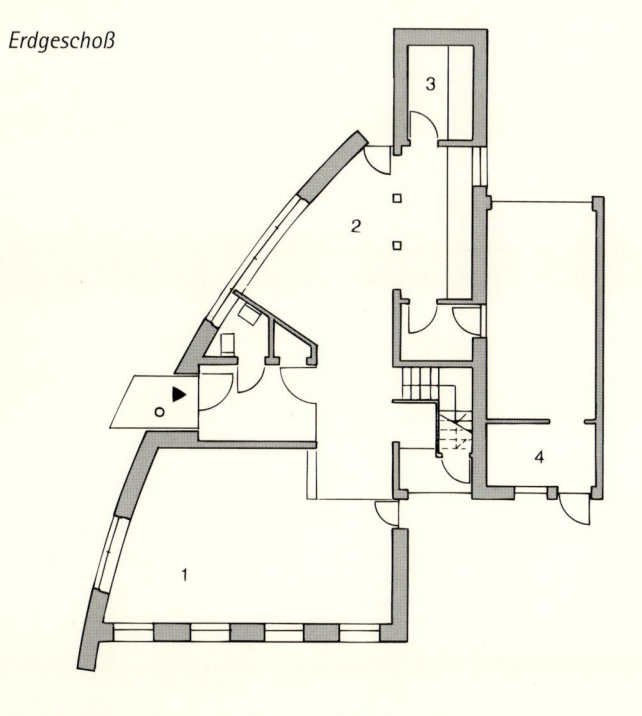

1 Wohnen
2 Essen/Küche
3 Hauswirtschaft
4 Abstellraum und Garage
5 Arbeiten
6 Schlafen
7 Ankleide

M 1: 200

Linke Seite: Die unterschiedlichen Gesichter des Hauses an der Nordseite; der geputzte kubische Funktionstrakt.
Oben: Der Übergang vom Eß- zum Wohnraum.

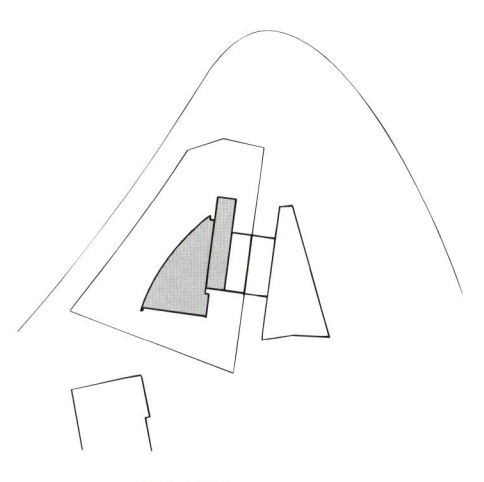

M 1: 1000

Wohnhaus auf Restgrundstück bei Lünen

**Architekten:
Weiss Architektengruppe,
Lünen**

Dieses Haus für zwei Personen wurde auf einem Restgrundstück eines Baugebietes aus den 50er Jahren errichtet. Die Gärten der Nachbarschaft sind groß, landwirtschaftlich genutzte Flächen mit altem Baumbestand bilden die umgebende Kulisse. Die Gestaltungsvorgaben für den Architekten waren: das Haus sollte klar und schlicht geformt sein, dabei individuell in der architektonischen Ausstrahlung. Sehr viel Licht mit wechselnder Intensität, interessante Ausblicke in die Landschaft und die Möglichkeit, im Erdgeschoß aus jedem Raum in den Garten treten zu können, waren weitere Parameter für den Entwurf. Die Gartenanlage sollte unterschiedliche Flächen- und Nutzungskonzepte ermöglichen, überdachte Terrassen die Verbindung von Innen und Außen herstellen und zusätzliche Außenräume schaffen.

Der Grundriß
- Erschließung des Hauses über den großen, geschützten Eingangshof, der auch als Sitzplatz und Aktionsfläche dient
- Von hier aus ist auch der Kellerersatzraum zugänglich
- Vom großen Vorraum werden das separate Arbeitszimmer und der Wohnraum erschlossen, von dem aus gemäß Bauherrenwunsch die Treppe ins Obergeschoß führt
- Der Eßplatz ist der halboffenen Küche vorgelagert, ein kleiner Hauswirtschaftsraum ersetzt den Keller
- Die Obergeschoßgalerie bietet den Blickbezug durch das über die ganze Haushöhe reichende Wohnraumfenster in den Staudengarten und auf den Baumbestand
- Von der Galerie sind die beiden getrennten Schlafbereiche zugänglich, die je über ein Bad und einen Zugang zum eigenen Balkon verfügen.

Grundstücksgröße: 500 m² | Wohnfläche: 160 m² | Baukosten je m² Wfl: 3125,- DM
Anzahl der Bewohner: 2 | Planung: 6/94 – 3/95 | Baukosten gesamt: 500.000,- DM
Überbaute Fläche: 127 m² | Ausführung: 3/95 – 12/95

Obergeschoß

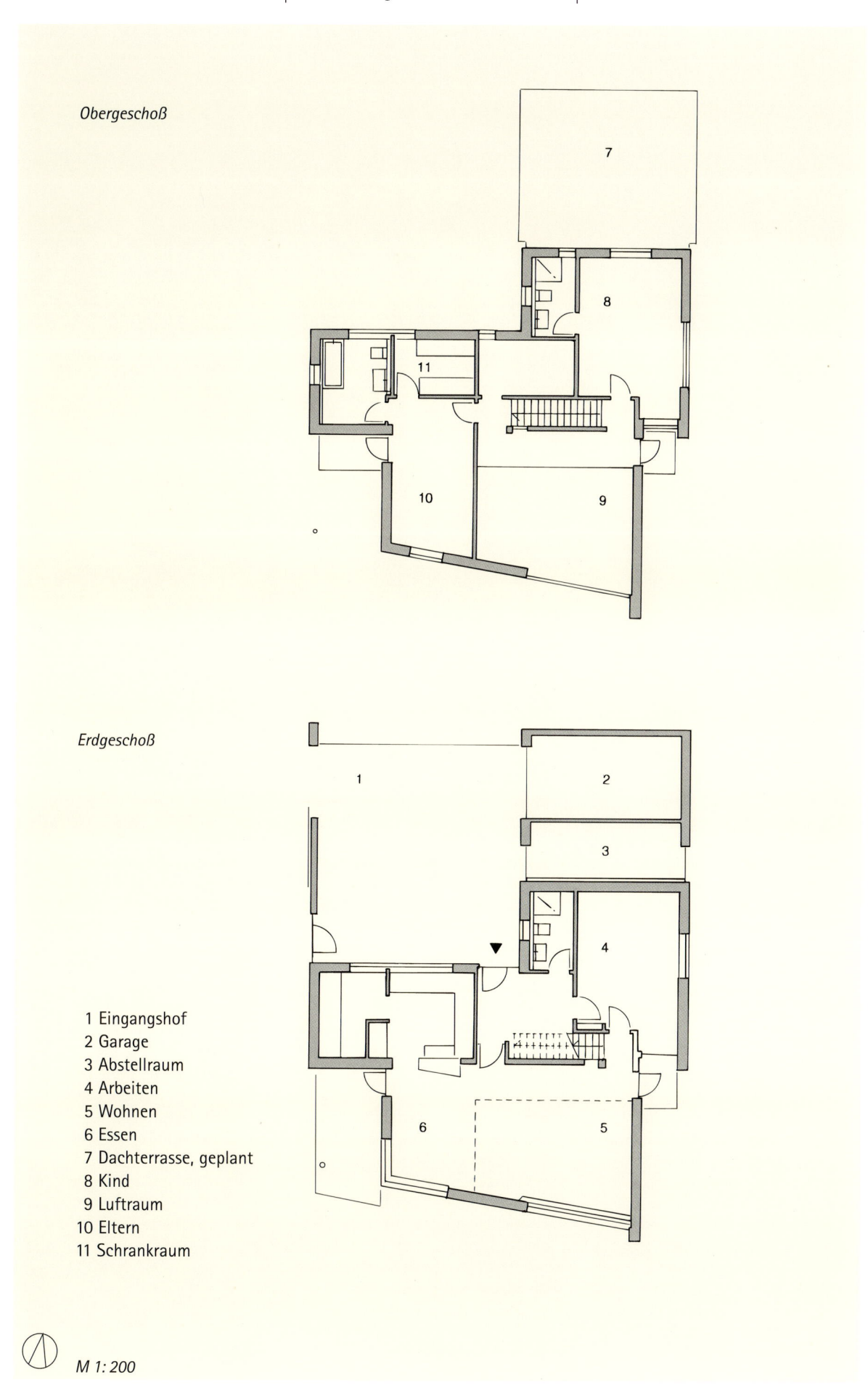

Linke Seite: Die Westfassade mit der in den Baukörper eingeschnittenen Terrasse. Blick über den Hof zum Eingang. Oben: Der haushoch angelegte Wohnraum mit der Galerie im

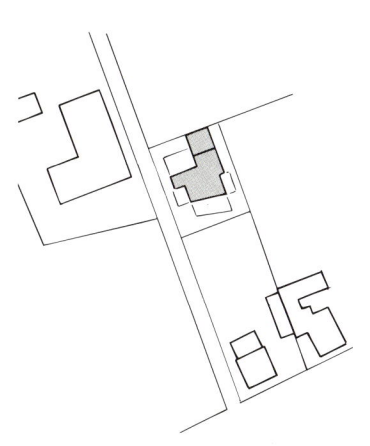

Erdgeschoß

1 Eingangshof
2 Garage
3 Abstellraum
4 Arbeiten
5 Wohnen
6 Essen
7 Dachterrasse, geplant
8 Kind
9 Luftraum
10 Eltern
11 Schrankraum

M 1:200

M 1:2000

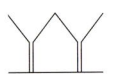

Wohnhaus
in Weil der Stadt

Architekten:
Prof. Clemens Richarz + Christina Schulz,
Weil der Stadt

Das Grundstück stellt das Innere einer ehemaligen Zehntscheune aus dem Jahr 1589 dar, von der nach einem Brand 1965 nur noch die jetzt denkmalgeschützten Umfassungsmauern standen. Seit dieser Zeit wurde der Renaissancebau als Parkplatz genutzt – eine Baulandreserve in bester zentraler Lage der Stadt. Da es sich um ein Grundstück innerhalb einer geschlossenen Ortschaft handelte, war eine Bebauung in Art und Maß der umliegenden Gebäude möglich. Es gab aber vom Landesdenkmalamt entsprechende Vorgaben, die alte Umfassungsmauer mit ihren Fenster- und Türöffnungen nicht zu verändern, den historischen Gewölbekeller zu erhalten, und Dachform, Eindeckung und Firsthöhe hatten sich an der Umgebung zu orientieren. Darüber hinaus gab es die üblichen Auflagen im Hinblick auf Abstandsflächen, Stellplätze, Brandschutz und Belichtung. Die beiden letztgenannten bedingten das Abrücken des Hauses von der Mauer, und die Gründung mußte wegen des Gewölbekellers auf eine Fläche von 6 x 6 Metern beschränkt werden. Daraus wurde ein Tragsystem von vier mittig angeordneten Einzelfundamenten entwickelt, auf denen betonierte Wandscheiben stehen – die Außenwände des Erdgeschosses –, die über die Fundamente bis zur Umfassungsmauer auskragen, ohne diese zu belasten. Hierauf wiederum liegen die um 90 Grad gedrehten Unterzüge, die die Bodenplatte des ersten Obergeschosses tragen. So entstand ein Betontisch von 12 x 12 Metern, auf den das eigentliche Haus unter strengen ökologischen und energieoptimierten Gesichtspunkten als konventioneller Massivbau gestellt wurde.

Der Grundriß
– Das Erdgeschoß ist bis auf die beiden, den Eingangsbereich definierenden Wandträger, frei von Einbauten. So wird es räumlich als zum Hof gehörig wahrgenommen
– Auch die räumliche Gliederung der Obergeschosse wird durch die Tragstruktur vorgegeben: Schotten und mittig aussteifende Wand, die gleichzeitig Installationswand ist, stellen die einzigen invarianten Teile des Grundrisses dar
– Je nach Nutzungsanforderung von Tragkonstruktion und Installation können in einem Geschoß zwei getrennte Wohnungen oder eine große Wohnung mit unterschiedlichem Zuschnitt untergebracht werden
– Derzeit ist das Haus in zwei Wohneinheiten und ein Büro im ersten Obergeschoß aufgeteilt
– Das erste Obergeschoß liegt vollständig innerhalb der alten Umfassungsmauern und hat einen entsprechend introvertierten Charakter
– Im zweiten Obergeschoß, dessen Fußboden sich 40 Zentimeter unterhalb der Mauerkrone befindet, ist der räumliche Bezug zu den Höfen noch spürbar, große Fensterelemente öffnen die Räume entsprechend der Schottenstellung mit großzügigem visuellen Kontakt zur »Außenwelt«
– Das Dachgeschoß ist durch den hohen Raumquerschnitt des Satteldaches geprägt.

Grundstücksgröße: 120 m² | Wohnfläche: 180 m² | Baukosten je m² Wfl/Nfl: 2150,- DM
Anzahl der Bewohner: 2 | Nutzfläche Erdgeschoß: 58 m² | Baukosten gesamt: 510.000,- DM
Überbaute Fläche: 65 m² | Ausführung: 1996

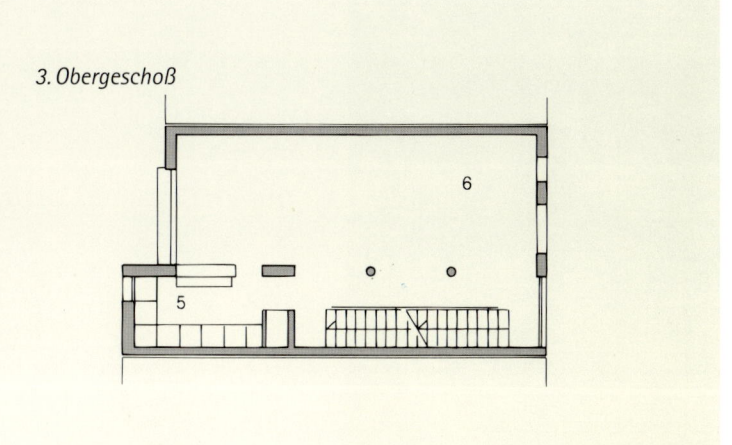

3. Obergeschoß

2. Obergeschoß

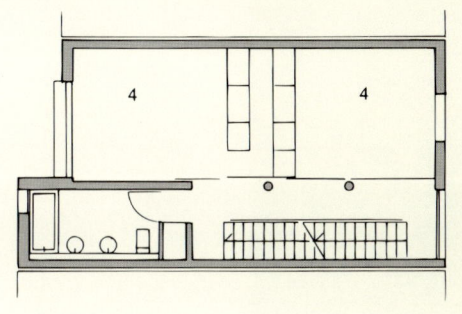

1. Obergeschoß

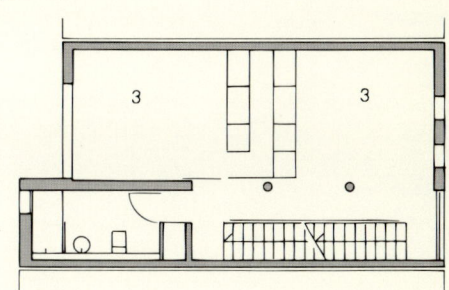

Erdgeschoß

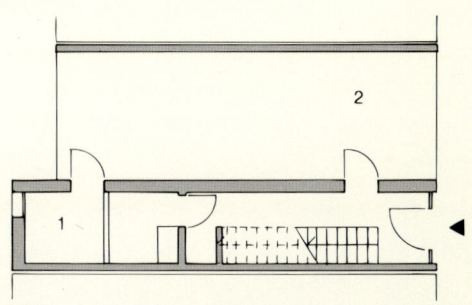

1 Heizung
2 Garage
3 Arbeiten
4 Schlafen
5 Küche
6 Wohnen

M 1: 200

Linke Seite: Die zwischen den Nachbarhäusern vermittelnde Gartenfassade; die Ostfassade zur Straße.
Oben: Die Rundstützen dienen als Zäsur zwischen Wohn- und Treppenraum.

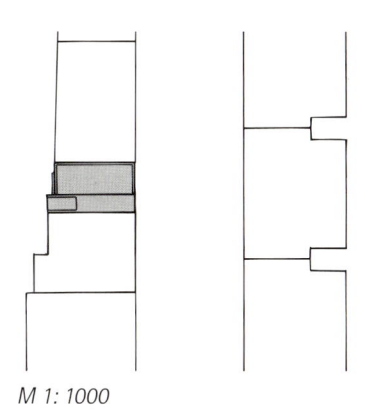

M 1: 1000

Wohnhaus in der Baulücke in Köln

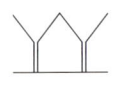

**Architekten:
Scheuring Architekten,
Köln**

Das Stadthaus füllt eine 5 m breite Baulücke in einer ruhigen Kölner Wohnstraße. Das Nachbarhaus zur Linken stammt aus den 30er, das zur Rechten aus den 60er Jahren. In der äußeren Gestalt findet keine Anpassung an die unterschiedlichen Stilrichtungen statt. Vielmehr präsentiert sich das Haus eigenständig durch seine selbstbewußte Offenheit und seine demonstrative Einfachheit. Die komplett verglasten Straßen- und Gartenfronten ermöglichen freie Ausblicke und tolerieren gleichzeitig Einblicke von außen. Den gleichberechtigten Holz-/Glasfassaden sind leichte schmale Gänge zur Fensterreinigung vorgehängt, an denen auch die Außenjalousien zur Verschattung bzw. als Sichtschutz angebracht sind. Die zu öffnenden Fassadenelemente sind als Schiebeflügel ausgebildet, die im Boden eingelassen sind. Durch die Beweglichkeit der einzelnen Fassadenelemente entsteht ein wirkungsreiches Spiel der Fassadenstrukturen, die dem Haus ein immer wieder anderes Erscheinungsbild verleihen. Der Innenraum wird von der offenen Betontreppe dominiert, die hier im Gegensatz zu herkömmlichen »Reihenhäusern« wegen ihrer Großzügigkeit eigentlich zur Wohnfläche gerechnet werden muß. In Verbindung mit dem gartenseitigen Luftraum des ersten und zweiten Geschosses betont sie die vertikale Grundstruktur des Hauses. Die Terrasse auf dem Dach ergänzt die nur beschränkte Freifläche des kleinen Grundstücks und bietet einen schönen Ausblick. Die Kombination der ausgewählten Materialien Sichtbeton und Holz rundet das Bild dieses sehr zeitgemäßen und progressiven Hauses ab, das beweist, daß auch auf den ersten Blick problematische innerstädtische Restgrundstücke besondere Wohnlösungen zulassen können.

Der Grundriß
– Durch den Rücksprung in der Erdgeschoßfassade entsteht ein überdachter und akzentuierter Eingang
– Der Split-Level-Grundriß zoniert die einzelnen Bereiche
– Die zentrale Treppe verbindet die jeweils halbgeschossig versetzten Ebenen und unterstützt so das Gefühl der räumlichen Einheit aller Geschosse
– Deckenöffnungen verbinden das Galeriegeschoß mit dem Eß- und Wohnbereich
– Aufgrund der Transparenz werden Blickbeziehungen durch die gesamte Haustiefe möglich.

Grundstücksgröße: 245 m² | Wohnfläche: 200 m² | Baukosten je m² Wfl/Nfl: 2500,- DM
Anzahl der Bewohner: 5 | Nutzfläche: 44 m² | Baukosten gesamt: 610.000,- DM
Überbaute Fläche: 56 m² | Ausführung: 1995

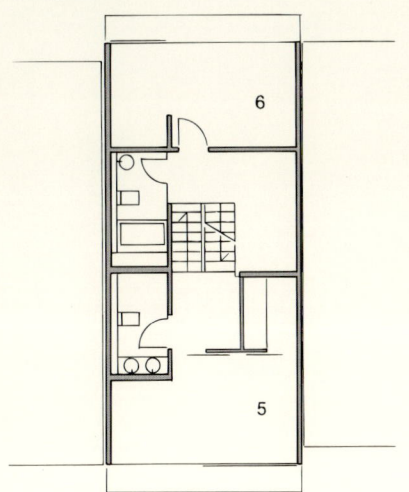

2. Obergeschoß

3. Obergeschoß

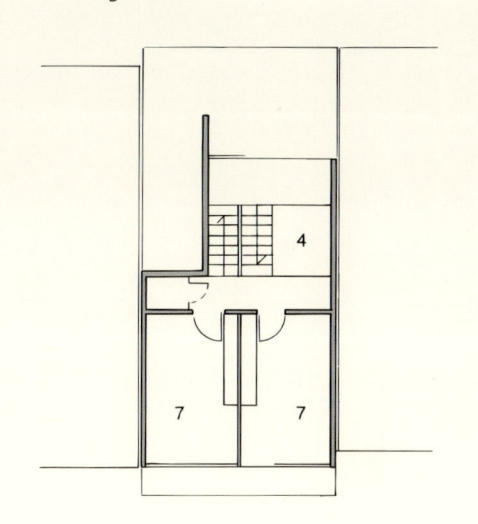

Linke Seite: Die transparente Gartenfassade nach Nordwesten; die Straßenfassade mit den vorgehängten Stahlstegen.
Oben: Blick aus dem Eßraum im Erdgeschoß auf den Treppenlauf zum Wohnraum im ersten Obergeschoß.

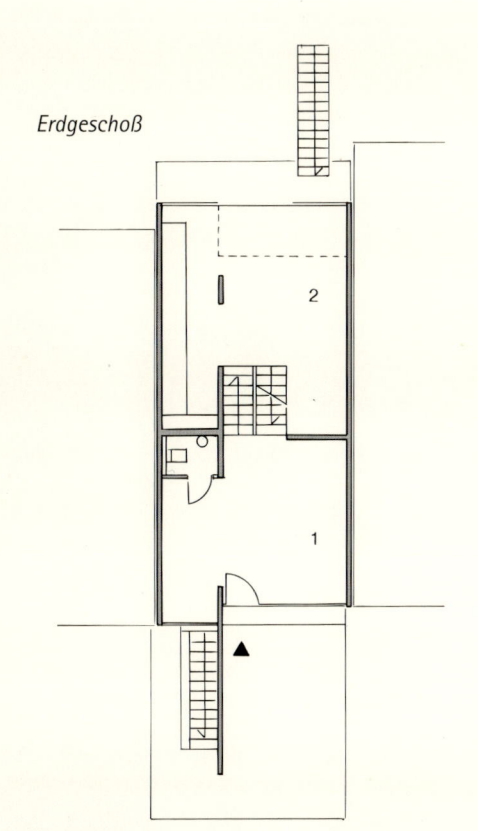

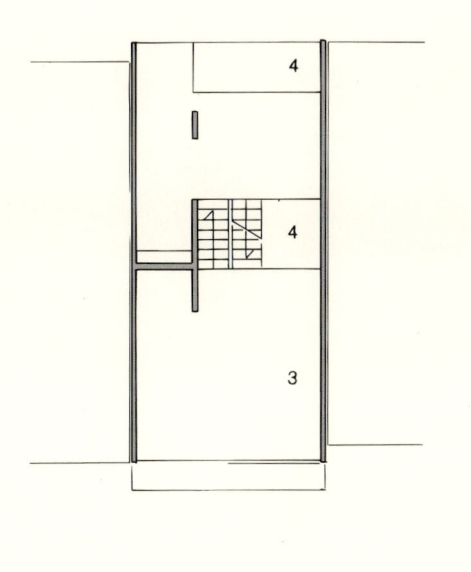

Erdgeschoß

1. Obergeschoß

1 Eingang
2 Küche/Essen
3 Wohnen
4 Luftraum
5 Eltern
6 Zimmer
7 Kind

M 1:200

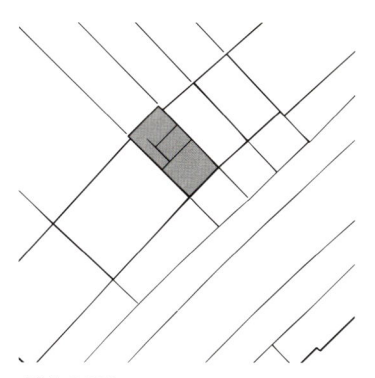

M 1:2000

Planungsgrundlagen

Das Grundstück

Grundstückssuche, Baurecht und Bewertung

Nicht überall ist die Suche nach einem Grundstück so schwierig wie in den Großstädten. Aber selbst dort ist mit der richtigen Ortskenntnis, Geschick, Spürsinn und Durchsetzungsvermögen noch so manches brach liegende Gelände, Teilgrundstück oder Abrißhaus mit schönem Garten zu finden, die sich trefflich als Bauplatz nutzen lassen – in Kleinstädten und auf dem Lande gilt das natürlich noch eher. Daß hier keine Schönfärberei betrieben wird, zeigen viele der vorgestellten Projekte, die zum Teil auf ungewöhnlichen, manchmal sogar als unbebaubar ausgewiesenen Grundstücken realisiert wurden.

Der erste Weg auf der Suche nach einem geeigneten Bauplatz sollte zum örtlichen Bauamt führen. Dort läßt sich in Erfahrung bringen, welche Grundstücke aktuell zu erwerben sind oder welche Bauplätze in naher Zukunft erschlossen werden. Die Verwaltungen der Städte und Gemeinden sind verpflichtet, Grundstückssuchende zu beraten und zu unterstützen. Liegenschaftsämter geben Auskunft über zum Verkauf anstehende Grundstücke aus öffentlichem Besitz. Als weitere Informationsquellen können ortsansässige Banken und Sparkassen dienen, die meistens über eigene Immobilienabteilungen verfügen und auch selbst Häuser und Grundstücke anbieten.

Parallel dazu empfiehlt es sich, bei der Suche auch einen örtlichen Architekten einzuschalten. Er besitzt gewöhnlich detaillierte Ortskenntnisse und kann beim Grundstückskauf beratend tätig sein. Möglicherweise bieten diese ersten Gespräche auch schon die Grundlage für eine spätere Zusammenarbeit mit dem Architekten. Sie verpflichten allerdings zu nichts, da Koppelgeschäfte zwischen Grundstücksverkauf und Planungsauftrag nicht zulässig sind.

Ein Makler verfügt ebenso über die gewünschte Marktübersicht. Bauherren, die bereits als Mieter Erfahrung mit zumeist unfreiwilligen Courtagezahlungen gemacht haben, halten die Dienste eines Immobilienmaklers oft für überflüssig und teuer. Ein kompetenter Vermittler kann jedoch beim Grundstückskauf eine wertvolle Hilfe sein und Auskünfte über das örtliche Preisniveau, die Stimmung am Markt und die Erfolgsaussichten eines Interessenten Auskunft geben. Die Makler sollte man nicht nur nach unbebauten, sondern auch nach bebauten Grundstücken fragen, die sich eventuell für eine Neubebauung eignen könnten. Viele Bauwillige trauen sich an so schwierige Grundstücke nicht heran, weil sie Abrißkosten nicht abschätzen oder sich auch die Möglichkeiten, die in einem solchen Grundstück stecken, nicht vorstellen können. Der mit der Suche beauftragte Hausmakler sollte Mitglied im Ring Deutscher Makler (RDM) oder im Verband Deutscher Makler (VDM) sein, so daß die Verpflichtung zur Einhaltung bestimmter Standesregeln gewährleistet ist. Selbstverständlich darf der Makler seine Provisionsforderung nur im Falle einer erfolgreichen Vermittlung geltend machen. Die Maklergebühr beträgt in der Regel etwa sechs Prozent des Kaufpreises. In einigen Bundesländern gehen diese Kosten nicht nur zu Lasten des Käufers, sondern sind je zur Hälfte vom Käufer und vom Verkäufer zu tragen.

Eine Alternative zum Kauf eines Grundstücks ist die Erbpacht. Hier geht das Grundstück nicht in das Eigentum des Bauherrn über, sondern wird gepachtet und fällt später wieder an den früheren Eigentümer zurück. In der Regel beträgt die Pachtzeit 99 Jahre zu einem jährlichen Zins von vier bis sechs Prozent des geschätzten Grundstückswertes. Ansprechpartner für dieses Modell sind die örtlichen Gemeindeverwaltungen sowie Pfarr- und Kirchengemeinden. Erbpachtgrundstücke werden aber auch von privater Seite angeboten.

Jeder zukünftige Bauherr wird vernünftigerweise alle angebotenen Grundstücke mit einer Checkliste seiner persönlichen Prüfung unterziehen, nicht nur um eine gewisse Vergleichbarkeit der Angebote herzustellen, sondern vor allem, um wirkliche Vorzüge und Mängel eines Grundstücks zu erkennen:

Grundstückslage
Wie ist die Infrastruktur?
Wie ist die Anbindung an den öffentlichen Nahverkehr?
Existieren Schulen und Kindergärten in der Nähe?
Art und Lage von Sport- und Freizeiteinrichtungen?
Wie ist die Qualität der Naherholung?
Art und Umfang von Emissionen (Gerüche, Lärm, Staub)?
Art und Qualität der Nachbarbebauung?
Wie ist die Anmutung des Ortsbildes?

Art des Grundstücks
Wie ist der Grundstückszuschnitt?
Wie ist die Ausrichtung in Bezug zur Himmelsrichtung?
Wie ist das Grundstück modelliert?
Gibt es erhaltenswerten oder störenden Baumbestand?
Wie sind die baurechtlichen Maßgaben?

Baugrund
Wie sind die Gründungsbedingungen?
Ist mit höherem Aufwand durch Grundwasser, Sand, Sumpf oder Fels zu rechnen?
Ist ein Keller möglich?

Altlasten
War das Grundstück schon einmal bebaut?
Gibt es Schadstoffe?
Ist ein Bodenaustausch notwendig?
Wie hoch sind die Kosten der Entsorgung?

Erschließung
Sind Zu- und Abwasserleitungen vorhanden?
Gibt es einen Strom- und Gasanschluß?

Wie sind bei Neuanlage die Kosten und Gebühren zu veranschlagen?
Welche Straßenbau- und Ausbauarbeiten sind zu erwarten?

Für die Kaufentscheidung eines Grundstücks ist neben seiner besonderen Attraktivität – die glücklicherweise sehr individuell und ganz unterschiedlich beurteilt wird – die Bebaubarkeit zu klären. Es ist daher ratsam, die technischen Grundstückseigenschaften und die Möglichkeiten der Ausnutzung von einem Architekten beurteilen und interpretieren zu lassen. Dabei sind für das Gespräch mit dem Architekten einige grundsätzliche Kenntnisse des Bauantrags- und Genehmigungsverfahrens von Vorteil, ebenso das Verständnis eines Bebauungsplanes.

Bebauungsplan

Der Bebauungsplan ist eine politische, rechtlich bindende Willenserklärung einer Gemeinde. Er gibt an, was und in welchem Umfang auf einem Grundstück gebaut werden darf. Der Bebauungsplan enthält Baulinien und Baugrenzen, legt die Zahl der Vollgeschosse und die Dachneigung fest. Die Angaben im Bebauungsplan sind verbindlich.

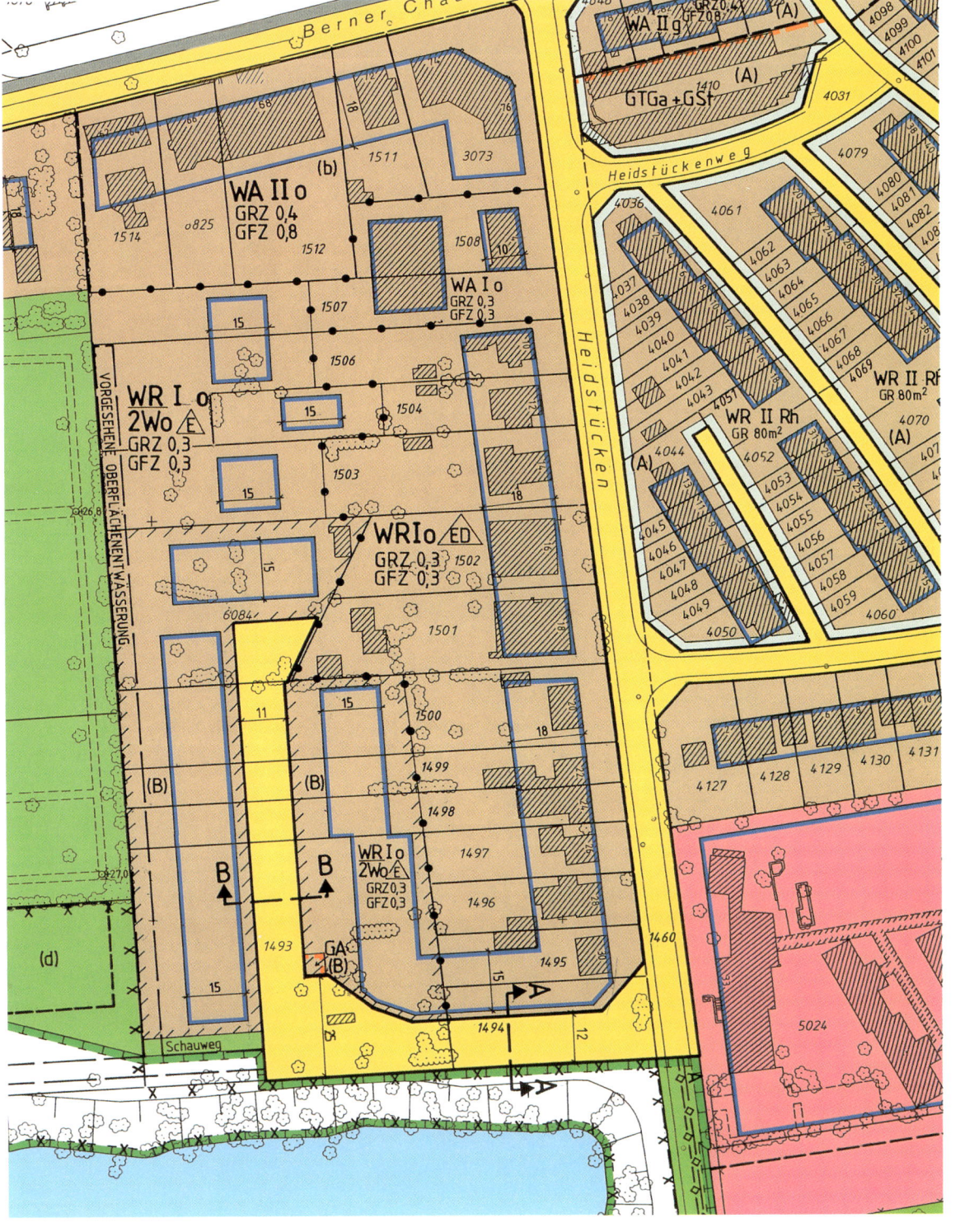

WS	Kleinsiedlungsgebiet
WR	Reines Wohngebiet
WA	Allgemeines Wohngebiet
WB	Besonderes Wohngebiet
MD	Dorfgebiet
MI	Mischgebiet
MK	Kerngebiet
GE	Gewerbegebiet
GI	Industriegebiet
SO	Sondergebiet

Die Baunutzungsverordnung bestimmt, welche Nutzungsarten in den einzelnen Baugebieten zulässig sind oder zugelassen werden können.

- Fläche für Gemeinbedarf
- Straßenverkehrsfläche
- Straßenbegrenzungslinie
- Baulinie
- Baugrenze
- •—•—• Abgrenzung unterschiedlicher Festsetzungen
- Fläche für private Stellplätze oder Garagen
- (E) Umgrenzung des Erhaltungsbereichs
- St Stellplätze für Kraftfahrzeuge
- Ga Garagen (oberirdisch)
- TGa Tiefgaragen (ganz oder überwiegend unterirdisch)
- I, II und mehr — Zahl der Vollgeschosse
- z.B. III es dürfen höchstens 3 Geschosse gebaut werden
- z.B. (III) es müssen 3 Geschosse gebaut werden
- 2 W die Gebäude dürfen nicht mehr als 2 Wohnungen haben
- g geschlossene Bauweise
- o offene Bauweise
- (D) es sind nur Doppelhäuser zulässig
- (E) es sind nur Einzelhäuser zulässig
- (ED) es sind nur Einzel- und Doppelhäuser zulässig
- (H) es sind nur Hausgruppen zulässig
- Rh es sind nur Reihenhäuser zulässig
- GR Grundfläche der baulichen Anlagen
- GRZ Grundflächenzahl
- GF Geschoßfläche
- GFZ Geschoßflächenzahl
- BM Baumasse
- BMZ Baumassenzahl

169

Bauvoranfrage
Sollten Zweifel an der Genehmigungsfähigkeit eines Entwurfes auf dem zu erwerbenden Grundstück bestehen, lassen sich diese durch eine Voranfrage beseitigen. Sie besteht aus einem groben Vorentwurf und einer Baubeschreibung. Die Antwort, der Vorbescheid, ist je nach Bundesland ein bis drei Jahre gültig.

Grundbuch
Es liegt beim Amtsgericht. In diesem Verzeichnis werden wie in einen Paß alle relevanten Daten wie Lage, Größe, Nutzung eines Grundstücks eingetragen. Darüber hinaus enthält das Grundbuch alle Angaben zu Eigentümern, Belastungen aus Hypotheken und Rechten Dritter an dem Grundstück. Einsicht in das Grundbuch kann bei berechtigtem Interesse gegen Gebühr genommen werden.

Katasterunterlagen
Sie sind im Kataster- oder Liegenschaftsamt erhältlich. Auszüge aus dem Liegenschaftskataster und eine Kopie der Flurkarte geben Informationen über Lage, Größe und Nutzung des Grundstücks sowie der Nachbargrundstücke an, machen aber keine Angaben über Eigentumsverhältnisse oder Belastungen.

Abstandsfläche
Ist die unbebaubare Fläche vor notwendigen Fenstern. Ihre Breite und Tiefe ist abhängig von der Gebäudehöhe und der Zahl der Vollgeschosse.

Art der baulichen Nutzung
Dieser Begriff aus der Baunutzungsverordnung gibt an, welcher Gebäudetyp auf dem Grundstück entstehen darf: Wohn- oder Geschäftsgebäude.

Bauflächen
Die im Flächennutzungsplan für die Bebauung vorgesehenen Flächen, gegliedert nach der allgemeinen Art der Nutzung. Die Baunutzungsverordnung unterscheidet in:
Wohnbauflächen (W)
gemischte Bauflächen (M)
gewerbliche Bauflächen (G)
Sonderbauflächen (S)

Baugrenze
Sie begrenzt die überbaubaren Grundstücksflächen. Die Baugrenze darf in Ausnahmefällen lediglich von untergeordneten Bauteilen wie einem Erker oder Balkon überschritten werden.

Baulasten
Durch Erklärung gegenüber der Bauaufsichtsbehörde können Grundeigentümer oder Erbbauberechtigte rechtlich Verpflichtungen zu einem ihr Grundstück betreffenden Handeln, Dulden oder Unterlassen eingehen. Diese Baulasten werden auch gegenüber dem Rechtsnachfolger wirksam und werden in ein sogenanntes Baulastenverzeichnis eingetragen.

Baulinie
Die Baulinie gibt verbindlich die Lage der Gebäudeaußenkanten an, um zum Beispiel in einer Straße eine einheitliche Gebäudeflucht zu erreichen. Sie darf wie die Baugrenze in Ausnahmefällen höchstens von untergeordneten Bauteilen des Gebäudes überschritten werden.

Baumbestandsplan
Er gibt an, wo sich auf einem Grundstück erhaltenswerter Baumbestand befindet, der unter Umständen nicht gefällt werden darf.

Bauweise
Der Bebauungsplan unterscheidet zwischen offener und geschlossener Bauweise. In Gebieten mit offener Bauweise können Gebäude mit seitlichem Grenzabstand (Bauwich) als Einzelhäuser, als Doppelhäuser oder als Hausgruppen mit einer Länge von höchstens 50 Metern errichtet werden.

In Gebieten mit geschlossener Bauweise ist der seitliche Grenzabstand nicht erwünscht, um eine geschlossene, zeilenartige Bebauung zu erreichen.

Bruttogeschoßfläche (BGF)
Dieser Begriff umschreibt die Summe aller Geschoßflächen eines Gebäudes in ihren Außenmaßen.

Geschoßflächenzahl (GFZ)
Die Geschoßflächenzahl drückt aus, wie das Verhältnis aller Geschoßflächen eines Gebäudes zur Grundstücksgröße maximal sein darf. (Grundstücksgröße x GFZ = zulässige Geschoßfläche)

Grenzabstand
In Gebieten offener Bauweise der Abstand zwischen einem Gebäude und den seitlichen und rückwärtigen Grundstücksgrenzen.

Grundflächenzahl (GRZ)
Angabe im Bebauungsplan, die das Verhältnis von Grundstücksfläche zu überbaubarer Fläche angibt. (Grundstücksgröße x GRZ = überbaubare Fläche)

Traufhöhe
Die Höhe der Außenwände eines Gebäudes zwischen ihrem höchsten Punkt und der Geländeoberfläche. Giebeldreiecke werden nicht mitgemessen.

Nachbarrecht
Unterschieden wird in öffentlich-rechtliches und privates Nachbarrecht. Ersteres findet seinen Niederschlag im Bau- und Bauplanungsrecht. Das private Nachbarschaftsrecht regelt das Verhältnis der Nachbarn, also der Grundstückseigentümer und Hausbesitzer untereinander. Festgelegt sind hier Regelungen, die häufiger zu nachbarschaftlichem Zwist führen, wie zum Beispiel Fenster- und Lichtrechte, Grenzabstände, Hammerschlags- und Leiterrecht. Natürlich können Nachbarn untereinander auch einvernehmliche Regelungen treffen, die im Baurecht anders geregelt sind, zum Beispiel über die Anlage von Mauern, hohen Zäunen, Rankgittern an der Grundstücksgrenze und Grenzbepflanzungen. Diese sollten verbindlich vereinbart werden, damit es nicht irgendwann zu rechtlichen Auseinandersetzungen kommt. In diesem Zusammenhang ist zu erwähnen, daß es im Sinne späterer guter Nachbarschaft stets hilfreich ist, zu einem frühen Zeitpunkt, vielleicht schon bei den ersten Erkundigungen auf dem Grundstück mit den Nachbarn Kontakt aufzunehmen und sie über das

geplante Bauvorhaben zu informieren. Am meisten wird sie interessieren, ob das neue Haus das eigene Grundstück möglicherweise beeinträchtigen wird. Außerdem möchte der zukünftige Nachbar sicher über Umfang, Dauer und den Beginn der geplanten Baumaßnahme unterrichtet werden. Stellen sich schon diese Gespräche als schwierig dar, wird möglicherweise auch das spätere Zusammenleben Zaun an Zaun nicht einfach werden. Vorsicht ist also geboten, besonders bei Entwürfen, die mit der Architektur und den Geschmacksvorstellungen in dem gewachsenen Wohngebiet kollidieren könnten. In einem solchen Fall ist das frühzeitige Werben um Verständnis besonders wichtig.

All diese Begriffe werden dem zukünftigen Bauherrn während seiner Grundstückssuche und bei der Grundstücksbeurteilung früher oder später einmal begegnen. Im Gespräch mit dem Architekten, für dessen Planung die Festsetzungen im Bebauungsplan Richtschnur sind, werden diese Begriffe ständig fallen. Je besser sich der Bauherr mit den Planungsgrundlagen und den zugehörigen Begriffen auskennt, um so kompetenter wird er mit seinem Architekten sprechen und dessen Vorschläge kritisch hinterfragen können.

Lage und Orientierung des Hauses
Die Orientierung und Positionierung von Häusern auf einem Grundstück richtet sich, wenn nicht durch Baufenster, Baulinie und Baugrenze vorgegeben, in erster Linie nach den spezifischen Grundstückseigenschaften wie Baumbestand, Hanglage, Forderungen nach besonderem Schallschutz, Ausblick und Nachbarbebauung, die mit dem Kriterium einer guten Besonnung und Belichtung in Einklang zu bringen sind. In den beiden folgenden Abbildungen sind günstige Gebäudepositionen auf ebenen Grundstücken für Einfamilienhäuser in Bezug auf optimale Besonnung dargestellt.

An einer Straße mit Ost-West-Ausrichtung ist das Grundstück südlich begünstigt, weil dort der Eingang und alle Nebenräume nach Norden angeordnet werden können. Die Wohn- und

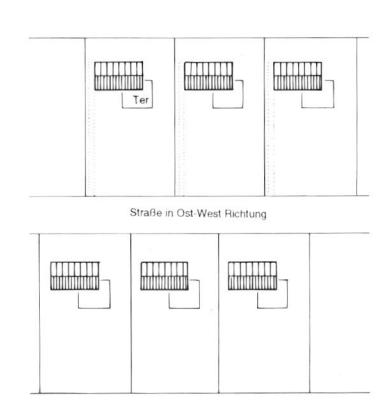

Schlafräume lassen sich nach Süden an der der Straße abgewandten, ruhigen und sonnigen Seite des Hauses ausrichten, auch Terrasse und Garten lassen sich fast ganztägig besonnen. Ein Haus auf dem nördlich der Straße gelegenen Grundstück ist besser im hinteren Teil des Geländes positioniert, um den Garten im Süden zu erhalten. Das Gebäude liegt dann aber nicht an der Straße und benötigt wie ein »Pfeifenkopfgrundstück« eine lange Anfahrt von Süden durch den Garten zur Garage. Nachteilig ist auch, daß der Zugang selbst meist nur ungeschützt angelegt werden kann und jeder Besucher beim Betreten des Grundstücks Einblick auf Terrasse und Garten erhält.

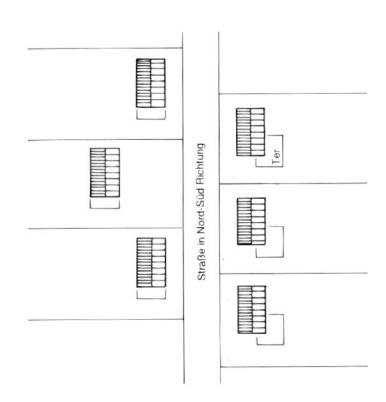

An einer Straße in Nord-Süd-Richtung sind die westlich gelegenen Grundstücke vorteilhafter. Hier ist die Erschließung straßenabgewandt von Osten möglich, der Garten erfährt sowohl Süd- als auch Westbesonnung.

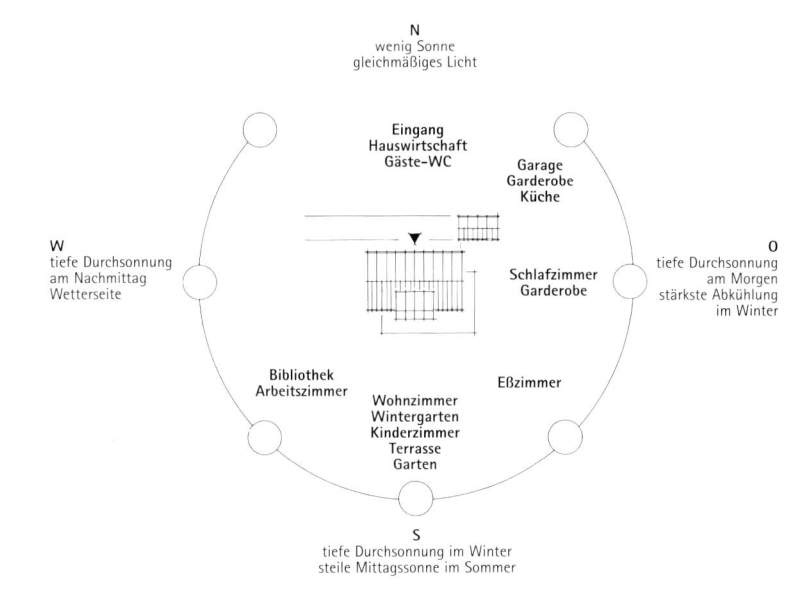

Lage der Räume eines Hauses in Bezug auf optimale Besonnung

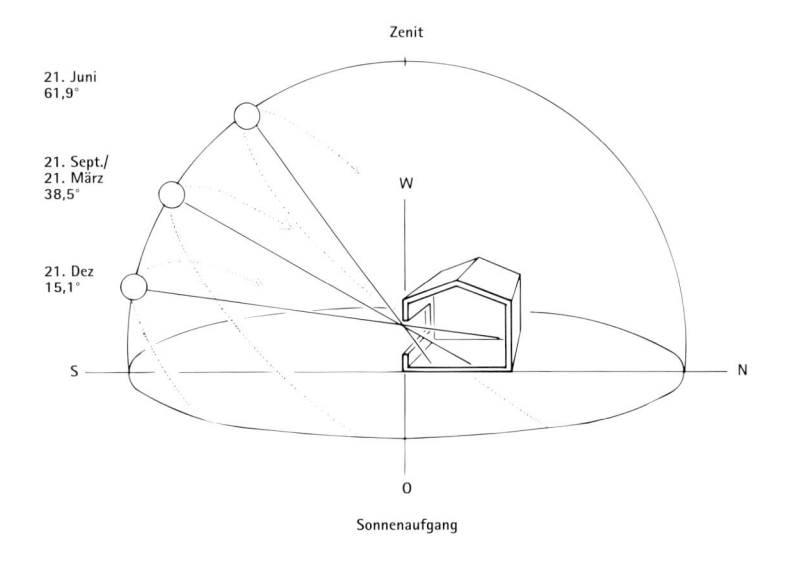

Tiefe der Durchsonnung in Abhängigkeit von der Jahreszeit

Das Raumbuch

Eine bewährte Hilfe für die gründliche Planung

Jedes Wohnhaus hat – unabhängig von der Größe – im Laufe der Zeit ganz unterschiedliche Wünsche und Bedürfnisse seiner Bewohner zu erfüllen. Wer in jungen Jahren ein Starterhaus plant und baut, setzt andere Prioritäten, als der Bauherr, der sich erst in der zweiten Lebenshälfte den Traum vom eigenen Haus erfüllt. Neben dem Budget und den altersbedingten Wohnvorstellungen fließen auch regionale Vorlieben und landschaftsbedingte Parameter sowie vor allem die geschmacklichen Vorlieben und Erfahrungen in die Planung ein. Neben einer zunehmenden Individualisierung der Wohnbedürfnisse ist parallel ein hohes Maß an ökologischer Verantwortung bei Bauherren und Architekten zu beobachten, unabhängig davon, ob sie experimentell-modern oder eher traditionell planen und bauen wollen.

Der Wunsch nach einer die Gesundheit nicht beeinträchtigenden Bauweise, dem verantwortungsvollen Umgang mit dem Baumaterial, dem notwendigen Energieeinsatz zu seiner Herstellung und einem sparsamen Umgang mit der Primärenergie zum Unterhalt des Hauses, haben auch das Bewußtsein für die Langlebigkeit und Werthaltigkeit eines Hauses geschärft. Daraus entsteht zunehmend der Wunsch, das eigene Haus möglichst variabel und bei sich wandelnden Wohnansprüchen auch ohne weitreichende bauliche Veränderungen umnutzen zu können. Die lang gepflegte Praxis einer monofunktionalen Raumplanung weicht dem Prinzip eines eher nutzungsneutralen Raumkonzeptes. Bei diesem Ansatz sind die einzelnen Räume nicht nur auf ihre ursprünglich vorgesehene, spezifische Funktion beschränkt, sondern in ihrer räumlichen Dimensionierung so gewählt, daß sie untereinander austauschbar sind, das heißt, der Raumzuschnitt des Kinderzimmers läßt auch die Nutzung als Elternschlafzimmer, zweiten Wohnraum oder Arbeitszimmer zu. Dieses Prinzip des variablen Grundrisses erfordert zwar einen gewissen Mehrbedarf an Fläche – je nach Wohnanspruch mindestens 10% bei den Wohn- und Schlafräumen –, es ist aber ein zuverlässiger Garant dafür, daß ein Haus auch über die Jahre, ja über Generationen hinweg, besonders gut »funktioniert«. Die vielen Häuser aus den zwanziger und dreißiger Jahren, die nach dem Prinzip relativ gleichrangiger Räume geplant wurden, belegen dies eindrucksvoll. Und: ihre Beliebtheit drückt sich auch in dem vergleichbar hohen Preisniveau aus, das diese Häuser seit einigen Jahren beim Verkauf erzielen.

Unabhängig vom Haushaltstyp und der individuellen Gestaltung lassen sich die Räume eines Wohnhauses funktional in drei Bereiche einordnen, für die sich auch bei der Planung im Sinne einer eindeutigen Verständigung zwischen Auftraggeber und Architekt ein eigener Sprachgebrauch herausgebildet hat:

Der Familien- oder auch Kommunikationsbereich

Hierzu zählen alle Räume, die den gemeinsamen Aktivitäten der Bewohner dienen, wie Wohn- und Eßraum oder zum Beispiel ein Musikzimmer, aber auch Außenräume wie Terrasse und Garten. In diesen Räumen findet das kollektive Leben statt, das regelmäßige und gleichzeitige Einfinden aller Bewohner zum Essen, zum Kommunizieren, Musizieren, Spielen sowie Musik hören oder Fernsehen. Ebenso fungieren sie als »offizielle Räume«, in denen Gäste empfangen und bewirtet werden.

Der Eingangs- und Flurbereich, der in der Regel ein separates WC und die Garderobe enthält, nimmt eine vermittelnde Funktion zwischen öffentlicher und privater Sphäre ein. Neben der Schwellen- und Klimapufferfunktion kommt dem Eingangsbereich bei aller Funktionalität auch die Aufgabe zu, die Bewohner selbst und Fremde sowie Gäste beim Betreten auf den Aufenthalt dort einzustimmen, gleichsam eine bauliche Zäsur zwischen dem Draußen und Drinnen zu schaffen. Eine solche Dramaturgie des Einganges, die über das notwendige Flächenminimum früherer Einfamilienhäuser hinausgeht, findet sich in vielen der dargestellten Projekte. Ihre inhaltliche und gestalterische Spanne reicht von der Willkommensgeste über das gewünscht repräsentative Erscheinungsbild einer Halle bis zur gänzlichen Vermeidung einer eigentlichen Eingangssituation, die sogar auf einen Windfang verzichtet und direkt in den Wohnbereich führt: Der Eingangsbereich als gebaute Geisteshaltung seiner Bewohner.

Der Individualbereich

Hierunter sind alle Räume zu verstehen, die jedem Familien- oder Hausgemeinschaftsmitglied als Rückzugsmöglichkeit dienen, wie das Kinder- und Elternschlafzimmer, eine Bibliothek, das Arbeitszimmer oder der Medienraum. In diesen Räumen wird geschlafen und geistige Arbeit verrichtet, hier kann eine Krankheit auskuriert oder ungestört einer individuellen Beschäftigung nachgegangen werden.

Die Nebenräume

Dieser Bereich umfaßt die Wirtschafts- und Sanitärbereiche eines Wohnhauses wie Küche, Hauswirtschaftsraum, Waschküche, Bäder und WCs. Die auf vielfältige Installationen angewiesenen Räume dienen sowohl der Nahrungszubereitung und Vorratshaltung als auch der Körper- und Wäschepflege sowie dem Unterhalt des häuslichen Betriebes – sie bilden die technischen Zentren des Haushaltes, unabhängig davon, wie wohnlich Küche und Bäder auch eingerichtet sind.

Zu Beginn der Grundrißplanung sollten die Bauherren definieren, welche Ansprüche sie an das neue Haus stellen wollen und welche Wünsche, Hoffnungen und Erwartungen die zukünftigen Bewohner mit dem zu planenden Neubau verbinden. Eine sinnvolle Vorgehensweise kann dabei sein, die guten und schlechten Erfahrungen mit der gegenwärtigen Wohnsituation zu sammeln und zu notieren. Eine solche Positiv-/Negativliste kann ein erster wertvoller Schritt sein, selbst Klarheit über die grundlegenden planerischen Anforderungen zu gewinnen. Diese sollten sich sowohl auf das Haus in seiner Gesamtheit, also auf Größe, Form und Ausstrahlung beziehen, als auch auf die einzelnen Räume selbst.

Das Raumbuch will durch die Darstellung der Funktionen und Funktionszusammenhänge der einzelnen Räume eines Wohnhauses in die praktische Grundrißgestaltung einführen. Fragen des bauinteressierten Lesers an die Planung eines jeden Raumes, wie zum Beispiel »Wo ist erfahrungsgemäß aber auch für einen persönlich die beste Lage für das Schlafzimmer im Haus?« oder »Wie groß ist eine sinnvoll eingerichtete Küche auszulegen?« sollen hier eine erste Beantwortung erfahren. Die getroffenen Aussagen in den einzelnen Kapiteln sind das Ergebnis allgemeiner planerischer Erfahrung, die zwangsläufig zeitbedingt sind und selbstverständlich nicht den Anspruch von Endgültigkeit oder gar Gesetzescharakter haben. Die formulierten Erfahrungen sollen vielmehr dazu anregen, die eigenen Wohnvorstellungen inhaltlich zu überprüfen, neue Informationen und Hinweise aufzunehmen, um diese dann gemeinsam mit dem betreuenden Architekten Grundriß und Gestalt annehmen zu lassen.

Der Eingang – Zugang und Erschließungszone

Der Eingang eines Hauses ist ein anspruchsvoller Raum. Er dient zuerst einmal ganz pragmatisch als »Schleuse«, er trennt zwischen Außen- und Innenwelt, zwischen öffentlicher und privater Sphäre, ist Ort des Überganges und der Abschirmung. Hier öffnet sich das Haus für den Eintretenden oder es zeigt sich verschlossen, schützt vor der Außenwelt, macht es zum sicheren Hort: Kein anderer Raum des Hauses ist in Funktion und Gestik derart vielschichtig und bedeutungsvoll. Der Eingang vertritt die Haltung eines Hauses, als schlichter Zugang ebenso wie als pointiertes Entree. Neben der Aufgabe einer Barriere dient er der Erschließung des Hauses, ist Zugang, Verteiler und Knotenpunkt zugleich. Seine architektonische Qualität bestimmt ganz wesentlich die Funktionstüchtigkeit eines Grundrisses.

Den Schutz der Privatsphäre des Hauses gegenüber der Aussenwelt übernimmt die Haustür, den eigentlichen Klimapuffer bildet der Windfang. Er kann reine Funktionsschleuse und Durchgangsraum sein oder großräumig als Diele oder Halle mit Garderobe und Gäste-WC als Raumeinheit angelegt sein, die dann insgesamt als Klimapuffer dient. Hier kann die Raumtemperatur niedriger gehalten werden als in den eigentlichen Wohnräumen, die Temperaturdifferenz zwischen Innen und Außen ist dadurch abgestuft, entsprechend geringer der Energieverbrauch. Einer anderen Wohnhaltung entsprechend kann der Eingangsbereich, um vermeintlich »unnötige Nebenflächen« zu vermeiden, auch schon Teil des offenen Grundrisses sein, nur die Haustür trennt dann zwischen Innen und Außen. Für jede der beschriebenen Eingangssituationen mit ihren zahlreichen Varianten und Abstufungen gibt es Argumente des Für und Wider. Bauherren sollten sich über die Konsequenzen einer jeden Eingangslösung im Klaren werden, sie einmal im Grundriß simulieren, gedanklich das Haus betreten, sich die räumliche Situation vorstellen, oder ein kleines Arbeitsmodell des Eingangsbereiches anfertigen, um die spätere Raumwirkung besser abschätzen zu können.

Unabhängig von einer offenen oder eher abgeschlossenen Eingangssituation ist dies der Raum, in dem beim Betreten und Verlassen des Hauses die Garderobe gewechselt wird, wo Winter- und Sommerkleidung aufgehoben werden kann, wo auch Gäste ihre Garderobe ablegen werden – nasse wie trockene. Es muß also für ausreichend Hängefläche gesorgt werden, sei es in Schränken, einem begehbaren Kabinett oder auch offen auf einer Kleiderstange. Darüber hinaus kann hier der Stauraum für Schuhe untergebracht werden. Neben dem Angebot an Schrankfläche bestimmt der Wunsch nach architektonischer Wirkung dieses Raumes den Flächenbedarf. Soll der Eingang eher als funktionaler Durchgangsraum oder wirkliches Entree verstanden werden, gleichsam als Willkommensgeste, die jedes Gefühl von Enge vermeidet, dann wird der Eingang zu einem Raum, in dem zwar nicht allzu häufig und lange verweilt wird, der aber für das Wohlbefinden von großer Bedeutung sein kann.

Neben aller Ausstrahlung und Gestik muß der Eingang eines Hauses funktionieren, schließlich dient er als Erschließung und Verteiler für das gesamte Haus. Er bildet den zentralen Knotenpunkt, von dem aus alle Wege abgehen und ankommen. Von hier aus sollte auf kurzem Weg die Küche zu erreichen sein, unabhängig davon, ob es eine zweite Erschließung der Küche über die Garage oder von Außen gibt. Die Nähe zur Treppe, die in die anderen Geschosse führt, ist sinnvoll, auch der Wohnbereich sollte von hier aus unmittelbar zugänglich sein. Dabei empfiehlt es sich, das Gäste-WC optisch und schalltechnisch so im Grundriß anzuordnen, daß für eine deutliche atmosphärische Trennung der Bereiche gesorgt ist.

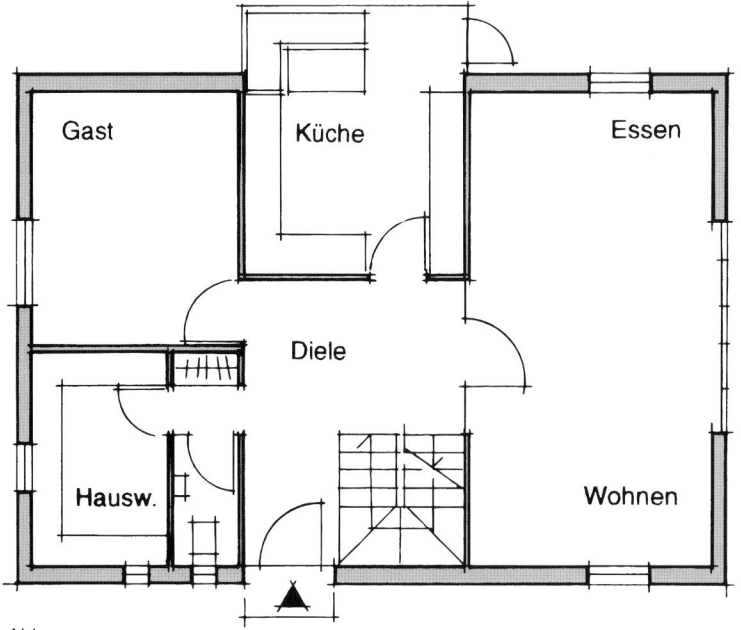

Abb. a

Es ist funktional und wärmetechnisch günstig, den Hauseingang an der Nordseite beziehungsweise der wetterabgewandten Seite des Hauses zu planen. Liegt die Eingangstür nicht zu hoch über dem Terrain, entsteht keine unnötige Barriere. Je geringer die Anzahl der Stufen, desto einfacher gestaltet sich die Erschließung auch für ältere Menschen und der Zugang mit dem Kinderwagen.

Der Eingang sollte wind- und wettergeschützt angelegt sein. Sofern er bündig mit der Fassade geplant ist, wird eine Überdachung benötigt. Wird er in die Fassade eingerückt, ergibt sich ein geschützter Vorraum, der auch als Windfang ausgebildet werden kann.

Bei der Fassadengestaltung des Eingangs sind Platz für Aussenbeleuchtung, Klingel, Sprechanlage und Briefkasten sowie Zeitungsbehältnis zu berücksichtigen – notwendige Accessoires, die, wenn ihre Anordnung einem architektonischen Konzept unterliegt, ganz selbstverständlich mit zur Gestaltung dieses Bereiches beitragen. Zweckmäßig ist die direkte Angliederung des Eingangsbereiches an den Abstell- oder Hauswirtschaftsraum, um die Transportwege mit Einkaufstaschen, Müll und ähnlichem möglichst kurz zu halten. Insgesamt gewinnt der Erschließungsbereich eines Hauses, wenn er mit ausreichender Bewegungsfläche ausgestattet und zur guten Orientierung übersichtlich und hell – am besten durch Tageslicht – belichtet wird.

Abb. a: Das Haus wird von der »Breitseite« erschlossen. Der Eingang führt in einen Flur, der als zentraler Verteiler dient. Küche, Eß- und Wohnraum sind direkt angebunden. Ohne Umweg leitet die Treppe ins Obergeschoß. Darüber hinaus sind der Diele ein Gäste-WC und die Garderobe zugeordnet. Auf einen Windfang kann verzichtet werden, wenn alle Räume, die an den Verteilerflur angrenzen, einen eigenen Abschluß, also eine Tür, besitzen.

Abb. b: Eine andere Möglichkeit der Eingangsgestaltung ist der offene Eingang. Ein räumlich definierter Flur existiert nicht. Der Besucher fällt »mit der Tür ins Haus«. Dem Eintretenden bietet sich der gesamte Wohnbereich als Entree, das Haus steht ihm offen. Ein Nachteil dieser großräumigen Lösung kann das thermische Verhalten der unterschiedlich erwärmten Luftschichten in der Raummitte und in unmittelbarer Nähe der Haustür sein. Es kommt zu einer ständigen »Zwangslüftung des gesamten Hauses« mit als unangenehm empfundenen Zugerscheinungen. Dem kann nur durch einen vorgebauten Windfang begegnet werden.

Eine besondere planerische und gestalterische Bedeutung kommt der Innentreppe zu. Sie kann über ihre Funktion als vertikale Verbindung zwischen zwei Geschossen hinaus ein wesentliches innenarchitektonisches Element darstellen, das zu einem

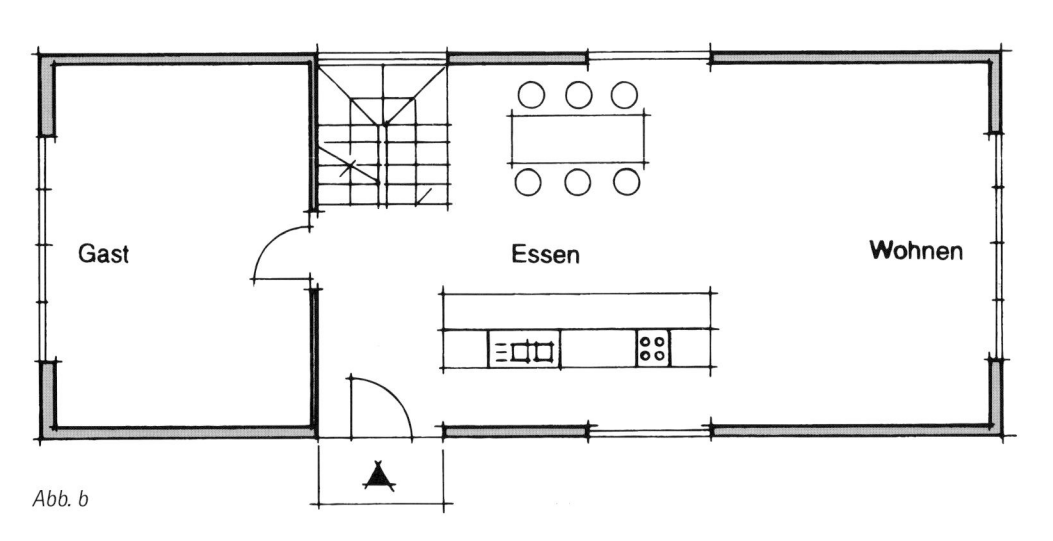

Abb. b

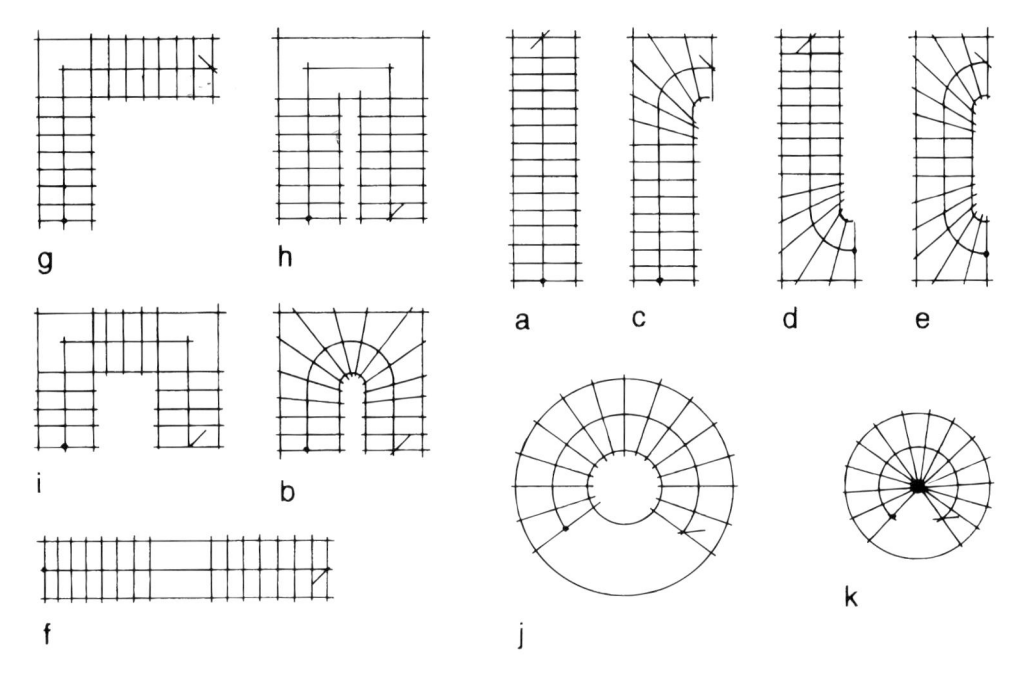

a einläufige gerade Treppe
b einläufige, halbgewendelte Treppe
c einläufige, im Austritt viertelgewendelte Treppe
d einläufige, im Antritt viertelgewendelte Treppe
e einläufige, zweimal viertelgewendelte Treppe
f zweiläufige gerade Treppe
g zweiläufige gewinkelte Treppe mit Zwischenpodest
h zweiläufige gegenläufige Treppe mit Zwischenpodest
i dreiläufige, zweimal abgewinkelte Treppe mit Zwischenpodesten
j Wendeltreppe
k Spindeltreppe

besonderen Wohngefühl im Haus beiträgt. Daher sind bei der Grundrißplanung die Lage und Ausgestaltung der Treppe wichtige planerische Aufgaben.

Ist eine weitgehende Trennung der Geschosse vorgesehen, bietet sich die Lage im Eingangsbereich an, da die Treppe von hier aus unmittelbar zugänglich ist und als eigener mehr oder minder geschlossener Treppenraum auch die Übertragung von Geräuschen zwischen den Ebenen mindert. Soll hingegen eine räumliche und optisch enge Verbindung der Wohnebenen entstehen, kann die Treppe etwa in Verbindung mit einer offenen Galerie vom Wohnbereich aus zugänglich sein. Die gezeigten Treppenlösungen geben sowohl Auskunft über den Platzbedarf als auch über die Funktionalität. Es gibt Treppen, auf denen man sich wohlfühlt, und andere, die zwar die kürzeste mögliche Verbindung zwischen zwei Ebenen darstellen, aber immer nur widerwillig betreten werden. Das soll nicht heißen, daß Treppen nicht planbar sind, ihre Anlage bedarf aber einer besonderen Erfahrung, die über die Anwendung des reinen Zahlenverhältnisses von Auftrittsbreite und Stufenhöhe hinausgeht. Nicht umsonst hatten die Treppenbauer über Jahrhunderte ein ganz besonderes Ansehen, galten mehr als Künstler denn als Handwerker – stets verbunden mit einem Hauch des Geheimnisvollen, der sich um ihre besonderen Fertigkeiten rankte.

Das Steigungsmaß beschreibt das Verhältnis zwischen Auftrittsbreite und Stufenhöhe. Zwei Stufenhöhen und eine Auftrittsbreite sollten addiert 62–64 cm ergeben – ein Maß, daß aus der mittleren Schrittlänge eines erwachsenen Menschen resultiert.

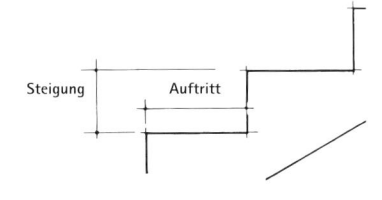

Beispiel: Steigungsverhältnis 17 / 29. Zwei Stufenhöhen von 17 cm und eine Auftrittsbreite von 29 cm ergeben in der Summe 63 cm, eine für Treppen in Wohnhäusern gute Relation.

Grundsätzlich gilt, daß die Steigung nicht größer als 21 cm, und die Auftrittsbreite nicht kleiner als 21 cm sein sollte, da sonst das Laufen auf der Treppe als unbequem und anstrengend empfunden wird. Ein zu kurzes Auftrittsmaß erhöht das Risiko, auf der Treppe auszurutschen und zu stürzen. Die häufig nach vermeintlich reinen Funktionskriterien – Kosten, Platzbedarf – angelegten Kellertreppen zeigen diesen Mangel besonders augenfällig.

Die nutzbare Treppenbreite zwischen den Handläufen oder zwischen Wänden sollte nicht zu gering ausfallen, da über die Treppe auch einmal Möbel transportiert werden müssen. Die gekonnte planerische Kombination aus »richtigem« Steigungsmaß, Form des Treppenlaufes und der Treppenbreite bestimmen die Qualität einer Treppe.

Die Küche – Arbeitsplatz zum Wohlfühlen

Eine gut geschnittene Küche, die über die notwendigen Funktionsgeräte am richtigen Platz und eine persönliche dekorative Einrichtung und Ausstrahlung verfügt, kann der beliebteste, vielseitigste und kommunikativste Raum des Hauses sein: das Wunschprofil einer zeitgemäßen Küche. Wie alle Wohnbereiche ist die Küche einem Wandel unterworfen. Galt bis in die jüngste Vergangenheit die funktionale Einbauküche mit optimierten Arbeitsabläufen und kurzen Wegen als Inbegriff modernen Wohnens, soll sie heute neben einer an professionelle Standards grenzenden Funktionalität vor allem ein eher unkonventioneller Ort des Wohlbefindens sein, individuell in der Einrichtung, mit ausreichend Platz für einen Arbeits- und Eßtisch, bequemen Stühlen und persönlichen Accessoires. Dieses veränderte Verständnis der Küche ist eine klare Absage an die kalte Funktionalität und das architektonische Credo einer mißverstandenen Moderne.

Die Sozialgeschichte des Alltagslebens zeigt eindrucksvoll den Wandel der Küche und ihrer Architektur: In der Vergangenheit bestimmten ökonomische und soziale Stellung einer Familie maßgebend Funktion, Größe, Ausstattung und Lage der Küche im Haus. Im 19. Jahrhundert spielte sich bei breiten Bevölkerungsschichten ausschließlich dort das Familienleben ab – sie war der zentrale Wohnraum. Hier wurde nicht nur gekocht, gegessen und gesellig zusammengesessen, sondern, sofern es noch kein Badezimmer gab, erfolgte hier auch die Körperreinigung. Oftmals war die Küche der einzige beheizbare Raum des Hauses. Oder sie führte im Keller stattlicher Villen ein zwar großzügiges, aber verstecktes Dasein als Versorgungszentrum – ein Ort des Wohlbefindens sollte sie dort gerade nicht sein.

Wirtschaftliche Prosperität auf der einen Seite und wissenschaftliche Erkenntnisse über den Einfluß der Hygiene und von Licht und Sonne auf die Gesundheit auf der anderen Seite führten zu einer grundlegenden Wandlung des sozialen Lebens und Wohnens breiter Bevölkerungsschichten.

Beispielhaft war die architektonische Veränderung der Küche. Die unter der Bezeichnung »Frankfurter Küche« bekannt gewordene Reformküche – in den 20er Jahren maßgeblich von der Architektin Grete Schütte-Lihotzki entwickelt – war der Wegbereiter eines über 60 Jahre gültigen Küchengrundrisses und Prototyp der bis heute in vielen Haushalten als praktisch und hygienisch empfundenen platzsparenden Einbauküche. Mahlzeiten-Zubereitungs-Zentrum sollte sie sein – nicht einladender Aufenthaltsort. Überschüssige Zeit wollte man dort nicht verbringen. Eine ausgeprägte Individualisierung des Wohnens hat es in den letzten Jahren mit sich gebracht, daß die Konzeption einer Küche heute eher eine Frage der persönlichen Wohnvorstellungen und des Geldbeutels, als von gesellschaftlichen Standards oder gar Klassenzugehörigkeit ist. Vor allem bei Familien- oder mehrköpfigen Haushalten besteht zunehmend der Wunsch, den Auch-Arbeitsplatz Küche funktional und wohnlich zugleich zu gestalten und räumlich enger mit den übrigen Wohnräumen zu verbinden oder gar das separate Eßzimmer ganz zu ersetzen – das Modell der Wohnküche.

Für die Bestimmung der Lage im Grundriß sind zwei Faktoren wichtig: Die Ausrichtung zur Himmelsrichtung und ihre räumliche Anbindung innen und nach außen. Die Ausrichtung nach Osten oder Südosten zur Morgensonne hat ebenso Berechtigung wie die nach Süden oder Südwesten zur Nachmittags- und Abendsonne. Persönliche Zubereitungsgewohnheiten, bevorzugte Arbeits- und Essenszeiten sowie die Verbindungsmöglichkeiten im Grundriß und zum Garten werden die jeweilige Plazierung präferieren.

Es erleichtert die Versorgung des Hauses, wenn die Küche von der Hauseingangstür möglichst direkt zu erreichen ist, oder es einen witterungsgeschützten Zugang sowohl zur Küche als auch zum Hauswirtschaftsraum über die Garage gibt. Eine gute Blickverbindung zu Eingangsbereich, Straße und Garten erleichtert es, spielende Kinder zu beaufsichtigen. Gleichzeitig verschafft ein so umfänglicher Blickbezug dem in der Küche Agierenden, beobachtend an den Aktivitäten der unmittelbaren Umgebung teilzuhaben. Eine funktionale und optisch entweder offene oder bewußt abgeschirmte Verbindung zum Eßplatz wird von den eigenen Wohnvorstellungen geprägt sein, während die direkte Verbindung zu Keller, Garage oder Carport die Arbeit erleichtert. Kurze Transportwege trockenen Fußes sollten zu Müllbehältern und Kompost führen – hier bestimmt die Funktion die Grundrißgestaltung.

Neben den Kostenaspekten und damit der Frage, wieviele Quadratmeter Fläche der Küche eingeräumt werden können, wird die Entscheidung für den gewünschten Küchentyp in erster Linie von den Lebensvorstellungen, den Erwartungen und Wünschen der Bauherren abhängen, die diese mit dem neuen Haus und dort mit der Atmosphäre ihrer zukünftigen Küche verbinden. Im Wesentlichen werden drei Arten von Küchen und ihre räumlichen Beziehungen zwischen Küche und Eßplatz unterscheiden:

Die reine Arbeitsküche ist ausschließlich für die Verrichtung von Küchenarbeit konzipiert. Auf relativ kompakter Fläche werden die Arbeitsgeräte und Möbel für die einzelnen Arbeitsabläufe ergonomisch sinnvoll angeordnet. Dem Vorteil des geringen Raumbedarfs stehen die Nachteile der geringeren Aufenthaltsqualität und fehlenden kommunikativen Eigenschaften entgegen.

Die Eß- oder Wohnküche verbindet die Tätigkeiten der Vor- und Zubereitung der Mahlzeiten mit der des Essens. Neben den eigentlichen Küchenmöbeln finden sich wohnliche Einrichtungselemente, Tisch und Stühle. Die Küche wird zu einem kommunikativen Wohnraum mit hoher Aufenthaltsqualität. Sie verzichtet bewußt auf die reine Funktionalität, längere Wege werden in Kauf genommen. Ihr Platzbedarf ist wesentlich größer als bei der Arbeitsküche. Die offene Küche zwingt zur Ordnung. Bietet der Grundriß kein zusätzliches Eßzimmer, kann die enge Verbindung von Vorbereiten, Zubereiten, Abwaschen und Anrichten unter den Augen aller und immer um den Tisch Versammelten gelegentlich als lästig empfunden werden.

Die offene Küche ist der unter kommunikativen Aspekten angelegte Küchentyp. Sie ist eine Arbeitsküche (häufig als Zweizeiler), die durch den fehlenden Raumabschluß in den angrenzenden Wohnbereich integriert ist. Auch wenn der Geruchsbelästigung heute mit einer Abluftanlage über dem Herd abgeholfen werden kann, so gelten ähnliche Bedingungen wie in der Wohnküche: der Küchenraum ist »öffentlich«, alle Vorgänge, jede arbeitsbedingte Unordnung ist vom Wohnraum aus sichtbar, und trotz gut funktionierender Abzugsanlagen wird es nicht zu vermeiden sein, daß sich unerwünschte küchenbedingte Fett- und Schmutzablagerungen auch im gesamten Wohnbereich wiederfinden. Sicher ungeeignet ist dieser Küchentyp für Bauherren, die auch formelleren gastgeberischen Verpflichtungen nachkommen wollen. Außerdem liegt die Frage nahe, ob eine solche offene Küchenplanung auch über die Zeit Bestand hat, oder ob sie nicht doch ein Trend ist, der eher die Enge herkömmlicher Zeilenküchen überwinden möchte. Hier können ebenso die Anlage eines separaten Eßzimmers Abhilfe schaffen, wie die Möglichkeit, den Grundriß mit wenigen baulichen Mitteln so verändern zu können, daß aus einer offenen auch wieder eine den Blicken und Dünsten entzogene Küche wird.

Elemente der Küche

Unterschränke dienen zur Aufnahme der Einbaugeräte, nehmen die Auszüge für Töpfe, Arbeitsgerät und Vorräte auf und dienen zur Unterbringung schwerer und sperriger Gegenstände sowie zur Aufnahme der Müllbehälter.

Oberschränke bieten Platz für leichte Einbaugeräte wie Mikrowelle, Kaffeemaschine, Saftpresse und Geschirr.

Hochschränke dienen sowohl als Vorratsschränke als auch zum Einbau von Kühlschrank, Backofen und Wärmeschrank.

Die Spüle sollte über zwei Becken und rechts davon über eine ausreichend große Abtropffläche verfügen. Links der Spüle empfiehlt sich eine Abstellfläche für gebrauchtes Geschirr. Der Platz unter der Abtropffläche bietet sich zum Einbau einer *Spülmaschine* an.

Kühl- und Gefrierschrank sollten in der Nähe des Herdes und der Arbeitsfläche positioniert sein.

Inseln sind freistehende, oft zentral in der Küche angeordnete Küchenblöcke, an denen sowohl alle Küchenarbeiten verrichtet werden können, die aber auch als Steh- oder Sitzbar zu nutzen sind.

Kücheneinrichtung	
Objekt	Breite
Unterschrank	30–150 cm
Hochschrank	60 cm
Oberschrank	30–150 cm
kleine Arbeitsfläche	*mind.* 30 cm
große Arbeitsfläche	*mind.* 60 cm
Abstellfläche	*mind.* 60 cm
Kühlschrank	60 cm
Gefrierschrank	60 cm
Gefriertruhe	*mind.* 90 cm
Herd/Backofen	60 cm
Spülmaschine	60 cm
Doppelspüle mit Abtropffläche	*mind.* 120 cm

Der Arbeitsablauf an den Arbeitsflächen wird gern von links nach rechts organisiert, läßt sich aber genauso gut nach eigenen Vorlieben planen:

Arbeits- und Abstellfläche, daneben Herd oder Kochfeld, dann eine breitere Arbeitsfläche, rechts davon die Spüle, eine Abtropf- und Abstellfläche. Bei Linkshändern wäre die Anordnung in umgekehrter Richtung physiologisch sinnvoll. Sollen all die genannten Elemente in einer Zeile angeordnet werden, ergibt sich ein Platzbedarf von 3,60 Metern. Laut Empfehlungen der Arbeitsgemeinschaft Moderne Küche ermöglichen insgesamt sieben Meter Stellfläche bei einer Arbeitsflächentiefe von mindestens 60 cm einen optimalen Arbeitsablauf.

Wie die Breite ist auch die Tiefe der Küchenmöbel und elektrischen Geräte genormt. Sie beträgt im allgemeinen 60 cm.

Standardmaße Einrichtungsgegenstände	
Breite der Küchenfronten	30, 40, 45 cm 50, 60, 90 cm 100, 120 cm
Standardbreite der Einbaugeräte	60 cm
Tiefe der Unterschränke	60 cm
Höhe der Unterschränke	85 cm
Tiefe der Oberschränke	35–40 cm
Höhe der Oberschränke	60–90 cm
Unterkante der Oberschränke	135–140 cm
Gangbreite	120 cm

Die physiologisch sinnvolle Arbeitshöhe beträgt für die Arbeitsfläche 85 bis 90 cm. Für die im Sitzen auszuführenden Tätigkeiten ist eine zusätzliche, in der Höhe verstellbare Arbeitsfläche sinnvoll. Daraus ergibt sich auch, daß die Brüstungshöhe über der Arbeitsfläche mindestens 100 cm beträgt. Neben Türen sollte mindestens ein Maß von 65 cm bis zur Raumecke eingehalten werden, um auch die Fläche hinter der Tür nutzen zu können. Heizkörper lassen sich platzsparend und mit der Wand bündig in Nischen unterbringen.

Die Grundanforderungen an die funktionalen Aspekte der Küchenplanung sind neben ausreichenden Arbeits- und Stellflächen eine gute Ausstattung mit Küchenmöbeln sowie technischen Geräten. Erst die sinnvolle Anordnung der einzelnen Bereiche zueinander erleichtert die sich notwendigerweise ständig wiederholenden Arbeitsabläufe in der Küche – ohne unnötigen Kraftaufwand und Unmut.

Küche, einzeilig: Die Minimalküche mit Küchenmöbeln und Geräten, nebeneinander aufgereiht. Bei einer Raumgröße von mindestens 3,60 m Länge und 2,60 m Breite findet gegenüber der Funktionszeile noch eine zusätzliche Arbeitsfläche oder ein kleiner Eßtisch Platz. Der Stauraum läßt sich vergrößern, wenn die Oberschränke bis zur Decke geführt werden.

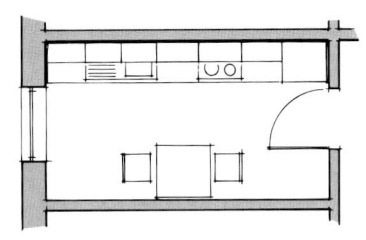

Küche, zweizeilig: Diese häufigste Form der Arbeitsküche bietet im Gegensatz zur einzeiligen Lösung ausreichende Arbeits- und Stellflächen, entbehrt aber auch der Möglichkeit, einen wohnlichen Sitz- und Eßplatz in der Küche einzurichten. Aus der Tiefe der beiden sich gegenüberliegenden Zeilen und der zu empfehlenden Gangbreite von 1,20 m ergibt sich ein Mindestraumbedarf von 3,60 m in der Länge und 2,40 m in der Breite. Anschlußtechnisch ist es am wenigsten aufwendig, alle Installationen in einer Zeile unterzubringen.

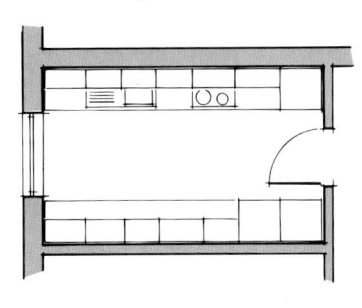

Küche, L-Form: Diese Küchenform bietet durch die Anordnung der Zeilen im rechten Winkel zueinander die Möglichkeit einer Sitzecke für mehrere Personen. Hier bietet sich eine quadratische Grundfläche von mindestens 3,60 m x 3,60 m als Mindestmaß an.

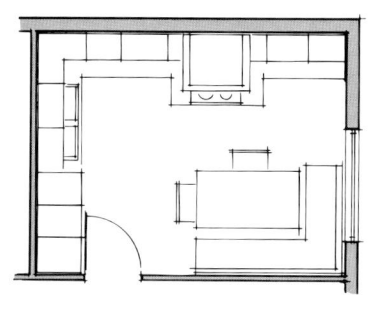

Küche, U-Form: Dieser Küchentyp ergänzt eine zweizeilige Küche zur U-Form mit Hilfe einer die Hauptzeilen verbindenden Arbeitsplatte. Wiederum sollten mindestens 3,60 x 2,40 m als lichtes Raummaß zur Verfügung stehen.

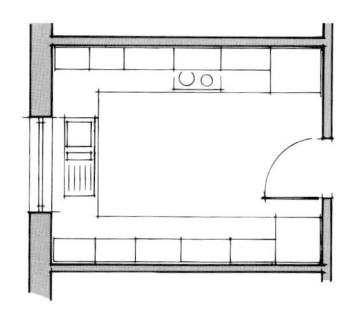

Küche, G-Form: Die U-förmige Anordnung der Arbeitsflächen kann ergänzt werden durch eine Art Tresen, der die Integration eines Eßplatzes in die Küche zuläßt. Außerdem entsteht willkommener zusätzlicher Stauraum. Voraussetzung für diese Gestaltungsform ist allerdings ein ausreichendes Raumangebot.

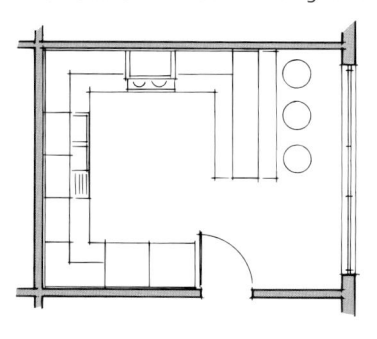

Küche, Insel-Form: Aus den vorgestellten Grundtypen lassen sich zahllose individuelle Lösungen entwickeln. Dabei zeigt sich in den vergangenen Jahren eine zunehmende Vorliebe für Insellösungen. Diese Koch- oder Spülzentren können als von den Zeilen losgelöste Bereiche optisch reizvoll angelegt werden und ergonomisch sinnvolle Abläufe gewährleisten. Eine aufwendigere Leitungsführung für Strom, Wasser und Abwasser muß dabei in Kauf genommen werden.

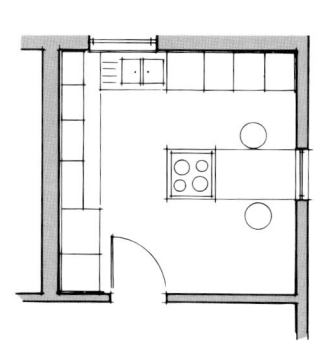

Küche mit großem Eßplatz: Besteht der Wunsch nach einer großzügig angelegten Küche mit geräumigem Eßbereich, bietet sich die U-förmige Anordnung der Arbeits- und Stellflächen an, die mit einem ausreichend dimensionierten Eßtisch kombiniert wird. So wird die Küche zum gewünschten kommunikativen Zentrum des Hauses – zur Wohnküche.

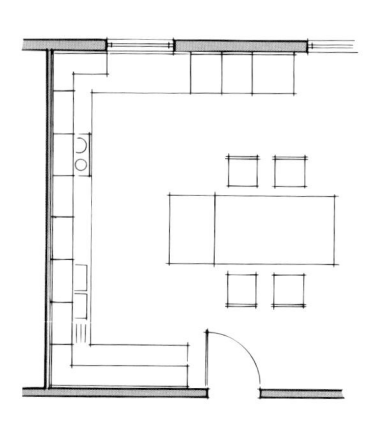

Belichtung und Belüftung

Sowohl die Belichtung als auch die Belüftung der Küche sollten grundsätzlich auf natürlichem Weg über Fenster erfolgen. Zusätzlich ist ein Dunstabzugsgerät zum Ableiten der Kochdünste und -gerüche zu empfehlen. Nötig ist auch eine leistungsstarke Entlüftungseinrichtung, wenn Küche und Wohnräume eine zusammenhängende Raumfolge ergeben sollen.

Die künstliche Belichtung allein durch eine Deckenlampe bietet keine optimale Ausleuchtung des Raumes, da sich der Küchenbenutzer bei den verschiedenen Tätigkeiten ständig selbst im Licht steht. Vorteilhafter sind dezentral installierte Leuchten, mit gesonderter Lichtführung unterschiedlicher Intensität für Eß- und Arbeitsbereiche.

Besonders wenn der Haushalt größer ist, wird die Arbeit durch einen *Hausarbeitsraum* zum Waschen, Trocknen und Bügeln erleichtert. Dieser Raum ist zweckmäßig in unmittelbarer Nähe der Küche anzulegen. Hilfreich ist ein eigener Zugang von außen oder durch die Garage. Die einzelnen Elemente des Hauswirtschaftsraumes wie Waschmaschine, Trockenautomat, Waschbecken und Schränke können wie in der Küche auch ein- oder zweizeilig beziehungsweise in L- oder U-Form angeordnet werden. Der Bedarf an Stellfläche beträgt etwa 4,50 m in der Länge bei einer Geräte- und Schranktiefe von 60 cm.

Das Bad – von der Naßzelle zum Badezimmer

Die Ansprüche an ein Bad – es hieß nicht ohne Absicht einmal Bade-Zimmer – gehen heute wieder weit über die ausschließliche Funktion der Körperreinigung hinaus. Die funktionale Kälte der Naßzelle ist überwunden, ihre puritanischen Wortschöpfer, die Architekten eines falsch verstandenen Funktionalismus, finden kaum noch Gehör. Das Bad hat sich in den letzten zehn Jahren vielmehr zu einem Raum gewandelt und rückentwickelt, von dem neben der notwendigen Körperhygiene ein ganzes Spektrum von Raumqualitäten erwartet wird: Zu der als selbstverständlich vorausgesetzten Funktionalität – gleichsam die Basis der Badplanung – tritt der Wunsch nach einer Raumarchitektur, die Gelegenheit zur geistigen Entspannung bietet, zum Wohlbefinden – das Wohnbad –, zur kontemplativen Ruhe, körperlichen Pflege und Fitneß – das Bad als private Schönheitsfarm. Die Begriffe Rekreationszentrum oder Erlebnisbad deuten den Wunsch nach Verschiebung der Raumgrenzen an, die bisher in Deutschland durchschnittlich nur 6,5 Quadratmeter umreißen, und die Marketingstrategen der Sanitärbranche fassen all die genannten Erwartungen an die zeitgemäß-zukunftsorientierte Badarchitektur unter dem Begriff »Wellness-Bereich« zusammen. Das Bad ist nicht länger ein reiner Funktions- oder gar untergeordneter Nebenraum, es ist ein Raum zum Wohlfühlen – auch wenn er bei der Angabe der Zimmeranzahl eines Hauses noch immer nicht mitgezählt wird. Aufgrund der vielfältigen Erwartungen und Nutzungsvorstellungen und dem damit verbundenen hohen Installationsaufwand ist das Bad neben der Küche ein Raum, der umfangreiche und sorgfältige Planung erfordert.

Das Prädikat »gute Badplanung« wird häufig mit einem allein repräsentativen Erscheinungsbild, kostbaren Materialien und teuren Armaturen verwechselt. Entscheidende Bedeutung kommt – neben allen innenarchitektonischen Stilvorstellungen – zunächst einmal einem funktionierenden, allgemein gültigen Grundriß mit ausreichendem Platzangebot zu. Die meisten Bäder werden immer noch zu klein geplant.

Bei der Badplanung sind außer dem reinen Quadratmeter-Angebot die gegenwärtige und zukünftige Anzahl und die Lebensumstände der Nutzer von Interesse. Mehrköpfige Familienhaushalte oder Hausgemeinschaften berufstätiger Erwachsener verlangen ganz unterschiedliche Badkonzeptionen. Grundsätzlich sind großzügig bemessene sanitäre Einrichtungen für die alleinige ebenso wie für die gleichzeitige Nutzung sowie genügend Stellfläche für die vorgesehene Möblierung, ausreichende Abstellmöglichkeiten und Stauraum zu berücksichtigen. Gehören behinderte oder ältere Menschen zum Haushalt, muß zudem auch über Barrierefreiheit und technische Hilfen nachgedacht werden.

Eine überzeugende Planung geht neben der langfristig angelegten Funktionalität auf die gewünschten wohnlichen Aspekte ein. Dabei sollte die Trennung von Bad und WC aus funktionalen und hygienischen Gründen eine Mindestanforderung sein. Bei Familienhaushalten ist die Planung von zwei Bädern von unschätzbarem Wert: ein kleineres Duschbad für Kinder und Gäste und ein größeres Eltern- bzw. Familienbad, das auch anspruchsvollere Wünsche und Vorstellungen erfüllt.

Nach der Anzahl der Personen, die das Bad derzeit und zukünftig nutzen werden und den individuellen Bedürfnissen ist es angeraten, das Bad zukunftsorientiert zu planen und in Stufen ausbaubar zu gestalten. Durch entsprechende Vorplanung kann die Installation eines größeren Waschtisches, zweier Einzelwaschtische oder der nachträgliche Einbau eines Bidets oder separaten Urinals – ein Standy – bei späterem Ände-

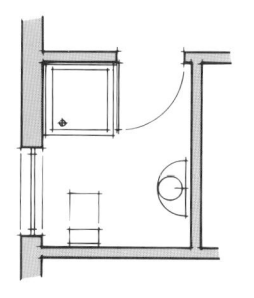

Duschbad

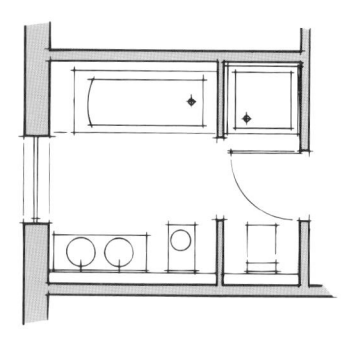

Vollbad

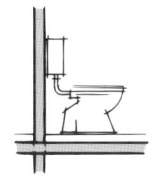

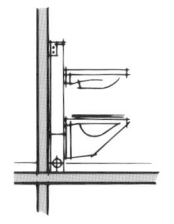

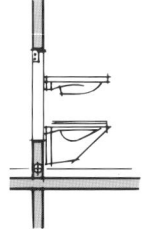

WC mit Spülkasten, als Vorwandinstallation und an eine Installationswand angehängt

rungswunsch ohne großen Kostenaufwand durch bereits verlegte Rohrleitungen und Anschlüsse realisiert werden. Das bedeutet größtmögliche Flexibilität bei der Neuinstallation oder dem Ersatz von Sanitärobjekten. Vielleicht bietet es sich sogar an, ohne bauliche Veränderungen eine Sauna in eine dafür schon vorgesehene Fläche, eine Badnische oder einen Abstellraum in unmittelbarer Nähe des Bades nachträglich einzubauen. Entscheidend bei der Planung ist, daß die Möglichkeit zu späteren Veränderungen und Ausbauten nicht durch eine unzureichende Grundrißplanung und zu geringe Varianten bei den Vorüberlegungen unnötig beschränkt wird.

Die Bäder gehören unmittelbar in die Nähe der Schlafräume. Es hat sich bewährt, das Bad zur Morgensonne auszurichten, gleichsam den beginnenden Tag ins Bad zu holen und es an der Ostseite des Hauses unterzubringen. Zur Vermeidung von Störungen durch Leitungs- und Fließgeräusche sollte der Installationsschacht nicht an einer der Schlafzimmerwände verlaufen. Innenliegende WCs oder gar Bäder sind möglich – die oft perfekt geplanten Bäder guter Hotels mit illusionistischer, tageslichtähnlicher Beleuchtung belegen es – haben sich im selbst genutzten Haus aber nicht bewährt. Sie bieten keinen Kontakt zum Außenraum, zu Natur und Garten, den besonderen Qualitäten eines Einfamilienhauses. Sie müssen mechanisch be- und entlüftet und mit künstlichem Licht beleuchtet werden, was bei täglicher, familiärer Nutzung durchaus als Einschränkung der Raumqualität empfunden wird. Zum unnötig hohen Energieverbrauch treten das atmosphärische Gefühl des Eingesperrtseins und eine wenig angenehme Raumatmosphäre, die nur durch sehr aufwendige innenarchitektonische Maßnahmen ausgeglichen werden kann.

Sind zwei Bäder geplant, bietet sich für das Elternbad ein direkter Zugang vom Schlafzimmer aus an – eventuell über einen Ankleidebereich. Sind dessen Wände als Raumteiler nicht deckenhoch ausgeführt, kann dieser Raum gestalterisch dem Schlafraum zugeordnet werden und vergrößert damit über das Volumen hinaus auch optisch den Schlafbereich – in großen Schlafzimmern schläft es sich besser als in engen, kleinen. Überlegenswert kann darüber hinaus sein, das Bad mit einem Austritt zu versehen, um nach einem entspannenden Bad an die frische Luft treten oder Kleidung auslüften zu können.

Die Mindestraumgröße eines Bades ergibt sich aus der Anordnung der Sanitärobjekte, ihren Abständen zueinander, den Bewegungs- und Durchgangsflächen sowie dem Platzbedarf für persönliche Einrichtungsgegenstände. Für den Grundriß sollte vor allem gelten, daß den einzelnen Funktionen und wiederkehrenden Vorgängen im Bad klare Zonen zugeordnet sind. Die Zonierung kann beispielsweise durch Raumteiler in Form halbhoher Wandscheiben oder Möbelobjekte erreicht werden. Mitbestimmend für die sinnvolle Untergliederung des Raumes sind die Wahl und Anzahl sowie die bevorzugte Anordnung der Sanitärobjekte: Waschbecken, Dusch- und Badewannen, Bidet, eventuell WC und Urinal. Hinzu kommt der Platzbedarf für den gewünschten Schrank- und Stauraum und eventuelle dekorative Möbelstücke sowie für Fitneßgeräte.

Abmessungen von Sanitärobjekten

Objekt	Tiefe cm	Breite cm
Handwaschbecken	35,00	45,00
Waschbecken	55,00	60,00
Doppelwaschbecken	55,00	120,00
Einbauwaschtisch	60,00	70,00
Doppeleinbauwaschtisch	60,00	140,00
WC mit Spülkasten	75,00	40,00
WC ohne Spülkast.	60,00	40,00
Bidet	60,00	40,00
Urinal	35,00	35,00
Duschwanne	80,00	80,00
Badewanne	75,00	170,00
Hochschrank	40,00	30,00
Waschmasch./Trockner	60,00	60,000

Für die bequeme und gefahrlose Nutzung der Badobjekte sind bestimmte Abstands- und Bewegungsflächen einzuplanen: Zwischen Sanitärobjekten und der gegenüberliegenden Wand sollte mindestens eine Distanz von 75 cm eingehalten werden, zwischen Sanitärobjekten und angrenzender Querwand oder Nachbarobjekten mindestens 20 cm, bei WC oder Bidet, die seitlich von Querwänden eingefaßt sind, jedoch 25 cm. Kein Sanitärobjekt sollte näher als 10 cm an eine Fenster- oder Türleibung heranrücken. Der Bewegungsspielraum vor Waschbecken und Spiegel sollte eher größer bemessen werden, um nicht schon beim Zurücktreten gegen das nächste Objekt zu stoßen. Darüber hinaus ist ausreichend Platz für Handtücher und die ständig im Bad benötigten Utensilien wichtig. Diese Abstellflächen werden bei der Planung häufig zu wenig bedacht und dann später beim Gebrauch vermißt.

Platzbedarf neben und vor Sanitär-Objekten

Objekt	zu Wand in cm	zum Nachb.- Objekt.	Tiefe vor Obj. in cm
Waschbecken	20,00	15,00	75,00
Einbauwaschbecken	0,00	15,00	75,00
WC	20/25	20,00	75,00
Bidet	25,00	25,00	75,00
Duschwanne	0,00	20,00	75/90
Badewanne	0,00	20,00	75/90

Das behindertengerechte Bad benötigt zum einen mehr Platz als das konventionelle, zum anderen völlige Barrierefreiheit. Die Bewegungsfreiheit vor Sanitärobjekten sollte mindestens 1,20 m betragen, vor Möbeln mindestens 0,90 m. Der Duschplatz muß über einen bodengleichen Einstieg verfügen und sollte mindestens 1,20 x 1,20 m messen. Die Badewanne muß von drei Seiten zugänglich sein, um beim Ein- und Austieg Hilfe zu ermöglichen. Sowohl Toiletten als auch Waschbecken sind in der Höhe verstellbar vorzusehen;

das Wachbecken muß zudem mit einem Rollstuhl unterfahrbar sein. Die Badezimmertür sollte nicht in den Raum schlagen.

Installationen
Vorwandinstallationen ersparen das Fräsen von Aussparungen und Schlitzen in die Wand. Bei der Vorwandinstallation werden die Leitungen vor der eigentlichen Wand verlegt, gedämmt und anschließend verkleidet. Neben den statischen und akustischen Vorteilen bietet der sich ergebende Wandabsatz eine zusätzliche praktische Ablagemöglichkeit.

Alternativ ist es möglich, die Installation als wandbündige Blöcke in der Wand unterzubringen. Der Vorteil liegt dabei in dem Platzgewinn; diese Lösung erfordert aber gleichzeitig eine größere Wandstärke als die Vorwandinstallation.

Leitungen können auch in den Hohlräumen von Installationswänden geführt werden, die als Leichtbauwände zwischen zwei Bädern oder zwischen Küche und Bad Anschlüsse für zwei Räume bieten.

Allen Systemen ist gemein, daß sie neben den optischen Vorteilen das Sauberhalten und die Pflege des Bades erleichtern, da die Sanitärobjekte direkt an den Blöcken angehängt sind und nicht auf dem Boden stehen.

Wohnen, Essen, Wintergarten – das Zentrum

Die wohnsoziologischen Prognosen, schon vor der Jahrtausendwende werde es den traditionellen Wohnbereich im Einfamilienhaus nicht mehr geben, er werde vielmehr durch ein »Medienzentrum« oder gar dezentrale Medienräume für jedes Familienmitglied ersetzt, haben sich als unzutreffend erwiesen. Und doch hat sich die Wohnwelt in den letzten Jahren stark verändert. Die Vorstellungen vom persönlichen Wohnkonzept bestimmen die Entscheidung darüber, welche Grundrißorganisation für das Einfamilienhaus überhaupt gewählt werden soll, die Extreme des traditionellen Flur- und Einzelraumkonzeptes, der Ein- oder Allraumgrundriß oder ein Grundrißtyp, der die spezifischen Vorteile des einen mit dem anderen in einer Mischform verbindet.

Anders als noch zu Zeiten der »guten Stube« der Jahrhundertwende-Generation verbringen Einfamilienhausbewohner heute viel Zeit im Wohnraum; dieser ist nicht länger Vorzeige- oder überdimensionierter Repräsentationsbereich, er wird vielmehr für sehr unterschiedliche Aktivitäten einzelner oder aller Familienmitglieder gemeinsam genutzt – Familienleben findet täglich im Wohnraum statt. Die vielfältigen und häufig in der Qualität ganz unterschiedlichen Nutzungen erfordern deshalb ein den individuellen Bedürfnissen sehr genau angepaßtes und durchdachtes Raumkonzept.

Welche Form der Grundrißorganisation auch befürwortet wird, es hat sich gezeigt, daß eine Wohnraumorganisation nach dem Prinzip des »Sowohl-Als-auch« das Zusammenleben begünstigt und eher unnötige Konflikte des Miteinander vermeiden hilft als das Prinzip eines »Entweder-Oder«. Der Einraumgrundriß birgt die Gefahr, daß die Tätigkeit des einen die des anderen stört. Eine Zonierung in unterschiedlichen Graden der Offenheit und Abgeschlossenheit hilft, diesen Teil des Hauses so in qualitativ unterschiedliche Bereiche zu gliedern, daß für die dort stattfindenden Aktivitäten wie Lesen, Fernsehen, Spielen, Musizieren, Musik hören, sich mit Freunden zu treffen und auch zu essen, ein jeweils angemessener Raum oder eine räumlich definierte Zone zur Verfügung steht. Das kann bei großflächigen Wohnräumen durch angedeutete Wände, Raumteiler oder Niveausprünge erreicht werden, bis hin zu tatsächlich abgeschlossenen und in ihrer Funktion eindeutig definierten Räumen, die den eigentlichen Wohnbereich als Kaminzimmer, Bibliothek, Musik-, Medien- oder Arbeitszimmer ergänzen.

Grundsätzlich sollte der Wohnbereich von drei Seiten belichtet werden, zumindest aber nach Süden beziehungsweise Westen orientiert sein, um ein Höchstmaß an Licht- und Sonneneinfall während des Tages zu erreichen. Ein direkter Zugang zum Garten oder zur Terrasse eröffnet besonders im Sommer die Möglichkeit, die Wohnfläche attraktiv zu erweitern und eine willkommene Verbindung zwischen Innen- und Außenraum zu schaffen.

Den Flächenbedarf des Wohnraumes bestimmen in Art, Größe und Anzahl die Sitzmöbel mit zugehörigen Tischen, Einzelmöbel wie Sekretär, Kommoden, Schränke, Bücherregale oder eine bequeme Liege, die notwendigen Einrichtungen für die Medienausstattung mit zugehörigen Sitzmöbeln sowie ausreichend bemessene Freiflächen zwischen der Möblierung – eine Selbstverständlichkeit, auf die aber nicht eindringlich genug hingewiesen werden kann, wie die Realität in den häufig mit viel zu vielen und zu großen Möbeln »zugebauten« Wohnräumen zeigt. Ein Beleg auch für die häufig viel zu gering bemessenen Grundrißflächen, aber nicht unbedingt eine Frage des Budgets, wie die Beispiele beweisen, die bei gleichem Kostenrahmen die Planung eher zugunsten eines großzügigen Flächenangebotes denn nach einem übertriebenen Ausstattungsstandard ausrichten.

Das Grundrißkonzept des Hauszentrums sollte auch daraufhin untersucht und definiert werden, wie nah der Eßbereich an den Wohnraum herangerückt werden soll. Er kann diesen um einen offenen Eßplatz ergänzen, der, um die Arbeitsgänge zu erleichtern und die Wege zu verkürzen, räumlich wiederum eng an die Küche angebunden ist. Angelehnt an Grundrisse für Singlehaushalte oder Studiowohnungen kann es sich anbieten, das Wohnen, Essen und Kochen räumlich zu einem flexibel nutzbaren und großzügigen »Allraum« zusammenzufassen. Durch den Wegfall von Zwischenwänden und Türen sowie die bessere Flächenausnutzung können bei dieser Art der offenen Grundrißorganisation neben dem positiven Aspekt der Weiträumigkeit auch noch Baukosten eingespart werden. Ebenso wird aber häufig eine Planung für den Wohn-/Eßbereich präferiert, die den einzelnen Nutzungen und Aktivitäten tatsächlich auch eigene Räume zuweist, oder zumindest das Prinzip der zuschaltbaren Räume wählt, bei dem über großzügige Flügel- oder Schiebetüren sowohl die Qualität abgeschlossener Einzelräume wie auch die eines annähernden Allraumes geschaffen werden kann. Die Erfahrung zeigt, je mehr Wohnmöglichkeiten und parallele Aktivitäten ein Grundrißkonzept zuläßt, desto langlebiger und werthaltiger ist es.

Bei der Bemessung des Platzbedarfes für den Eßbereich ist vor allem die Wahl des Eßtisches in Form und Größe von Interesse: Die Mindestgröße für eine rechteckige Tischplatte für vier Personen beträgt 0,80 x 1,20 Meter. Soll der Tisch erweiterbar sein, müssen pro Person 0,60 Meter mehr eingeplant werden, praktikabler und bequemer jedoch, besonders bei Stühlen mit Armlehnen, sind 0,70 bis 0,80 Meter zusätzliche Breite je Person. Ein runder Tisch für vier Personen sollte mindestens einen Durchmesser von 0,80 m haben, für sechs Personen 1,20 oder besser 1,40 m. Zwischen Tisch und Wand oder einem Möbelstück wird ein Abstand von mindestens 1,20 m benötigt, um über ausreichende Bewegungsflächen zum Hinsetzen, Aufstehen und Bedienen zu verfügen. Ausreichender Schrankraum in Eßplatznähe für das Geschirr, Tischwäsche und andere notwendige Utensilien sowie eventuelle dekorative Einzelmöbel, einen Kamin oder schlicht der Wunsch nach einem großzügigen Raumgefühl, das die Bedeutung des Essens und der gemeinsamen Mahlzeiten unterstreicht, werden den Platzbedarf und schließlich die Ausgestaltung des Eßbereiches bestimmen.

Eine Renaissance erfährt seit einigen Jahren der Wintergarten, der als Sommer- oder Gartenzimmer und Übergangsraum im Frühjahr und im Herbst in idealer Weise als Wohn- und Eßraum genutzt werden kann – eine entsprechende Grundfläche vorausgesetzt. Als lichtdurchfluteter Frühstücksraum, Eßzimmer, Erholungsraum, Spielzimmer oder auch als Pflanzenhaus genutzt, kann er den Wohnwert und das Lebensgefühl in einem Einfamilienhaus erheblich steigern. Neben den reizvollen qualitativen und formalen Aspekten kann dem Wintergarten darüber hinaus auch eine wichtige bauphysikalische Funktion als thermische Pufferzone und solare Energiequelle zukommen. Die Orientierung des Wintergartens nach Süden oder Westen ist wegen der guten Ausnutzung der Sonnenstrahlung üblich, eine zusätzliche Besonnungsmöglichkeit von Osten erhöht nicht nur die Energieeinstrahlung, sie macht den Wintergarten besonders morgens zu einem willkommen lichtdurchfluteten Raum, der sich im Sommer bereits nach kurzer Besonnung angenehm wohlig aufheizt – ein idealer Platz, den Tag zu beginnen.

Das Schlafzimmer – jeden Tag lange genutzt

Mehr als ein Drittel unseres Lebens verbringen wir im Schlafzimmer, die meiste Zeit davon im Bett – dort geben wir uns über Stunden als bewußter Mensch auf, und dort stillen wir unsere Grundbedürfnisse, zu denen auch – aber eben nicht nur – der lebensnotwendige Schlaf gehört. Er hat, in Ruhe und dem Gefühl von Sicherheit und Annehmlichkeit genossen, einen ganz wesentlichen Einfluß auf unser körperliches Wohlbefinden und unser seelisches Gleichgewicht. Der Mensch braucht die Erholung im Schlaf, um physisch und psychisch belastbar zu bleiben. Ein guter, tiefer Schlaf hält gesund – damit ist eine wesentliche Funktion des Schlafzimmers definiert, auf die Größe, Lage, funktionale Zuordnung und Einrichtung geplant werden sollten. Schlafzimmer haben aber längst ihre Monofunktionalität verloren und erfüllen – und sei es auch aus Platzgründen – mehr und mehr den Zweck eines zusätzlichen Aufenthalts-, Wohn- oder Arbeitszimmers. Daher kommen bei der Planung dieses Individualraumes dem Flächenbedarf und Raumzuschnitt maßgebliche Bedeutung zu.

Die günstigste Lage des Schlafzimmers ist eine ruhige, nach außen und innen gegen Lärmbelästigung abgeschirmte Seite des Hauses. Eine Orientierung nach Osten verwöhnt den, der gern von der Morgensonne geweckt wird. Die Frage ist jedoch, ob das Zimmer über die primäre Funktion des Schlafens hinaus noch weiteren Nutzungen dienen soll: beispielsweise als kleiner Arbeitsplatz, wohnliche Rückzugsmöglichkeit mit Sitzmöbeln oder als Fläche zur Ausübung eines Hobbys. In diesem Fall ist wegen der besseren Beleuchtung mit Tageslicht die Ausrichtung des Schlafzimmers nach Süden oder Südwesten vorteilhaft.

Sinnvoll ist eine klare atmosphärische und schalltechnische

Abtrennung des Schlafbereiches. Der Vorteil eines von den gemeinschaftlich genutzten Räumen streng separierten Individual- und Schlafraumes liegt in der größeren Ungestörtheit und Wohnruhe und kommt auch der Wahrung der Intimsphäre zugute. Dazu gehört, daß das Bad unmittelbar und vom Wohnraum nicht einsehbar erreicht werden kann. Auch im Krankheitsfalle ist der kurze Weg zum Bad und zum WC von großem Nutzen.

Der Schlafraum kann durch entsprechende Zonierung der einzelnen Funktionsbereiche, zum Beispiel durch die Möblierung, untergliedert werden. Das Bett als größtes Möbelstück – in über 80% der Haushalte steht hierzulande im Schlafzimmer ein Doppelbett – sollte im Raum so plaziert werden, daß eine weitgehende Bewegungsfreiheit erhalten bleibt. Bei der Nutzung durch zwei Personen bietet es sich an, das Bett zentral und nicht in einer Zimmerecke unterzubringen. Es ist dadurch bequem zugänglich und hat an jeder Seite Platz für eine Ablagemöglichkeit, auch das Reinigen des Schlafzimmers wird durch die richtige Plazierung erleichtert. Doppelbetten gewöhnlicher Bauart haben Einzelmatratzen mit jeweils 80, 90 oder 100 cm Breite. Die Matratzenlänge beträgt 1,90 bis 2,20 m. Für den bequemen Schlaf sollten mindestens 70 cm Matratzenbreite und eine um ca. 15–20 cm größere Matratzenlänge als die Körpergröße vorgesehen werden.

Der Planung eines Schlafzimmers ist deshalb besondere Aufmerksamkeit zu schenken, weil der architektonische Anspruch an diesen Raum von größter Praktikabilität bis zu der sehr individuell empfundenen Behaglich- und Wohnlichkeit reicht – auch wenn derzeit die weitverbreitete Forderung an ein Schlafzimmer noch immer mit den Worten »möglichst praktisch soll es sein« zusammengefaßt werden kann. Dabei ist unstrittig, daß im Schlafraum oder in dessen unmittelbarer Nähe eine ausreichende, besser jedoch großzügig bemessene Möblierung zur Unterbringung von Kleidung, Wäsche, Schuhen und Reinigungsutensilien benötigt wird, die den Wunsch nach Praktikabilität erfüllen muß. Freistehende Schränke, Kommoden und Truhen beanspruchen neben dem Bett den größten Platz. Als in den Funktionen vielfältiger erweisen sich – vor allem bei eingeschränkter Stellfläche – raumhohe Einbauschränke, die durch höhenverstellbare Böden, verschiedene Kleiderstangen und Schubfächer kombiniert mit einem großen Zubehörangebot an Körben, Auszügen und Schuhrosten optimal nutzbar sind. Der Nachteil der unerwünschten Dominanz dieser großformatigen Einbauten kann durch eine klar definierte, vom Hauptraum abgegrenzte Ankleidezone in eine besondere Qualität umgewandelt werden. Die Trennung vom Rest des Zimmers ist dabei mit wenig baulichem Aufwand durch optisch reizvolle Raumteiler oder nichttragende Leichtbauwände möglich.

Die Schranktiefe von Einbauschränken mißt standardmäßig 60 cm, größere Schranktiefen von 65 oder 70 cm sind allerdings vorzuziehen, die Kleidung wird dort weniger zerdrückt und bleibt faltenfrei. Zwischen Wand und Schränken genügt ein Abstand von 0,70 m. Bei gegenüberliegenden Schränken ist eine Mindestgangbreite von 1,20 m nötig. Werden Schränke mit Schiebe- und Falttüren verwandt, sollte eine Breite von 1,00 m nicht unterschritten werden. Wer die übliche Schlafzimmeranordnung mit zusätzlichen Einzelmöbeln, einem Tisch, Sesseln, einer Bank oder einer zusätzlichen dekorativen Kommode durchbrechen will oder große Räume zum Schlafen liebt, sollte diesen größeren Flächenbedarf des Schlafraumes einplanen – eine spätere Erweiterung ist in jedem Falle erheblich teurer, meist ist sie gar nicht möglich.

Bei der Grundrißplanung von Einfamilienhäusern ist seit kurzem eine Rückbesinnung auf eher gleichgroße, nicht zu kleine Räume im Haus festzustellen, die ähnlich wie bei Häusern aus den zwanziger und dreißiger Jahren eine willkommene Flexibilität der Nutzung ermöglichen. Auch sollte für die Planung des Schlafzimmers – mit oder ohne separaten Ankleidebereich – bedacht werden, ob dieser Raum unter Umständen einmal ganz anders genutzt werden soll. Dazu bedarf es der Möglichkeit einer von der Ankleide unabhängigen Erschließung – etwa wenn der Raum als Zimmer für erwachsene Kinder, oder als separater Wohn- oder Arbeitsraum genutzt werden soll. In diesem Fall muß also irgendwann ein Türdurchbruch möglich sein, ohne den Raum in seiner Wohnlichkeit zu beeinträchtigen. Während dieser grundsätzlichen Überlegungen lohnt es durchaus, darüber nachzudenken, zwei gleichwertige Schlafzimmer um das Bad zu gruppieren – eine räumliche Qualität, die in anderen Ländern längst selbstverständlich ist, ganz abgesehen davon, daß dort in vielen Häusern ohnehin jedes Schlafzimmer über ein eigenes Bad verfügt. Ein Komfort, den jeder zu schätzen weiß, der einmal in einem amerikanischen Einfamilienhaus gelebt hat – und dort kosten vergleichbare Häuser nur etwa ein Drittel von denen im deutschsprachigen Raum.

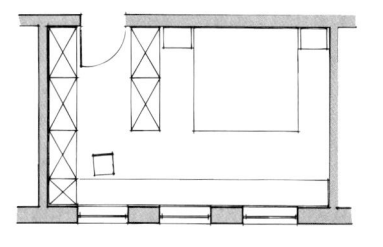

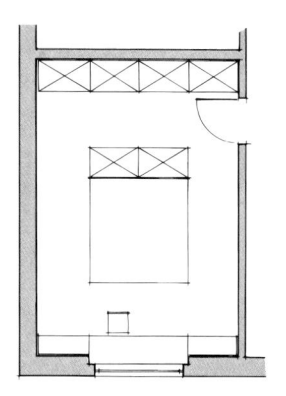

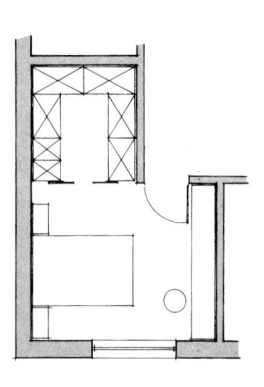

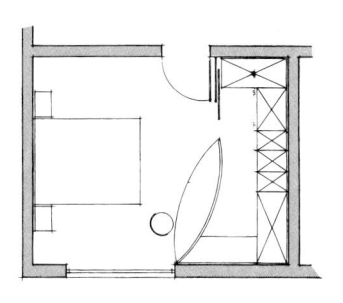

Zonierung des Schlafzimmers in Schlaf-, Schrank- bzw. Ankleide- und Arbeitsbereiche

Das Kinderzimmer – meist zu klein und ohne Spielraum

Bei der Planung von Kinderzimmern ist viel zu lange nur darüber nachgedacht worden, welche Mindestquadratmeterzahl für sie anzusetzen sei. Ihre Grundfläche wurde nur allzu gern zugunsten repräsentativer Wohnräume reduziert, im Grundriß wurde ihnen meist die ungünstige Nord- oder Ostlage zugewiesen. Hier bahnt sich endlich ein gedanklicher Wandel an: Kinderzimmer werden endlich als das verstanden, was sie sind: Wohnräume für Kinder, die in einem Einfamilienhausgrundriß alle Funktionen für ein Neugeborenes ebenso erfüllen müssen, wie die Wohnwünsche eines schon fast Erwachsenen. Entsprechend der Entwicklung des Kindes verändern sich die Ansprüche an das Zimmer, es wird analog zu den Entwicklungsstufen seines Bewohners – Säugling, Kleinkind, Schulkind, Jugendlicher – mindestens viermal einem grundlegenden funktionalen und gestalterischen Wandel unterzogen. Diesem Umstand sollte der Grundriß in Bezug auf Größe und Lage im Haus Rechnung tragen.

Von den ersten Lebensmonaten einmal abgesehen, ist der Platzbedarf eines Kinderzimmers ziemlich konstant – und je größer der Raum ist, desto vielfältiger kann er genutzt werden, desto phantasievoller können Kinder ihre eigene Welt einrichten. Besteht im Babyzimmer die notwendige Möblierung im Wesentlichen aus kleinem Kinderbett, Wickeltisch mit Unterschrank und zusätzlichem Schrankraum für die Kleidung, wird der Platzbedarf schon im Kleinkindalter erheblich größer. Neben Laufstall, Borden und Schränken für zusätzliche Garderobe und Spielgeräte wird vor allem freie Fläche für die wachsende Mobilität benötigt. Hierfür kann der Raum gar nicht groß genug sein, wie das schon bald einsetzende Erobern angrenzender Flure und Nachbarräume zeigt. Im Schulkindalter ist der Schreibtisch unterzubringen, weitere Borde für Bücher, Medien und Spielsachen werden benötigt, nicht zu vergessen eine ausreichend große Platte für die Eisenbahn, die irgendwann vom Boden auf »Arbeitshöhe« angehoben werden wird. Wenn später die Kindermöbel ausgedient haben und sich die individuellen Wohnwünsche der Jugendlichen herausbilden und Gestalt annehmen, wird sich der Platzbedarf von denen Erwachsener kaum noch unterscheiden. Fazit: Der Flächenanspruch an ein Kinderzimmer ist über die Nutzungsdauer annähernd gleichbleibend. Das gilt auch für seine Lage im Grundriß, die am günstigsten über eine Süd- oder Westorientierung verfügt, schließlich sind Kinderzimmer Spiel-, Arbeits-, Wohnräume und Schlafzimmer zugleich und benötigen vor allem viel Licht und Sonne. Entsprechend sind die Fensterflächen auszulegen, ein Balkon erhöht die Wohn- und Nutzungsqualität. Die Lage innerhalb des Hauses bietet sich in einem »Kindertrakt« an, der seine Separierung durch ein Bad, einen Verteilungsflur auf der Obergeschoßebene oder eine Galerie erfahren kann. Ein eigenes Bad mit Waschtischen und Dusche entlastet das Elternbad, als räumliche Zäsur zwischen Eltern- und Kinderzimmern kann es auch eine sinnvolle Schallschleuse darstellen. Als Mindestgröße sollten heute 15 qm eingeplant werden und die Räume so geschnitten und belichtet sein, daß sie auch bei sich wandelnden Funktionsansprüchen als Raumalternative, wie Arbeitszimmer, zweites Elternschlafzimmer oder zusätzliches Wohn- oder Gästezimmer genutzt werden können, ohne daß Umbaumaßnahmen erforderlich werden. In diesem Zusammenhang kann der Gedanke sinnvoll sein, die Kinderzimmer und das Bad in Größe, Zuschnitt und Erschließung so zu planen, daß sie bei abnehmendem Flächenbedarf im Haus auch einmal als Einliegerwohnung genutzt werden können.

Der Keller – Abstellraum oder sinnvolle Nutzfläche

Laut Baustatistik werden noch immer über 90 Prozent aller Einfamilienhaus-Neubauten voll unterkellert. Vor allem unter Kostengesichtspunkten, aber auch aus ökologischen Gründen ist um den Keller in den letzten Jahren eine heftige Diskussion über das Für und Wider entbrannt. Stand in früheren Zeiten vor allem die Vorratshaltung von verderblichen Lebensmitteln in kühlen, halbdunklen Kellerräumen im Vordergrund, wird heute seine Notwendigkeit mit der höherwertigen Nutzung und einem zusätzlichen, relativ preiswerten Raumangebot betont. Starke Befürworter des Kellers sind verständlicherweise die Betonindustrie und die Anbieter von Fertigteilen für Kellerwände. Der Keller ist zum Produkt geworden, und die Bauherren haben nun zu entscheiden, ob sie den Artikel Keller wirklich brauchen – bautechnisch notwendig oder sinnvoll ist er nicht mehr.

Für preisbewußte Bauherren ist die Frage nach einem Keller recht einfach mit einer Kostenrechnung beantwortet. Der Verzicht auf einen Vollkeller kann bis zu DM 50.000,– Ersparnis an den Baukosten bringen. Werden für die frostfrei gegründete Bodenplatte des Hauses und einen ebenerdigen Kellerersatzraum angemessener Größe zwischen 20.000,- – 30.000,- Mark veranschlagt, ergibt sich die genannte Differenz zu den mindestens 80.000 Mark, die für einen Vollkeller mit normaler Ausstattung, aber ohne zusätzliche Wärmedämmung, Abgrabungen für großzügige Fensterflächen, wohnliche Bodenbeläge und dekorative Maßnahmen veranschlagt werden müssen. Ein separater Heizraum mit umfangreichen Feuerschutzmaßnahmen kann heute ganz entfallen, wenn eine Gaszentralheizung die Wärmeversorgung übernimmt. Gasthermen haben ein geringes Volumen und benötigen keine besonderen baulichen Feuerschutzmaßnahmen. Sie können auch in der Küche, im Bad oder auf dem Dachboden untergebracht werden.

Über die reinen Kostenaspekte hinaus gibt es aber eine ganze Reihe von Argumenten, die durchaus für einen Keller sprechen:
– Zusätzliches Flächenangebot zu relativ geringen Erstellungskosten
– Derart umfangreiche Abstellräume, wie sie eine Vollunterkellerung bietet, werden in der Regel oberirdisch nicht angelegt
– Großzügige Reserveflächen schaffen eine besondere Wohnqualität
– Psychologisch: Gefühl der Verwurzelung, der Massivität und der Sicherheit (Schutzraum)
– Bei teuren Grundstücken vorteilhaft durch Flächenersparnis
– Biologisch: Feuchtepuffer gegen das Erdreich
– Bei Einsatz einer Ölheizung können die Tanks sicher untergebracht werden
– Anlage eines kühlen, dunklen Weinkellers möglich
– Ein Keller trägt zur Wertsteigerung des Hauses bei
– Häuser ohne Keller lassen sich schlechter verkaufen
– Ein Keller ist nicht nachrüstbar.

Gegen den Bau eines Kellers sprechen:
– Höhere absolute Baukosten
– Verlängerte Bauzeit
– Unnötig hohe zusätzliche Baufeuchtigkeit
– Hoher Aufwand bei ungünstigen Grundstücksverhältnissen, wie Grundwasser, Moor oder Fels
– Abstellräume lassen sich als Kellerersatzräume günstiger auf der Garage oder ebenerdig errichten
– Eine Wohnnutzung im Keller bedarf auch einer Aufenthaltsräumen entsprechenden Wärmedämmung und eines insgesamt höherwertigeren Ausbaustandards
– Unter Terrain liegende Kellerräume haben nur selten, zum Beispiel bei Ausnutzung einer Hanglage, gleichwertige Raumqualitäten
– Es gibt keine Garantie für einen auch langfristig trockenen Keller
– Die Renaturierung eines Grundstücks wird durch die Massivbauweise eines Kellers erschwert.

Fazit: Auch wenn es keine wirklich überzeugenden Argumente für den Bau eines Kellers gibt, eher einige gewichtige dagegen, so steht er doch in der Beliebtheitsskala von Bauherren weit oben – auf einen Keller wird nur ungern verzichtet: »Ein Haus ohne Keller ist kein Haus« – auch wenn viele Bauherren dann später mit ihren Kellerräumen unzufrieden sind. Der Grund dafür liegt in ihrer schlechten innenräumlichen Qualität. Dem kann entgegengewirkt werden, wenn diese zusätzlichen Aufenthaltsräume auch einen annehmbaren Wohnstandard erhalten, zumal die Kostendifferenz zu herkömmlichen Keller-Abstellräumen nicht mehr als 20% betragen muß. Wichtig sind eine ausreichende Raumhöhe, angenehme Raumproportionen, eine gute Belichtung durch entweder bodentiefe Kasematten oder einen den Fenstern vorgelagerten Austritt, die Ausbildung als Hochkeller, um den Raumanteil unter Terrain klein zu halten und ein guter wärmetechnischer und dekorativer Ausbaustandard. So kann das Untergeschoß tatsächlich die Vorteile zusätzlicher Aufenthaltsräume bieten, bei andersartiger Raumqualität als in den Obergeschossen – was durchaus seinen eigenen Reiz haben kann. Nur dann ist ein Keller auch sein Geld wert.

Anhang

Literaturverzeichnis

H. Birkmann, P. Petersen
Kontrollbuch für den Bauherrn
München 1995

C. Brand
Die neuen Energiesparhäuser
München 1997

C. Brand
Ökologisch Bauen - gesund wohnen
München 1994

K. Daniels
Technologie des ökologischen Bauens
Basel 1995

P. Faller
Der Wohngrundriß
Stuttgart 1996

W. Feist (Hrsg.)
Das Niedrigenergiehaus
Karlsruhe, Heidelberg 1995

J. Huber, G. Müller u.a.
Das Niedrigenergiehaus
Ein Handbuch für Architekten
Stuttgart 1995

A. Lederer, J. Ragnarsdottir
Wohnen heute
Stuttgart, Zürich 1992

E. Neufert
Bauentwurfslehre
34. Auflage
Braunschweig 1996

H. Reiners
Individuelle Einfamilienhäuser unter DM 500.000,-
München 1996

H. Reiners
Neue Einfamilienhäuser
München 1993

H. Reiners
Einfamilienhäuser aus Holz
München 1993

F. Schneider (Hrsg.)
Grundrißatlas Wohnungsbau
Basel, Berlin, Boston 1994

F. Schutt (Hrsg.)
Der kritische Bauherr
Stuttgart 1993

A. Tomm
Ökologisch planen und bauen
München 1994

M. Treberspurg
Neues Bauen mit der Sonne
Berlin 1994

Architektenverzeichnis, Bildnachweis

Ackermann + Raff
Freie Architekten BDA
Eugenstraße 2
72072 Tübingen
Seite 100, 101, 140, 141
Fotos: R. Blunck, Tübingen

AWP Architektengemeinschaft
Norman A. Wendl und Hans-Jörg Peter
Tonistraße 7
22089 Hamburg
Seite 148, 149
Fotos: Archiv Architekten

BauCoop Köln
Wolfgang Felder
Merheimer Straße 202 - 204
50733 Köln
Seite 128, 129
Fotos: L. Roth, Köln

Thomas Bamberg
Uhlandstraße 70
72793 Pfullingen
Seite 112, 113, 114, 115
Fotos: Archiv Architekt

Baumschlager + Eberle
Lindauerstraße 31
A-6911 Lochau
Seite 70, 71, 102, 103
Fotos: E. Hueber, New York

Beckenhaub + Hohm
Schloßplatz 12
64732 Bad König
Seite 118, 119
Fotos: Archiv Architekten

Angelika Blüml
Tegginger Straße 21
78315 Radolfzell
Seite 26, 27, 98, 99
Fotos: Seite 26, 27, P. Bonfig, München
Fotos: Seite 98, 99, R. Lamb, Radolfzell

Ingo Bucher-Beholz
Hornstaader Straße 33
78343 Gaienhofen
Seite 34, 35, 84, 85
Fotos: Seite 34, 35
G. F. Kobiela, Stuttgart
Fotos: Seite 84, 85,
R. Blunck, Tübingen

Büro 4
Wagner + Wanner
Bartl-Mayer-Weg 8
85386 Dietersheim
Seite 60, 61
Fotos: U. Myrzik, München

Prof. Ulrich Coersmeier
Rosenstraße 42–44
50678 Köln
Seite: 64, 65
Fotos: T. Riehle, Köln

Andreas Corneliussen
Dortmunder Straße 63
45731 Waltrop
Seite 154, 155
Fotos: Seite 154
G. Janner, Waltrop
Foto: Seite 155
R. Menk, Betonverlag

DeBiasio + Scherrer
Badener Straße 281
CH - 8003 Zürich
Seite: 104, 105
Fotos: Archiv Architekten

German Deller
Karl-Theodor-Straße 32
85757 Karlsfeld
Seite: 76, 77
Fotos: Ch. Kiemer, München

Thomas Dibelius
Friedensallee 26
22765 Hamburg
Seite: 42, 43
Fotos: G. v. Bassewitz, Hamburg

Dietrich + Untertrifaller
Arlbergstraße 117
A - 6900 Bregenz
Seite: 48, 49, 106, 107
Fotos: Archiv Architekten

Michael Drüe
Minzeweg 3
50999 Köln
Seite: 38, 39
Fotos: J. Willebrand, Köln

Dürschinger + Biefang
Mitarbeit: Dagmar Pemsel
Bahnhofsplatz 2
90614 Ammerndorf
Seite 40, 41
Fotos: Archiv Architekten

Robert Felber
Friedlgasse 21/8
A - 1190 Wien
Seite 54, 55
Fotos: Archiv Architekt

Fink + Jocher
Barer Straße 44
80799 München
Seite 28, 29
Fotos: P.-G. Loske, München

Fink + Jürke
Preysingstraße 22 - 24
81667 München
Seite 72, 73
Mitarbeit: Julie Agerly, Dieter Heigl
Fotos: P. Bonfig, München
Fotos: Seite 74, 75
B. Friese, Pforzheim

Gatermann + Schossig und Partner
Richartzstraße 10
50667 Köln
Seite 36, 37
Fotos: J. Willebrand, Köln

Architekten Gössler
Brauerknechtgraben 45
20459 Hamburg
Greifswalderstraße 207
10405 Berlin
Seite 130,131
Fotos: B. Goeppner, Hamburg

Grube + Grube
Georgstraße 25
27570 Bremerhaven
Seite 156, 157
Fotos: F. Monheim, Düsseldorf

**Josef Guggenbichler,
Gabriele Netzer-Guggenbichler**
Mitarbeit: Corinna Kranz
Zuccalistraße 59
80639 München
Seite 32, 33
Fotos: J. Werle, Hamburg

Hascher + Jehle
Hohenzollerndamm 81
14199 Berlin
Seite 122, 123
Fotos: Archiv Architekten

Hans Häusler
Salmgasse 10
1030 Wien
Seite 50, 51
Fotos: Ch. Lackner, Innsbruck

HPP Hentrich-Petschnigg & Partner
Gerhard G. Feldmeyer,
Yong Sun Feldmeyer
Georgsplatz 10
20099 Hamburg
Seite 162,163
Fotos: A. Kiefer, Hamburg

Illig, Weickenmeier + Partner
Bauerstraße 34
80796 München
Seite 62, 63
Fotos: D.G. Schlötzer, München

Martin Jobst
Schulstraße 13
83374 Traunwalchen
Seite 66, 67
Fotos: F. Wimmer, München

Kaag + Schwarz
Gutbrodstraße 2
70197 Stuttgart
Seite 110, 111
Fotos: R. Blunck, Tübingen

Kauffmann, Theilig + Partner
Zeppelinstraße 10
73760 Ostfildern
Seite 24, 25
Fotos: R. Halbe, Stuttgart

Hans Kohl
Gundelindenstraße 5
80805 München
Seite 68, 69
Fotos: G. Scharf, München

Kreutzer + Krisper
Schumanngasse 18
A - 8010 Graz
Seite 108, 109
Fotos: P. Ott, Graz

Ladleif + Mosebach
Kirchweg 78
34119 Kassel
Seite 18, 19, 138, 139
Seite 18, 19
Fotos: M. Meschede, Kaufungen
Seite 138, 139
Fotos: N. Barlo, Kassel

Christine und Horst Lechner
Priesterhausgasse 18
A - 5020 Salzburg
Seite 146, 147
Fotos: H. Kohlmeier, Villach

Christoph Mäckler
Opernplatz 14
60313 Frankfurt
Seite 142, 143
Fotos: Archiv Architekt

Jean Claude Mahler
Bromstraße 20
CH - 8598 Bottighofen
Seite 144, 145
Fotos: K.-T. Hämmerli, Gondiswil

Thiess Marwede + Bruno Vennes
Lindenstraße 32
50674 Köln
Paul-Lincke-Ufer 38
10999 Berlin
Seite 56, 57
Fotos: Archiv Architekt

Gert M. Mayr-Keber
Mitarbeit: Christian Berger
Blechturmgasse 11
A - 1050 Wien
Seite 116, 117
Fotos: E. Mayr-Keber, Wien

Andreas Meck
Kellerstraße 39
81667 München
Seite 16, 17
Fotos: Archiv Architekt

Rolf Mühlethaler
Altenbergstraße 42a
CH - 3013 Bern
Seite 44, 45
Fotos: D. Iseli, Bern

Thomas Müller, Ivan Reimann,
Andreas Scholz
Fritschestraße 27/28
10585 Berlin
Seite 80, 81
Fotos: I. Nemec, Frankfurt

H. + M. Muffler
Hauptstraße 5
88605 Meßkirch
Seite 124, 125
Fotos: H. Willig,
Gruner + Jahr, Hamburg

Oed + Haefele
Kelternstraße 9
72070 Tübingen
Seite 88, 89, 90, 91
Fotos: Archiv Architekten

Prof. Günter Pfeifer
Industriestraße 2
79541 Lörrach
Seite 94, 95, 126, 127
Seite 94, 95
Fotos: Archiv Architekt
Seite 126, 127
in Partnerschaft mit Roland Mayer
Fotos: F. Giovanelli, Weiningen

Christa Prantl + Alexander Runser
Budinskygasse 21
A - 1190 Wien
Seite 20, 21
Fotos: M. Spiluttini, Wien

Prof. Clemenz Richarz
Christina Schulz
Pforzheimerstraße 3/1
71263 Weil der Stadt
Seite 160, 161
Fotos: R. Blunck, Tübingen

Peter Schanz und Jürgen Moser
Kirchstraße 6
79801 Hohentengen
Seite 30, 31
Fotos: Archiv Architekt

Schaudt Architekten
Martin Cleffmann
Hafenstraße 10
78462 Konstanz
Seite 134, 135, 150, 151
Seite 134, 135
Fotos: R. Lamb, Radolfzell
Seite 150, 151
Fotos: R.-C. Stradtmann,
Gruner + Jahr, Hamburg

Scheuring Architekten
Balthasarstraße 79-83
50670 Köln
Seite 164, 165
Fotos: L. Roth, Köln

Klaus Sill
Harkortstraße 121
22765 Hamburg
Seite 78, 79, 82, 83
Seite 78, 79
Fotos: Ch. Gebler, Hamburg,
Archiv Architekt
Seite 97, 98
mit Jochen Keim
Fotos: Archiv Architekt

Walter Stelzhammer
Neustiftgasse 68/23c
A - 1070 Wien
Seite 86, 87
Fotos: J. Zinner, Wien

Stoeppler + Stoeppler
Richardstraße 45
22081 Hamburg
Seite 58, 59
Fotos: A. Kiefer, Hamburg

Walter Stolz
Samerstraße 8
83022 Rosenheim
Seite 92, 93, 152, 153
Fotos: E. Merl, Hofberg

Thomas Strobel
Am Hascherkeller 26
84032 Landshut
Seite 96, 97
Fotos: Archiv Architekt

Prof. Reinhold Tobey
Hermannstraße 55
32756 Detmold
Seite 46, 47
Fotos: Archiv Architekt

Dr. Andreas Uffelmann
Lange Laube 19
30159 Hannover
Seite 136, 137
Fotos: Th. Deutschmann, Hannover

Weiss Architektengruppe
Alsenstraße 41
44532 Lünen
Seite 132, 133, 158, 159
Fotos: Ch. Richters, Münster

Prof. Sampo Widmann
Goethestraße 34
80336 München
Seite 22, 23, 52, 53
Fotos: Archiv Architekt

Franz Wimmer
Speyererstraße 8
80804 München
mit **Alfons Lengdobler**
Blumenhöhe 34
84347 Pfarrkirchen
Seite 120, 121
Fotos: F. Wimmer, München

Möbel im Maßstab 1:50
Kopiervorlage

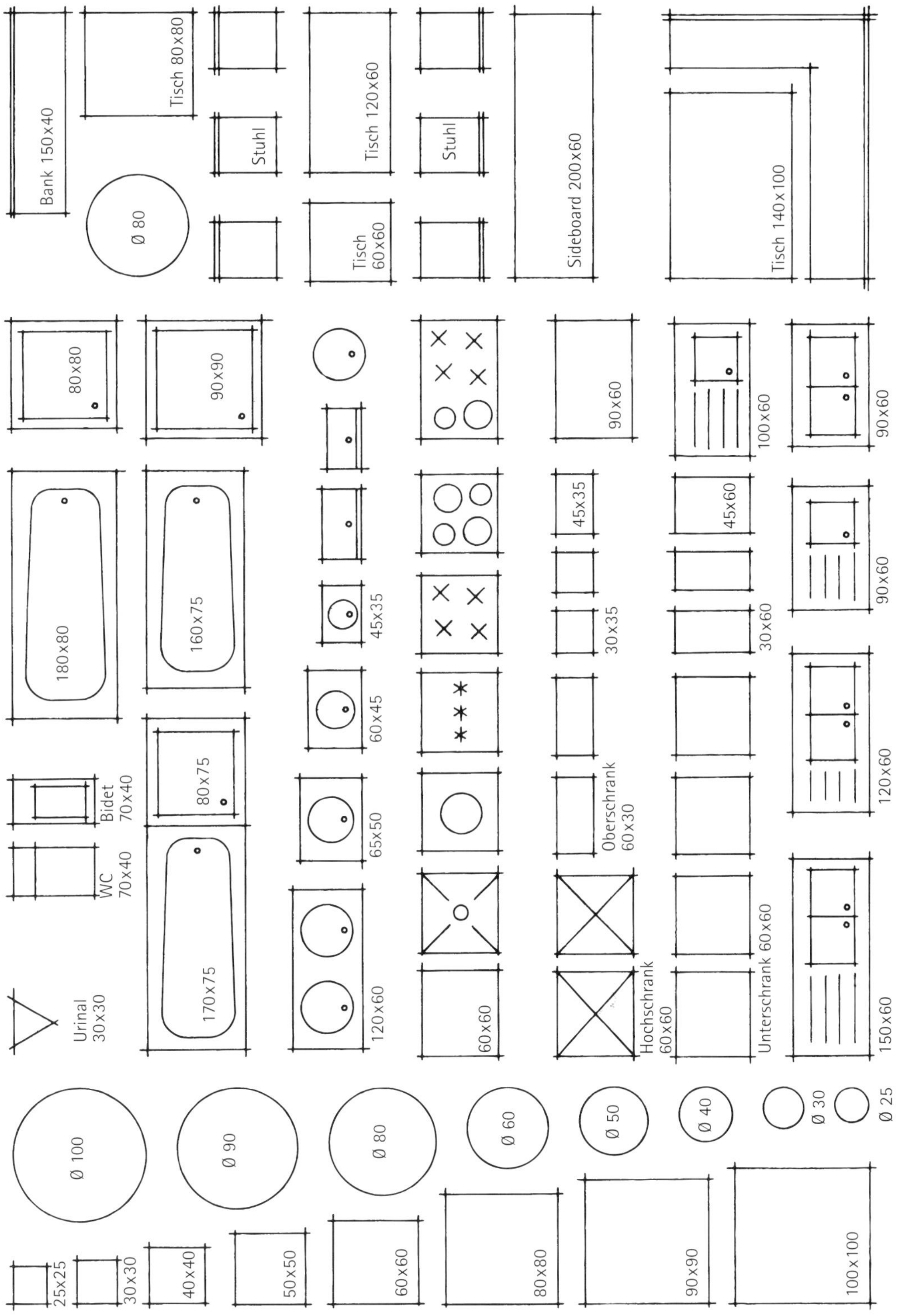
Bank 150x40
Tisch 80x80
Ø 80
Stuhl
Tisch 120x60
Tisch 60x60
Stuhl
Sideboard 200x60
Tisch 140x100
80x80
90x90
180x80
160x75
45x35
60x45
65x50
120x60
80x75
170x75
Bidet 70x40
WC 70x40
Urinal 30x30
90x60
45x35
30x35
Oberschrank 60x30
Hochschrank 60x60
60x60
100x60
45x60
30x60
Unterschrank 60x60
90x60
90x60
120x60
150x60
Ø 100
Ø 90
Ø 80
Ø 60
Ø 50
Ø 40
Ø 30
Ø 25
25x25
30x30
40x40
50x50
60x60
80x80
90x90
100x100

Impressum

© 1997 Verlag Georg D.W. Callwey
GmbH & Co., Streitfeldstraße 35,
81673 München

http://www.callwey.de
e-mail: buch@callwey.de
Printed in Germany 1999

Das Werk einschließlich aller seiner
Teile ist unheberrechtlich geschützt.
Jede Verwendung außerhalb der
engen Grenzen des Urheberrechts-
gesetzes ist ohne die Zustimmung
des Verlages unzulässig und straf-
bar.
Das gilt insbesondere für Verviel-
fältigungen, Übersetzungen, Mikro-
verfilmung und die Einspeicherung
und Verarbeitung in elektronischen
Systemen.

Gestaltung: S/L-Kommunikation,
Wörthsee
Litho: Fotolito Longo, Frangart,
Italien
Druck: Kastner & Callwey,
Forstinning bei München
Buchbinder: Kösel, Kempten
Printed in Germany
ISBN 3-7667-1280-2

Die Deutsche Bibliothek –
CIP-Einheitsaufnahme
Der **ideale Grundriss** :
Beispiele und Planungshilfen für
das individuelle Einfamilienhaus /
Stephan Isphording;
Holger Reiners. – 2. Auflage –
München: Callwey, 1999
ISBN 3-7667-1280-2

CALLWEY
Die Bücher.

Stephan Isphording/Holger Reiners
Individuelle Doppelhäuser & Reihenhäuser
200 Seiten, 200 Abbildungen,
113 Strichzeichnungen.
Gebunden mit Schutzumschlag.
ISBN 3-7667-1307-8

*G*emeinsames kostengünstiges Bauen, geringerer Landverbrauch und Energieeinsparung - die Vorteile von Doppel- und Reihenhäusern. Dieses Buch stellt 44 gelungene Beispiele vor, die maßgeschneiderte und individuelle Lösungen bieten. Eine konkrete Planungshilfe, die durch Grundrisse, Abbildungen und Kostenangaben ergänzt wird.

*A*nspruchsvolle und kreative Einfamilienhäuser auch bei schlanken Budgets! Die Autoren präsentieren 50 gelungene Projekte, die echte Alternativen zu monotonen Einfamilienhäusern von der „Stange" darstellen. Bau-Systeme und Konstruktionsarten, Materialien und Kosten werden ausführlich erläutert.

Klaus Th. Luig/Veronika Lenze
Kostengünstige Einfamilienhäuser
200 Seiten, 250 Abbildungen,
80 Grundrisse.
Gebunden mit Schutzumschlag.
ISBN 3-7667-1322-1

Anton Graf
Einfamilienhäuser aus Backstein
192 Seiten, 278 Abbildungen,
143 Grundrisse und Zeichnungen.
Gebunden mit Schutzumschlag.
ISBN 3-7667-1324-8

*B*ackstein – der ideale Baustoff für gesundes Wohnen! Anton Graf zeigt anhand von über 40 vorbildlichen Bauten, wie vielseitig der bewährte und dauerhafte Baustoff gerade in der heutigen Zeit eingesetzt werden kann. Eine einzigartige Zusammenstellung moderner Backsteinarchitektur in Europa!

CALLWEY VERLAG MÜNCHEN